| 평가영역 | 문항 수 | 시험시간 | 비 고 |
|---|---|---|---|
| 증권투자권유대행인 | 100문항 | 120분 | |

# 최신출제동형
# 100문항

KB084735

www.sdedu.co.kr

## 문항 및 시험시간

# 최신출제동형 100문항

## 금융투자상품 및 증권시장(30문항)

**01**
★★☆
다음 중 금융투자회사 업무로 가장 거리가 먼 것은?

① 펀드판매업무는 증권회사가 투자중개업자로서 펀드에서 발행하는 수익증권 등을 투자자에게 판매하는 업무이다.

② 위탁매매업무는 고객의 매매주문을 받아 자기명의와 고객계산으로 금융투자상품의 매매를 행하는 업무이다.

③ 자산관리업무는 투자자문 및 투자일임업자로서 투자자에게 랩어카운트 및 CMA 서비스 등을 제공하는 업무이다.

④ 신용공여업무는 증권회사가 증권거래와 관련하여 고객 증권의 매수에 대한 금전의 융자를 제공하거나 예탁된 증권을 담보로 대출해 주는 업무이다.

**02**
★★☆
다음 중 집합투자기구에 대한 설명으로 적절한 것은?

> ㉠ 설립형태에 따라 투자회사, 투자합명회사, 투자유한회사가 있다.
> ㉡ 혼합자산집합투자기구는 증권, 부동산, 특별자산 집합투자기구의 관련 규정의 제한을 받지 않는다.
> ㉢ 부동산집합투자기구는 집합투자재산의 50%를 초과하여 부동산에 투자한다.

① ㉠, ㉡

② ㉠, ㉢

③ ㉡, ㉢

④ ㉢

**03**
★★★
다음 중 보장성 금융상품에 대한 설명으로 가장 거리가 먼 것은?

① 연금보험은 10년 이상 유지 시 보험차익에 대해 이자소득세를 비과세한다.

② 종신보험은 사망원인에 관계없이 사망보험금이 지급된다.

③ 변액보험은 인플레이션으로 인한 보장자산가치 하락에 대한 보완기능이 있다.

④ 실손의료보험은 갑작스러운 사고나 질병으로 중병상태가 계속될 때 보험료의 일부를 미리 지급받을 수 있다.

**04** 다음 중 금융상품에 대한 설명으로 가장 거리가 먼 것은?
★★★

① ELD는 중도해지가 불가능하다.

② CD는 실세금리 연동형 확정금리 상품이다.

③ 신용협동조합의 출자금은 예금자보호대상에서 제외된다.

④ 파상생품은 거래형태에 따라 선도, 선물, 옵션, 스왑 등으로 구분한다.

**05** 다음 〈보기〉에서 설명하는 ELS의 수익구조는?
★★☆

─────── 〈보 기〉 ───────

만기시점의 주가 수준에 비례하여 손익을 얻되 최대 수익 및 손실이 일정한 수준으로 제한되는 구조

① Knock-out형

② Digital형

③ Bull-spread형

④ Reverse Convertible형

**06** 다음 중 ISA에 대한 설명으로 가장 거리가 먼 것은?
★★★

① 서민형은 순수익의 최대 400만원까지 비과세된다.

② 중도해지 시 기타소득세가 과세된다.

③ 비과세 한도초과 소득에 대해서는 9.9%로 분리 과세된다.

④ 납입한도는 연간 2천만원, 최대 1억원이다.

**07** 다음 중 IRP에 대한 설명으로 가장 거리가 먼 것은?
★★★

① 연간 납입한도는 1,800만원 + ISA 만기금액이다.

② 연금수령 시 연금소득세율은 연령과 관계없이 모두 동일하다.

③ 가입 후 5년 경과, 만 55세 이후 연금수령이 가능하다.

④ 연금외 수령 시 기타소득세가 과세된다.

**08** ★★☆ 다음 중 주택연금에 대한 설명으로 가장 거리가 먼 것은?

① 주택가격이 대출잔액보다 크면 남는 부분은 채무자에게 돌려준다.

② 대출잔액이 주택가격보다 크면 부족한 부분은 채무자에게 청구된다.

③ 부부 중 연장자가 만 55세 이상이어야 한다.

④ 대상주택은 공시가격 9억원 이하인 주택이다.

**09** ★★☆ 다음 중 금융투자상품에 대한 적절한 설명으로만 모두 묶은 것은?

> ㉠ 투자계약증권은 타인이 수행한 공동사업의 결과에 따른 손익을 귀속받는 권리가 표시된다.
> ㉡ 지분증권은 주권 및 신주인수권이 표시된 것으로 출자지분을 취득할 권리가 표시된다.
> ㉢ 채무증권은 신탁업자가 발행한 금전신탁계약에 의한 수익권이 표시된다.

① ㉠, ㉡

② ㉡, ㉢

③ ㉠, ㉢

④ ㉢

**10** ★★★ 다음 중 ELW(주식워런트증권)의 가격결정요인이 아닌 것은?

① 기초자산가격

② 배 당

③ 투자금액

④ 잔존기간

**11** ★★☆ 다음 〈보기〉가 설명하는 것은?

> ─── 〈보 기〉 ───
> 「자본시장법」에서는 50인 이상의 투자자에게 새로 발행되는 증권의 취득의 청약을 권유하는 것을 말한다.

① 모 집

② 매 출

③ 사 모

④ 상 장

**12** ★★★ 다음 중 기업공개(IPO)에 대한 설명으로 적절한 것은?

① 거래소시장에 상장하기 위한 사모행위이다.

② 거래소시장에 상장하기 위한 최종단계이다.

③ 기업공개 절차에는 상장준비단계와 상장추진단계가 있다.

④ 기업공개는 상장과 같은 의미로 사용된다.

**13** ★★☆ 다음 중 주권상장법인의 특례에 대한 설명으로 가장 거리가 먼 것은?

① 분할합병의 경우에도 주식매수청구권이 허용된다.

② 시가가 액면가 이상인 경우 이익배당총액에 상당하는 금액까지 주식배당이 가능하다.

③ 우리사주조합원은 공모주식총수의 20%까지 우선배정받을 권리가 있다.

④ 법원의 인가만으로 주식의 액면미달 발행이 가능하다.

**14** ★★☆ 다음 중 코스닥시장 상장 심사요건에 대한 설명으로 가장 거리가 먼 것은?

① 주식분산요건을 충족하기 위해 일반주주가 500명 이상이어야 한다.

② 기술성장기업은 상장예비신청일 현재 자기자본 10억원 이상 또는 보통주식의 기준시가총액이 90억원 이상이어야 한다.

③ 최근 사업연도 말 현재 자본잠식이 없어야 한다.

④ 최근 사업연도 적정 이상의 감사결과를 요구한다.

**15** ★★★ 다음 중 불성실공시법인에 대한 설명으로 가장 거리가 먼 것은?

① 불성실공시법인 지정사유에는 공시불이행, 공시번복, 공시변경이 있다.

② 불성실공시법인 지정에 의의가 있는 경우 통보받은 날로부터 7일 이내 거래소에 이의신청할 수 있다.

③ 부과벌점이 10점(코스닥 이상 8점) 이상인 경우 거래소는 매매거래를 1일간 정지시킬 수 있다.

④ 불성실공시 관련 과거 1년 이내 누계벌점이 15점 이상이 되면 상장적격성 실질심사 대상이 된다.

**16**
★★☆

다음 중 조회공시에 대한 설명으로 적절한 것은?

① 요구받은 시점이 오전인 경우 다음날 오전까지 답변해야 한다.

② 요구받은 시점이 오후인 경우 다음날 오후까지 답변해야 한다.

③ 부도, 해산, 영업활동정지 등 보도내용에 대한 공시요구는 요구받은 다음날까지 답변해야 한다.

④ 매매거래 정지조치가 취해지는 사항은 그 즉시 공시해야 한다.

**17**
★★★

다음 중 호가에 대한 설명으로 가장 거리가 먼 것은?

① 정규시장의 호가접수시간에 접수된 호가는 시간외시장에서는 그 효력을 인정하지 않는다.

② 호가 정정 시 종류와 수량은 정정하지 못한다.

③ 거래소시장에 호가를 제출할 때에는 종목, 수량, 가격, 매도/매수 구분, 호가 유형 등을 입력한다.

④ 호가 가격 단위가 작을수록 가격 변동에 따른 거래비용을 줄일 수 있다.

**18**
★★☆

다음 중 거래소 시장운영방식에 대한 설명으로 가장 거리가 먼 것은?

① 정규장 매매거래시간은 오전 09시부터 오후 3시 30분이다.

② 매매수량단위는 1주 단위로 매매한다.

③ 투자자의 거래비용 및 거래의 효율성 등을 고려하여 가격대에 따른 호가 가격 단위는 동일하게 적용한다.

④ 가격 급등락을 완화하기 위해 가격제한폭은 기준가격 대비 ±30%로 제한한다.

**19**
★★★

다음 〈보기〉가 설명하는 것은?

───── 〈보 기〉 ─────

모든 단일가매매 시 가격 결정을 위한 호가접수시간을 정규 마감시간 이후 30초 이내의 임의시간까지 연장하여, 매매체결 시점이 임의적으로 결정되도록 하는 제도이다. 이는 단일가매매시간 중 허수성 호가에 의한 가격 왜곡문제를 방지하여 선의의 투자자 피해를 최소화하기 위한 것이다.

① 사이드카　　　　　　　　　② 서킷브레이커

③ VI　　　　　　　　　　　　④ 랜덤엔드

**20**
★★☆

다음 〈보기〉가 설명하는 것은?

─── 〈보 기〉 ───

결제회원이 증권시장에서의 매매거래 위약으로 인해 발생하는 손해를 배상하기 위해 거래소에 적립한 기금이다.

① 손해배상공동기금　　　　　　② 회원보증금
③ 위탁증거금　　　　　　　　　④ 거래증거금

**21**
★★☆

다음 중 채권유통시장에 대한 설명으로 적절한 것은?

① 장내거래보다 장외거래시장이 더 많다.
② 채권 발행에 대한 제반업무를 수행한다.
③ 투자자로부터 직접 자금을 조달한다.
④ 가격제한폭 제도가 존재한다.

**22**
★☆☆

다음 〈보기〉를 참고하여 만기 시 세전매매 가격이 가장 높은 채권은?

─── 〈보 기〉 ───

• 발행일 : 2019. 6. 10
• 만기일 : 2029. 6. 10
• 매매일 : 2024. 6. 10
• 표면이율 : 2.5%
• 이자지급 단위기간 : 매 6개월 후급 이표채

① 만기수익률 2%인 A채권　　　② 만기수익률 3%인 B채권
③ 만기수익률 4%인 C채권　　　④ 만기수익률 5%인 D채권

**23**
★★★

다음 중 옵션이 부과된 채권에 대한 설명으로 적절한 것은?

① 전환사채는 일반채권에 비해 상대적으로 높은 표면이자를 지급한다.
② 신주인수권부사채는 권리행사 이후 사채는 소멸한다.
③ 교환사채는 권리행사 이후 발행사가 보유한 자산은 증가하고 부채는 감소한다.
④ 신주인수권부사채는 신주를 인수하기 위해 별도의 자금이 필요하다.

**24**
★★★

다음 〈보기〉를 참고하여 계산한 전환사채의 전환주수와 패리티는?

─── 〈보 기〉 ───

- 전환사채 액면가격 : 10,000원
- 전환주식 시장가격 : 7,000원
- 전환가치(패리티가치) : 14,000원
- 전환가격 : 5,000원

① 전환주수 : 1주     패리티 : 70
② 전환주수 : 2주     패리티 : 140
③ 전환주수 : 1주     패리티 : 140
④ 전환주수 : 2주     패리티 : 70

**25**
★★★

채권투자전략 중 소극적 투자전략이 아닌 것은?

① 만기보유전략                 ② 인덱스전략
③ 현금흐름일치전략         ④ 수익률곡선타기전략

**26**
★★★

채권 포트폴리오 중에서 중기채를 제외시키고 단기채와 장기채 두 가지로만 만기를 구성하는 전략은?

① 면역전략                     ② 바벨형 만기운용전략
③ 수익률예측전략            ④ 역나비형 투자전략

**27**
★★☆

다음 〈보기〉에서 설명하는 코넥스시장의 제도로 적절한 것은?

─── 〈보 기〉 ───

(        )는 코넥스시장 상장예정법인의 상장적격성 심사뿐 아니라 상장 후 자문·지도, 공시·신고 대리 기업의 정보 생성 및 시장에서의 유동성 공급 업무를 담당함으로써 기업의 후견인 역할을 수행한다.

① 지정자문인 제도            ② 지정기관투자 제도
③ 상근감사 제도              ④ 외부감사 제도

**28** 다음 중 「자본시장법」상 장외시장에 대한 설명으로 가장 거리가 먼 것은?
★★☆

① 비상장주식 거래의 효율성과 편의성을 제공한다.

② 비상장기업의 직접금융을 통한 자금조달을 지원한다.

③ 비상장주식의 매매거래를 위하여 거래소에서 운용하는 시장이다.

④ 장외시장 소액주주의 경우 양도소득세가 비과세된다.

**29** 다음 중 K-OTC시장 등록·지정해제 사유와 가장 거리가 먼 것은?
★★★

① 영업의 일부가 양도되는 경우

② 최근 사업연도 매출액 1억원 미만

③ 최근 2개 사업연도 매출액 5억원 미만

④ 증권시장에 상장되는 경우

**30** 다음 중 K-OTC시장 매매거래 제도에 대한 설명으로 가장 거리가 먼 것은?
★★★

① 단일의 매도자와 매수자 간에 매매하는 상대매매방식이 적용된다.

② 신용거래 등의 시장매매제도가 존재하지 않는다.

③ K-OTC시장에서 주식을 매도하는 경우 양도가액의 0.20%를 증권거래세로 납부한다.

④ 시간외시장 거래시간은 13시 40분부터 18시까지 운영된다.

**증권투자(25문항)**

**31** 다음 중 Bottom-up 방식의 순서로 적절한 것은?
★★☆

① 기업분석 → 경제분석 → 산업분석

② 경제분석 → 산업분석 → 기업분석

③ 산업분석 → 기업분석 → 경제분석

④ 기업분석 → 산업분석 → 경제분석

**32** 명목이자율이 10%, 기대인플레이션이 3%일 때 실질이자율은?
★★★

① 3%

② 7%

③ 10%

④ 13%

**33** 다음 중 경기순환에 대한 설명으로 가장 거리가 먼 것은?
★★☆

① 호황과 불황 또는 확장과 수축으로 2분할 수 있다.

② 세분할 경우 회복 → 활황 → 후퇴 → 침체의 4개 국면으로 나누기도 한다.

③ 혁신적 기술진보에 의한 단기순환, 설비투자의 변동에 대한 중기순환, 기업의 재고증감에 따른 장기순환 등으로 구분할 수 있다.

④ 주가는 경기순환에 선행성을 갖고 있어 정확한 경기예측이 이뤄지면 주가동향 예측이 가능해질 수 있다고 본다.

**34** 경기전망에 대해 기업 500개를 설문조사한 결과 경기가 상승할 것이라고 보는 긍적적 응답업체 수는 300개이고, 하락
★★★ 할 것이라고 보는 부정적 응답업체 수는 200개인 경우 BSI 비율은 얼마인가?

① 40

② 60

③ 100

④ 120

**35** 다음 중 경기종합지수 중 선행지표로 적절한 것은?
★★☆

① 건설수주액

② 광공업생산지수

③ 서비스업생산지수

④ 소비자물가지수변화율

**36** 다음 중 마이클 포터(M. E. Porter)의 경쟁요인이 아닌 것은?
★★★

① 진입장벽　　　　　　　　　　② 교섭력

③ 경쟁치열　　　　　　　　　　④ 대체 가능성

**37** 다음 중 제품수명주기에 대한 설명으로 가장 거리가 먼 것은?
★★☆

① 도입기는 경쟁이 적어 사업위험이 적다.

② 성장기의 가격은 도입기보다 낮고 수익성은 높아진다.

③ 성숙기는 제품라인이 많아지며 광고 경쟁이 치열해진다.

④ 쇠퇴기는 제품의 차별화가 거의 없고 품질이 저하된다.

**38** 총자본 100억원, 타인자본 40억원, 당기순이익 12억원, 영업이익 6억원인 기업의 총자본이익률(ROI)과 자기자본이익
★★☆ 률(ROE)은 얼마인가?

① ROI : 10%　　　　　ROE : 20%

② ROI : 12%　　　　　ROE : 30%

③ ROI : 10%　　　　　ROE : 30%

④ ROI : 12%　　　　　ROE : 20%

**39**
★★☆
다음 〈보기〉는 활동성지표이다. 두 개 공통 분자에 들어갈 내용으로 적절한 것은?

─── 〈보 기〉 ───

- 총자산회전율 = (     ) / 총자산
- 재고자산회전율 = (     ) / 재고자산

① 매출액          ② 유동자산
③ 당기순이익       ④ 영업이익

**40**
★★★
다음 중 안정성지표에 해당하는 것은?

① 매출액증가율       ② 자기자본이익률
③ 이자보상비율       ④ 영업이익증가율

**41**
★★☆
다음 중 속성이 다른 하나는?

① 주당순이익        ② 주가수익비율
③ 주가순자산비율     ④ 총자산회전율

**42**
★★☆
다음 〈보기〉가 설명하는 것은?

─── 〈보 기〉 ───

주가를 1주당 현금흐름으로 나눈 것을 말한다.

① PBR           ② PCR
③ PSR           ④ FCF

**43** ★★★ 다음 중 상대가치평가모형에서 주식가치평가에 대한 내용으로 가장 거리가 먼 것은?

① PER은 ROE와 PBR의 곱으로 나타낸다.

② PER은 성장률($g$)과 양(+)의 관계, 자본비용($k$)과는 음(−)의 관계이다.

③ PBR은 ROE와 양(+)의 관계이다.

④ ROE > 자본비용($k$)이면 PBR은 1보다 크고 $g$가 높을수록 커진다.

**44** ★★☆ 다음 중 기술적 분석의 한계점에 대한 설명으로 가장 거리가 먼 것은?

① 이론적 검증이 어렵다.

② 주가 변동이 주식의 수급이 아닌 다른 요인으로 발생된 경우 이를 설명하지 못한다.

③ 과거 주가 변동의 패턴이 미래에 그대로 반복되지 않는다.

④ 내재가치를 반영한 시장의 변동에만 집착하여 시장의 변화요인을 정확히 분석하지 못한다.

**45** ★★☆ 다음 중 지속형 패턴에 해당하는 것은?

① 깃발형

② V자 패턴

③ 원형반전형

④ 헤드앤숄더형

**46** ★☆☆ 다음 중 자산배분에 대한 설명으로 거리가 먼 것은?

① 여러 자산 집단을 대상으로 최적의 자산포트폴리오를 구성하는 일련의 투자과정이다.

② 자산집단은 분산 가능성을 충족하고 독립성을 갖추어야 한다.

③ 자산배분과정은 계획, 실행, 평가의 3단계로 이루어진다.

④ 자산시장의 단기 변동성에 적극 대응하기 위해 자산배분전략을 세워 투자한다.

**47**
★★★
다음 중 벤치마크의 연결이 옳지 않은 것은?

① 국내주식 – KOSPI200

② 해외주식 – MSCI ACWI

③ 예금 – CD 91일물

④ 채권 – KRX 채권 종합지수

**48**
★★☆
미래 투자수익률의 확률분포를 참고하여 계산한 주식 A의 기대수익률로 적절한 것은?

| 상 황 | 확 률 | 주식 A 예상기대수익률 |
| --- | --- | --- |
| 호 황 | 60% | 15% |
| 불 황 | 40% | 5% |

① 5%                    ② 10%

③ 11%                   ④ 20%

**49**
★★★
다음 빈칸에 들어갈 내용으로 적절한 것은?

| |
| --- |
| 주식의 기대수익률 = 무위험이자율 + (          ) |

① 주식시장 위험프리미엄

② 배당수익률

③ 3년 만기 국고채 수익률

④ 표준편차

**50**
★★☆
다음 중 위험 측정지표가 아닌 것은?

① 공분산                    ② 표준편차

③ 변동계수                  ④ 범 위

**51**
★★★

다음 표를 참고하여 변동계수 값이 가장 큰 증권을 고르면?

| 구 분 | A | B | C | D |
|---|---|---|---|---|
| 표준편차 | 3% | 5% | 7% | 9% |
| 기대수익률 | 5% | 7% | 9% | 12% |

① A

② B

③ C

④ D

**52**
★★☆

A 기업의 주식은 첫 해 초 50만원에 투자하였는데 1년 후 가격 상승으로 100만원이 되었다가 2년 말에는 150만원이 되었다. 이 경우 A기업의 산술평균수익률은 얼마인가?

① 50%

② 75%

③ 100%

④ 300%

**53**
★★★

다음 중 전략적 자산배분 전략에 대한 설명으로 가장 거리가 먼 것은?

① 소극적 투자관리의 방법이다.

② 시장의 비효율성을 전제로 한다.

③ 중장기적 투자관리 방법이다.

④ 시장평균수익률을 추구한다.

**54**
★★☆

다음 중 전술적 자산배분의 실행도구와 가장 거리가 먼 것은?

① 포뮬러플랜

② 시장가치접근법

③ 기술적 분석

④ 가치평가모형

**55**
★★★

동일한 위험에서 높은 수익률을 얻는 것 또는 수익률에서 낮은 위험을 추구하는 포트폴리오 수정방법은 무엇인가?

① 리밸런싱

② 포뮬러플랜

③ 위험-수익 최적화

④ 업그레이딩

## 투자권유(45문항)

**56** 다음 중 전문투자자에 대한 설명으로 적절한 것은?
★★☆
① 한국은행은 절대적 전문투자자에 해당한다.

② 주권상장법인은 상대적 전문투자자가 될 수 없다.

③ 상대적 전문투자자는 금융투자업자에게 서면으로 통지하면 2년간 일반투자자 대우를 받을 수 있다.

④ 자발적으로 전문투자자 대우를 받고자 하는 개인은 100억원 이상의 금융투자상품 잔고를 보유해야 한다.

**57** 다음 중 투자권유대행인에 대한 설명으로 가장 거리가 먼 것은?
★★☆
① 두 곳의 금융투자회사와 투자권유 위탁계약을 체결해야 한다.

② 금융투자업자를 대리하여 계약을 체결할 권한이 없다.

③ 투자권유대행인 등록이 취소된 경우 취소된 날로부터 3년이 경과해야 자격이 주어진다.

④ 금융위는 투자권유대행인 등록요건을 유지하지 않거나 법률 위반 시 등록 취소 또는 6개월 이내 업무정지를 할 수 있다.

**58** 다음 중 주식 등의 대량보유상황 보고제도(5% rule)에 대한 설명으로 가장 거리가 먼 것은?
★★★
① 새로 5% 이상 주식을 보유하게 되는 경우 신규보고 사항이다.

② 5% 이상 보유자가 보유비율의 1% 이상 변동되는 경우 변동보고 사항이다.

③ 자본감소로 보유주식 등의 비율이 변동된 경우 5일 이내에 보고해야 한다.

④ 보유주식의 등의 수가 변동되지 않는다면 변동보고의무는 면제된다.

**59** 다음 중 증권신고서에 대한 설명으로 가장 거리가 먼 것은?
★★★
① 증권신고서 제출의무자는 해당 증권의 발행인이다.

② 증권신고서 효력 발생은 증권신고서의 기재사항이 진실 또는 정확하다는 것을 인정하는 효력을 가진다.

③ 증권신고서의 효력이 발생하지 않더라도 예비투자설명서를 첨부하여 제출한 경우 청약의 권유 행위는 가능하다.

④ 증권신고서 효력이 발생하지 않은 증권의 매수의 청약이 있더라도 증권의 발행인은 그 청약의 승낙을 할 수 없다.

**60**
★★★

「자본시장법」상 내부자거래 규제에 대한 설명으로 가장 거리가 먼 것은?

① 미공개 중요정보를 받은 자는 규제대상자에 포함된다.

② 6개월 이내 상장예정법인은 규제대상에서 제외된다.

③ 규제대상행위에 매매거래 자체가 금지되는 것은 아니다.

④ 내부자, 준내부자, 정보수령자에 해당하지 않게 된 날로부터 1년이 경과되었다면 규제대상자에서 제외된다.

**61**
★★☆

단기매매차익반환제도와 관련하여 다음 〈보기〉의 빈칸에 공통으로 들어갈 내용은?

─── 〈보 기〉 ───

주권상장법인의 특정 증권 등의 매수 후 (　　)개월 이내 매도 또는 특정 증권 등의 매도 후 (　　)개월 이내 매수하여 얻은 이익은 반환해야 한다.

① 1개월

② 3개월

③ 6개월

④ 9개월

**62**
★★☆

「자본시장법」상 금지되는 시세조종행위가 아닌 것은?

① 통정매매

② 가장매매

③ 자기매매

④ 허위표시

**63**
★★★

「금융소비자보호법」상 투자광고에 대한 설명으로 가장 거리가 먼 것은?

① 계약을 체결하기 전에 금융상품설명서 및 약관을 읽어볼 것을 권유하는 내용을 포함해야 한다.

② 손실보전 및 이익보장이 되는 것으로 오인하게 하는 행위는 금지된다.

③ 금융상품에 대한 광고를 할 경우 금융위의 심의를 받아야 한다.

④ 금융상품의 판매·대리업자는 투자성 상품의 광고행위를 할 수 없다.

**64** 「금융소비자보호법」상 일반금융소비자보호에 대한 설명으로 적절한 것은?
★★☆
① 예금성 상품 권유 시 적합성 원칙이 적용된다.
② 보장성 상품 중 변액보험은 적합성 원칙이 적용되지 않는다.
③ 레버리지 ETF는 적정성 원칙이 적용되는 금융상품이다.
④ 인덱스 펀드는 적정성 원칙이 적용되는 금융상품이다.

**65** 금융소비자 권익강화 제도와 관련하여 다음 〈보기〉의 빈칸에 들어갈 내용으로 적절한 것은?
★★☆
────────── 〈보 기〉──────────
일반금융소비자는 ( ㉠ ) 상품 중 청약철회가 가능한 상품에 한하여 ( ㉡ ) 이내에 청약의 철회를 할 수 있다.

① ㉠ 투자성  ㉡ 7일
② ㉠ 투자성  ㉡ 14일
③ ㉠ 대출성  ㉡ 7일
④ ㉠ 대출성  ㉡ 14일

**66** 다음 중 성공적인 CRM 전략으로 적절한 것은?
★★☆
① 고객유지에서 고객획득
② 범위의 경제에서 규모의 경제
③ 제품차별화에서 고객차별화
④ 고객점유율에서 시장점유율

**67** 다음 중 고객점유율에 대한 설명으로 가장 거리가 먼 것은?
★★☆
① 많은 고객을 확보할수록 고객점유율은 높아진다.
② 고객점유율이 높을수록 해당 금융기관과의 관계정도가 높다.
③ 고객점유율을 높이기 위해 각 금융기관마다 주거래은행 개념을 도입하고 있다.
④ 고객의 총 운용 가능한 가용자금 중 금융기관이 보유하는 금액의 비율이다.

**68**
★★★
상담활동 효율증대 요령에 대한 적절한 설명으로 모두 묶인 것은?

> ㉠ 상담진척표를 고객별로 작성·관리한다.
> ㉡ 자신만의 화법 및 테크닉을 발굴·개발한다.
> ㉢ 고객 맞춤형 상담화법 및 필요자료 등을 사전에 작성하여 연습한 후 활용한다.

① ㉠, ㉡

② ㉠, ㉢

③ ㉡, ㉢

④ ㉠, ㉡, ㉢

**69**
★★★
고객상담 프로세스 순서로 적절하게 연결된 것은?

① 고객과의 관계형성 → 설득 및 해법 제시 → 동의확보 및 Closing → Needs 탐구

② 고객과의 관계형성 → Needs 탐구 → 설득 및 해법 제시 → 동의확보 및 Closing

③ Needs 탐구 → 고객과의 관계형성 → 설득 및 해법 제시 → 동의확보 및 Closing

④ Needs 탐구 → 고객과의 관계형성 → 동의확보 및 Closing → 설득 및 해법 제시

**70**
★★★
다음 중 고객상담 질문법에 대한 설명으로 적절한 것은?

① 확대형 질문은 무엇을, 왜, 어떻게 등의 질문을 통해 고객이 스스로의 상황에 대해 좀 더 광범위하게 이야기할 수 있는 효과를 거둘 수 있다.

② 폐쇄형 질문은 영업사원이 선택한 특정 화제로 대화를 유도할 때 사용한다.

③ 폐쇄형 질문은 잘못 사용하면 꼬치꼬치 캐묻는 느낌을 주어 불쾌하게 할 수 있다.

④ 고객이 자신의 Needs에 대해 잘 이야기할 경우 개방형 질문을 통해 고객이 자신의 이야기를 더 많이 하도록 유도할 수 있다.

**71**
★★☆
다음 중 설득과정의 중요한 목표가 아닌 것은?

① 고객의 관심을 끈다.

② 고객의 흥미를 북돋는다.

③ 프레젠테이션 속으로 고객을 끌어들인다.

④ 고객의 Needs를 충족시킨다.

**72** ★★★ 고객의 반감처리 화법과 관련하여 다음 〈보기〉가 설명하는 것은?

─────── 〈보 기〉 ───────

사실을 사실대로 인정하면서 그 대신 다른 이점을 활용하여 보충하는 대응화법이다.

• 고객 : "수익률 차이도 없는데 갈아탈 이유가 뭐가 있나요?"

• 영업직원 : "수익률만 따진다면 큰 차이가 없는 것은 사실입니다. 그러나 가입 후의 서비스를 비교해 보십시오."

① 보상법        ② 질문법

③ 부메랑법       ④ Yes, but

**73** ★★★ 다음 중 고객동의 확보 및 클로징에 대한 설명으로 가장 거리가 먼 것은?

① 고객의 동의는 또 다른 판매의 시작이다.

② 클로징 시점을 미리 정해둔다.

③ 성공적인 클로징을 위해 고객이 내놓는 바잉 시그널을 놓치지 않도록 훈련해야 한다.

④ 클로징 타이밍을 잘 포착하는 일은 상담의 성패를 좌우하는 중요 포인트이다.

**74** ★★☆ 상담 종결의 화법과 관련하여 다음 〈보기〉가 설명하는 것은?

─────── 〈보 기〉 ───────

• 고객 : "상품이 꽤 잘 만들어졌는데요."

• 영업직원 : "고맙습니다. 선택해주셔서 감사합니다. 가입에 따른 제반 서류를 준비하도록 하겠습니다."

① 추정승낙법       ② 실행촉진법

③ 양자택일법       ④ 가입조건문의법

**75** ★★☆ 효과적인 고객동의 확보기술과 관련하여 다음 〈보기〉가 설명하는 것은?

─────── 〈보 기〉 ───────

고객이 이 상품을 선택했을 때의 이점과 선택하지 않았을 때의 손해를 대차대조표를 사용하여 비교 설명한다.

① 직설동의요구법       ② 이점요약법

③ T-방법          ④ 결과탐구법

**76** 다음 중 금융투자업종사자의 직무윤리와 법규에 대한 설명으로 가장 거리가 먼 것은?
★★☆

① 회사의 계약직원 및 임시직원도 직무윤리가 적용된다.

② 회사와 무보수로 일하는 자도 직무윤리를 준수해야 한다.

③ 직무윤리의 위반은 벌금의 부과, 면허나 자격취소 등 위반행위에 대한 책임을 묻는 제재규정이 명확히 존재한다.

④ 직무윤리의 근본이 되는 핵심원칙은 고객우선의 원칙과 신의성실의 원칙이다.

**77** 다음 중 금융투자업에서 직무윤리가 중요한 이유가 아닌 것은?
★★★

① 고객의 이익을 침해할 가능성

② 투자상품의 단순화

③ 금융투자업종사자를 보호하는 안전장치

④ 투자상품의 원본손실 가능성

**78** 직무윤리의 기본원칙과 관련하여 다음 〈보기〉에서 설명하는 것은?
★★★

─── 〈보 기〉 ───
회사와 임직원은 항상 고객의 입장에서 생각하고 고객에게 보다 나은 금융서비스를 제공하기 위해 노력해야 한다.

① 고객우선의 원칙　　　　　　　　② 신의성실의 원칙

③ 금융소비자보호 의무　　　　　　④ 이해상충방지의무

**79** 「자본시장법」상 이해상충의 방지 의무에 대한 설명으로 가장 거리가 먼 것은?
★★★

① 금융투자업 인가·등록 시부터 이해상충 방지체계를 갖추도록 의무화하고 있다.

② 금융투자업자는 고객과 이해상충 발생 가능성을 낮추는 것이 곤란하다고 판단되는 경우 그 사실을 준법감시인에게 보고한 후 거래해야 한다.

③ 금융투자업자는 미공개중요정보 등에 대한 회사 내부의 정보교류의 차단 장치(Chinese Wall)를 구축해야 할 의무가 있다.

④ 금융투자업자는 조사분석자료의 작성 대상 및 제공의 제한, 자기계약의 금지 등 이해상충 방지체계를 구축해야 한다.

**80** 금융투자회사의 미공개정보는 기록형태나 기록유무와 관계없이 비밀정보로 본다. 다음 중 비밀정보의 범위와 가장 거리가 먼 것은?
★★☆

① 회사의 재무건전성이나 경영 등에 중대한 영향을 미칠 수 있는 정보

② 고객 또는 거래상대방에 관한 신상정보, 매매거래내역, 계좌번호, 비밀번호 등에 관한 정보

③ 회사의 경영전략이나 새로운 상품 및 비즈니스 등에 관한 정보

④ 임직원의 외부강연이나 기고, 언론매체 접촉 등 전자통신수단을 이용한 대외활동 정보

**81** 다음 중 금융투자업종사자의 대외활동에 대한 설명으로 가장 거리가 먼 것은?
★★☆

① 회사의 공식의견이 아닌 사견은 표현할 수 없다.

② 대외활동으로 인하여 회사의 주된 업무 수행에 지장을 주어서는 안 된다.

③ 대외활동으로 인해 금전적인 보상을 받게 된 경우 회사에 신고해야 한다.

④ 다른 금융투자회사를 비방해서는 안 된다.

**82** 다음 중 영업점별 영업관리자에 대한 설명으로 가장 거리가 먼 것은?
★★★

① 영업점별 영업관리자의 임기는 1년 이상으로 해야 한다.

② 영업점장이 아닌 책임자급이어야 한다.

③ 준법감시업무로 인해 인사나 급여 등에서 불이익을 받지 않도록 해야 한다.

④ 업무수행 결과에 따른 적절한 보상은 지급할 수 없다.

**83** 다음 중 준법감시인에 대한 설명으로 가장 거리가 먼 것은?
★★★

① 감사의 지휘를 받고 업무를 수행한다.

② 내부통제기준의 적정성을 점검한다.

③ 이사회 의결을 거쳐 임면하며, 해임 시 이사총수의 2/3 이상 찬성으로 의결한다.

④ 임직원의 위법·부당행위에 대한 감사 및 보고 업무를 담당한다.

**84** ★★☆ 다음 중 금융소비자보호에 관한 각 조직별 권한과 의무에 대한 설명으로 적절한 것은?

① 대표이사는 최고의사결정기구로 회사의 금융소비자에 대한 내부통제체계의 구축 및 운영에 관한 기본방침을 정한다.

② 이사회는 대표이사가 정한 내부통제체계의 구축 및 운영에 관한 기본방침에 따라 금융소비자보호와 관련한 내부통제 체제를 구축·운영해야 한다.

③ 이사회는 금융소비자보호의 내부통제와 관련된 주요사항을 심의·의결한다.

④ 내부통제위원회는 금융상품 개발·판매 업무로부터 독립하여 업무를 수행해야 하고, 대표이사 직속 기관으로 두어야 한다.

**85** ★★☆ 다음 중 직무윤리 위반행위에 대한 제재에 대한 설명으로 가장 거리가 먼 것은?

① 금융위원회는 금융투자회사에 대해 필요한 조치를 명할 수 있다.

② 금융위원회는 금융투자업자의 임원에 대해 해임요구 및 6개월 이내 직무정지 등의 조치를 할 수 있다.

③ 금융위원회는 금융투자업자의 직원에 대해 면직, 6개월 이내의 정직, 감봉, 견책, 경고 등의 조치를 취할 수 있다.

④ 금융위원회의 처분에 대해 불복하는 자는 처분을 받은 날로부터 90일 이내에 그 사유를 갖추어 금융위원회에 이의신청을 할 수 있다.

**86** ★★☆ 다음 중 위법계약해지권을 행사할 수 있는 6대 판매원칙이 아닌 것은?

① 적합성 원칙 위반
② 적정성 원칙 위반
③ 설명의무 위반
④ 허위, 부당광고 금지 위반

**87** ★★☆ 다음 중 개인정보에 대한 설명으로 가장 거리가 먼 것은?

① 주민등록번호는 민감정보에 속한다.

② 「개인정보보호법」은 일반법으로 관련 특별법이 있는 경우 특별법이 우선 적용된다.

③ 정보유출에 대한 징벌적 손해배상제도를 도입하여 피해액의 3배까지 배상액을 중과할 수 있다.

④ 부정한 방법으로 취득한 개인정보를 타인에게 제공하는 경우 5년 이하의 징역 또는 5천만원 이하의 벌금에 처할 수 있다.

**88**
★★★

다음 중 개인정보처리자의 개인정보 보호 원칙에 대한 설명으로 가장 거리가 먼 것은?

① 개인정보 처리의 목적을 명확하게 해야 한다.

② 개인정보 처리에 대한 사항을 비공개하여 열람청구권 등 정보주체의 권리를 보장해야 한다.

③ 정보주체의 사생활 침해를 최소화하는 방법으로 개인정보를 처리해야 한다.

④ 개인정보 처리 목적 외 용도로 활용해서는 안 된다.

**89**
★★★

다음 중 「금융소비자보호법」 위반 시 제재에 대한 설명으로 가장 거리가 먼 것은?

① 거짓이나 그 밖의 부정한 방법으로 금융상품판매업 등의 등록을 한 경우 5년 이하의 징역 또는 2억원 이하의 벌금이 부과될 수 있다.

② 설명의무를 위반한 경우 이익금의 50% 이내에서 과징금을 부과할 수 있다.

③ 징역과 벌금을 병과하여 부과하는 것은 불가능하다.

④ 광고 관련 규정을 위반한 경우 1억원 이하의 과태료가 부과될 수 있다.

**90**
★☆☆

다음 중 금융투자협회 자율규제위원회의 회원 대상 제재조치와 가장 거리가 먼 것은?

① 회원자격 정지

② 제재금의 부과

③ 감 봉

④ 경고 및 주의

**91**
★★☆

다음 중 위반 시 과징금이 부과될 수 있는 불공정영업행위와 가장 거리가 먼 것은?

① 금융소비자의 의사에 반하여 다른 금융상품의 계약체결을 강요하는 행위

② 업무와 관련하여 편익을 요구하거나 제공받는 행위

③ 연계, 제휴 서비스 등을 부당하게 축소하는 행위

④ 금융상품의 가치에 중대한 영향을 미치는 사항을 알리지 않는 행위

**92**
★★★

다음 중 금융투자협회와 금융감독원 분쟁조정제도에 대한 설명으로 가장 거리가 먼 것은?

① 조정은 그 자체로서 구속력은 없다.

② 금융감독원의 조정은 민법상 화해와 동일한 효력이 발생한다.

③ 소송에 따른 추가 비용부담 없이 최소한의 시간 내 합리적인 분쟁 처리가 가능하다.

④ 분쟁조정의 결과는 실제 소송 시의 결과와 반드시 같은 결과를 보장하지 않는다.

**93**
★★☆

다음 중 분쟁 관련 금융투자상품의 특징과 가장 거리가 먼 것은?

① 투자원금을 초과하여 손실이 발생할 수 없다.

② 투자결과는 본인 귀속이 원칙이다.

③ 금융투자상품의 손익상황에 대한 주기적인 확인이 필요하다.

④ 자신의 판단과 책임 하에 투자해야 한다.

**94**
★★★

다음 중 금융투자협회의 분쟁조정제도에 대한 설명으로 가장 거리가 먼 것은?

① 분쟁조정절차는 신청인이 협회에 신청서를 제출함으로 시작된다.

② 금융투자회사가 정당한 사유 없이 분쟁조정위원회의 조정결정을 수락하지 않을 경우 이에 대한 소송 지원이 가능하다.

③ 매매거래와 관련하여 발생한 권리의무 또는 이해관계에 관한 분쟁 업무를 취급한다.

④ 조정이 성립된 날로부터 20일 이내 조정에 따른 후속조취를 취하고 그 처리결과를 지체 없이 협회에 제출해야 한다.

**95**
★★★

금융투자상품 관련 분쟁 유형과 관련하여 다음 〈보기〉에서 설명하는 것은?

───────── 〈보 기〉 ─────────

고객이 증권회사 직원에게 주식매매를 포괄일임하였다고 하더라도 직원이 고객의 특정종목에 대한 매수금지 지시에 불응하여 동 종목을 매수하는 행위

① 일임매매                  ② 임의매매

③ 부당권유                  ④ 불완전판매

**96** ★★☆ 다음 중 고령투자자 투자권유에 대한 설명으로 가장 거리가 먼 것은?

① ELS 상품을 권유하기 위해서는 적합성 보고서를 계약체결 이전에 제공해야 한다.

② 금융투자상품을 판매할 경우 고령투자자 보호기준을 준수해야 한다.

③ 금융상품 판매과정에서 2영업일 이상의 숙려기간을 부여해야 한다.

④ 고령투자자에게 투자권유 시 판매과정을 녹취하고 반드시 녹취파일을 제공해야 한다.

**97** ★★★ 다음 중 투자권유대행인이 투자권유 시 유의해야 할 사항으로 가장 거리가 먼 것은?

① 투자권유를 받은 투자자가 이를 거부하는 취지의 의사표시를 하고 15일이 지난 후 다시 투자권유를 하는 행위는 가능하다.

② 투자권유를 받은 투자자가 이를 거부하는 취지의 의사표시를 한 경우 다른 종류의 금융투자상품에 대한 투자권유를 하는 행위는 가능하다.

③ 투자성 상품에 관한 계약의 체결을 권유하면서 투자자가 요청하지 않은 다른 대출성 상품을 안내하는 행위는 금지된다.

④ 투자자로부터 투자권유의 요청을 받지 않고 방문·전화 등 실시간 대화의 방법을 이용하는 행위는 금지된다.

**98** ★★★ 다음 중 재무설계 필요성에 대한 설명으로 가장 거리가 먼 것은?

① 현재 소득이 작더라도 가계의 재무상황을 통제하여 현재와 미래의 소득, 자산, 재무자원을 증대시키고 보전할 필요가 있다.

② 전 생애주기에 걸친 소득 이전을 고안하는 재무관리는 생애 소비만족을 극대화시키는 데 필요하다.

③ 물가가 하락하면 실질구매력이 낮아지므로 재무자원의 손실 또는 필요 증대에 대한 대비가 필요하다.

④ 평균수명 연장과 고령사회로의 진입 등 사회경제적 환경변화에 대응하기 위해 재무설계가 필요하다.

**99** 다음 중 안정성지표와 가장 거리가 먼 것은?
★★★

① 가계수지지표      ② 위험대비지표

③ 부채부담지표      ④ 저축성향지표

**100** 다음 중 퇴직 후 자산관리에 대한 설명으로 가장 거리가 먼 것은?
★★☆

① 퇴직 후 명확한 목표에 따른 자산배분을 해야 한다.

② 절세상품을 활용해야 한다.

③ 월 이자지급식 상품을 활용해야 한다.

④ 투자상품 중심으로 포트폴리오를 구성해야 한다.

성공한 사람은 대개 지난번 성취한 것보다 다소 높게,
그러나 과하지 않게 다음 목표를 세운다.
이렇게 꾸준히 자신의 포부를 키워간다.

– 커트 르윈 –

What is your passcode?

증권투자권유대행인 실제유형 모의고사

# 최신출제동형 100문항

최신 기본서 및 기출분석 반영

PASSCODE

증권투자권유대행인 실제유형 모의고사

# 제1회

# 제1회
# 증권투자권유대행인
# 실제유형 모의고사

## 문항 및 시험시간

| 평가영역 | 문항 수 | 시험시간 | 비 고 |
|---|---|---|---|
| 증권투자권유대행인 | 100문항 | 120분 | |

문 항 수 : 100문항
응시시간 : 120분

## 금융투자상품 및 증권시장(30문항)

**01** 다음 중 비은행예금취급기관이 아닌 것은?
★★☆

① 상호저축은행　　　　　　　　② 우체국예금

③ 새마을금고　　　　　　　　　④ 우체국보험

**02** 다음 중 투자신탁재산의 보관을 담당하는 기관에 해당하는 것은?
★★☆

① 위탁회사　　　　　　　　　　② 수탁회사

③ 판매회사　　　　　　　　　　④ 일반사무관리회사

**03** 다음 중 집합투자기구에 대한 설명과 가장 거리가 먼 것은?　　　　　　　| 최신유형
★★★

① 사모투자전문회사(PEF)는 소수의 투자자에 의해 사모방식으로 자금을 조달한 후 인수・합병 등 특정 기업의 구조조정을 통해 투자이익을 창출하는 회사이다.

② 집합투자업자가 집합투자기구의 재산으로 운용할 수 있는 자산은 재산적 가치가 있는 모든 재산을 대상으로 하고 그 편입비율에 대한 제한만 두고 있는데, 단기금융의 경우에는 여전히 증권에만 투자가 가능하다.

③ 적격투자자 대상 사모집합투자기구는 일정 범위의 전문투자자로부터 사모로 자금을 조달하여 보다 공격적인 방식으로 자산을 운용할 수 있도록 한 기구이다.

④ 투자계약증권은 자산총액의 60% 이상을 투자계약증권에 투자하는 것으로, 투자계약증권에 60% 미만 투자할 경우 혼합채권형으로 분류한다.

**04** ★★☆ 다음 〈보기〉에서 설명하는 생명보험상품으로 적절한 것은?　　**┃ 최신유형**

> ───── 〈보 기〉 ─────
>
> 보험기간을 미리 정해놓고 피보험자가 보험기간 내에 사망했을 때 보험금을 지급하는 보험

① 종신보험　　　　　　　　　　　② 정기보험
③ 생존보험　　　　　　　　　　　④ 양로보험

**05** ★★☆ 다음은 주식워런트증권(ELW)에 대한 설명이다. 괄호 안에 들어갈 내용으로 올바르게 나열한 것은?　　**┃ 최신유형**

> ELW는 주식 및 주가지수 등의 기초자산을 사전에 정해진 가격, 즉 행사가격에 사거나 팔 수 있는 권리이다.
> • 콜ELW는 주로 기초자산의 ( ㉠ )을 예상할 때 매수한다.
> • 일반적인 워런트의 발행조건에 특정한 가격대를 설정하여 주가가 설정된 가격대에 도달하게 되었을 때, 워런트가 즉시 행사된 후 만료되도록 하는 것은 ( ㉡ )라고 한다.

① ㉠ 가격 하락　　㉡ Basket 워런트
② ㉠ 가격 상승　　㉡ Installment 워런트
③ ㉠ 가격 상승　　㉡ Barrier 워런트
④ ㉠ 가격 하락　　㉡ 지수 워런트

**06** ★☆☆ 다음 중 주가연계증권(ELS)의 수익구조에 대한 설명으로 가장 거리가 먼 것은?　　**┃ 최신유형**

① Bull Spread형은 만기 시점의 주가 수준에 비례하여 손익을 얻되 최대 수익 및 손실이 일정수준으로 제한되는 구조이다.

② Digital형은 만기 시 주가가 일정 수준을 상회하는지 여부에 따라 사전에 정한 두 가지 수익 중 한 가지를 지급하는 구조이다.

③ Knock-out형은 투자기간 중 사전에 정해둔 주가 수준에 도달하면 확정된 수익으로 조기 상환되며, 그 외의 경우에는 만기 시 주가에 따라 수익이 정해지는 구조이다.

④ Reverse Convertible형은 미리 정한 하락폭 이하로 주가가 하락하지만 않으면 사전에 약정된 수익률을 지급하며, 동 수준 이하로 하락하더라도 원금은 보장되는 구조이다.

**07** 다음 〈보기〉는 증권예탁증권에 대한 설명이다. 괄호 안에 들어갈 내용을 올바르게 나열한 것은?    ▌최신유형
★☆☆

> ─────────── 〈보 기〉 ───────────
> • 외국법인이 국내에서 외국에 보관된 원주를 근거로 발행하는 것은 ( ㉠ )이라고 한다.
> • 국내기업이 발행한 주식을 국내 원주보관기관에 맡기고 이를 근거로 해외 예탁기관이 발행하여 해외시장에 유통시키는 것은 ( ㉡ )이다.

① ㉠ KDR      ㉡ ADR

② ㉠ KDR      ㉡ 해외DR

③ ㉠ 해외DR     ㉡ KDR

④ ㉠ ADR      ㉡ 해외DR

**08** 다음 중 랩어카운트에 대한 설명으로 가장 거리가 먼 것은?    ▌최신유형
★★★

① 증권수수료를 지불하지 않는다.

② 자산운용방식과 투자대상이 획일적이다.

③ 금융투자회사 입장에서 수수료 수입총액이 감소할 가능성이 존재한다.

④ 일임형 랩어카운트는 자산포트폴리오 구성에서 운용까지 모두 증권사가 대행한다.

**09** 다음 중 개인종합자산관리계좌(ISA)에 대한 설명으로 가장 거리가 먼 것은?    ▌최신유형
★★☆

① 해외이주 시에도 과세특례가 유지된다.

② 납입금 한도 내에서 횟수 제한 없이 중도인출이 가능하다.

③ 비과세 한도를 초과하는 순이익에 대해서는 9.9%의 세율로 분리과세한다.

④ 일임형 ISA는 편입시킬 금융상품을 직접 고르기 원하는 투자자에게 적합하다.

**10** 다음 중 예금보호제도에 대한 설명으로 가장 거리가 먼 것은?
★★★

① 새마을금고는 별도의 기금을 적립하여 원리금을 합산하여 최고 5,000만원까지 보호한다.

② 상호금융의 중앙회는 예금자보호대상 금융기관이다.

③ 신용협동조합의 출자금은 신용협동조합 예금자보호기금의 보호대상에서 제외된다.

④ 우체국은 「예금자보호법」에 의해 최고 5,000만원까지 보호된다.

**11** 다음 중 증권시장에 대한 설명으로 가장 거리가 먼 것은?
★★☆

① 발행시장은 유가증권이 발행되어 최초로 투자자에게 매각되는 시장이다.

② 유통시장은 발행시장에서 이미 발행된 유가증권이 투자자 상호 간 매매되는 시장이다.

③ 발행시장과 유통시장은 상호의존적이고 보완적인 관계이다.

④ 발행시장은 1차적 시장 즉, 거래소 시장을 의미한다.


**12** 기업공개 절차 중 상장 추진단계에 대한 설명으로 적절한 것은?　　　**▮ 최신유형**
★★★

① 기업공개를 위한 사전준비 단계를 마친 법인은 거래소시장 상장을 위한 본격적인 기업공개 절차를 추진하기 전 거래소에 주권의 상장예비심사신청서를 제출해야 한다.

② 증권신고서는 금융위원회가 이를 수리한 날부터 영업일 기준 3일 경과하면 그 효력이 발생한다.

③ 모집·매출가액 및 이와 관련한 사항의 변경으로 정정신고서를 제출한 경우 정정신고서가 수리된 날로부터 15일이 경과하면 효력이 발생한다.

④ 증권을 공모하고자 하는 기업은 증권신고서가 수리된 후 그 효력이 발생된 후에 예비투자설명서를 작성하여 당해 증권의 청약을 권유하는 데 사용할 수 있다.


**13** 다음 〈보기〉에서 설명하고 있는 상장의 종류는 무엇인가?　　　**▮ 최신유형**
★★☆

──────── 〈보 기〉 ────────

유가증권시장에서 상장이 폐지된 보통주권의 발행인이 상장폐지일부터 5년 이내에 해당 보통주권을 다시 상장하는 것

① 변경상장　　　　　　　　　　　② 재상장

③ 우회상장　　　　　　　　　　　④ 추가상장


**14** 다음 중 유가증권시장에서 상장폐지가 되는 기준으로 적절한 것은?　　　**▮ 최신유형**
★★★

① 최근년말 자본잠식률 50% 이상

② 일반주주지분 10% 미만

③ 반기 월평균 거래량이 유동주식 수의 1%에 미달

④ 최근 2년 연속 매출액 50억원 미만

**15** 다음 중 「자본시장법」상 유통시장 공시에 해당하는 것은?
★★☆

① 증권신고서
② 투자설명서
③ 주요사항보고서
④ 증권발행실적보고서

**16** 다음 중 유가증권시장의 가격제한폭에 대한 설명으로 가장 거리가 먼 것은?
★★☆

① 가격 급등락을 완화하기 위해 기준가격 대비 ±15%로 제한한다.

② 주식, 주식예탁증서(DR), 상장지수펀드(ETF), 상장지수증권(ETN), 수익증권은 가격제한폭이 적용된다.

③ 정리매매종목은 가격제한폭의 적용을 받지 않는다.

④ 레버리지ETF는 배율만큼 가격제한폭이 확대된다.

**17** 다음 중 시장관리제도 Circuit Breakers에 대한 설명으로 가장 거리가 먼 것은?
★★★

① 주가지수가 전일종가대비 각각 8%, 15%, 20% 이상 하락하여 5분간 지속하면 Circuit Breakers가 발동된다.

② 20% 이상 하락하여 중단되면 당일 장은 종료된다.

③ 매매거래 중단 후 20분이 경과된 후 매매거래를 재개한다.

④ 매매거래 재개 시 최초의 가격은 재개시점부터 10분간 호가를 접수하여 단일가매매 방법에 의해 결정하고 그 이후에는 접속매매 방법으로 매매를 체결한다.

**18** 다음 중 프로그램매매호가 효력의 일시정지 제도에 대한 설명으로 적절한 것은?    ❙ 최신유형
★★★

① 매수·매도 구분 없이 1일 2회에 한해 발동된다.

② 상승의 경우 프로그램 매도호가, 하락의 경우 프로그램 매수호가의 효력을 5분 동안 정지한다.

③ 유가증권시장에서 코스피200지수선물 가격이 기준가 대비 5% 이상 변동하여 1분간 지속되는 경우 사이드카가 발동된다.

④ 장 종료 1시간 전인 경우에는 사이드카가 해제된다.

**19** 다음 중 공매도에 대한 설명으로 가장 거리가 먼 것은?
★★☆

① 공매도를 통해 10,000원에 주식을 빌려 매도한 후 주가가 8,000원으로 하락했을 때 다시 매수하여 결제일에 빌린 주식을 갚고 차익 2,000원을 얻을 수 있다.

② 저평가된 증권의 매수를 통한 시세차익을 얻기 위해 이를 활용한다.

③ 대차거래 등에 의하여 차입한 증권에 대해서만 공매도가 가능하다.

④ 원칙적으로 직전가격 이하의 가격으로 호가할 수 없다.

**20** 다음 중 증권시장의 거래증거금에 대한 설명으로 가장 거리가 먼 것은?　┃최신유형
★☆☆

① 거래증거금을 부과하는 종목은 상장주식과 ELW, ETN, ETF 등의 증권상품으로 한정한다.

② 거래소는 매 거래일 20시까지 거래증거금 소요액을 회원증권사에게 통지하고, 회원증권사는 다음 매매 거래일 15시까지 동 증거금액을 납부해야 한다.

③ 거래증거금은 현금으로만 납부할 수 있다.

④ 투자자의 위탁증거금 보호를 위해 거래증거금을 회원의 재산으로 납부하도록 하고, 이를 담보하기 위해 위탁증거금의 거래증거금 사용을 제한하고 있다.

**21** 다음 중 채권에 대한 적절한 설명으로만 모두 묶인 것은?
★★☆

> ㉠ 채권은 지분증권이다.
> ㉡ 채권은 발행주체에 따라 국채, 지방채, 특수채, 금융채, 회사채 등으로 구분된다.
> ㉢ 할인채는 만기시 액면금액을 수령한다.
> ㉣ 국고채와 같은 주요 국채를 이표채로 발행한 경우 이자지급단위기간은 3개월이다.

① ㉠, ㉡　　　　　　　　　　　　② ㉡, ㉢

③ ㉡, ㉣　　　　　　　　　　　　④ ㉢, ㉣

**22** 다음 중 채권의 용어와 종류에 대한 설명으로 가장 거리가 먼 것은?
★★☆

① 채권의 수급에 의해 채권의 시장가격을 결정하는 이자율을 만기수익률이라고 한다.

② 잔존기간은 기발행된 채권을 매매할 경우 매매일로부터 만기일까지의 기간을 뜻한다.

③ 일반채권의 매매단가는 액면 10,000원을 기준으로 산정 표시된다.

④ 만기상환일 이전이라도 채권보유자가 원금의 상환을 요구할 수 있는 채권을 수의상환채권이라고 한다.

**23** 다음 중 말킬의 채권가격정리에 대한 설명으로 가장 거리가 먼 것은?
★★★

① 채권의 가격이 미래 현금흐름에 대한 할인가치를 반영하기 때문에 채권가격과 채권수익률은 역의 관계이다.

② 채권수익률 변동으로 인한 채권가격 변동은 만기가 길수록 커지고, 그 증감률도 체증한다.

③ 볼록성으로 인해 만기가 일정할 때 채권수익률 하락으로 인한 가격 상승폭은 같은 폭의 채권수익률 상승으로 인한 가격 하락폭보다 크다.

④ 표면이자율이 낮은 채권이 높은 채권보다 일정한 수익률 변동에 따른 가격변동폭이 크다.

**24** 다음 〈보기〉에서 적극적 투자전략에 해당하는 것을 모두 고르면?　　Ⅰ 최신유형
★★★

─────── 〈보 기〉 ───────
　ⓐ 채권교체전략
　ⓑ 역나비형 투자전략
　ⓒ 인덱스전략
　ⓓ 현금흐름일치전략

① ㉠, ㉡　　　　　　　　　　　② ㉠, ㉢

③ ㉢, ㉣　　　　　　　　　　　④ ㉠, ㉣

**25** 다음 중 자산유동화증권(ABS)에 대한 설명으로 가장 거리가 먼 것은?
★★☆

① 기초자산의 신용상태가 중요하다.

② 높은 부대비용으로 인해 소규모의 자산유동화증권(ABS) 발행이 유리하다.

③ 신용보강을 통해 자산유동화증권 발행 주체보다 높은 신용등급을 부여받을 수 있다.

④ 발행기관은 유동화 자산을 양수하고 유동화 증권을 발행하는 업무만을 영위하는 회사로 임직원이 없는 Paper Company 형태이다.

**26** 패리티가 120인 전환사채의 전환 대상 주식의 주가가 6,000원이라고 한다면, 이 전환사채의 액면 전환가격은 얼마
★★★ 인가?　　Ⅰ 최신유형

① 3,000원　　　　　　　　　　② 5,000원

③ 7,000원　　　　　　　　　　④ 10,000원

**27** 다음 중 코넥스시장의 상장제도에 대한 설명으로 적절한 것은?
★★★

① 유가증권시장 및 코스닥시장보다 진입요건을 크게 강화하였다.

② 거래소가 상장희망기업의 상장적격성을 심사한다.

③ 특례상장 기업에 대해서는 보호예수의무를 부과하지 않는다.

④ 크라우드펀딩 기업의 경우 특례상장제도에 따라 지정자문인 선임계약 없이 상장 가능하다.

**28** 다음 중 코넥스시장 상장폐지 사유로 가장 거리가 먼 것은?
★★★

① 사업보고서 미제출

② 2반기 연속 또는 3년 내 4회 이상 기업설명회 미개최

③ 유가증권 또는 코스닥시장 상장

④ 자본잠식

**29** 다음 중 우리나라 K-OTC시장(장외시장)의 특징으로 가장 거리가 먼 것은?
★★☆

① 비상장주식의 거래의 효율성과 편의성 제공

② 비상장기업의 간접금융을 통한 자금조달의 지원

③ 거래소에 상장되지 아니한 모든 비상장주식의 매매 수단 제공

④ 비상장기업에 투자한 초기 투자자금의 회수 및 재투자를 위한 자금조달 수단의 제공

**30** 다음 중 K-OTC시장의 공시제도에 대한 설명으로 가장 거리가 먼 것은?　　Ⅰ최신유형
★★☆

① 협회는 투자자 보호를 위해 등록법인에 대해 연 2회의 정기공시를 하도록 하고 있다.

② 매출의 경우, 기존주주 등 매출하는 자가 신고서를 제출해야 할 의무가 있다.

③ K-OTC시장 지정법인은 협회에 대한 정기공시, 수시공시, 조회공시 등 새로운 유통시장 공시의무를 부과하지 않는다.

④ 사업보고서 제출대상 등록법인은 사업보고서와 반기보고서를 협회에 제출하면 된다.

## 증권투자(25문항)

**31** ★★☆ 다음 중 기본적 분석에서 행하는 증권분석(Top-down) 3단계를 순서대로 올바르게 나열한 것은?　┃최신유형

① 기업분석 → 산업분석 → 경제분석

② 기업분석 → 경제분석 → 산업분석

③ 경제분석 → 산업분석 → 기업분석

④ 경제분석 → 기업분석 → 산업분석

**32** ★★★ 다음 중 명목이자율이 8%, 실질이자율이 5%일 때 기대인플레이션은 얼마인가?　┃최신유형

① 3%　　　　　　　　　　　　② 8%

③ 10%　　　　　　　　　　　④ 13%

**33** ★★☆ 다음 중 금융정책의 수단과 가장 거리가 먼 것은?

① 국채의 매각과 매입　　　　② 시중은행의 지불준비금의 변경

③ 세율의 인하　　　　　　　④ 정책금리의 변경

**34** ★★☆ 다음 중 M. E. Porter의 산업 경쟁구조 분석에 대한 설명으로 가장 거리가 먼 것은?

① 제품 차별화가 잘 이루어진 경우 진입장벽이 높다.

② 진출에 소요자본이 막대한 경우 진입장벽이 높다.

③ 기존 판매망이 견고한 경우 진입장벽이 높다.

④ 경쟁기업의 수가 많은 경우 진입장벽이 높다.

**35** ★★☆ 다음 중 재무제표에 대한 설명으로 가장 거리가 먼 것은?

① 기업을 계량적으로 분석하기 위해 재무제표를 활용한다.

② 재무제표의 종류는 두 가지로 재무상태표와 현금흐름표가 있다.

③ 회계의 기본원칙은 재무제표를 작성할 때 작성의 근거기준이다.

④ 재무제표 작성원칙으로는 역사적 원가주의, 수익인식의 원칙, 대응의 원칙 세 가지가 있다.

**36** ★★★ 다음 중 자기자본이익률(ROE)에 대한 설명으로 가장 거리가 먼 것은?

① 주주의 몫에 대한 순수한 경영성과지표이다.

② 주주의 입장에서 가장 중요한 수익성 비율이다.

③ 매출액순이익률, 총자산회전율, 부채비율의 결합을 통해 자기자본이익률(ROE)의 변동원인을 분석할 수 있다.

④ 자기자본의 비율이 높을수록 자기자본이익률(ROE) 값은 작아진다.

**37** ★★★ 다음 중 A기업의 최근 재무제표를 참고하여 총자본이익률(ROI)과 자기자본이익률(ROE)을 구한 것으로 적절한 것은?

- 총자산 : 500,000,000원
- 자기자본 : 300,000,000원
- 당기순이익 : 60,000,000원
- 영업이익 : 6,000,000원

① 총자본이익률 : 16.7%　　　자기자본이익률 : 20%

② 총자본이익률 : 12%　　　자기자본이익률 : 20%

③ 총자본이익률 : 16.7%　　　자기자본이익률 : 10%

④ 총자본이익률 : 12%　　　자기자본이익률 : 10%

**38** ★★★ 다음 중 기업의 단기채무지급능력을 측정할 수 있는 안정성지표로 적절한 것은?

① 이자보상비율　　　　　　　　② 유동비율

③ 고정(비유동)비율　　　　　　④ 부채비율

**39** ★★★ 다음 중 주가순자산비율(PBR)에 대한 설명으로 가장 거리가 먼 것은?　　　 ▎최신유형

① 주가를 1주당 순자산으로 나누어 계산할 수 있다.

② 분모는 시장가치를, 분자는 장부가치를 사용하여 비율을 계산할 수 있다.

③ PBR이 높다는 것은 높은 성장 가능성이 있다는 것을 의미한다.

④ PBR은 자산가치에 대한 평가뿐만 아니라 수익가치에 대한 포괄적인 정보가 반영된다는 점에서 유용성이 높다.

**40** 어느 기업의 정상PER은 10(배), 주당이익(EPS)이 2,000원이라면 적정주가는 얼마인가?   ┃최신유형
★★★

① 10,000원                       ② 12,000원

③ 20,000원                     ④ 22,000원

**41** 다음 중 주가수익비율(PER)에 대한 설명으로 가장 거리가 먼 것은?
★★★

① 성장률과 양(+)의 관계이다.

② 자본비용($k$)과 음(−)의 관계이다.

③ 배당성향과 음(−)의 관계이다.

④ ROE < $k$이면 배당성향과 양(+)의 관계이다.

**42** 다음 중 EV/EBITDA 비율에 대한 설명으로 가장 거리가 먼 것은?   ┃최신유형
★★★

① 공모기업의 시장가치 추정 시 유사기업의 EV/EBITDA를 산출하고, 이를 공모기업의 EV/EBITDA와 비교하여 추정할 수 있다.

② EBITDA는 주주 가치와 채권자 가치를 합계한 금액을 나타낸다.

③ 당기순이익을 기준으로 평가하는 주가수익비율(PER) 모형의 한계점을 보완한다.

④ 분석기준이 널리 알려져 있고, 회사 간 비교 가능성이 높아 공시정보로서의 유용성이 크다.

**43** 다음 중 잉여현금흐름(FCF) 모형에 대한 설명으로 가장 거리가 먼 것은?
★☆☆

① 잉여현금흐름으로 기업가치를 평가할 수 있다.

② 사업기간 중 발행한 잉여현금흐름과 자본비용을 합산하면 새로운 투자로 순수하게 증가되는 기업가치 증식분의 추산이 가능하다.

③ 잉여현금은 투자자본에 기여한 자금조달자들이 당해연도 말에 자신의 몫으로 분배받을 수 있는 총자금을 의미하기도 한다.

④ 잔여가치는 사업의 예측기간이 끝난 후 동 사업으로부터 지속해서 얻을 수 있는 경제적 부가가치의 크기를 의미한다.

**44** ★☆☆ 다음 중 기술적 분석에 대한 설명으로 가장 거리가 먼 것은?

① 과거의 일정한 패턴이나 추세를 알아내는 것을 주 목적으로 한다.

② 주가변동의 패턴을 관찰하여 그 변동을 미리 예측할 수 있다.

③ 이론적 검증이 곤란하다.

④ 한꺼번에 여러 주식의 가격변동 상황을 분석·예측할 수 없다.

**45** ★★★ 다음 중 추세분석에 대한 설명으로 가장 거리가 먼 것은?

① 주가는 상당기간 동일한 방향성을 지속한다는 특성을 이용한 기법이다.

② 추세순응전략은 최근 형성된 추세를 바탕으로 하락추세면 매수하고, 상승추세로 전환되면 매도하는 안정적인 기법이다.

③ 역추세순응전략은 추세반전을 미리 예상하여, 최고점에서 매도하고 최저점에서 매수 포인트를 잡아가는 전략이다.

④ 일반적으로 추세순응전략은 단기적(1년 이내), 역추세순응전략은 장기적(3년 이상)으로 사용한다.

**46** ★☆☆ 다음은 자산배분의 의의에 대한 설명이다. 괄호 안에 들어갈 내용을 올바르게 연결한 것은?

> 자산배분이란, ( ㉠ )과 ( ㉡ ) 수준이 다양한 여러 자산집단을 대상으로 투자자금을 배분하여 최적의 자산포트폴리오를 구성하는 일련의 투자과정을 말한다.

① 기대수익률, 표준편차

② 기대수익률, 위험

③ 이익, 손실

④ 이익, 위험

**47** ★★☆ 다음 중 투자목표 설정에 대한 설명으로 가장 거리가 먼 것은?

① 예상되는 기대수익률로부터 변동성은 어느 정도까지 수용할 수 있는지의 위험수용도를 고려해야 한다.

② 투자목적은 투자자의 나이, 투자성향, 투자자금의 성격, 세금 등에 의해 결정된다.

③ 위험회피자의 경우에는 최소요구수익률이나 원금보장 등에 대해 뚜렷한 제약조건을 가지고 있다.

④ 재무목표를 설정하기 전에 투자목표를 설정해야 한다.

**48** 다음 중 자산집단과 벤치마크의 연결이 올바르지 않은 것은?  ┃최신유형
★★☆

① 국내주식 - KOSPI20
② 해외주식 - MSCI ACWI
③ 채권 - KRX 채권 종합지수
④ 단기금융상품 - 3년 정기예금 금리

**49** 다음 중 벤치마크의 조건충족에 대한 설명으로 가장 거리가 먼 것은?
★★☆

① 자산집단과 가중치에 대한 구체적인 내용은 운용 이후 주기적인 점검이 필요하다.
② 벤치마크는 운용성과를 운용자가 추적하는 것이 가능해야 한다.
③ 적용되는 자산의 바람직한 운용상을 표현하고 있어야 한다.
④ 자산집단에 대한 투자성과와 위험도를 측정하기 위해 벤치마크가 사전에 설정되어야 한다.

**50** 다음 중 기대수익률 측정방법으로 가장 거리가 먼 것은?
★★★

① 추세분석법
② 시나리오분석법
③ 펀더멘털분석법
④ 위험-수익 최적화방법

**51** 다음은 기대수익률을 계산하는 공식이다. 괄호 안에 들어갈 내용으로 적절한 것은?  ┃최신유형
★★★

| 주식 기대수익률 = 무위험이자율 + (              ) |
| --- |

① 주식시장 위험 프리미엄
② 평균기대수익률
③ 3년 만기 국고채 수익률
④ 배당수익률

**52** ★★☆ 다음 〈보기〉에서 변동계수가 가장 큰 자산은?    ┃최신유형

〈보 기〉

| 자 산 | A | B | C | D |
|---|---|---|---|---|
| 기대수익률(평균) | 20% | 30% | 20% | 30% |
| 표준편차 | 2% | 3% | 3% | 2% |

① A          ② B
③ C          ④ D

**53** ★★★ 다음 중 전략적 자산배분의 이론적 배경에 대한 설명으로 가장 거리가 먼 것은?

① 정해진 위험수준에서 가장 높은 수익률을 달성하는 포트폴리오를 효율적 포트폴리오라고 한다.
② 여러 개의 효율적 포트폴리오를 수익률과 위험의 공간에서 연속선으로 연결한 것이 효율적 투자기회선이다.
③ 지배원리는 일정한 기대수익률에서 최소위험을 부담하는 자산포트폴리오를 구성하는 것을 의미한다.
④ 특정 투자자의 최적 포트폴리오는 효율적 투자기회선과 투자자의 효용함수가 접하는 점에서 결정된다.

**54** ★★★ 다음 중 자산배분 전략에 대한 설명으로 가장 거리가 먼 것은?    ┃최신유형

① 전략적 자산배분은 중장기적인 자산구성으로 인한 투자성과의 저하를 방지하고, 지나치게 단기적인 시장상황에 의존하는 투자전략으로부터 위험을 사전적으로 통제하기 위한 전략이다.
② 펀드운용자가 투자자산의 과대 또는 과소 평가여부를 판단할 수 없다면 최초 수립된 투자전략에 의한 투자자산구성, 즉 전략적 자산배분을 유지해야 한다.
③ 전술적 자산배분이란 전략적 자산배분에 의해 결정된 포트폴리오를 투자전망에 따라 중단기적으로 변경하는 실행과정이다.
④ 전략적 자산배분 전략은 새로운 정보에 대해 지나치게 낙관적이거나 비관적인 반응으로 인해 내재가치로부터 상당히 벗어나는 가격착오 현상인 과잉반응을 활용하는 전략이다.

**55** ★★★ 다음 〈보기〉에서 설명하는 전술적 자산배분 전략의 실행도구로 적절한 것은?    ┃최신유형

〈보 기〉

막연하게 시장과 역으로 투자함으로써 고수익을 지향하고자 하는 전략의 한 사례로, 주가가 하락하면 주식을 매수하고, 주가가 상승하면 주식을 매도하는 역투자전략이다.

① 가치평가모형          ② 기술적 분석
③ 위험-수익 최적화방법          ④ 포뮬러 플랜

## 투자권유(45문항)

**56** 다음 중 「자본시장법」 제정에 대한 설명으로 가장 거리가 먼 것은?
★☆☆

① 금융투자상품의 종류를 열거주의에서 포괄주의로 전환하였다.

② 기능별 규제에서 기관별 규제로 전환했다.

③ 금융투자업 간 겸업을 허용하는 등 업무범위를 확장했다.

④ 투자자보호 제도를 도입하였다.

**57** 다음 중 「자본시장법」상 금융투자상품에 대한 설명으로 가장 거리가 먼 것은? ❙최신유형
★★★

① 금융투자상품은 원금손실 가능성이 있다.

② 회수금액 산정 시 판매수수료와 위험보험료는 포함되지 않는다.

③ 파생상품은 원금 초과손실 가능성이 존재한다.

④ 원화표시 양도성예금증서(CD)는 금융투자상품에 속하지 않는다.

**58** 다음 중 전문투자자에 대한 설명으로 가장 거리가 먼 것은? ❙최신유형
★★★

① 한국거래소, 예탁결제원, 금감원, 신용보증기금은 절대적 전문투자자에 해당한다.

② 주권상장법인이 장외파생상품 거래를 하는 경우에는 별도 의사를 표시하지 아니하면 일반투자자로 대우한다.

③ 금융투자상품 잔고가 10억원 이상인 법인 또는 단체는 금융위에 신고하면 전문투자자 대우를 받을 수 있다.

④ 개인이 전문투자자 대우를 받기 위해서는 최근 5년 중 1년 이상의 기간 동안 금융투자상품을 월말 평균잔고 기준으로 5천만원 이상 보유한 경험이 있어야 하고, 본인의 직전년도 소득액이 1억원 이상이어야 한다.

**59** 다음 중 금융투자업 인가요건 유지 의무에 대한 설명으로 가장 거리가 먼 것은?
★★★

① 금융투자회사는 인가요건을 유지하지 못한 경우 금융위의 인가가 취소될 수 있다.

② 인가요건을 유지하기 위한 매 회계연도 말 기준 자기자본이 인가업무 단위별 최저 자기자본의 70% 이상을 유지해야 한다.

③ 특정 회계연도 말을 기준으로 유지요건에 미달한 경우 즉시 금융투자업 인가가 취소된다.

④ 대주주의 출자능력, 재무건전성, 부채비율 요건은 인가요건 유지 의무에서 배제된다.

**60** ★★★ 다음 중 정보교류 차단장치(Chinese Wall)에 대한 설명으로 가장 거리가 먼 것은?　| 최신유형

① 임직원 겸직이 금지된다.

② 회사가 이해상충 우려가 없다고 스스로 판단하여 차단대상 정보에서 제외하는 것은 금지된다.

③ 금융투자상품의 매매 정보 및 소유현황 정보 제공은 금지된다.

④ 사무공간, 전산설비를 공동으로 이용하는 것은 금지된다.

**61** ★★☆ 다음 중 「자본시장법」상 투자매매업자 또는 투자중개업자의 자기계약 금지에 관한 사항으로 가장 거리가 먼 것은?　| 최신유형

① 투자매매업자 또는 투자중개업자는 금융투자상품에 관한 같은 매매에서 자신이 본인이 됨과 동시에 상대방의 투자중개업자가 될 수 없다.

② 증권시장 또는 파생상품시장을 통하여 매매가 이루어지는 경우에는 자기거래 금지 규정이 적용되지 않는다.

③ 투자매매업자 또는 투자중개업자가 자기가 판매하는 집합투자증권을 매수하는 경우에는 자기거래 금지 규정이 적용되지 않는다.

④ 투자매매업자 또는 투자중개업자가 다자간매매체결회사를 통해 매매가 이루어지도록 한 경우 자기거래 금지 규정이 적용된다.

**62** ★★★ 다음 중 「자본시장법」상 불건전 영업행위에 대한 설명으로 가장 거리가 먼 것은?

① 증권시장과 파생상품시장 간의 가격 차이를 이용한 차익거래는 선행매매에 해당하지 않는다.

② 조사분석자료 공표 후 24시간이 경과하기 전에 조사분석자료의 대상이 된 금융투자상품은 자기의 계산으로 매매할 수 없다.

③ 조사분석자료 작성 담당자에게 기업금융업무와 연동된 성과보수를 지급할 수 없다.

④ 모집·매출과 관련된 조사분석자료는 그 증권이 최초로 상장된 후 40일 이내에 공표하거나 특정인에게 제공해야 한다.

**63** ★★☆ 다음 중 증권신고서에 대한 설명으로 가장 거리가 먼 것은?　| 최신유형

① 증권신고서의 제출의무자는 해당 증권의 발행인이다.

② 청약의 권유를 받는 자의 수가 50인 미만이라도 발행일로부터 1년 내 50인 이상의 자에게 양도될 수 있는 경우라면 전매가능성이 인정되어 모집으로 간주된다.

③ 국채, 지방채, 특수채, 국가 또는 지방자치단체가 원리금을 지급보증한 채무증권은 증권신고서 제출의무가 면제된다.

④ 금융위의 정정요구를 받은 후 1개월 내에 정정신고서를 제출하지 아니한 경우에는 해당 증권신고서를 철회한 것으로 본다.

**64**
★★★

다음 〈보기〉는 공개매수제도에 대한 설명이다. 괄호 안에 들어갈 내용이 올바르게 연결된 것은?　┃최신유형

---〈보 기〉---

공개매수란 증권시장 ( ㉠ )에서 ( ㉡ )(을)를 대상으로 이루어지는 주식 등의 장외매수에 대해 그 내용을 공시하도록 하는 제도이다.

① ㉠ 안　　　　　㉡ 특정인
② ㉠ 안　　　　　㉡ 불특정다수
③ ㉠ 밖　　　　　㉡ 특정인
④ ㉠ 밖　　　　　㉡ 불특정다수

**65**
★★★

다음은 내부자 단기매매차익 반환제도에 대한 설명이다. 괄호 안에 들어갈 내용이 올바르게 나열된 것은?　┃최신유형

단기매매차익 반환 의무가 성립하기 위해서는 내부자가 주권상장법인의 특정 증권 등을 매수한 후 ( ㉠ ) 이내에 매도하거나 특정 증권 등을 매도한 후 ( ㉡ ) 이내에 매수하여 이익을 얻어야 한다.

① ㉠ 3개월　　　　㉡ 3개월
② ㉠ 3개월　　　　㉡ 6개월
③ ㉠ 6개월　　　　㉡ 3개월
④ ㉠ 6개월　　　　㉡ 6개월

**66**
★★★

다음 중 고객관리의 필요성에 대한 설명으로 가장 거리가 먼 것은?

① 신규고객을 확보하는 것보다 비용을 절감할 수 있다.
② 금융기관별 업무영역의 확장으로 고객의 금융욕구 만족도를 높이기 위해 고객관리가 필요하다.
③ 기존 고객관리 중심의 영업전략이 유지 및 관리비용 측면에서 매우 효과적이다.
④ 양적인 계수 중심의 영업전략으로 금융기관의 조직 문화가 전환되었다.

**67**
★★☆

다음 중 성공적인 CRM 전략에 대한 설명으로 가장 거리가 먼 것은?　┃최신유형

① 고객차별화가 아닌 제품차별화에 중점을 두는 경영전략이다.
② 고객만족을 통한 지속적인 매출과 장기적인 수익의 극대화를 목표로 한다.
③ 금융기관에 기여도가 높은 우량고객 중심의 고객점유율 확대가 주요전략이다.
④ 신규고객의 확보보다는 기존고객의 유지와 발전에 초점을 맞춘 경영전략이라 할 수 있다.

**68** 다음 중 올바른 고객상담 절차는?

★★☆

Ⅰ최신유형

① 고객과의 관계형성 → Needs 탐구 → 설득 및 해법 제시 → 동의확보 및 Closing

② 고객과의 관계형성 → 설득 및 해법 제시 → Needs 탐구 → 동의확보 및 Closing

③ Needs 탐구 → 고객과의 관계형성 → 동의확보 및 Closing → 설득 및 해법 제시

④ Needs 탐구 → 설득 및 해법 제시 → 고객과의 관계형성 → 동의확보 및 Closing


**69** 다음 중 고객의 Needs 파악을 위한 확대형 질문의 타이밍으로 적절한 것은?

★★☆

① 고객이 자기의 Needs에 대해 잘 이야기할 때

② 판매사원 또는 고객의 시간적인 제약으로 빨리 결정을 유도할 때

③ 새로운 화제나 다른 구체적인 화제로 바꾸어 대화 흐름을 자신이 생각하는 방향으로 리드하고 싶을 때

④ 확대형 및 개방형 질문을 해도 고객의 반응이 없을 때


**70** 다음 중 고객상담 절차에 대한 설명으로 가장 거리가 먼 것은?

★★★

① Eye Contact는 자신감의 표현이며, 고객의 말을 경청하고 있다는 것을 보여 준다.

② 첫 만남에서 매직 워드(Magic Word)를 사용하여 딱딱한 분위기를 부드럽게 한다.

③ 고객이 필요로 하는 상품 및 서비스에 우선순위를 두어 중점적으로 설명한다.

④ 고객이 동의의 기미를 보이면 서둘러 Closing을 한다.


**71** 다음 중 고객의 Needs 파악에 대한 설명으로 가장 거리가 먼 것은?

★★★

① Needs란 일종의 갭(gap)이다.

② 대부분의 Needs는 현 상태의 부족한 무언가를 증가시키는 것에 국한된다.

③ Needs란 고객이 안고 있는 문제, 난처해하고 있는 일, 원하고 있는 것과 바라고 있는 점을 뜻한다.

④ Needs를 찾아가는 바람직한 단계는 문의 → 촉진 → 확인 기법을 적용한다.

**72** 다음 〈보기〉에서 설명하는 고객의 반감처리 화법으로 적절한 것은?    ▮최신유형
★★★

---- 〈보 기〉 ----
- 고객 : "수익률 차이도 별로 없는데 갈아탈 이유가 있을까요?"
- 영업직원 : "수익률만 따진다면 큰 차이가 없는 것은 사실입니다. 하지만 가입 후의 서비스를 비교해 보십시오."

① 부메랑법                          ② 보상법
③ Yes, But                          ④ 질문법

**73** 다음 중 고객과의 상담 시 긍정적 답변은 하지 않으나 부정적이지 않을 때 활용할 수 있는 상담 종결의 화법으로 적절
★★★  한 것은?

① 추정승낙법                        ② 실행촉진법
③ 양자택일법                        ④ '기회이익의 상실은 손해' 화법

**74** 다음 중 클로징(Closing)에 대한 설명으로 가장 거리가 먼 것은?    ▮최신유형
★★★
① 클로징(Closing) 시점은 미리 정해두는 것이 좋다.
② 바잉 시그널(Buying Signal)을 놓치지 않고 감지한다.
③ 고객의 성향에 따라 클로징(Closing)을 달리한다.
④ 클로징(Closing)에 실패했을 경우에는 확대형 질문으로 그 이유를 묻는다.

**75** 다음 중 고객응대 시 유의사항으로 가장 거리가 먼 것은?
★★☆
① 편리하고 편안하게 느껴져야 한다.
② 프로페셔널하게 느껴져야 한다.
③ 항시 회사 지향적인 사고와 행동을 해야 한다.
④ 불만을 나타내는 고객에게는 더욱 정중하고 감사하는 마음으로 대해야 한다.

**76** 다음 중 윤리와 법에 대한 설명으로 가장 거리가 먼 것은?
★☆☆
① 법은 사회질서 수호를 목적으로 하지만, 윤리는 개인의 도덕심을 지키는 것을 목적으로 한다.
② 윤리에 부합하는 법, 즉 정당한 법은 "있는 그대로의 법"이다.
③ 법은 최소한의 윤리이다.
④ 법은 기본적으로 보수적이므로, '낡은' 법과 '새로운' 윤리가 충돌하는 경우가 많다.

**77** 다음 중 금융투자업에서 직무윤리의 중요성이 더욱 강조되는 이유와 가장 거리가 먼 것은?
★★★
① 업무 특성상 고객의 이익을 침해할 가능성이 높기 때문이다.
② 금융투자상품은 원본손실 가능성을 내포하고 있어 고객과의 분쟁 가능성이 상존하기 때문이다.
③ 금융투자상품의 전문화·복잡화·다양화로 단순한 정보제공의 차원을 넘어 금융소비자보호를 위한 노력이 요구되기 때문이다.
④ 직무윤리를 준수하는 것은 금융소비자를 보호하는 안전장치의 역할을 한다.

**78** 다음 중 금융투자업자가 준수해야 할 직무윤리에 대한 설명으로 가장 거리가 먼 것은?
★☆☆
① 신의성실의 원칙은 윤리적 원칙이면서 동시에 법적 의무이기도 하다.
② 과당매매는 이해상충의 발생원인이 된다.
③ 예탁된 자산규모가 큰 고객에 대해서만 환율 위험이 있는 외화표시상품과 파생상품을 권유하는 것은 부당권유금지원칙을 위반한 것이다.
④ 선관주의의무 및 충실의무를 위반한 경우 불법행위에 대해 손해배상책임을 부담하게 된다.

**79** 다음 중 과당매매를 판단하는 기준과 가장 거리가 먼 것은?                           ┃ 최신유형
★★☆
① 일반투자자의 투자위험 숙지 여부
② 일반투자자가 부담하는 수수료의 총액
③ 일반투자자의 재산상태 및 투자목적에 적합한지의 여부
④ 일반투자자의 수익달성 여부

**80** 금융투자상품 판매 단계의 금융소비자보호 중 설명의무에 대한 설명으로 가장 거리가 먼 것은?
★★★

① 설명의무 미 준수 시 최대 1억원 이내의 과태료가 부과될 수 있다.

② 금융소비자보호법에서는 예금성, 대출성, 보장성, 투자성 상품에 설명의무를 적용한다.

③ 일반금융소비자에게 설명의무를 이행한 경우 금융회사는 그 기록을 유지·보관할 의무가 있다.

④ 청약철회에 대한 설명은 모든 금융상품에 적용된다.

**81** 다음 중 상품 판매 단계에서의 금융소비자보호와 가장 관계가 깊은 것은?　　　Ⅰ 최신유형
★★★

① 해피콜 서비스　　　　　② 고객의 소리

③ 설명의무　　　　　　　④ 위법계약해지권

**82** 다음 중 상품 판매 이후 금융소비자보호 내용으로 가장 거리가 먼 것은?
★★★

① 계약서류 제공의무

② 정보의 누설 및 부당이용 금지

③ 보고 및 기록의무

④ 위법계약해지권

**83** 다음 중 금융투자업종사자의 공용재산의 사적 사용 금지사항에 대한 설명으로 가장 거리가 먼 것은?　　　Ⅰ 최신유형
★★★

① 회사 재산에는 업무용 차량, 부동산 등 유형적인 것뿐 아니라 무체재산권이나 영업비밀 등의 무형의 것도 포함된다.

② 회사의 재산을 부당하게 유출하거나 유용하면 형사처벌 대상이 된다.

③ 회사의 비품이나 자재를 사적인 용도로 사용하는 행위는 금지된다.

④ 준법감시인 등 회사의 사전 승인 없이 언론매체와 접촉하는 행위는 금지된다.

**84** ★★★ 다음 중 내부통제 및 준법감시제도에 대한 설명으로 가장 거리가 먼 것은?

① 금융투자업자는 이사회의 결의에 따라 내부통제기준 제도 도입을 선택할 수 있다.

② 내부통제기준의 제정·변경 시 이사회의 결의를 거쳐야 한다.

③ 준법감시제도는 금융투자업의 내부통제 중 하나이다.

④ 준법감시제도는 금융투자업자가 업무를 수행함에 있어 제반 법규를 엄격히 준수하고 있는지에 대해 사전적 또는 상시적으로 통제·감독하는 장치이다.

**85** ★★☆ 다음 중 준법감시인의 권한 및 의무에 해당하지 않는 것은?    ▌최신유형

① 내부통제기준 준수 여부 점검 및 보고

② 임직원의 위법·부당행위에 대한 감사 및 보고

③ 준법감시계획 수립 및 결과 보고

④ 임직원의 재산 가압류에 대한 보고

**86** ★★★ 다음 중 손실보전 금지조항에 포함되는 것을 모두 고르면?

⊙ 투자자가 입은 손실의 전부 또는 일부를 사후에 보전하여 주는 행위
ⓒ 회사의 위법행위로 인하여 회사가 손해를 배상하는 행위
ⓒ 분쟁조정 또는 재판상의 화해절차에 따라 손해를 배상하는 행위
ⓒ 투자자에게 일정한 이익을 보장할 것을 사전에 약속하는 행위

① ㉠, ㉡

② ㉠, ㉣

③ ㉡, ㉢

④ ㉢, ㉣

**87** ★★☆ 다음 〈보기〉에서 설명하는 6대 판매원칙으로 적절한 것은?

———— 〈보 기〉 ————

모든 금융소비자에게 우월적 지위를 이용하여 금융소비자의 권익을 침해하는 행위는 금지되며 위반 시 계약으로 얻은 수입의 50% 이내 과징금 및 1억원 이하의 과태료가 부과될 수 있다.

① 허위, 부당 광고 금지　　　　　　　② 설명의무
③ 부당권유행위 금지　　　　　　　　④ 불공정영업행위 금지

**88** ★★★ 다음 중 개인정보 처리와 관련한 정보주체의 권리에 대한 설명으로 가장 거리가 먼 것은?

① 개인정보 처리로 발생한 피해에 대해 개인정보처리자와 금융회사에 구상권을 청구할 권리가 있다.
② 개인정보 처리에 관한 동의 여부와 동의 범위 등을 선택하고 결정할 권리가 있다.
③ 개인정보의 삭제 및 파기를 요구할 권리가 있다.
④ 개인정보에 대한 열람을 요구할 권리가 있다.

**89** ★★★ 다음 중 개인정보처리자가 특정 개인의 정보를 제3자에게 제공할 경우 정보주체에게 알려야 할 사항에 해당하는 것은?

▌최신유형

가. 개인정보를 제공받는 자
나. 제공하는 개인정보의 항목
다. 동의를 거부할 권리가 있다는 사실
라. 개인정보처리를 담당하는 직원정보

① 가, 나, 다　　　　　　　　　② 가, 다, 라
③ 나, 다, 라　　　　　　　　　④ 가, 나, 다, 라

**90** ★★★ 다음 중 개인정보유출 시 처벌에 대한 설명으로 가장 거리가 먼 것은?

▌최신유형

① 정보유출에 대한 손해배상이 강화되면서 징벌적 손해배상제도가 도입됐다.
② 피해액의 최대 3배까지 배상액을 중과할 수 있도록 했다.
③ 개인도 부정한 방법으로 개인정보를 취득하여 타인에게 제공하면 3년 이하의 징역 또는 3천만원 이하의 벌금에 처한다.
④ 구체적인 피해액을 입증하지 못해도 300만원 이내의 금액을 보상받는 법정손해배상제도가 도입되었다.

**91** ★★★ 다음 중 금융투자협회의 분쟁조정제도에 대한 설명으로 가장 거리가 먼 것은? Ⅰ최신유형

① 분쟁조정신청은 대리인도 신청이 가능하다.

② 수사기관이 수사 중이거나 법원에 제소된 경우 위원회에 회부 전 종결된다.

③ 분쟁조정위원회의 조정안을 수락한 경우 민법상 화해계약의 효력을 갖는다.

④ 분쟁조정신청의 당사자는 결과에 중대한 영향을 미치는 사실이 나타난 경우 조정결정일로부터 20일 이내에 재조정
   신청이 가능하다.

**92** ★★☆ 다음 중 분쟁조정위원회에 회부되기 전 종결처리될 수 있는 사유가 아닌 것은? Ⅰ최신유형

① 수사기관이 수사 중이거나 법원에 제소된 경우

② 직접 또는 간접적인 이해관계가 있는 자가 조정신청을 하는 경우

③ 동일한 내용으로 다시 신청되었거나 조정신청서상 신청인의 명의와 실제 신청인이 상이한 경우

④ 당사자 주장 또는 제출자료 등을 통한 사실조사로써 명백히 사실관계를 확정하기 곤란한 경우

**93** ★★☆ 다음 중 금융투자상품의 내재적 특성과 가장 거리가 먼 것은? Ⅰ최신유형

① 원금손실 가능성이 있다.

② 투자상품에 대한 투자결과는 본인 책임이다.

③ 투자상품에 대한 지속적인 관리가 요구된다.

④ 예금자보호가 되지 않는다.

**94** ★★☆ 다음 중 금융투자상품 관련 분쟁의 유형과 책임에 대한 설명으로 가장 거리가 먼 것은?

① 고객의 예탁자산을 마음대로 매매한 경우 민사상 손해배상책임 또는 그 직원에 대한 처벌이 가능하다.

② 임의매매로 인해 고객충실의무 위반이 인정될 경우 민사상 손해배상책임이 발생할 수 있다.

③ 불완전판매는 부당권유의 한 유형으로 보아 적합성의 원칙, 적정성의 원칙, 설명의무, 손실보전약정 금지 등을 종합
   적으로 고려하여 민법상 불법행위 여부를 판단한다.

④ 고객이 낸 주문을 금융투자회사가 다르게 처리한 경우 민사상 손해배상책임이 발생할 수 있다.

**95** 증권투자 관련 주요 분쟁 사례 중 임의매매와 관련된 설명으로 가장 거리가 먼 것은?
★★☆

① 고객이 증권회사 직원에게 주식매매를 포괄일임하였다고 하더라도 직원이 고객의 특정 종목에 대한 매수금지 지시에 불응하여 동 종목을 매수한 행위는 임의매매에 해당한다.

② 비록 직원이 고객에게 포괄적인 일임을 받았다고 하더라도 별도의 권한을 위임받지 않고 행한 신용거래의 경우 임의매매에 해당한다.

③ 고객이 직원의 임의매매 사실을 알고도 즉시 이에 대한 배상요구를 하지 않은 경우 임의매매를 추인한 것으로 볼 수 있다.

④ 잘못된 정보를 제공받아 임의매매를 인정하는 취지의 말을 한 경우 임의매매 추인을 부정한다.

**96** 다음 중 투자권유 전 준수사항에 대한 설명으로 가장 거리가 먼 것은?
★★☆

① 투자권유를 하기 전에 해당 투자자가 일반투자자인지 전문투자자인지 확인해야 한다.

② 금융소비자가 투자권유를 희망하지 않는 경우 투자권유대행인은 투자권유를 할 수 없다는 사실을 알려야 한다.

③ 주권상장법인이 장외파생상품 거래를 하는 경우 원칙적으로 전문금융소비자로 본다.

④ 투자자 성향 파악을 위한 배점기준은 회사별로 자율적으로 정할 수 있다.

**97** 다음 중 투자권유대행인의 금지행위에 대한 설명과 가장 거리가 먼 것은?      **┃최신유형**
★★★

① 금융투자상품의 매매와 관련하여 투자자에게 협회 및 회사가 정하는 한도를 초과하여 재산상의 이익을 제공하면서 투자권유를 하는 행위를 해서는 아니 된다.

② 투자자 성향 및 금융투자상품의 특성을 고려하여 장기투자가 유리하다고 판단되는 경우일지라도 장기투자를 권유해서는 아니 된다.

③ 회사가 이미 발행한 주식의 매수 또는 매도를 권유하는 행위를 해서는 아니 된다.

④ 투자자를 대신하여 매매주문을 대리하거나 투자자 또는 그 대리인으로부터 매매주문을 수탁하는 행위를 해서는 아니 된다.

**98** 다음 중 재무설계에 대한 설명으로 가장 거리가 먼 것은?  ▮최신유형

★★☆

① 재무설계란 재정적인 자원을 적절하게 관리함으로써 삶의 목표를 달성해 가는 과정이다.

② 투자권유를 할 때 재무설계라는 전략적 목적을 갖고 임해야 투자상담 성공률을 높일 수 있다.

③ 재무설계는 재무문제를 해결하기 위해 특정한 재무수단의 사용에 초점을 둔다.

④ 재무설계는 단기에 걸쳐서만 세우는 것이 아니라 장기적으로 이루어져야 한다.

**99** 다음 중 재무설계의 목표와 가장 거리가 먼 것은?

★★★

① 소득과 부의 극대화  ② 효율적 소비의 실천

③ 재무 안전감의 달성  ④ 재무관리 능력 향상

**100** 다음 중 노년기 자산관리 원칙으로 가장 거리가 먼 것은?

★★★

① 자산증식보다 안정적인 소득창출이 주목적이어야 한다.

② 자산의 규모와 관계없이 누구나 자산관리가 필요하다.

③ 인플레이션에서 자산가치를 보호할 장치를 마련해야 한다.

④ 투자와 상속계획은 충분한 여유자금이 있을 때만 해야 한다.

계속 갈망하라. 언제나 우직하게.

- 스티브 잡스 -

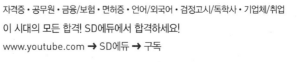

What is your passcode?

증권투자권유대행인 실제유형 모의고사

# 제1회

# PASSCODE

증권투자권유대행인 실제유형 모의고사

# 제2회

# 제2회
# 증권투자권유대행인
# 실제유형 모의고사

## 문항 및 시험시간

| 평가영역 | 문항 수 | 시험시간 | 비 고 |
|---|---|---|---|
| 증권투자권유대행인 | 100문항 | 120분 | |

※ 이 자료는 저작권법에 의해 보호를 받는 저작물이므로 동영상 제작 및 무단전재와 복제를 금합니다.

# 제2회 실제유형 모의고사

문 항 수 : 100문항
응시시간 : 120분

## 금융투자상품 및 증권시장(30문항)

**01** 다음 중 금융투자회사의 주요업무에 대한 설명으로 가장 거리가 먼 것은?                                    ▮최신유형
★★★

① 투자매매업무로서 증권회사가 신규 발행된 증권을 매출할 목적으로 취득하는 업무를 행한다.

② 위탁매매업무로서 고객의 매매주문을 받아 고객의 명의와 증권회사의 계산으로 금융투자상품의 매매를 행한다.

③ 자기매매업무를 통해 증권시장 또는 장외거래에서 일시적인 수급불균형을 조정하는 역할을 한다.

④ 신용공여업무로서 증권회사가 증권거래와 관련하여 고객에게 금전을 융자하거나 유가증권을 대부하는 업무를 한다.

**02** 다음 중 손해보험에서 취급하는 보험종목과 가장 거리가 먼 것은?                                    ▮최신유형
★★☆

① 생사혼합보험                    ② 해상보험

③ 연금보험                    ④ 특종보험

**03** 다음 〈보기〉에서 설명하는 예금성 금융상품으로 적절한 것은?                                    ▮최신유형
★★☆

─────── 〈보 기〉 ───────

일정한 금액을 약정기간까지 예치하고 그 기한이 만료될 때까지는 원칙적으로 환급해 주지 않는 기한부 예금이다.

① 정기적금                    ② 정기예금

③ 보통예금                    ④ 당좌예금

**04** 다음 중 집합투자기구(펀드)에 대한 설명으로 가장 거리가 먼 것은?  ❙최신유형
★★★

① 종류형 집합투자기구는 동일한 투자기구 내 다양한 판매 보수가 존재한다.

② 상장지수펀드는 증권거래세가 면제된다.

③ 모자형 집합투자기구의 실제 증권에 대한 투자는 하위 투자기구에서 발생한다.

④ 단기금융집합투자기구는 최저 가입금액의 제한이 없고 환금성이 높다.

**05** 인덱스펀드에 개별 주식의 높은 환금성이 더해진 집합투자기구로 적절한 것은?
★★☆

① 종류형 집합투자기구

② 전환형 집합투자기구

③ 모자형 집합투자기구

④ 상장지수집합투자기구

**06** 다음 중 파생결합증권에 연계되는 기초자산과 가장 거리가 먼 것은?  ❙최신유형
★★★

① 신종채권　　　　　　　　　　　② 통 화

③ 일반상품　　　　　　　　　　　④ 신용위험

**07** 다음 중 주식워런트증권(ELW)의 가격결정 요인으로 가장 거리가 먼 것은?  ❙최신유형
★★☆

① 기초자산의 가격

② 만기까지의 잔존기간

③ 행사가격의 변동성

④ 배 당

**08** 다음 중 주가연계증권(ELS)에 대한 설명으로 가장 거리가 먼 것은? ┃최신유형
★★☆

① 증권사가 제시한 수익 이외의 추가 수익은 없다.

② 원금보장형과 원금비보장형 상품으로 구분된다.

③ 만기 이전 원금의 손실 없이 중도해지 가능하다.

④ 만기 시 원리금 지급액이 기초자산의 변동에 따라 달라진다.

**09** 다음 중 연금저축에 대한 설명으로 가장 거리가 먼 것은?
★☆☆

① 누구나 가입 가능하다.

② 만 55세 이후 연금수령이 가능하다.

③ 연간 납입한도는 1,800만원이다.

④ 연금저축신탁, 연금저축보험, 연금저축펀드가 판매 중이다.

**10** 다음 중 예금자보호 대상 상품으로 적절한 것은? ┃최신유형
★★★

① 별단예금

② 변액보험계약

③ 주택청약저축

④ 뮤추얼펀드

**11** 다음 중 발행시장에 대한 설명으로 가장 거리가 먼 것은? ┃최신유형
★★☆

① 발행시장은 기업의 장기자금 조달시장으로서 기업자본의 대규모화를 실현시킨다.

② 발행시장은 기업 상호 간의 연결을 촉진시켜 양적·질적 고도화를 유도하는 기능을 수행한다.

③ 모집은 50인 이상의 투자자에게 이미 발행된 증권의 매도의 청약을 하거나 매수의 청약을 권유하는 것이다.

④ 공모의 적용여부를 판단하는 50인 산출대상에서 전문가와 연고자는 제외하도록 한다.

**12** 다음 중 기업공개 절차에 대한 설명으로 적절한 것은? ❚ 최신유형

　★★★

① 유가증권시장에 상장하고자 하는 법인은 최근 1사업연도의 재무제표에 대해 외부감사인으로부터 감사를 받아야 하며, 사업 연도개시 후 6월이 경과한 경우에는 반기재무제표에 대한 외부감사인의 검토를 받아야 한다.

② 대표주관회사는 계약 체결 후 7영업일 이내에 금융투자협회에 신고해야 한다.

③ 정정신고서가 제출된 때에는 그 정정신고서가 수리된 날에 당해 증권신고서가 수리된 것으로 본다.

④ 증권신고서는 금융위원회가 이를 수리한 날부터 3일 경과 후 효력이 발생한다.

**13** 다음 중 상장제도에 대한 설명으로 가장 거리가 먼 것은?

　★★★

① 신규상장 이후 기업공개(IPO)의 절차를 거쳐야 한다.

② 상장기업은 주주총회의 특별결의만으로 주식의 액면미달발행이 가능하다.

③ 상장주식의 소액주주가 증권시장을 통해 주식을 양도한 경우 양도소득세 비과세가 적용된다.

④ 주권상장법인은 분기배당이 가능하다.

**14** 다음 중 상장의 종류와 내용에 대한 설명으로 가장 거리가 먼 것은?

　★★★

① 발행인이 상장되지 않은 주권을 처음 증권시장에 상장하는 것은 신규상장이다.

② 주권종목, 액면금액, 주식수량 등이 변경된 경우 추가상장을 통해 상장할 수 있다.

③ 재상장은 일반재상장, 분할재상장, 합병재상장으로 구분하여 신규상장요건보다는 완화된 요건으로 재상장한다.

④ 주권비상장법인의 지분증권이 상장되는 대표적인 사유에는 기업합병이 있고 이를 우회상장이라 한다.

**15** 다음 중 신규상장 심사요건과 가장 거리가 먼 것은? ❚ 최신유형

　★★★

① 영업활동 기간

② 주식분산 요건

③ 경영성과

④ 유통주식수

**16** 다음 중 상장폐지에 대한 설명으로 가장 거리가 먼 것은?          **┃최신유형**
★★☆

① 당해 상장폐지 통지를 받은 주권상장법인은 그 통지를 받은 날부터 유가증권시장은 15영업일, 코스닥시장은 7영업일 이내에 거래소에 이의신청을 할 수 있다.

② 최근 연매출액이 2년 연속으로 50억원 미만인 경우에는 코스닥시장에서의 퇴출요건에 해당한다.

③ 상장폐지는 당해 주권상장법인의 신청에 의하는 경우도 있으나 거래소의 직권에 의한 경우가 일반적이다.

④ 상장폐지 사유에 해당하는 경우에는 상장폐지의 사유와 근거, 상장폐지에 대한 이의신청을 할 수 있다는 내용 등을 해당 주권상장법인에 서면으로 알려야 한다.

**17** 다음 중 불성실공시에 대한 조치로 적절한 것은?          **┃최신유형**
★☆☆

① 불성실공시법인으로 지정된 경우, 거래소는 해당 법인이 발행한 주권의 매매거래를 7일간 정지한다.

② 불성실공시와 관련하여 과거 1년간 이내에 누계벌점이 15점 이상이 되는 경우에는 관리종목으로 지정되고, 이후 1년간 15점 이상 추가된 경우 주권이 상장폐지된다.

③ 거래소는 불성실공시법인에 대하여 총 50억원 한도에서 공시위반제재금을 부과할 수 있다.

④ 고의, 중과실 또는 상습적으로 공시의무를 위반한 경우에는 벌점당 2,000만원씩 추가부과할 수 있다.

**18** 다음 중 매매거래제도의 호가(주문)에 대한 설명으로 가장 거리가 먼 것은?
★★☆

① 지정가 주문에 부합하는 상대주문이 없는 경우 매매체결이 안 된다.

② 종목을 지정하되 수량과 가격을 지정하지 않은 주문은 시장가 주문이다.

③ 최유리지정가 매도 주문의 경우 가장 높은 매수주문가격으로 주문된다.

④ 최우선지정가 매도 주문의 경우 가장 낮은 매도주문가격으로 주문된다.

**19** 다음 중 매매거래의 중단에 대한 설명으로 적절한 것은?          **┃최신유형**
★★★

① Circuit Breakers 제도는 증시의 내·외적 요인에 의해 시장상황이 급격히 악화되는 경우 시장참여자들에게 냉정한 투자판단의 시간을 제공하기 위해 증권시장 전체의 매매거래를 일시적으로 중단하는 제도이다.

② Random End는 모든 단일가매매 시 가격 결정을 위한 호가접수시간을 정규마감시간 이후 1분 이내의 임의시간까지 연장하여 매매체결 시점이 임의적으로 결정되도록 하는 제도이다.

③ 정적 VI는 호가제출 시점 직전에 체결된 단일가 체결 가격을 참조 가격으로 하여, 동 참조가격 대비 20% 이상 변동한 경우 발동된다.

④ 단일가매매 시 동적 VI가 발동되면 당해 단일가매매를 위한 호가접수시간이 5분간 연장된다.

**20** 다음 중 프로그램매매호가 효력의 일시정지 제도(Sidecar)에 대한 설명으로 가장 거리가 먼 것은?
★★☆

① 코스피200지수 선물가격이 기준가 대비 5% 이상 변동하여 1분간 지속될 경우 발동한다.

② 코스닥150지수 선물가격이 기준가 대비 6% 이상 변동하고 코스닥150지수가 3% 이상 변동하여 1분간 지속될 경우 발동한다.

③ Sidecar 발생 시 프로그램매매호가가 20분간 정지된다.

④ 1일 1회에 한하여 발동되며, 장 종료 40분 전 이후에는 발동하지 않는다.

**21** 다음 중 이자 및 원금지급방법에 대한 설명으로 가장 거리가 먼 것은?   | 최신유형
★★☆

① 복리채는 가장 일반적인 이자지급방식 중의 하나로, 연단위로 표시되는 채권의 표면이율이 동일하더라도 재투자 횟수가 커지면 채권의 만기상환금액은 증가한다.

② 단리채는 이자가 재투자되는 과정을 거치지 않고, 이자금액이 원금과 함께 만기에 일시에 지급되는 원리금지급방식이다.

③ 할인채는 만기 시까지의 총이자를 채권 발행 혹은 매출 시에 미리 공제하는 방식으로 선지급하는 형태의 채권이다.

④ 이표채는 일단 발행이 되면 만기 시점을 제외하고는 현금흐름이 발생하지 않는다.

**22** 다음 중 채권의 유통시장에 대한 설명으로 가장 거리가 먼 것은?
★★☆

① 채권거래는 주식거래와 달리 장외거래 비중이 높다.

② 상장채권, 첨가소화채권, 전환사채는 장내거래를 하도록 되어 있다.

③ 국채전문유통시장에 연금, 보험, 기금 등의 기타 금융기관 및 일반투자자도 위탁참여가 능하다.

④ 증권회사를 통해 이루어지는 대고객 상대매매는 당일결제가 보편적으로 이루어지고 있다.

**23** 액면금액이 10,000원, 표면금리 4%, 만기가 3년인 3개월 단위 금융복리채의 만기상환금액으로 적절한 것은? (원 미
★★★  만 절사)

① 10,268원                          ② 11,268원

③ 12,268원                          ④ 14,268원

실제유형 모의고사

**24** 다음 중 채권운용전략에 대한 적절한 설명으로만 모두 묶인 것은?
★★★

> ⊙ 수익률곡선타기 전략은 우상향 형태의 수익률곡선이 지속된다고 예측할 때 이용 가능한 전략이다.
> ○ 면역전략은 채권을 매입하여 만기까지 보유하는 매우 단순한 전략이다.
> ○ 나비형 투자전략은 단기채와 장기채의 비중을 늘리고 중기채의 비중이 매우 낮은 포트폴리오를 구성한다.
> ○ 인덱스전략은 이자율 변동과 관계없이 목표수익률을 달성하기 위한 전략이다.

① ⊙, ○                              ② ○, ○

③ ○, ○                              ④ ⊙, ○

**25** 다음 중 전환사채(CB)와 신주인수권부사채를 비교한 내용으로 올바르게 연결되지 않은 것은?
★★★

| 구 분 | 전환사채(CB) | 신주인수권부사채(BW) |
|---|---|---|
| ① 부가된 권리 | 전환권 | 신주인수권 |
| ② 권리행사 후 사채권 | 소 멸 | 소 멸 |
| ③ 추가자금 소요 여부 | 자금 불필요 | 자금 필요 |
| ④ 신주 취득가격 | 전환가격 | 행사가격 |

**26** 다음 중 기업어음에 대한 설명으로 가장 거리가 먼 것은?
★★☆

① 기업들이 단기 운용자금을 조달하기 위해 발행한다.
② 기업어음은 전자적 방식으로 등록한 채무증권으로 실물이 없다.
③ 발행기간은 신용평가기관 중 2개 이상의 기관으로부터 복수의 신용평가등급을 받는다.
④ 기업어음은 표면이율이 없고 만기는 제한이 없다.

**27** 다음 중 코넥스시장의 상장제도에 대한 설명으로 가장 거리가 먼 것은?
★★★

① 코넥스시장에 상장된 모든 기업은 6개월간 보호예수의무를 부과한다.
② 코넥스시장 상장법인에 대해서는 사외이사 및 상근감사의 선임의무를 면제한다.
③ 코넥스시장에 상장하기 위해서는 최근 사업연도 감사의견이 적정이어야 한다.
④ 코넥스시장 상장대상기업은 「중소기업기본법」에 따른 중소기업이어야 한다.

**28**
★★☆

다음 중 코넥스시장의 매매거래제도에 대한 설명으로 적절한 것은?

① 매수측이 단수(1인)이고 매도측이 복수인 경우에 한해 경매매제도를 적용한다.

② 1일 가격제한폭은 기준가격 대비 상하 30%로 제한하고 있다.

③ 충분한 위험감수 능력이 인정되는 투자자는 투자자 유의사항 고지를 면제한다.

④ 납입한도 5천만원까지 예탁금 수준에 관계없이 투자 가능한 소액투자전용 계좌 제도를 도입했다.

**29**
★★★

다음 중 K-OTC시장의 신규등록요건에 대한 설명으로 가장 거리가 먼 것은?　❙최신유형

① 최근 사업연도의 매출액이 5억원 이상이어야 한다.

② 최근 사업연도 말 현재 자본전액잠식 상태가 아니어야 한다.

③ 신규등록 승인일의 다음날로부터 7영업일째가 되는 날에 매매거래를 개시한다.

④ 신규등록신청이 있는 경우 등록신청일 다음날로부터 10영업일 이내에 협회는 등록 여부를 결정해야 한다.

**30**
★☆☆

다음 중 K-OTC시장의 등록·지정해제 사유와 가장 거리가 먼 것은?　❙최신유형

① 최근 사업연도 매출액이 1억원 미만이거나 최근 2개 사업연도에 연속하여 매출액이 5억원 미만인 경우

② 주된 영업이 6개월 이상 정지되어 잔여사업 부문만으로는 실질적인 영업을 영위하기 어렵거나 영업의 전부가 양도되는 경우

③ 등록법인이 최근 2년간 불성실공시법인으로 지정된 횟수가 4회 이상인 경우

④ 결산기 정기 공시서류를 제출기한까지 제출하지 아니하고 그 다음날부터 30일 이내에도 제출하지 아니한 경우

## 증권투자(25문항)

**31** 다음 중 기업경기실사지수(BSI)에 대한 설명으로 가장 거리가 먼 것은?
★★★
① BSI 값은 0~200의 값을 가진다.

② BSI는 구체적인 경기변동이나 속도와 진폭은 판단할 수 없다.

③ BSI = 100이면 경기전환점으로 본다.

④ BSI < 100이면 확장국면으로 예측한다.

**32** 경기종합지수 구성지표 중 선행지표에 해당하지 않는 것은?     ▌최신유형
★★☆
① 재고순환지표              ② 건설수주액

③ 장단기금리차              ④ 회사채 유통수익률

**33** 다음 중 국내총생산(GDP)에 대한 설명으로 가장 거리가 먼 것은?     ▌최신유형
★★★
① 주식 가격의 움직임과 연관이 깊다.

② 한 나라의 경제력, 경제성장률, 국민소득 평가의 기초가 된다.

③ 장기간에 걸친 연평균 주가상승률은 명목GDP 성장률에 접근할 것으로 기대할 수 있다.

④ 명목GDP 성장률에 물가상승률을 더하면 실질GDP 성장률이 된다.

**34** 다음 중 인플레이션에 대한 설명으로 가장 거리가 먼 것은?     ▌최신유형
★★☆
① 인플레이션은 화폐의 구매력을 증가시킨다.

② 명목수익률이 실질수익률과 기대인플레이션의 합으로 이루어지는 것을 피셔효과라 한다.

③ 실제인플레이션이 기대인플레이션을 초과하면 채권자는 손실을 본다.

④ 인플레이션은 주식가격의 하락을 초래한다.

**35** ★★★ 주요 경제변수의 움직임 중 주가의 하락을 가져오는 경우로 올바르게 연결한 것은?

> ㉠ 국내총생산(GDP)의 상승
> ㉡ 시장이자율의 상승
> ㉢ 인플레이션
> ㉣ 환율의 상승

① ㉠, ㉣      ② ㉡, ㉢

③ ㉡, ㉢, ㉣      ④ ㉢, ㉣

**36** ★★☆ 다음 중 제품수명주기(Product Life Cycle)에 대한 적절한 설명으로만 모두 묶은 것은?

> ㉠ 도입기, 성장기, 성숙기, 쇠퇴기로 나눠진다.
> ㉡ 성장기에는 조업도가 높아져 과소설비의 문제가 대두된다.
> ㉢ 성장기에는 대량생산체제와 대량유통채널이 구축된다.
> ㉣ 성숙기에는 철수기업이 늘어난다.

① ㉠, ㉡      ② ㉠, ㉡, ㉣

③ ㉢, ㉣      ④ ㉡, ㉢, ㉣

**37** ★★☆ 다음 중 재무제표에 대한 설명으로 적절한 것은?

① 손익계산서로 기업의 자금조달방법과 사용처를 확인할 수 있다.

② 현금흐름표의 자산은 부채와 자본의 합계와 크기가 일치해야 한다.

③ 재무상태표를 활용하여 기업의 경영활동을 파악할 수 있다.

④ 이익잉여금 처분계산서는 당기순이익의 사용용도를 나타낸 재무제표이다.

**38** ★★★ 다음 중 수익성지표에 대한 설명으로 가장 거리가 먼 것은?

① 총자본이익률, 자기자본이익률, 매출액순이익률로 구분된다.

② 자기자본이익률(ROE)을 통해 자기자본 사용의 효율성과 기업의 영업활동을 측정할 수 있다.

③ 어느 기업의 당기순이익은 100억원이며 자기자본 150억원, 타인자본 100억원일 때 총자본이익률은 40%이다.

④ 전년 대비 매출액순이익률은 동일하고 총자본회전율이 증가했다면 총자본이익률(ROI)은 상승한다.

**39** A기업의 총자산은 10억원, 자기자본은 6억원, 영업이익과 이자비용이 각각 8천만원과 2천만원일 때 이자보상비율과
★★★ 부채비율은 얼마인가?

|   | 이자보상비율 | 부채비율 |
|---|---|---|
| ① | 25% | 60% |
| ② | 400% | 60% |
| ③ | 400% | 67% |
| ④ | 25% | 67% |

**40** 다음 중 활동성지표와 가장 거리가 먼 것은?     ▮최신유형
★★★

① 총자산회전율                  ② 총자산증가율

③ 고정자산회전율              ④ 재고자산회전율

**41** 다음 중 시장가치비율분석에 대한 설명으로 가장 거리가 먼 것은?
★★★

① 주당순이익(EPS)이 클수록 주식가격이 높은 것이 일반적이다.

② 주가수익비율(PER)을 통해 시장에서 평가되고 있는 기업 가치와 기업 성장성 및 수익성을 평가할 수 있다.

③ 주가순자산비율(PBR)이 낮을수록 기업의 성장가능성이 높다고 평가된다.

④ 주가수익비율(PER)이 높을수록 투자자산의 변동은 더욱 커지고 투자위험도 높아진다.

**42** 다음 중 주가수익비율(PER)에 대한 설명으로 가장 거리가 먼 것은?     ▮최신유형
★★★

① PER이 높을수록 투자자산의 변동성은 작아진다.

② PER이 상승하고 있다면 보통 좋은 현상으로 받아들여진다.

③ PER은 투자자들이 기업의 이익규모에 두고 있는 가치를 측정하는 지표이다.

④ PER은 경기에 매우 민감하게 반응한다는 문제점이 있다.

**43**
★★☆

다음 중 기본적 분석에 대한 설명으로 가장 거리가 먼 것은?

① 기업의 내재가치를 찾는 것이 주 목적이다.

② 시장가격이 내재가치보다 낮다면 주식을 처분한다.

③ 경제, 산업, 기업 요인을 분석하는 데 장기적인 시간이 요구된다.

④ 내재가치 인식 기준은 투자자마다 다르기 때문에 동일한 내재가치 인식은 지나친 가정이다.

**44**
★☆☆

다음 중 잉여현금흐름을 증가시키는 요인으로 적절한 것은?    ┃ 최신유형

① 영업이익 감소                          ② 법인세 증가

③ 감가상각비 증가                        ④ 순운전자본비율 증가

**45**
★★★

다음 중 지속형 패턴의 종류로 적절한 것은?    ┃ 최신유형

① 헤드앤숄더형                           ② 깃발형

③ 원형반전형                             ④ 다이아몬드형

**46**
★★☆

다음 중 자산배분에 대한 설명으로 가장 거리가 먼 것은?

① 이종자산 간 자산배분은 자본시장의 흐름에 각기 다른 반응을 보이는 자산을 대상으로 투자자금을 배분한다.

② 펀드매니저가 자산시장의 높은 변동성을 지속적으로 따라가기 어렵기 때문에 시장 예측이나 증권 선택이 총수익에 미치는 영향도가 낮다고 본다.

③ 투자자산의 높은 변동성을 줄이기 위한 위험회피전략으로 자산배분의 필요성이 높아지고 있다.

④ 파생상품 등 다양한 금융투자상품을 이용하여 단기 변동성에 대한 적극적인 대응이 필요하므로 자산배분이 중요하다.

**47**
★★☆

다음 중 투자자산의 특징과 가장 거리가 먼 것은?

① 언제든지 현금화 가능

② 자산가격은 높은 변동성

③ 투자수익의 불확정

④ 투자성과에 따라 투자수익이 결정

**48** 다음 중 주식에 대한 증권분석의 결과가 다음과 같을 때 해당 주식의 기대수익률은?　　　┃최신유형

★★★

| 상 황 | 확 률 | 예상투자수익률 |
| --- | --- | --- |
| 호황기 | 30% | 10% |
| 정 상 | 40% | 20% |
| 불황기 | 30% | 40% |

① 21%

② 22%

③ 23%

④ 24%

**49** 어느 기업 주식의 기대수익률은 10%, 표준편차가 12.04%인 정규분포를 따른다고 가정할 때 이 주식의 95.54%의 신

★★☆ 뢰구간의 투자수익은 얼마인가?

① -2.04 ~ 22.04%

② -14.08 ~ 34.08%

③ -26.12 ~ 46.12%

④ -2.04 ~ 46.12%

**50** 투자전략 기준의 선택 중 전술적 자산배분의 특징과 가장 거리가 먼 것은?

★☆☆

① 적극적인 투자관리의 방법이다.

② 증시가 효율적인 것을 전제로 한다.

③ 시장평균수익률 이상의 초과수익을 추구한다.

④ 1개월 단위로 고객과 자본시장의 변화를 자산배분에 반영한다.

**51** 다음 중 투자수익률에 대한 설명으로 가장 거리가 먼 것은?　　　┃최신유형

★★☆

① 내부수익률은 서로 상이한 시점에서 발생하는 현금흐름의 크기와 화폐의 시간적 가치가 고려된 평균투자수익률의 개념이다.

② 기하평균수익률은 중도 현금흐름이 재투자되어 증식되는 것을 감안한 평균수익률 계산방법이다.

③ 산술평균수익률은 기간별 상이한 투자금액의 크기에 가중치가 주어져 수익률이 계산되므로 금액가중평균수익률이라고도 한다.

④ 자금운용자가 중도 투자금액이나 현금흐름에 대하여 재량권이 없는 경우라면, 시간가중평균수익률의 계산이 더 적절하다.

**52** ★★★ 다음 〈보기〉에서 가장 유리한 포트폴리오는 무엇인가? | 최신유형

〈보 기〉

| 포트폴리오 | 기대수익률 | 표준편차 |
|---|---|---|
| A | 10% | 1% |
| B | 20% | 2% |
| C | 20% | 1% |
| D | 10% | 2% |

① A
② B
③ C
④ D

**53** ★★★ 다음 중 자산배분 전략에 대한 설명으로 가장 거리가 먼 것은? | 최신유형

① 전술적 자산배분은 저평가된 자산을 매수하고, 고평가된 자산을 매도함으로써 펀드의 투자성과를 높이고자 하는 전략이다.
② 전략적 자산배분의 실행과정은 자산집단의 가치를 평가하는 행동과 가치판단의 결과를 실제 투자로 연결할 수 있는 위험 허용 여부로 나누어진다.
③ 전술적 자산배분은 전략적 자산배분에 의해 결정된 포트폴리오를 투자전망에 따라 중단기적으로 변경하는 실행과정이다.
④ 전략적 자산배분은 분산투자 시 구성자산들의 평균 위험보다 포트폴리오 위험이 낮아진다는 점에 근거를 두고 있는 포트폴리오 이론에 토대를 두고 있다.

**54** ★★★ 다음 중 전략적 자산배분 전략에 대한 설명으로 가장 거리가 먼 것은? | 최신유형

① 전략적 자산배분은 여러 자산에 분산투자 시 구성자산들의 평균 위험보다 포트폴리오 위험이 낮아진다는 포트폴리오 이론에 토대를 두고 있다.
② 전략적 자산배분은 투자목적을 달성하기 위해 장기적인 포트폴리오의 자산구성을 정하는 의사결정이다.
③ 정해진 수익률에서 가장 낮은 위험 수준을 달성하는 포트폴리오를 효율적 포트폴리오라고 한다.
④ 효율적 투자곡선과 투자자의 효용함수가 접하는 점을 최적 포트폴리오라고 하며, 이를 전략적 자산배분으로 간주한다.

**55** ★★★ 다음 중 전술적 자산배분에 대한 설명으로 가장 거리가 먼 것은?

① 시장가격의 상승으로 내재가치 대비 고평가되면 매도하는 운용방법이다.
② 증권시장의 가격착오 현상을 적극적으로 활용하는 전략이다.
③ 시장의 변화방향을 예상하여 사전적으로 자산구성을 변동시켜 나가는 전략이다.
④ 정해진 위험수준에서 가장 높은 수익률을 달성하는 포트폴리오를 구성하여 자산배분 비중을 결정하는 전략이다.

## 투자권유(45문항)

**56** ★★★  다음 중 투자금액 산정 시 제외항목으로 가장 거리가 먼 것은?     **Ⅰ** 최신유형

① 투자자가 지급하는 판매수수료

② 중도해지 수수료

③ 보험계약 사업비

④ 보험계약 위험보험료

**57** ★★★  다음 중 전문투자자에 대한 설명으로 가장 거리가 먼 것은?

① 주권상장법인 등 상대적 전문투자자가 일반투자자 대우를 받겠다는 의사를 금융투자업자에게 서면으로 통지했다면 일반투자자로 간주한다.

② 절대적 전문투자자는 어떠한 경우에도 일반투자자의 대우를 받을 수 없다.

③ 위험감수능력이 없는 개인 투자자는 어떠한 경우에도 전문투자자의 대우를 받을 수 없다.

④ 법인은 100억원 이상의 금융투자상품 잔고를 보유한 경우 2년간 전문투자자로 본다.

**58** ★★☆  다음 중 금융투자업의 순자본비율 산정기준에 대한 설명으로 가장 거리가 먼 것은?

① 시장위험과 신용위험을 동시에 내포하는 자산은 시장위험액과 신용위험액 모두 산정한다.

② 영업용순자본 산정 시 차감항목에 대해서는 원칙적으로 위험액을 산정하지 않는다.

③ 위험회피 효과가 있는 경우에는 위험액 산정대상 자산의 위험액을 감액할 수 있다.

④ 부외자산과 부외부채에 대해서는 위험액을 산정하지 않는다.

**59** ★★★  다음 〈보기〉에서 설명하는 투자권유 원칙은 무엇인가?     **Ⅰ** 최신유형

─────────── 〈 보 기 〉 ───────────

일반투자자에게 투자권유를 하지 아니하고 파생상품 등을 판매하려는 경우에는 면담·질문 등을 통하여 그 일반투자자의 투자목적 등의 정보를 파악해야 한다.

① 적합성의 원칙                       ② 적정성의 원칙

③ 설명의무                          ④ 부당권유의 금지

**60** 다음 중 「자본시장법」상 신용공여의 기준과 방법에 대한 설명으로 가장 거리가 먼 것은?

★★★

① 투자매매업자 또는 투자중개업자의 신용공여 규모는 자기자본 범위 이내로 해야 한다.

② 신용공여금액의 100분의 140 이상에 상당하는 담보를 징구해야 한다.

③ 투자자는 신용거래로 증권시장에 상장된 주권과 상장지수집합투자기구 증권의 매매만 원칙적으로 가능하다.

④ 신용공여에 관한 규제를 위반한 투자매매업자 또는 투자중개업자는 형사상 제재 및 금융위의 행정조치의 대상이 된다.

**61** 다음 중 투자자예탁금 예치와 관련된 설명으로 가장 거리가 먼 것은?  ❚최신유형

★★☆

① 예치기관에 예치된 투자자예탁금은 누구든지 상계 및 압류할 수 없다.

② 예치 금융투자업자가 다른 회사에 흡수합병된 경우 예외적으로 투자자예탁금을 양도하거나 담보로 제공할 수 있다.

③ 투자자예탁금은 증권 또는 원화로 표시된 양도성예금증서를 담보로 한 대출에 운용할 수 없다.

④ 투자매매업자 또는 투자중개업자는 투자자 소유의 증권을 지체 없이 예탁결제원에 예탁해야 한다.

**62** 다음 중 증권신고서 제도에 대한 설명으로 가장 거리가 먼 것은?  ❚최신유형

★★★

① 신고서 제출 시 예비투자설명서 또는 간이투자설명서를 첨부하여 제출한 경우 신고서의 효력이 발생하지 않아도 이를 이용한 청약의 권유가 가능하다.

② 증권신고서를 제출하여 효력이 발생하면 정부에서 그 증권을 보증하는 효력을 갖게 된다.

③ 금융위에 제출된 일괄신고서가 수리된 경우 그 기간에는 신고서를 따로 제출하지 아니하고 그 증권을 모집하거나 매출할 수 있다.

④ 증권신고서 제출의무가 없더라도 증권 발행인의 재무상태와 영업실적을 기재한 서류를 금융위에 제출해야 한다.

**63** 다음 중 증권 유통시장 공시제도에 대한 설명으로 가장 거리가 먼 것은?  ❚최신유형

★★★

① 주요사항보고서 제출대상은 사업보고서 제출대상 법인과 동일하다.

② 자율공시를 하면 그 법적 효과는 주요 경영사항 공시와 동일하다.

③ 조회공시대상이 시황급변과 관련된 경우 요구 시점이 오전인 때에는 당일 오후까지 답변해야 한다.

④ 공정공시를 이행하였다고 다른 수시공시의무가 면제되는 것은 아니다.

**64** 다음 중 장외거래에 대한 설명으로 가장 거리가 먼 것은?
★☆☆

① 일반투자자와의 장외파생상품거래는 불가능하다.

② 환매조건부매매와 증권의 대차거래 또한 장외거래에 해당한다.

③ 장외거래는 단일 매도자와 매수자 간의 매매를 원칙으로 한다.

④ 채권중개전문회사를 통한 채무증권의 매매는 공개경쟁매매방식으로 해야 한다.

**65** 다음 중 내부자의 단기매매차익 반환제도에 대한 설명으로 가장 거리가 먼 것은?
★★★

① 내부자의 미공개중요정보 이용행위를 예방하는 제도이다.

② 주권상장법인의 주요 주주와 임원 및 모든 직원이 그 대상에 포함된다.

③ 전환사채(CB), 신주인수권부사채(BW), 이익참가부사채(PB) 및 교환사채(EB) 이외의 채무증권과 수익증권은 규제
대상 증권에서 제외된다.

④ 법령에 따라 불가피하게 매수 또는 매도해서 얻은 이익은 반환대상 이익에서 제외된다.

**66** 다음 중 금융·투자관리(CRM)의 영역과 가장 거리가 먼 것은?
★☆☆

① 고객 소개　　　　　　　　　　② 고객 개발

③ 고객 확보　　　　　　　　　　④ 고객 유지

**67** 다음 중 금융·투자관리(CRM)의 효과와 가장 거리가 먼 것은?
★★☆

① 고객과의 친밀한 관계를 통한 예탁자산의 증대

② 상담시간의 효율적 활용을 통한 업무 효율 증대

③ 만족스러운 관계 형성을 통한 고객이탈률 감소, 고객유지율의 증대

④ 만족도 높은 우량고객을 통한 무료광고의 효과

**68** ★★☆ 다음 중 고객상담 프로세스의 4단계 판매과정 순서로 적절한 것은?

① 고객의 무관심 처리 – 상품의 특성 및 이점 소개 – Needs 탐구 – Needs 및 이점의 재확인

② 고객과의 관계형성 – Needs 탐구 – 설득 및 해법 제시 – 동의확보 및 Closing

③ 고객과의 신뢰구축 – 고객의 높은 참여를 유도하는 질문 구사 – 투자개념 설명 – 주문확인 및 구매결정 강화

④ 고객의 무관심 처리 – 고객의 현재와 미래 기대수준과의 갭 파악 – 고객의 반감극복 – Needs 및 이점의 재확인

**69** ★★★ 다음 중 상품판매 시 고객상담에 대한 설명으로 적절한 것은? | 최신유형

① Needs를 찾아가는 바람직한 단계의 순서는 '문의(Questioning) → 확인(Confirming) → 촉진(Encouraging)'이다.

② Needs 파악 시 질문을 통해 고객이 말을 더 많이 하도록 유도해야 한다.

③ Buying Signal은 고객이 구매에 대한 결정을 한 뒤 취하는 태도이다.

④ 설득 및 해법 제시 단계에서는 바디랭귀지(Body Language)를 사용하지 않는 것이 좋다.

**70** ★★★ 다음 내용에 해당하는 고객의 니즈 질문화법으로 적절한 것은? | 최신유형

> • 영업사원이 선택한 특정한 화제로 대화를 유도하기 위해 고객의 대답을 한정하고자 하는 질문이다.
> • [예시] : 고객님 주식투자 경험이 있으신가요?

① 폐쇄형 질문  　　　　　　　　② 개방형 질문

③ 확대형 질문  　　　　　　　　④ 복합형 질문

**71** ★★★ 다음 중 고객상담 프로세스 중 설득 및 해법 제시 단계에 대한 설명으로 가장 거리가 먼 것은? | 최신유형

① 단계별로 고객이 이해하고 있는지 점검하면서 설득한다.

② 반감은 또 하나의 고객관심의 표현이다.

③ 고객의 반감처리 단계는 경청 → 인정 → 응답 → 확인이다.

④ 고객이 회사의 상품이나 평판에 대해 부정적인 발언을 할 때 설득하는 것이 좋다.

**72** 무반응 고객에 대한 대응 및 처리방법에 대한 설명으로 가장 거리가 먼 것은?    | 최신유형
★★★

① 사전에 다양한 연습을 통해 영업상담 기법을 숙달한다.
② 고객을 진심으로 대하고 고객의 말에 경청한다.
③ 고객에게 설명할 때는 단순 나열식으로 하는 것이 바람직하다.
④ 화제를 바꿀 때는 고객의 반응을 점검하고 확인한다.

**73** 다음 〈보기〉에서 설명하는 효과적인 고객동의 확보기술로 적절한 것은?    | 최신유형
★★★

――――――――――――― 〈보 기〉 ―――――――――――――
고객이 동의하지 못하고 머뭇거리거나 고객이 미심쩍은 점이 있을 경우 이를 되물어 동의할 수 있도록 설명하는 방법

① 직설동의요구법             ② 이점요약법
③ T-방법                    ④ 결과탐구법

**74** 다음 〈보기〉와 관련된 상담 종결 화법에 해당하는 것은?    | 최신유형
★★★

――――――――――――― 〈보 기〉 ―――――――――――――
• 고객 : "상품이 꽤 잘 만들어졌네요."
• 상담자 : "선택해 주셔서 감사합니다. 가입에 관한 서류를 준비하겠습니다."

① 추정승낙법               ② 실행촉진법
③ 양자택일법             ④ 가입조건문의법

**75** 다음 중 고객응대 시 기본매너에 대한 사항으로 적절한 것은?    | 최신유형
★★☆

① 전화는 벨이 3번 이상 울리기 전에 받아야 한다.
② 상대방을 한 번도 만나지 못한 상황에서 전화로 처음 대화할 때는 3단계에 따라 통화한다.
③ 사무실의 자리를 비울 때는 동료에게 고객의 전화 메모를 부탁하고 나간다.
④ 고객과 대화할 때는 전문적인 모습을 보이도록 전문용어나 외래어를 사용한다.

**76** ★★★ 다음 중 금융투자산업에서 직무윤리가 다른 분야보다 더욱 강조되는 이유로 가장 거리가 먼 것은? ▮최신유형

① 고객의 자산을 위탁받아 운영·관리하는 것을 주요 업무로 하기 때문에 고객의 이익을 침해할 가능성이 크다.

② 원본손실 가능성(투자성)을 내포하고 있기 때문에 고객과의 분쟁 가능성이 존재한다.

③ 금융투자상품은 전문화·복잡화·다양화되고 있다.

④ 금융투자업은 특정 다수와의 대면 거래라는 특성상 불공정성이 크다.

**77** ★☆☆ 다음 중 부패인식지수(CPI)에 대한 설명으로 가장 거리가 먼 것은? ▮최신유형

① 국제투명성기구(TI)에서 1995년 이후 매년 발표한다.

② 해당 국가의 기업 비리와 부패 수준을 나타내는 지수이다.

③ 부패인식지수(CPI)의 점수가 낮을수록 부패 정도가 심하다.

④ 우리나라는 아직도 경제 규모에 비해 윤리수준이 낮게 평가됨으로써 국제 경쟁력에 부정적인 영향을 미치고 있다.

**78** ★★☆ 다음 중 신의성실의 원칙에 대한 설명으로 가장 거리가 먼 것은? ▮최신유형

① 신의성실은 회사와 임직원이 항상 고객의 입장에서 생각하고 고객보다 나은 금융서비스를 제공하기 위해 노력해야 함을 뜻한다.

② 신의성실의 원칙은 윤리적 원칙이자 법적 의무이다.

③ 고객우선원칙과 신의성실의 원칙은 「자본시장법」 및 「지배구조법」 등에서는 이해상충의 방지 의무와 금융소비자보호 의무로 구체화하고 있다.

④ 금융소비자보호 의무는 금융투자상품의 개발 단계부터 판매 단계 및 판매 이후의 단계까지 모든 단계에 걸쳐 적용된다.

**79** ★★★ 다음 〈보기〉에서 설명하는 금융투자업 직무윤리로 적절한 것은?

─── 〈보 기〉 ───

금융투자업자는 금융투자업을 영위함에 있어 정당한 사유 없이 투자자의 이익을 해하면서 자기가 이익을 얻거나 제3자가 이익을 얻도록 하여서는 아니 된다.

① 이해상충의 방지 의무      ② 금융소비자보호 의무

③ 부당권유의 금지      ④ 고객우선의 원칙

**80** 개별 금융소비자에게 투자권유 전 실행해야 하는 절차를 올바르게 연결한 것은?
★★★

> 가. 일반금융소비자인지 전문금융소비자인지 확인
> 나. 금융소비자가 투자권유를 원하는지 원하지 않는지 확인
> 다. 금융소비자의 투자성향 분석결과 설명 및 확인서 제공
> 라. 투자자금의 성향 파악
> 마. 면담·질문 등을 통하여 해당 금융소비자의 정보를 파악

① 가 → 나 → 다 → 라 → 마
② 가 → 나 → 라 → 다 → 마
③ 나 → 가 → 마 → 다 → 라
④ 나 → 마 → 다 → 가 → 라

**81** 다음 중 합리적 근거의 제공 및 적정한 표시의무에 관한 설명으로 가장 거리가 먼 것은? ▮최신유형
★★★

① 금융투자업종사자의 고객에 대한 투자정보 제공 및 투자권유는 정밀한 분석·조사에 의한 자료에 기하여 합리적이고 충분한 근거에 기초해야 한다.
② 거짓의 내용을 알리거나, 오인의 소지가 있는 내용을 알리는 행위는 부당권유행위로 규정하여 엄격히 금지된다.
③ 중요사실에 대한 정확한 표시 방법은 오직 문서를 통해 가능하다.
④ 투자권유 상담에서 어떠한 경우에도 미래의 투자수익을 보장해서는 안 된다.

**82** 다음 중 일임매매와 임의매매에 관한 설명으로 가장 거리가 먼 것은? ▮최신유형
★★★

① 일임매매란 전부 또는 일부에 대한 금융소비자의 위임이 있는 상태에서 매매한 것으로 「자본시장법」은 일정한 조건에서 제한적으로 허용하고 있다.
② 임의매매란 금융소비자의 위임이 없었음에도 금융투자업종사자가 자의적으로 매매한 것으로 엄격히 금지하고 있다.
③ 일임매매는 민사상 손해배상책임뿐 아니라 형사상 처벌까지 받을 수 있다.
④ 「자본시장법」상 일임매매는 일정 조건하에서는 제한적으로 허용되고 있다.

**83** 다음 중 금융투자업종사자의 고용계약 종료 후 의무에 대한 설명으로 가장 거리가 먼 것은?　▮최신유형
★★★
① 임직원의 회사에 대한 선관주의 의무는 재직 중에만 해당하고 퇴직 후에 즉시 종료된다.
② 고용기간이 종료되면 자신이 보유하고 있는 기밀정보를 포함한 모든 자료는 회사에 반납해야 한다.
③ 고용기간이 종료되면 어떠한 경우나 이유라도 회사명, 상표, 로고 등을 사용해서는 안 된다.
④ 고용기간 동안 본인이 생산한 지적재산물은 회사의 재산으로서, 고용기간 종료 후라도 회사가 갖는 것이 원칙이다.

**84** 다음 중 준법감시인의 역할에 대한 설명으로 가장 거리가 먼 것은?　▮최신유형
★★★
① 이사회와 대표이사의 지휘를 받아 그 업무를 수행한다.
② 내부통제기준의 적정성을 정기적으로 점검해야 한다.
③ 임직원의 부당행위 발견 시 이사회, 대표이사, 감사에 보고하고 시정을 요구한다.
④ 매년 1회 이상 내부통제체제의 정기점검 및 결과를 이사회에 보고한다.

**85** 다음 중 금융투자회사의 내부통제기준에 대한 설명으로 가장 거리가 먼 것은?　▮최신유형
★★★
① 내부통제는 회사의 임직원이 업무수행 시 법규를 준수하고 조직운영의 효율성 제고 및 재무보고의 신뢰성을 확보하기 위하여 회사 내부에서 수행하는 모든 절차와 과정을 말한다.
② 금융투자업자는 효과적인 내부통제 활동을 수행하기 위한 조직구조, 위험평가, 업무분장 및 승인절차 등의 종합적 체제인 내부통제체제를 구축해야 한다.
③ 이사회는 내부통제체제의 구축 및 운영에 관한 기준을 정해야 한다.
④ 내부통제기준의 제정 및 변경 시에는 반드시 주주총회의 결의를 거쳐야 한다.

**86** 다음 중 고객과 이해상충이 발생하는 경우 우선순위를 정하는 원칙으로 적절한 것은?
★★★
① 주주의 이익은 고객의 이익보다 우선한다.
② 회사의 이익은 고객의 이익보다 우선한다.
③ 임직원의 이익은 회사의 이익보다 우선한다.
④ 모든 고객의 이익은 상호 동등하게 취급한다.

**87** 다음 중 개인정보처리자의 개인정보 수집 및 이용이 가능한 경우와 가장 거리가 먼 것은?    | 최신유형
★★★

① 정보주체의 동의를 받은 경우

② 법령상 의무를 준수하기 위하여 불가피한 경우

③ 정보주체 또는 그 법정대리인이 의사표시를 할 수 없는 경우

④ 개인정보처리자의 최소한의 이익을 달성하기 위해 필요한 경우

**88** 다음 중 개인정보처리자의 개인정보 보호원칙에 대한 설명으로 가장 거리가 먼 것은?
★★★

① 개인정보 처리 목적을 명확하게 해야 한다.

② 개인정보 처리 목적 외의 용도로 활용해서는 안 된다.

③ 정보주체의 사생활 침해를 최소화하는 방법으로 개인정보를 처리해야 한다.

④ 개인정보의 보호를 위해 익명처리는 불가능하다.

**89** 다음 중 「금융소비자보호법」 위반 시 5년 이하의 징역 또는 2억원 이하의 벌금에 처하는 사항과 가장 거리가 먼 것은?
★★☆

① 금융소비자에게 중요한 사항을 설명하지 않은 경우

② 금융상품판매업자 등의 등록을 하지 않고 금융상품판매업 등을 한 경우

③ 거짓이나 그 밖의 부정한 방법으로 금융상품판매업 등을 등록한 경우

④ 금융상품 판매대리·중개업자가 아닌 자에게 금융상품 계약체결 등을 대리하거나 중개하게 한 경우

**90** 다음 중 손실보전 금지사항 예외 사유에 해당하지 않는 것은?
★★☆

① 회사가 자신의 위법행위 여부가 불명확한 경우 사적 화해의 수단으로 보상하는 경우

② 증권투자의 자기책임원칙에 반하는 경우

③ 회사의 위법행위로 인해 회사가 손해를 배상하는 경우

④ 분쟁조정 또는 재판상 화해절차에 따라 손실을 보상하거나 손해를 배상하는 경우

**91** ★★☆ 다음 중 「금융소비자보호법」 위반 시 과징금과 과태료에 대한 설명으로 적절한 것은?

① 금융상품직접판매업자가 설명의무 위반 시 위반행위로 인한 수입 등의 100%까지 과징금이 부과될 수 있다.

② 금융상품판매업자가 내부통제기준을 마련하지 않은 경우 3천만원 이하의 과태료가 부과될 수 있다.

③ 적합성·적정성 원칙 위반 시 1억원 이하의 과태료가 부과될 수 있다.

④ 과징금에 대해서는 양벌규정이 적용된다.

**92** ★★★ 다음은 협회의 분쟁조정제도와 관련된 내용이다. 괄호 안에 들어갈 것으로 올바르게 연결된 것은?

> 협회는 당사자 간에 합의가 성립하지 않은 경우 조정신청서 접수일로부터 (     ) 이내에 분쟁조정위원회에 사건을 회부해야 한다. 분쟁조정위원회는 회부된 날부터 (     ) 이내에 심의하여 조정 또는 각하 결정함을 원칙으로 한다.

① 30일, 30일

② 30일, 60일

③ 60일, 30일

④ 60일, 60일

**93** ★★★ 다음 중 금융감독원의 분쟁조정절차에 대한 설명으로 가장 거리가 먼 것은?

① 금융감독원장은 분쟁조정의 신청을 받은 날부터 30일 내에 합의가 이루어지지 않으면 이를 조정위원회에 회부한다.

② 조정위원회는 조정의 회부를 받은 경우 60일 내에 이를 심의하여 조정안을 작성해야 한다.

③ 수락을 권고할 때 당사자가 수락한 조정안은 재판상의 화해와 동일한 효력을 갖는다.

④ 양당사자의 합의가 도출되지 않을 경우 분쟁지연에 따른 비용부담이 발생한다.

**94** ★★☆ 다음 〈보기〉에서 설명하는 금융투자상품 관련 분쟁 유형으로 적절한 것은?

> ─── 〈보 기〉 ───
> 당초의 계약 취지를 위반하여 수수료 수입목적 등의 사유로 과도한 매매를 일삼은 경우 고객충실의무 위반이 인정될 수 있으며 이 경우 민사상 손해배상책임이 발생할 수 있다.

① 임의매매

② 일임매매

③ 부당권유

④ 불완전판매

**95** 다음 중 금융투자상품의 내재적 특성에 대한 설명으로 가장 거리가 먼 것은?
★★☆

① 투자원금에 대한 손실이 발생할 수 있다.

② 투자원금을 초과하여 손실이 발생할 수 있다.

③ 투자결과에 대한 책임은 계약내용에 따라 결정된다.

④ 투자상품에 대한 지속적인 관리가 요구된다.

**96** 다음 중 투자자 성향분석에 대한 설명으로 가장 거리가 먼 것은?
★★☆

① 투자자정보를 면담, 질문 등을 통하여 투자자정보 확인서에 따라 파악한다.

② 금융소비자가 장외파생상품을 거래하고자 할 경우 투자권유 여부와 상관없이 장외파생상품 투자자정보 확인서를 이용하여 투자자정보를 파악해야 한다.

③ 대리인을 통한 투자자성향 분석은 금지된다.

④ 환매조건부매매를 하는 금융소비자에 대해서는 투자목적, 재산상황, 투자경험의 투자자정보만을 간략하게 파악할 수 있다.

**97** 다음 중 투자권유 시 유의사항에 대한 설명과 가장 거리가 먼 것은?    ▌최신유형
★★☆

① 투자권유를 받은 투자자가 이를 거부하는 취지의 의사표시를 하고 1개월이 지나면 다시 투자권유를 할 수 있다.

② 투자자에게 투자권유 요청을 받지 않고 방문이나 전화 등 실시간 대화의 방법을 이용하는 행위는 금지되지만, 장외파생상품에 대하여 투자권유를 하는 경우는 제외된다.

③ 투자권유를 받은 투자자가 이를 거부하는 취지의 의사표시를 하였더라도 다른 종류의 금융투자상품에 대하여 투자권유를 하는 행위는 허용된다.

④ 거짓의 내용을 알리는 행위, 불확실한 사항에 대해 단정적 판단을 제공하는 행위는 금지된다.

**98** 개인 재무설계 과정 1단계 고객 관련 자료수집 중 양적 자료로 가장 거리가 먼 것은?
★★★
① 대출상황　　　　　　　　　　② 유언자료
③ 소득자료　　　　　　　　　　④ 투자상품에 대한 경험

**99** 다음 중 재무비율에 대한 설명으로 가장 거리가 먼 것은?　　　　　Ⅰ최신유형
★★★
① 유동성지표는 총자산에서 금융자산이 차지하는 비중이다.
② 위험대비지표는 월평균보험료를 월평균가계소득으로 나누어 계산한다.
③ 비상자금지표는 총자산을 월평균생활비로 나눈 값이다.
④ 저축성향지표는 연간총저축액을 연간가처분소득으로 나눈 값이다.

**100** 다음 중 적극투자형 투자자에게 투자권유하기 가장 적합한 금융투자상품은?
★★☆
① 파생상품투자펀드
② 원금비보장 ELS
③ 회사채 BBB+ ~ BBB-
④ 원금보장형 ELS

What is your passcode?

증권투자권유대행인 실제유형 모의고사
# 제2회

PASSCODE

증권투자권유대행인 실제유형 모의고사

# 제3회

# 제3회
# 증권투자권유대행인
# 실제유형 모의고사

## 문항 및 시험시간

| 평가영역 | 문항 수 | 시험시간 | 비 고 |
|---|---|---|---|
| 증권투자권유대행인 | 100문항 | 120분 | |

※ 이 자료는 저작권법에 의해 보호를 받는 저작물이므로 동영상 제작 및 무단전재와 복제를 금합니다.

# 제3회 실제유형 모의고사

## 금융투자상품 및 증권시장(30문항)

**01**
★★★
다음 중 투자매매 · 중개업자의 업무와 가장 거리가 먼 것은?

① 위탁매매업무
② 자기매매업무
③ 인수 · 주선업무
④ 펀드운용업무

**02**
★★☆
다음 중 신탁에 대한 설명으로 가장 거리가 먼 것은?　　　　　　　　　　　　　　　**ㅣ최신유형**

① 원칙적으로 신탁업자는 신탁 당시 인수한 재산에 대한 손실보전 및 이익보전 계약을 체결할 수 없다.
② 위탁자가 위탁금전의 운용방법을 지정하는지 여부에 따라 특정금전신탁과 불특정금전신탁으로 구분한다.
③ 금전채권신탁은 위탁자를 위해 금전채권의 추심관리 처분을 목적으로 금전채권을 신탁하고 신탁 종료 시 수익자에게 원본과 수익을 금전으로 교부한다.
④ 신탁재산의 처분은 이익상충 방지를 위해 시장을 통하여 매매함을 원칙으로 한다.

**03**
★★☆
다음 중 유가증권 운용비율의 제한 없이 집합투자재산 전부를 주로 단기성 자산에 투자하는 집합투자기구는?

① MMF
② 특별자산펀드
③ 재간접펀드
④ 혼합자산펀드

**04** 다음 중 생명보험상품과 가장 거리가 먼 것은?

★☆☆                                                                    ▌최신유형

① 상해보험                          ② 사망보험
③ 생존보험                          ④ 생사혼합보험

**05** 다음 중 일정한 기간 후에 일정한 금액을 지급할 것을 약정하고 매월 특정일에 일정액을 적립하는 예금으로 적절한
★★★ 것은?                                                                  ▌최신유형

① 보통예금                          ② 당좌예금
③ 정기적금                          ④ 정기예금

**06** 다음 중 단기금융상품(MMF)에 대한 설명으로 가장 거리가 먼 것은?

★★☆                                                                    ▌최신유형

① 예금자보호대상 상품이다.
② 최저 가입금액의 제한이 없고, 환금성이 높다.
③ 소액투자 및 단기자금 운용에 적합하다.
④ 집합투자재산 전부를 단기금융상품에 투자한다.

**07** 다음 〈보기〉에 제시된 투자성 금융상품에 대한 설명 중 적절한 것을 모두 고른 것은?

★★★                                                                    ▌최신유형

─────────────────── 〈보 기〉 ───────────────────

ㄱ 증권 : 내국인 또는 외국인이 발행한 금융투자상품으로 투자자가 취득과 동시에 지급한 금전, 그 밖의 재산적 가치가
   있는 것 외에 어떠한 명목으로든지 추가로 지급의무를 부담하지 않는 것
ㄴ 특수채증권 : 법률에 의해 직접 설립된 법인이 발행한 채권
ㄷ 지분증권 : 기초자산의 가격, 이자율, 지표, 단위 또는 이를 기초로 하는 지수 등의 변동과 연계하여 미리 정해진
   방법에 따라 지급금액 또는 회수금액이 결정되는 권리가 표시된 것

① ㄱ, ㄴ                            ② ㄱ, ㄷ
③ ㄴ, ㄷ                            ④ ㄱ, ㄴ, ㄷ

**08** 다음 중 주식워런트증권(ELW)의 가격결정요인에 대한 설명으로 가장 거리가 먼 것은? **ㅣ 최신유형**
★★☆

① 기초자산가격이 오를수록 콜워런트의 가격은 상승한다.

② 권리행사가격이 낮을수록 콜워런트의 가격은 상승한다.

③ 배당이 클수록 풋워런트의 가격은 상승한다.

④ 금리가 높을수록 풋워런트의 가격은 상승한다.

**09** 다음 중 주가지수연계증권(ELS)의 수익구조에 대한 설명으로 가장 거리가 먼 것은?
★★☆

① Knock-out형 ELS는 최대수익(Cap) 및 최대손실(Floor)을 일정수준으로 제한하는 구조이다.

② Digital형 ELS는 만기 시 주가가 일정수준을 상회하는지 여부에 따라 사전에 정한 두 가지 수익 중 한 가지를 지급하는 구조이다.

③ Revers Convertible형 ELS는 미리 정한 하락폭 이하로 주가가 하락하지 않으면 사전에 약정한 수익률을 지급하지만 그 수준 아래로 하락 시 손실이 발생하는 구조이다.

④ 조기상환형 ELS는 발행 당시 정해진 조건을 충족하면 고수익을 지급하고 종료되는 구조이다.

**10** 다음 중 개인종합자산관리계좌(ISA)에 대한 설명으로 가장 거리가 먼 것은? **ㅣ 최신유형**
★★★

① 이익과 손실을 통산한 후 순이익을 기준으로 세제혜택이 부여된다.

② 중개형 ISA계좌에서만 국내 상장주식에 대한 투자가 가능하다.

③ 비과세 한도를 초과한 수익에 대해서는 9.9%로 분리과세된다.

④ 직전 3개년 중 1회 이상 금융소득 종합과세 대상자가 아닌 경우 누구나 가입 가능하다.

**11** 다음 중 증권의 발행형태에 대한 설명으로 적절한 것은? **ㅣ 최신유형**
★★★

① 모집은 50인 이상의 투자자에게 이미 발행된 증권의 매도의 청약을 하거나 매수의 청약을 권유하는 것이다.

② 매출은 50인 이상의 투자자에게 새로 발행되는 증권의 취득의 청약을 권유하는 것이다.

③ 잔액인수는 발행 및 모집사무와 인수위험을 분리하여 발행기관에 위임하는 방법이다.

④ 총액인수방식은 간접발행방법 중 수수료가 가장 저렴하다.

**12** ★★★ 다음 중 유상증자의 방법에 대한 설명으로 가장 거리가 먼 것은? ▮최신유형

① 주주배정증자방식은 주주에게 그가 가진 주식 수에 따라 신주인수의 청약 기회를 부여하는 방식이다.

② 제3자배정증자방식은 기존 주주의 이해관계 및 회사의 경영권 변동에 중대한 영향을 미치므로 정관에 특별히 정하거나 주주총회 특별결의를 거치도록 하는 등 엄격한 규제를 가하고 있다.

③ 주주배정증자방식은 일반공모에 비해 발행비용이 많이 들고 절차가 복잡하다.

④ 일반공모증자방식은 기존 주주의 신주인수권을 배제하고 불특정 다수에게 신주인수의 청약 기회를 부여하는 방식이다.

**13** ★★☆ 다음 중 상장예비심사 결과의 효력을 인정하지 않을 수 있는 사유와 가장 거리가 먼 것은?

① 경영상 중대한 사실이 발견된 경우

② 투자설명서, 예비투자설명서, 간이투자설명서의 내용이 상장신청서와 다른 경우

③ 상장예비심사 결과를 통보받을 날로부터 6개월 이내에 신규상장신청서를 제출하지 않은 경우

④ 상장예비심사 신청일 후 상장일 전일까지 주주배정증자방식으로 신주를 발행하는 경우

**14** ★★★ 다음 중 신규상장 심사요건에 대한 설명으로 적절한 것은? ▮최신유형

① 신규상장심사 신청인은 상장예비심사신청일 현재 설립 후 5년 이상 경과하고 계속적으로 영업을 하고 있어야 한다.

② 유가증권시장에 상장하고자 하는 기업은 상장예비심사 신청일 현재 상장 예정 보통주식 총수가 10만주 이상이고, 자기자본이 40억원 이상이어야 한다.

③ 코스닥시장에 상장하고자 하는 기업은 상장예비심사 신청일 현재 자기자본이 50억원 이상이거나 보통주식의 기준시가 총액이 90억원 이상이어야 한다.

④ 코스닥시장에 상장을 신청하는 법인의 경우에는 최근 사업연도 말 현재 자본잠식이 없어야 한다.

**15** ★★☆ 다음 〈보기〉 중 주권의 질적 심사요건으로 올바르게 묶인 것은? ▮최신유형

────── 〈보 기〉 ──────

㉠ 기업의 경영성과
㉡ 경영의 투명성 및 안정성
㉢ 상법상의 주식회사
㉣ 투자자보호 및 공익실현

① ㉠, ㉡                    ② ㉡, ㉣
③ ㉡, ㉢, ㉣                ④ ㉢, ㉣

**16** 다음 〈보기〉에서 설명하는 공시제도는 무엇인가?     ▮ 최신유형
★★★

―――――――――――――――― 〈보 기〉 ――――――――――――――――

주권상장법인은 공시의무사항이 아닌 경우에도 회사의 경영·재산 및 투자자의 투자판단에 중대한 영향을 미칠 수 있다고 판단되는 사항이나 장래계획에 대한 사항 또는 투자자에게 알릴 필요가 있다고 판단되는 주요 경영사항에 대해 공시할 수 있다.

① 자율공시                      ② 공정공시
③ 조회공시                      ④ 지분공시

**17** 다음 〈보기〉에서 설명하는 공시제도는 무엇인가?     ▮ 최신유형
★★☆

―――――――――――――――― 〈보 기〉 ――――――――――――――――

거래소가 상장법인의 기업 내용에 관한 풍문·보도의 사실 여부에 대하여 당해 법인에 공시를 요구하거나, 상장법인이 발행한 주권 등의 가격이나 거래량의 현저한 변동에 따라 중요한 미공개정보의 유무 여부에 대한 공시를 요구하는 경우 당해 법인이 일정 기간 내에 공시하는 방법이다.

① 정기공시                      ② 자율공시
③ 조회공시                      ④ 공정공시

**18** 다음 중 호가(주문)의 종류에 대한 설명으로 가장 거리가 먼 것은?
★★☆

① 지정가 주문은 투자자가 지정한 가격 또는 그 가격보다 유리한 가격으로 매매거래를 하고자 하는 주문이다.
② 시장가 주문은 종목과 가격은 지정하되 수량은 지정하지 않는 주문유형이다.
③ 최유리지정가 주문은 최우선호가의 가격으로 즉시 체결이 가능하도록 하기 위해 주문접수 시점의 상대방 최우선호가의 가격으로 지정되는 주문형태이다.
④ 경쟁대량매매 주문은 투자자가 일정 요건을 충족하는 수량의 주문에 대하여 종목 및 수량은 지정하되 체결가격은 당일의 거래량 가중평균 가격으로 매매거래를 하고자 하는 주문유형이다.

**19** 다음 중 변동성 완화장치(VI)에 대한 설명으로 가장 거리가 먼 것은?
★★★

① 동적 VI는 특정 호가에 의한 단기간의 가격 급변을 완화하기 위한 것이다.

② 단일가매매 동적 VI가 발동되면 단일가매매를 위한 호가접수시간이 2분간 연장된다.

③ 정적 VI는 호가제출 시점 직전에 체결된 단일가 체결가격을 참조가격으로 하여 동 참조 가격 대비 10% 이상 변동한 경우 발동된다.

④ 정적 VI는 시간 외 단일가매매에는 발동되지 않는다.

**20** 다음 중 유가증권시장의 청산 및 결제방식에 대한 설명으로 가장 거리가 먼 것은?
★☆☆

① 거래소가 중앙거래당사자(CCP)의 지위에서 중앙청산소 역할을 수행한다.

② 결제방법은 실물결제방식, 차감결제방식, 집중결제방식을 채택한다.

③ 매매거래일로부터 주권은 T-2, 일반채권은 T-1 결제를 원칙으로 한다.

④ 결제리스크 관리를 위해 거래소는 자산 중 일부를 결제적립금으로 적립한다.

**21** 다음 중 채권의 발행에 대한 설명으로 가장 거리가 먼 것은?
★★★

① 주관회사는 채권 발행에 대한 사무처리, 발행과 관련된 자문 등 채권발행업무를 총괄하며 인수단을 구성하는 역할을 한다.

② 전문투자자는 사모여부 판단기준인 50인에 포함되지 않는다.

③ 차등가격 경매방식은 상대적으로 더 많은 채권발행비용을 지불해야 하는 문제점을 발생시킨다.

④ 총액인수발행은 발행자가 채권 발행에 따른 위험을 부담한다.

**22** 다음 채권투자위험 중 채권투자 후 만기수익률이 상승하면 채권가격은 하락하고, 만기수익률이 하락하면 채권가격이 상승하는 위험을 무엇이라 하는가?
★★★

① 인플레이션 위험
② 가격변동 위험

③ 재투자 위험
④ 수의상환 위험

**23**
★★★
통화안정증권(할인채)를 2022년 08월 20일 시장 만기수익률 3.2%로 매매 시 매매 가격으로 적절한 것은? (원 미만 절사)

> • 발행일 : 2022년 7월 2일
> • 만기일 : 2022년 12월 31일
> • 만기상환금액 : 액면가 10,000원
> • 표면이율 : 3.5%
> • 만기까지 잔존기간 : 133일

① 9,830원　　　　　　　　　　② 9,884원
③ 9,974원　　　　　　　　　　④ 10,000원

**24**
★★★
다음 중 채권의 소극적 투자전략으로 가장 거리가 먼 것은?

① 수익률곡선타기전략　　　　　② 만기보유전략
③ 인덱스전략　　　　　　　　　④ 현금흐름일치전략

**25**
★★☆
다음 〈보기〉에서 설명하는 자금조달 방법은 무엇인가?

────── 〈보 기〉 ──────

발행기관에 대한 상환청구권과 함께 발행기관이 담보로 제공하는 기초자산 집합에 대하여 제3자에 우선하여 변제받을 권리를 가지는 채권이다.

① 커버드본드　　　　　　　　　② 담보부사채
③ 자산 유동화증권　　　　　　　④ 코코본드

**26**
★★★
다음 중 전환사채(CB)에 대한 설명으로 가장 거리가 먼 것은?

① 전환권이 행사되면 부채가 감소되고 자본은 증가한다.
② 전환사채는 신주인수를 위한 별도의 주금이 필요하다.
③ 전환사채를 보통주로 전환할 경우 주식의 시장가치를 전환가치라 한다.
④ 패리티를 통해 전환사채를 주식으로 전환할 경우 차익이 발생하는가를 판단할 수 있다.

**27** ★★☆ 다음 중 코넥스시장의 공시제도에 대한 설명으로 가장 거리가 먼 것은?　❚최신유형

① 주가 및 거래량 급변에 따른 조회공시를 적용한다.

② 코스닥시장에 비해 자율공시 대상이 확대되었다.

③ 상장법인은 반기마다 기업설명회를 개최해야 하며, 2반기 동안 연속하여 개최하지 않거나 3년 동안 4회 이상 개최하지 않은 경우 상장폐지된다.

④ 거래소의 조회공시 요구에 대하여 요구 시점이 오전인 경우 당일 오후까지, 요구 시점이 오후인 경우 다음날 오전까지 답할 수 있다.

**28** ★★☆ 다음 중 코넥스시장의 매매거래제도와 가장 거리가 먼 것은?

① 경매매 제도

② 유동성공급자(LP) 지정 의무화

③ 프로그램 매매제도 도입

④ 시간외 종가매매 및 대량매매

**29** ★★☆ 다음 중 K-OTC시장의 공시제도에 대한 설명으로 적절한 것은?

① K-OTC시장 등록·지정법인은 발행시장 및 유통시장 공시의무가 있다.

② K-OTC시장 등록·지정법인은 연 2회 정기공시의무가 있다.

③ 등록·지정법인은 K-OTC시장에서의 유통시장 공시의무는 없지만 금융위원회에 사업보고서, 반기보고서, 분기보고서 제출의무가 있다.

④ 증권의 모집·매출금액이 과거 1년 동안 10억원 이상인 경우 증권신고서를 금융위원회에 제출해야 한다.

**30** ★★☆ K-OTC(장외시장)시장 매매거래정지제도에 대한 설명으로 가장 거리가 먼 것은?

① 등록법인이 불성실공시를 한 경우 해당사유 해소 그 다음 영업일까지 매매거래가 정지된다.

② 등록법인이 정기공시서류를 미제출한 경우 제출기한 다음날부터 제출일까지 매매거래가 정지된다.

③ 등록법인이 등록 지정해제사유 발생 시 해당사유 확인일과 그 다음 3영업일간 매매거래가 정지된다.

④ 호가폭주 등을 원인으로 K-OTC시장의 장애발생이 우려되는 경우 해당사유 해소 시까지 매매거래가 정지된다.

## 증권투자(25문항)

**31** 다음 중 국민경제의 흐름을 일관성 있게 체계적으로 나타내므로 경제동향을 분석하는 대표적인 도구로 주식 가격의
★★★ 　 움직임과 깊은 연관성을 갖는 주요 경제지표로 적절한 것은?

① 국내총생산(GDP)　　　　　　　　　　② 이자율

③ 인플레이션　　　　　　　　　　　　　④ 환 율

**32** 다음 중 환율이 상승할 때 나타나는 현상과 가장 거리가 먼 것은?　　　　　　　　　　 ▌최신유형
★★★

① 환율이 상승하면 수입을 감소시키고 수출을 증가시킨다.

② 환율이 상승하면 주가에 긍정적인 영향을 준다.

③ 환율이 상승하면 달러화 표시 부채가 큰 기업은 상당한 환차손을 안게 된다.

④ 환율이 상승하면 수출비중이 높은 기업은 대외경쟁력 및 채산성이 강화된다.

**33** 다음 〈보기〉에서 설명하고 있는 경기예측방법으로 적절한 것은?　　　　　　　　　　 ▌최신유형
★★★

──────────────〈 보 기 〉──────────────

기업가들로부터 향후 경기동향에 대한 의견을 조사해 지수화한 것으로 주로 단기적인 경기 예측지표로 사용되며, 경기
에 대한 기업가의 판단과 전망, 그리고 이에 대비한 계획서 등을 설문서를 통해 조사ㆍ수치화하여 전반적인 경기동향을
파악한다.

① 경기종합지수　　　　　　　　　　　　② 기업경기실사지수

③ 경기심리지수　　　　　　　　　　　　④ 소비자동향지수

**34** 다음 중 경기순환과정의 순서가 올바르게 연결된 것은?　　　　　　　　　　　　　　 ▌최신유형
★★☆

① 회복 → 활황 → 후퇴 → 침체

② 회복 → 활황 → 침체 → 후퇴

③ 활황 → 회복 → 후퇴 → 침체

④ 회복 → 후퇴 → 활황 → 침체

**35** ★★☆ 다음 중 제품수명주기(Product Life Cycle)의 단계별 특징으로 적절한 것은? ┃최신유형

① 도입기에는 가동률과 생산원가가 높다.

② 성장기에는 시장 세분화가 가속화되고 제품라인이 많아진다.

③ 성숙기에는 제품의 차별화가 적어지고 표준화된다.

④ 쇠퇴기에는 업계 재편성이 이루어지기 시작한다.

**36** ★★☆ 다음 중 산업의 경쟁구조에 대한 설명으로 가장 거리가 먼 것은?

① 진입장벽이 높을수록 새로 진출한 기업보다 이미 진출한 기업이 수익성과 영업위험 측면에서 유리하다.

② 산업의 성장이 완만한 경우 기존 경쟁업체 간 경쟁강도가 높은 경향이 있다.

③ 대체품의 품질이 우수할수록 해당 산업에 가해지는 대체품의 가격 상한선의 압력이 더욱 강해질 것이다.

④ 제품이 규격화되어 있거나 제품 차별화가 거의 되어 있지 않은 경우 공급자의 교섭력이 강하다고 볼 수 있다.

**37** ★★★ 다음 중 재무비율지표와 그 종류가 올바르게 연결되지 않은 것은?

① 수익성지표 : 주당순이익, 주가수익비율, 주가순자산비율

② 안정성지표 : 유동비율, 부채비율, 고정비율, 이자보상비율

③ 활동성지표 : 총자산회전율, 고정자산회전율, 재고자산회전율

④ 성장성지표 : 매출액증가율, 총자산증가율, 영업이익증가율

**38** ★★★ 다음 중 괄호 안에 들어갈 내용으로 올바른 것은? ┃최신유형

$$이자보상비율 = \frac{(\quad)}{이자비용} \times 100$$

① 매출액          ② 유동자산

③ 자기자본        ④ 영업이익

**39** 다음 중 성장성지표와 가장 거리가 먼 것은?　　　　　　　　　　　　　　　　　│ 최신유형
★★★

① 자기자본이익률　　　　　　　　　　　　② 매출액증가율
③ 총자산증가율　　　　　　　　　　　　　④ 영업이익증가율

**40** 다음 중 주가를 1주당 장부가치로 나누어 계산하는 주가비율은 무엇인가?　　　　│ 최신유형
★★★

① PER　　　　　　　　　　　　　　　　　② PBR
③ PCR　　　　　　　　　　　　　　　　　④ PSR

**41** 어느 기업의 현재 주가가 30,000원, 당기순이익은 27억원이고, 발행주식수가 90만주일 때, A기업의 주가수익비율
★★☆　(PER)은 얼마인가?　　　　　　　　　　　　　　　　　　　　　　　　　　　　│ 최신유형

① 10배　　　　　　　　　　　　　　　　　② 15배
③ 20배　　　　　　　　　　　　　　　　　④ 30배

**42** 다음 중 재무비율분석에 대한 설명으로 가장 거리가 먼 것은?
★★☆

① 비율분석만으로 기업의 경영상태를 완전히 평가하는 것은 무리가 있다.
② 재무분석은 현재의 기업상태를 진단하여 문제점 내지 개선점을 발견하는 것인데 비율분석에 사용되는 재무제표는 미래를 예측한 회계정보라는 한계가 존재한다.
③ 일정 시점의 재무제표와 일정 기간의 재무제표를 동시에 사용하는 것은 재무비율분석의 적절한 의미를 지니지 못할 가능성이 크다.
④ 선입선출법 및 후입선출법 등 여러 상이한 회계처리기준은 기업 간의 비교를 불가능하게 한다.

**43** ★★★ 다음 중 상대가치평가모형에 대한 설명으로 가장 거리가 먼 것은?

① 주가수익비율(PER)이 높을수록 투자자산의 변동성은 더욱 커지고 투자위험도 더 높아진다.

② 특정주식의 주가수익비율(PER)이 그 기업의 성장성에 비해 높은지 낮은지를 판단하기 위해 주가현금흐름비율(PCR) 지표를 활용한다.

③ 주가매출액비율(PSR) 값이 높으면 매출액에 비해 주가가 높게 형성되었다는 의미이다.

④ EV / EBITDA는 순수하게 영업으로 벌어들인 이익에 대한 기업가치의 비율을 나타낸다.

**44** ★☆☆ 다음 중 기술적 분석에 대한 설명으로 적절한 것은?

① 기업의 내재가치를 파악하여 매매시점을 포착한다.

② 과거의 정보에 의존한다.

③ 이론이 복잡하고 노력이 많이 든다.

④ 주가 변동의 패턴을 관찰하여 그 변동을 미리 예측할 수 있다.

**45** ★★★ 다음 중 기술적 분석에서 반전형 패턴에 해당하는 것은?  ▌최신유형

① 이중삼중천정형  ② 깃발형

③ 패넌트형  ④ 쐐기형

**46** ★★☆ 다음 중 투자관리의 3요소와 거리가 먼 것은?

① 분산투자의 방법

② 마켓타이밍의 선택

③ 투자시점의 선택

④ 개별종목 선택

**47** ★★☆ 다음 중 자산배분의 의사결정대상이 되는 자산집단이 가져야 하는 성격에 대한 설명으로 가장 거리가 먼 것은?  ▌최신유형

① 자산집단은 분산 가능성을 충족해야 한다.

② 자산집단 내에 충분하게 많은 개별 증권이 존재해야 한다.

③ 자산집단 간 상관관계가 높아야 한다.

④ 자산집단은 독립성을 갖추어야 한다.

**48**
★★☆

다음 중 자산집단에 대한 설명으로 가장 거리가 먼 것은?

① 투자자산은 투자수익이 확정되어 있지 않고, 투자성과에 따라 투자수익이 달라진다.

② 언제든지 현금화가 가능한 단기금융상품을 이자지급형 자산으로 본다.

③ 기본적인 자산집단으로는 이자지급형 자산, 투자자산, 부동산 자산이 있다.

④ 채권은 이자소득과 시세차익을 얻을 수 있어 이자지급형 자산과 투자자산에 모두 포함된다.

**49**
★★★

다음 〈보기〉에서 설명하는 기대수익률 측정방법은 무엇인가?　　　　ㅣ최신유형

――――――――――〈보 기〉――――――――――

과거 자료를 바탕으로 하되 미래의 발생상황에 대한 기대치를 추가하여 수익률을 예측하는 방법으로, 과거의 시계열 자료를 토대로 각 자산별 리스크 프리미엄 구조를 반영한다.

① 추세분석법 ② 시나리오분석법

③ 펀더멘털분석법 ④ 시장공동예측치사용법

**50**
★★☆

다음 중 분산도를 측정하는 변수와 가장 거리가 먼 것은?　　　　ㅣ최신유형

① 중위수 ② 범 위

③ 표준편차 ④ 변동계수

**51**
★★☆

어느 기업 주식의 기대수익률이 10%, 표준편차가 12.04%일 때 표준 정규분포의 신뢰구간에 대한 설명으로 가장 거리가 먼 것은?

① 수익률의 범위가 -2.04 ~ 22.04%에 있을 가능성이 68.27%이다.

② 수익률의 범위가 -14.08 ~ 34.08%에 있을 가능성이 95.54%이다.

③ 수익률의 범위가 -26.12 ~ 46.12%에 있을 가능성이 99.97%이다.

④ 표준편차에 1시그마($\sigma$)를 적용했을 때 수익률이 -2.04% 이하로 하락할 가능성은 약 32%이다.

**52**
★★★
연초에 100만원을 투자한 것이 1기간 말에 130만원, 2기간 말에 120만원이 되었다면, 기하평균수익률은 얼마인가? (단 소수점 둘째 자리까지 계산할 것)   ▮최신유형

① 5%

② 9.5%

③ 15.5%

④ 20%

**53**
★★☆
다음 〈보기〉에서 설명하는 자산배분 전략의 수정방법은 무엇인가?

─〈보 기〉─

자산포트폴리오가 갖는 원래의 특성을 그대로 유지하고자 하는 것으로, 주로 자산집단의 상대가격의 변동에 따른 투자비율의 변화를 원래대로의 비율로 환원시키는 방법이다.

① 리밸런싱

② 업그레이딩

③ 포트폴리오 수정

④ 포트폴리오 보험 전략

**54**
★★★
다음 중 전략적 자산배분의 실행방법으로 가장 거리가 먼 것은?

① 각 자산이 시장에서 차지하는 시가총액비율과 동일하게 포트폴리오를 구성한다.

② 지배원리에 의해 포트폴리오를 구성한다.

③ 연기금 등 기관투자자들의 자산배분을 모방하여 전략을 구성한다.

④ 주가가 하락하면 주식을 매수하고, 주가가 상승하면 주식을 매도한다.

**55**
★★★
다음 중 전술적 자산배분의 개념과 실행방법에 대한 설명으로만 모두 묶인 것은?

㉠ 역투자전략이다.

㉡ 적극적인 투자전략이다.

㉢ 증권시장의 과잉반응 현상을 이용한다.

㉣ 장기적인 포트폴리오의 자산구성을 정하는 의사결정이다.

① ㉠

② ㉠, ㉡

③ ㉠, ㉡, ㉢

④ ㉠, ㉡, ㉢, ㉣

## 투자권유(45문항)

**56** ★★★ 다음 중 인가대상 금융투자업과 가장 거리가 먼 것은?

① 전문사모집합투자업
② 투자매매업
③ 신탁업
④ 집합투자업

**57** ★★★ 다음 중 금융투자업자의 영업행위 규칙에 대한 설명으로 가장 거리가 먼 것은? ▌최신유형

① 금융투자업자는 정당한 사유 없이 투자자의 이익을 해하면서 자기가 이익을 얻거나 제3자의 이익을 추구해서는 안 된다.
② 금융투자업자는 자기의 명의를 대여하여 타인에게 금융투자업을 영위하게 해서는 안 된다.
③ 금융투자업자는 다른 금융업무를 겸영하고자 할 경우 영위예정일 7일 전까지 금융위에 신고해야 한다.
④ 금융투자업자는 본질적 업무를 제3자에게 위탁할 수 없다.

**58** ★★☆ 다음 중 부당권유금지 사유와 가장 거리가 먼 것은? ▌최신유형

① 불확실한 사항에 대해 단정적 판단을 제공하는 행위
② 요청받지 않은 장외파생상품에 대한 투자권유 행위
③ 투자권유를 거부한 투자자에게 1개월 경과 후 투자권유하는 행위
④ 객관적인 근거 없이 다른 금융상품과 비교하여 권유하는 행위

**59** ★★☆ 다음 중 투자권유대행인 금지행위에 대한 적절한 설명으로만 모두 묶인 것은? ▌최신유형

㉠ 투자권유대행업무를 제3자에게 재위탁하는 행위
㉡ 둘 이상의 금융투자업자와 투자권유 위탁계약을 체결하는 행위
㉢ 자신이 투자권유대행인이라는 사실을 나타내는 표지를 게시하거나 증표를 내보이는 행위

① ㉠, ㉡
② ㉠, ㉢
③ ㉡, ㉢
④ ㉠, ㉡, ㉢

**60** 다음 중 투자권유 영업행위 규제에 대한 설명으로 가장 거리가 먼 것은?
★★★

① 투자권유의 적합성 원칙은 전문투자자에게는 적용하지 않는다.

② 투자권유의 적정성 원칙은 일반투자자에게만 적용한다.

③ 모든 파생결합증권은 적정성의 원칙이 적용된다.

④ 전화 등 실시간 대화의 방법을 이용한 장외파생상품의 투자권유행위는 금지된다.

**61** 다음 중 투자설명서에 대한 설명으로 가장 거리가 먼 것은?
★★★

① 투자설명서는 간이투자설명서, 예비투자설명서, 투자설명서 등의 형태로 이용된다.

② 투자설명서는 증권신고서의 내용과 동일하게 작성해야 한다.

③ 증권신고서가 수리된 후 신고의 효력이 발생하기 전에는 간이투자설명서를 사용할 수 있다.

④ 전문투자자가 투자설명서의 수령 거부 의사를 표시한 경우 투자설명서 교부가 면제된다.

**62** 다음 중 주식 등의 대량보유상황(5% Rule) 보고제도에 대한 설명으로 가장 거리가 먼 것은?
★★☆

① 주식을 새로 5% 이상 보유하게 된 경우 보고 대상이다.

② 보고사유 발생일로부터 5일 내에 보고해야 한다.

③ 5% 이상 보유자의 보유비율이 5% 이상 변동된 경우 보고 대상이다.

④ 5% 보고 시 보유목적이 발행인의 경영권에 영향을 주기 위한 것이면 보고할 사유가 발생한 날부터 보고한 날 이후 5일까지 보유주식 등에 대하여 의결권을 행사할 수 없다.

**63** 다음 중 「자본시장법」상 미공개정보 이용(내부자거래) 규제에 대한 설명으로 가장 거리가 먼 것은?
★★★

① 정보수령자는 내부자거래 규제가 적용되지 않는다.

② 법인에 대해 허가·인가·지도·감독 등의 권한을 가진 자는 준내부자로 분류한다.

③ 증권시장에 6개월 내 상장이 예정된 법인은 미공개 중요정보 이용행위의 금지 규제가 적용된다.

④ 주권상장법인의 특정 증권 등의 매수 후 6개월 이내 매도하여 얻은 이익은 반환대상 이익이다.

**64** 다음 중 불공정 거래행위 규제에 대한 설명으로 가장 거리가 먼 것은?
★★☆

① 시세조종행위의 대표적 유형으로는 통정매매와 가장매매가 있다.

② 시세조종 위반행위로 얻은 이익 또는 회피한 손실액의 3배 이상 5배 이하에 상당하는 벌금이 부과될 수 있다.

③ 미공개중요정보이용 금지조항은 2차 이상 정보수령자에 대해서 적용되지 않는다.

④ 매매유인이나 부당이득을 얻을 목적이 없더라도 허수성 주문을 대량으로 제출한 경우 과징금이 부과될 수 있다.

**65** 「금융소비자보호법」에 대한 주요 내용으로 가장 거리가 먼 것은?　　　┃ 최신유형
★★★

① 「금융소비자보호법」에서는 금융상품을 예금성 상품, 투자성 상품, 보장성 상품, 대출성 상품으로 나눈다.

② 적정성의 원칙은 「자본시장법」에서는 '파생상품 등'을 대상으로 하지만, 「금융소비자보호법」에서는 '예금성 상품, 투자성 상품, 보장성 상품, 대출성 상품'에 모두 적용한다.

③ 대출성 상품에도 적합성의 원칙과 적정성의 원칙이 적용된다.

④ 「금융소비자보호법」을 위반했을 경우 과태료는 최대 1억원이며, 징벌적 과징금도 관련 수입 등의 최대 50%까지 부과된다.

**66** 다음 중 고객관리(CRM)의 효과와 가장 거리가 먼 것은?　　　┃ 최신유형
★★☆

① 예탁자산 증대　　　　　　　　　② 마케팅 및 관리비용 증가

③ 고객이탈률 감소　　　　　　　　④ 구전을 통한 무료광고

**67** 다음 중 고객의 니즈(Needs)를 파악하기 위한 질문의 방법에 대한 설명으로 가장 거리가 먼 것은?
★★☆

① 예 또는 아니오 등의 간단한 대답을 유도하는 질문은 폐쇄형 질문이다.

② 폐쇄형 질문은 상담시간을 단축시킬 수 있으나 다음 단계로 대화를 이어나가기 어렵다.

③ 고객에게 질문을 통해 생각하게 하는 질문은 개방형 질문이다.

④ 확대형 질문은 심문을 당한다는 느낌을 줄 수 있으므로 절제가 필요하다.

**68** ★★★ 다음 중 고객의 Needs를 파악하기 위한 질문법에 대한 설명으로 가장 거리가 먼 것은? ▌최신유형

① 폐쇄형 질문은 대화의 각도를 제한하며 상담원이 대화의 상황을 유도할 때 사용된다.

② 개방형 질문은 '무엇을', '왜', '어떻게' 등의 질문을 통해 고객이 스스로의 상황에 대해 좀 더 광범위하게 말할 수 있는 효과가 있다.

③ 확대형 질문은 고객에게 심문을 당한다는 느낌을 줄 수 있기 때문에 절제가 필요하며, 어렵고 전문적인 질문은 피해야 한다.

④ 고객이 자신의 Needs에 대해 잘 말하는 경우 개방형 질문을 하는 것이 바람직하다.

**69** ★★★ 다음 중 고객상담 과정 중 Needs에 대한 설명으로 가장 거리가 먼 것은? ▌최신유형

① 고객의 말에 공감하고 있다는 말을 해주되, 바디랭귀지(Body Language)를 보여줄 필요는 없다.

② Needs를 파악할 때는 'NO'라는 대답이 나올 수 있는 폐쇄형 질문은 최대한 피한다.

③ 고객이 대화의 70%, 세일즈맨이 30%를 말할 수 있도록 한다.

④ 질문할 때는 고객에게 단도직입적으로 묻지 말고 질문을 하는 이유와 질문을 통한 고객의 이득부터 납득시킨다.

**70** ★★★ 다음 중 고객의 반감처리 화법에 대한 설명으로 가장 거리가 먼 것은? ▌최신유형

① Yes, But화법은 고객의 주장을 받아들여 고객의 마음을 부드럽게 한 후 주장을 내세우는 방법이다.

② 부메랑법은 고객의 오해가 확실할 경우 정면으로 부정하는 방법이다.

③ 보상법은 사실을 사실대로 인정하면서 그 대신 다른 이점을 이용하여 보충하는 방법이다.

④ 질문법은 고객의 거절을 질문으로 되돌려 보내는 방법이다.

**71** ★★★ 다음 중 고객의 반감에 대한 설명으로 가장 거리가 먼 것은?

① 반감은 고객의 무관심 표현이다.

② 반감은 세일즈 찬스이다.

③ 사소한 반감이라도 간과해서는 안 된다.

④ 고객의 반감을 일단 인정하는 자세로 임해야 한다.

**72** ★★★ 다음 〈보기〉가 설명하는 상담 종결의 화법으로 적절한 것은?     **❙최신유형**

―――――〈보 기〉―――――

확실하게 찬성은 아니지만 반대 의사를 밝히지 않는 경우에 사용한다.

① 추정승낙법                 ② 실행촉진법
③ 양자택일법                 ④ 가입조건 문의법

**73** ★★★ 다음 중 클로징(Closing) 처리에 대한 설명으로 가장 거리가 먼 것은?     **❙최신유형**

① 클로징(Closing)을 하는 타이밍은 고객의 바잉 시그널(Buying Signal)을 감지했을 때이다.
② 클로징(Closing)을 어느 시점에 할지 미리 정해놓고 시작하는 것이 좋다.
③ 클로징(Closing)을 할 때는 고객의 Needs와 상품의 이점을 상기시켜 준다.
④ 클로징(Closing)에 실패했을 경우 확대형 질문으로 그 이유를 묻는다.

**74** ★★☆ 다음 〈보기〉가 설명하는 고객동의 확보기술은?     **❙최신유형**

―――――〈보 기〉―――――

고객이 아직 미심쩍은 점이 있을 경우, 이를 되물어서 동의할 수 있도록 설명하는 방법

① 직설동의요구법            ② 이점요약법
③ T-방법                    ④ 결과탐구법

**75** ★★☆ 다음 중 고객응대 시 매너에 대한 설명으로 가장 거리가 먼 것은?     **❙최신유형**

① 간단한 인사는 15도, 정중한 인사는 45도를 숙인다.
② 전화는 벨이 3번 이상 울리기 전에 받아야 한다.
③ 상대편보다 수화기를 먼저 놓지 않는다.
④ 사무실 자리를 비울 때는 고객에게 휴대전화나 이메일 등 제2의 연락수단을 추가로 알려줄 필요는 없다.

**76**
★★★
오늘날 금융투자업에서 직무윤리가 강조되는 이유로 보기 어려운 것은?　| 최신유형 |

① 고객의 이익을 침해할 가능성이 높다.

② 금융투자상품의 단순화에 따른 소비자보호 필요성이 증대되고 있다.

③ 직무윤리를 준수하는 것은 금융투자업종사자들을 보호하는 안전장치의 역할을 한다.

④ 금융투자상품은 대부분 원본손실가능성을 띠고 있기 때문에 고객과의 분쟁가능성이 존재한다.

**77**
★☆☆
다음 중 직무윤리를 준수해야 할 대상으로만 모두 묶인 것은?

> ㉠ 회사의 계약직원 등을 포함한다.
> ㉡ 회사의 임시직원 등을 포함한다.
> ㉢ 회사의 투자 관련 직무에 간접적으로 종사하는 자는 제외한다.
> ㉣ 회사와 무보수로 일하는 자는 제외한다.

① ㉠

② ㉠, ㉡

③ ㉠, ㉡, ㉢

④ ㉠, ㉡, ㉣

**78**
★★☆
다음 중 이해상충의 관리에 대한 설명으로 가장 거리가 먼 것은?　| 최신유형 |

① 금융투자업자는 금융투자업자와 투자자 간의 이해상충을 방지하기 위해 이해상충이 발생할 가능성을 파악 및 평가하고 내부통제기준에 따라 적절히 관리해야 한다.

② 금융투자업자는 이해상충이 발생할 가능성을 파악 및 평가한 결과 이해상충이 발생할 가능성이 있다고 인정되는 경우에는 그 사실을 미리 해당 투자자에게 알려야 한다.

③ 금융투자업자는 이해상충이 발생할 가능성이 있다고 인정되는 경우 투자자보호에 문제가 없는 수준으로 낮춘 후에 매매 또는 그 밖의 거래를 해야 한다.

④ 금융투자업자는 이해상충이 발생할 가능성을 낮추는 것이 곤란하다고 판단되는 경우에는 준법감시인의 사전승인을 받아야 한다.

**79**
★★★

다음 중 「금융소비자보호법」상 광고규제에 대한 올바른 설명으로 모두 묶인 것은?

> ㉠ 광고규제의 대상은 금융투자상품으로 제한한다.
> ㉡ 금융상품판매대리·중개업자는 금융투자상품에 대한 광고를 수행할 수 없다.
> ㉢ 투자상품의 광고 심사는 준법감시인이 수행한다.
> ㉣ 금융상품 계약체결 전 금융상품 설명서 및 약관을 읽어볼 것을 권유하는 내용을 광고에 포함해야 한다.

① ㉠, ㉡　　　　　　　　　　　② ㉠, ㉢

③ ㉡, ㉣　　　　　　　　　　　④ ㉢, ㉣

**80**
★★★

다음 중 금융투자상품 판매 이후 단계의 금융소비자보호 관련 제도에 대한 설명으로 가장 거리가 먼 것은?

① 보고 및 기록의무 : 매매가 체결된 날의 다음달 20일까지 월간 매매내역·손익내역, 월말 현재 잔액현황 및 미결제약정현황 등을 통지해야 한다.

② 판매 후 모니터링 제도 : 금융소비자와 판매계약을 맺은 날로부터 7영업일 이내에 판매 직원이 금융소비자와 통화하여 설명의무 이행여부를 확인해야 한다.

③ 위법계약해지권 : 적합성 원칙 등을 위반하여 계약을 체결한 경우 5년 이내 서면 등으로 해당 계약의 해지를 요구할 수 있다.

④ 미스터리 쇼핑 : 금융소비자임을 가장하여 해당 회사 소속 영업점을 방문하여 판매과정에서 금융투자업종사자의 관련 규정 준수 여부 등을 확인하는 제도이다.

**81**
★★☆

다음 중 투자권유대행인의 설명의무에 대한 설명으로 가장 거리가 먼 것은?

① 금융투자상품의 내용, 투자에 따르는 위험, 일반금융소비자가 부담하는 수수료에 관한 사항 등을 투자자가 이해할 수 있도록 설명해야 한다.

② 설명한 내용을 일반금융소비자가 이해하였음을 서명 등의 방법으로 확인받아야 한다.

③ 권유하는 상품의 주요사항을 일반금융소비자에게 동등하게 설명해야 한다.

④ 투자권유하는 금융상품과 연계되거나 제휴서비스 등의 내용을 일반금융소비자에게 설명해야 한다.

**82** 투자권유를 받은 투자자가 이를 거부하는 취지의 의사를 표시한 경우에는 투자권유를 계속하여서는 안 된다. 다만 예
★★★ 외적으로 허용되는 경우로 모두 묶인 것은?

> ㉠ 투자성 있는 보험계약에 대하여 다시 권유를 하는 경우
> ㉡ 다른 종류의 금융투자상품에 대하여 다시 권유하는 경우
> ㉢ 장외파생상품을 다시 권유를 하는 경우
> ㉣ 투자권유를 거부하는 취지의 의사를 표시한 후 1개월이 지난 후에 다시 투자권유하는 경우

① ㉠, ㉡  　　　　　　　　　　　　　　　② ㉢, ㉣
③ ㉡, ㉣  　　　　　　　　　　　　　　　④ ㉠, ㉢, ㉣

**83** 금융투자회사의 임직원의 대외활동 시 준수사항에 대한 설명으로 가장 거리가 먼 것은?  ▌최신유형
★★★
① 회사의 주된 업무 수행에 지장을 주어서는 안 된다.
② 대외활동으로 인해 금전적 보상을 받은 경우 수고에 대한 대가이므로 신고할 필요는 없다.
③ 회사의 공식의견이 아닌 경우 사견임을 명백히 표현해야 한다.
④ 불확실한 사항을 단정적으로 표현해서는 안 된다.

**84** 다음 중 내부통제를 위한 영업점별 영업관리자의 자격에 대한 설명으로 가장 거리가 먼 것은?  ▌최신유형
★★☆
① 영업점에서 1년 이상 근무한 경력이 있거나 준법감시나 감사업무를 1년 이상 수행한 경력이 있는 자여야 한다.
② 본인이 수행하는 업무가 과다하거나 수행하는 업무의 성격으로 인하여 준법감시업무에 곤란을 받지 않아야 한다.
③ 회사가 영업점별 영업관리자에게 업무수행 결과에 따라 보상을 지급하는 것은 내부통제기준상 불가하다.
④ 준법감시인은 영업점별 영업관리자에 대하여 연간 1회 이상 법규 및 윤리 교육을 실시해야 한다.

**85** 다음 중 준법감시인에 대한 설명으로 가장 거리가 먼 것은?  ▌최신유형
★★★
① 준법감시인은 이사회 및 대표이사의 지휘를 받는다.
② 준법감시인을 임면하려는 경우에는 이사회 의결을 거쳐야 한다.
③ 준법감시인의 임기는 최소 1년 이상이다.
④ 관련 규정상 조건 충족 시 준법감시업무 중 일부를 준법감시업무를 담당하는 임직원에게 위임할 수 있다.

**86** 다음 중 분쟁예방에 대한 설명으로 가장 거리가 먼 것은?
★★★

① 최초거래 시 임직원의 개인계좌로 고객자산 등을 입금받아 관리해야 한다.

② 일임매매의 경우 그 범위 및 취지에 맞게 업무를 수행해야 한다.

③ 금융회사의 임직원은 금융상품 거래의 조력자 역할임을 잊지 않아야 한다.

④ 어떠한 형태로든 손실보전 약정은 하지 말아야 한다.

**87** 다음 중 금융투자회사가 고객의 개인정보를 보호하기 위한 법령의 근거로서 아래 법 중 다른 법의 일반법의 지위에
★★★ 있는 것은?                                                                | 최신유형

① 신용정보의 이용 및 보호에 관한 법률

② 금융실명거래 및 비밀보장에 관한 법률

③ 전자금융거래법

④ 개인정보보호법

**88** 다음 중 「개인정보보호법」에 대한 설명으로 가장 거리가 먼 것은?
★★★

① 「개인정보보호법」은 일반법으로서 관련 특별법이 있는 경우 해당 특별법이 우선 적용된다.

② 개인정보란 살아 있는 개인에 관한 정보로서 고유식별정보, 민감정보, 금융정보 등이 있다.

③ 정보주체의 사생활 침해를 최소화하는 방법으로 개인정보를 처리해야 한다.

④ 개인정보는 정확한 정보를 필요로 하기 때문에 익명처리를 해서는 안 된다.

**89** 다음 중 개인정보 처리 및 관리에 대한 설명으로 가장 거리가 먼 것은?
★★★

① 정보주체와의 계약 체결 및 이행을 위해 불가피하게 필요한 경우 개인정보를 수집하여 이용할 수 있다.

② 개인정보처리자는 보유기간이 경과하여 개인정보가 불필요하게 된 경우에는 다른 법령에 따른 보존의무가 없는
경우를 제외하고 지체 없이 개인정보를 파기해야 한다.

③ 민감정보 및 고유식별정보는 정보주체에게 별도의 동의를 얻거나 법령에서 구체적으로 허용된 경우에 한해 예외적으
로 처리하도록 엄격하게 제한하고 있다.

④ 주민등록번호는 원칙적으로 정보주체에게 별도의 동의를 받은 경우 처리할 수 있다.

**90** ★★☆ 다음 중 6대 판매원칙 중 불공정영업행위와 가장 거리가 먼 것은?

① 제휴 서비스를 부당하게 축소하거나 변경하는 행위
② 금융소비자의 의사에 반하여 금융상품의 계약체결을 강요하는 행위
③ 업무와 관련하여 금융소비자에게 편익을 요구하거나 제공받는 행위
④ 금융상품의 내용을 사실과 다르게 알리는 행위

**91** ★★☆ 다음 중 내부통제기준에 대한 설명으로 가장 거리가 먼 것은?

① 준법감시제도는 상시적인 내부통제시스템이다.
② 금융투자업종사자를 보호할 목적으로 만들어졌다.
③ 금융회사의 임직원이 직무를 수행할 때 준수해야 할 기준 및 절차이다.
④ 임직원의 업무처리 제반 법규를 준수하였는지에 대해 사전적 또는 상시적으로 통제·감독하기 위한 것이다.

**92** ★★★ 다음 중 금융감독원의 분쟁조정제도에 대한 설명으로 가장 거리가 먼 것은?    ▎최신유형

① 분쟁조정은 그 자체로서 구속력이 없고 당사자가 이를 수락하는 경우에 효력이 발생한다.
② 조정위원회는 조정의 회부를 받은 경우 60일 내에 이를 심의하여 조정안을 작성해야 한다.
③ 당사자가 수락한 조정안은 민법상의 화해와 동일한 효력을 갖는다.
④ 조정 진행 중에 일방이 소송을 제기한 경우 그 조정처리는 중지되고, 이를 쌍방에게 통보해야 한다.

**93** ★★☆ 다음은 금융분쟁조정위원회의 절차에 대한 설명이다. 괄호 안에 들어갈 내용으로 올바르게 연결된 것은?

> • 조정위원회의 경우 금융감독원장은 분쟁조정의 신청을 받은 날부터 ( )일 이내에 당사자 간에 합의가 이루어지지 아니하는 때에는 지체 없이 이를 조정위원회에 회부해야 한다.
> • 조정위원회는 조정의 회부를 받으면 ( )일 이내에 이를 심의하여 조정안을 작성해야 한다.

① 30일, 60일
② 30일, 90일
③ 15일, 30일
④ 15일, 60일

**94** ★★☆ 다음에 〈보기〉에서 설명하는 금융투자상품 관련 분쟁의 유형은?   ❚최신유형

―――――――――――――――〈보 기〉―――――――――――――――

증권회사가 투자자로부터 금융투자상품의 매매에 관한 청약 또는 주문을 받지 않고 투자자의 재산으로 금융투자상품의 매매를 하는 것

① 임의매매                 ② 일임매매
③ 부당권유                 ④ 불완전판매

**95** ★★☆ 다음 중 금융투자상품 관련 분쟁의 특징에 대한 설명으로 가장 거리가 먼 것은?

① 금융투자상품의 법률적 정의는 원금손실 가능성(투자성)이 있는 모든 금융상품을 의미한다.
② 금융상품에 대한 투자결과는 금융투자회사 귀속이 원칙이므로 금융상품에 대해 충분히 이해한 후 투자해야 한다.
③ 금융투자회사는 「민법」상 위임계약 및 「상법」상 위탁매매업을 수행하는 업무 형태로 선관주의의무를 다하지 못할 경우, 민사상 불법행위책임 또는 채무불이행책임이 발생할 수 있다.
④ 금융투자상품은 금융시장 환경, 투자상품 고유특성에 따라 손익내역이 지속적으로 변하기 때문에 투자상품에 대한 지속적인 관리가 필요하다.

**96** ★★★ 다음 중 투자권유대행인의 투자권유 시 준수사항과 가장 거리가 먼 것은?   ❚최신유형

① 투자권유대행인이 고객에게 투자권유 업무를 수행하는 경우 투자권유대행인을 확인할 수 있는 증표 등을 투자자에게 보여 주고 설명해야 한다.
② 투자권유대행인은 금융투자상품의 내용, 투자에 따르는 위험, 투자자가 부담하는 수수료에 관한 사항 등을 투자자가 이해할 수 있도록 설명해야 한다.
③ 투자권유대행인은 금융투자상품에 대한 설명의무를 이행하는 경우 모든 투자자에게 동일한 수준으로 설명해야 한다.
④ 투자권유대행인은 투자자가 상품구입 후에도 지속적으로 문의할 수 있도록 투자권유대행인 및 영업점의 연락처 및 콜센터 이용 방법 등을 전달해야 한다.

**97** ★★★ 다음 중 고령투자자에 대한 투자권유에 대한 설명으로 가장 거리가 먼 것은?

① 금융회사는 고령투자자 보호기준을 의무적으로 만들어야 한다.
② 공모상품을 제외한 사모형태의 ELS 상품을 투자권유하고자 할 경우 적합성 보고서를 계약체결 이전에 제공해야 한다.
③ 판매과정에서 2영업일 이상의 숙려기간을 부여해야 한다.
④ 고령투자자에 대한 영업점의 전담창구를 마련해야 한다.

**98** 다음 중 개인 재무설계 과정에 대한 설명으로 가장 거리가 먼 것은?
★★★

① 개인 재무설계 과정은 6단계로 이루어진다.

② 고객의 관련 자료를 수집한 후 자산상태표와 개인현금수지상태표를 작성하여 고객의 재정상태를 파악하고 분석한다.

③ 재무목표는 목표 달성 시기에 따라 단기목표, 중기목표 및 장기목표로 구분한다.

④ 재무목표의 달성을 위해 수립된 계획을 실천에 옮기는 재무행동계획의 실행에서 자기통제와 융통성이 가장 중요하다.

**99** 다음 중 재무상태평가표에서 금융자산을 월평균생활비로 나눈 것은 무엇인가?  | 최신유형
★★☆

① 가계수지지표　　　　　　　　　② 비상자금지표

③ 위험대비지표　　　　　　　　　④ 부채부담지표

**100** 다음 중 퇴직 후 자산관리에 대한 설명으로 가장 거리가 먼 것은?  | 최신유형
★★★

① 자산상태표를 통해 자산을 배분하고 관리한다.

② 자산의 유동성을 높여 예기치 않은 위험에 대비한다.

③ 안정성보다 수익성을 중시하며, 집중투자한다.

④ 월 이자지급식 상품을 이용해 매달 이자를 생활비에 보탠다.

모든 전사 중 가장 강한 전사는 이 두 가지, 시간과 인내다.

- 레프 톨스토이 -

What is your passcode?

증권투자권유대행인 실제유형 모의고사

# 제3회

PASSCODE

증권투자권유대행인 실제유형 모의고사

# 정답 및 해설

# 증권투자권유대행인
# 실제유형 모의고사

## 정답 및 해설

www.sdedu.co.kr

SD
에듀

# 최신출제동형 정답 및 해설

| 01 | 02 | 03 | 04 | 05 | 06 | 07 | 08 | 09 | 10 |
|---|---|---|---|---|---|---|---|---|---|
| ② | ③ | ④ | ① | ③ | ② | ② | ② | ① | ③ |
| 11 | 12 | 13 | 14 | 15 | 16 | 17 | 18 | 19 | 20 |
| ① | ③ | ④ | ① | ④ | ③ | ② | ③ | ④ | ① |
| 21 | 22 | 23 | 24 | 25 | 26 | 27 | 28 | 29 | 30 |
| ① | ① | ④ | ② | ④ | ② | ① | ③ | ① | ④ |
| 31 | 32 | 33 | 34 | 35 | 36 | 37 | 38 | 39 | 40 |
| ④ | ② | ③ | ④ | ① | ③ | ① | ④ | ① | ③ |
| 41 | 42 | 43 | 44 | 45 | 46 | 47 | 48 | 49 | 50 |
| ④ | ② | ① | ④ | ① | ④ | ③ | ③ | ① | ① |
| 51 | 52 | 53 | 54 | 55 | 56 | 57 | 58 | 59 | 60 |
| ③ | ② | ② | ② | ④ | ① | ① | ③ | ② | ② |
| 61 | 62 | 63 | 64 | 65 | 66 | 67 | 68 | 69 | 70 |
| ③ | ③ | ③ | ③ | ① | ③ | ① | ① | ② | ② |
| 71 | 72 | 73 | 74 | 75 | 76 | 77 | 78 | 79 | 80 |
| ④ | ① | ② | ① | ③ | ③ | ② | ① | ② | ④ |
| 81 | 82 | 83 | 84 | 85 | 86 | 87 | 88 | 89 | 90 |
| ① | ④ | ① | ③ | ④ | ④ | ① | ② | ③ | ③ |
| 91 | 92 | 93 | 94 | 95 | 96 | 97 | 98 | 99 | 100 |
| ④ | ② | ① | ③ | ② | ④ | ① | ③ | ④ | ④ |

## 금융투자상품 및 증권시장(30문항)

### 01
정답 ②

출제영역 금융투자상품 및 증권시장 > 금융투자상품 > 금융투자회사

위탁매매업무는 고객의 매매주문을 받아 증권회사의 명의와 고객 계산으로 금융투자상품의 매매를 행하는 업무이다. 또한 위탁매매 업무는 금융투자상품에 대한 투자중개업무로 고객의 매매주문을 성사시키고 수수료를 받는 업무로서 위탁매매, 매매의 중개·대리, 위탁의 중개·주선·대리 세 가지 형태로 이루어진다.

핵심개념 증권회사 업무

| 구 분 | 내 용 |
|---|---|
| 위탁매매 업무 | 증권 및 파생상품 등 금융투자상품에 대한 투자중개업무로서 고객의 매매주문을 성사시키고 수수료를 받는 업무(Brokerage)로서 (1) 위탁매매 (2) 매매의 중개·대리 (3) 위탁의 중개·주선·대리 세 가지 형태로 이루어짐 |
| 위탁매매 업무 | 위탁매매 | 고객의 매매주문을 받아 증권회사의 명의와 고객의 계산으로 금융투자상품의 매매를 행하는 업무 → 매매거래에 따른 손익은 위탁자인 고객에게 귀속되며 증권회사는 고객으로부터 일정한 위탁수수료를 받음 |
| | 매매의 중개·대리 | 타인 간 금융투자상품의 매매가 성립되도록 노력하거나, 고객을 대리하여 매매를 하고 수수료를 받는 업무 → 증권회사가 명의상으로나 계산상으로 매매 당사자가 되지 않음 |
| | 위탁의 중개·주선·대리 | 거래소 회원이 아닌 비회원인 증권회사는 회원인 증권회사를 통하여 고객의 위탁매매주문을 중개·주선·대리해주고 고객으로부터 받는 수수료를 회원인 증권회사와 배분함 |
| 자기매매 업무 | 투자매매업무로서 자기명의와 자기계산으로 인적·물적 시설을 갖추고 지속적·반복적으로 금융투자상품을 매매하는 업무 |
| 인수주선 업무 | 투자매매업무로서 증권회사가 신규 발행된 증권을 매출할 목적으로 취득하는 업무 |
| | 인수형태 | 모 집 | 50인 이상 투자자에게 새로 발행되는 증권에 대해 취득의 청약을 권유 |
| | | 매 출 | 이미 발행된 증권에 대한 매도 또는 매수청약 권유 |
| | | 사 모 | 49인 이하의 투자자에게 취득의 청약을 권유 |
| | 주 선 | 증권회사가 제3의 위탁에 의해 모집·매출을 주선하는 업무 |
| 펀드판매 업무 | 증권회사가 투자중개업자로서 펀드에서 발행하는 수익증권 등을 투자자에게 판매하는 업무 |
| 자산관리 업무 | 투자자문 및 투자일임업자로서 투자자에게 랩어카운트 및 CMA 서비스 등을 제공하는 업무<br>• 랩어카운트 : 고객의 증권거래, 고객에 대한 자문 등 통합 서비스를 제공하고 고객예탁재산의 평가액에 비례하여 연간 단일보수율로 산정한 요금(Fee)를 징수하는 업무<br>• CMA 서비스 : 고객과 사전 약정에 따라 예치자금이 MMF, RP 등 특정 단기금융상품에 투자되도록 설계한 CMA 계좌를 고객예탁금 계좌와 연계하여 수시입출, 급여이체, 신용카드 결제대금 납부 등의 부가서비스를 제공 |
| 신용공여 업무 | 증권회사가 증권거래와 관련하여 고객 증권의 매수에 대한 금전의 융자·매도에 대한 대주를 해주는 신용거래업무 및 예탁된 증권을 담보로 하는 대출업무 |

## 02

정답 ③

출제영역　금융투자상품 및 증권시장 > 금융투자상품 > 금융투자회사

㉠ 설립형태에 따라 계약형과 회사형으로 구분된다. 투자신탁은 계약형 집합투자기구이며 투자회사, 투자유한회사, 투자합자회사 등은 회사형 집합투자기구이다.

**핵심개념**
집합투자업자

| 구 분 | 내 용 |
|---|---|
| 개 요 | • 집합투자업자는 투자신탁, 투자회사 등의 방식으로 설정·설립되는 집합투자기구의 재산을 운용하는 것이 주된 업무<br>• 설립형태에 따라 계약형(투자신탁)과 회사형(투자회사, 투자유한회사, 투자합자회사)으로 구분 |
| 투자신탁<br>(계약형) | 투자신탁의 조직은 (1) 위탁회사(투자신탁재산 운용 - 집합투자업자), (2) 수탁회사(신탁재산 보관 - 신탁회사), (3) 판매회사(수익증권 판매 - 은행·증권사)로 구성 |
| 투자회사<br>(회사형) | 투자회사는 「상법」상 주식회사지만, 본점 이외의 영업소를 설치하거나 직원을 둘 수 없는 서류상의 회사임 → (1) 자산운용은 자산운용회사에, (2) 보관은 자산보관회사에, (3) 모집·판매는 판매회사에, (4) 일반사무는 일반사무관리회사에 위탁하여야 함 |

투자대상에 따른 집합투자기구(펀드) 유형

| 구 분 | 내 용 |
|---|---|
| 증 권 | 펀드재산의 50%를 초과하여 주식·채권 등의 증권에 투자 |
| 부동산 | 집합투자재산의 50%를 초과하여 부동산, 부동산을 기초자산으로 한 파생상품, 부동산개발 관련 법인에 대출, 부동산 개발·관리, 개량 부동산 관련 권리의 취득, 채권금융기관이 채권자인 금전채권의 취득 등에 투자 |
| 특별자산 | 집합투자재산의 50%를 초과하여 특별자산(증권 및 부동산을 제외한 투자대상 자산)에 투자 |
| 단기금융<br>(MMF) | 유가증권의 운용비율 등의 제한 없이 집합투자재산 전부를 주로 단기성 자산(콜론, CP, CD 등)에 투자 |
| 혼합자산 | 증권 펀드, 부동산 펀드, 특별자산 펀드 규정의 제한을 받지 않는 펀드, 즉 투자대상을 특정하지 않고 어떤 자산이나 투자비율의 제한 없이 투자 가능하지만 환매금지형으로 설정해야 함 |

## 03

정답 ④

출제영역　금융투자상품 및 증권시장 > 금융투자상품 > 보험회사

CI(Critical illness)보험에 대한 설명이다. 실손의료보험은 보험가입자의 상해 또는 질병으로 인해 입원, 통원치료 시에 발생한 의료비를 보장하는 실손보장형 보험이다.

## 04

정답 ①

출제영역　금융투자상품 및 증권시장 > 금융투자상품 > 투자성 금융상품

ELD(주가연계예금)는 중도해지가 가능하다. 다만 중도해지 시 원금손실이 발생할 수 있다.

## 05

정답 ③

출제영역　금융투자상품 및 증권시장 > 금융투자상품 > 투자성 금융상품

Bull-spread에 대한 설명이다.

**핵심개념** ELS 수익구조

| 구 분 | 내 용 |
|---|---|
| Knock-out형<br>(낙아웃형) | 투자기간 중 정한 주가 수준에 도달하면 확정된 수익으로 상환되며(주가지수 100p 도달 시 6%의 수익을 지급) 그 외에는 만기 시 주가에 따라 수익 결정 |
| Bull-spread형<br>(불스프레드형) | 만기시점의 주가 수준에 비례하여 손익이 확정되며 최대수익(Cap) 및 최대손실(Floor)을 일정 수준으로 제한 |
| Reverse<br>Convertible형 | 미리 정한 하락폭 이하로 주가가 하락하지만 않으면 (주가지수 100p 기준으로 10% 이상 하락하지 않으면) 사전에 약정한 수익률을 지급하며 그 수준 아래로 하락 시 손실이 발생하는 구조 |
| Digital형<br>(디지털형) | 만기 시 주가가 일정 수준을 상회하는지 여부에 따라 (주가지수 100p 기준으로 10% 이상 상승 시, 또는 10% 이상 하락 시) 사전에 정한 두 가지 수익 중 한 가지를 지급 |

## 06

정답 ②

출제영역　금융투자상품 및 증권시장 > 금융투자상품 > 기타 금융상품

중도해지 시 기타소득세가 과세되는 것은 아니다. ISA는 의무가입기간(3년) 이내 원금은 출금할 수 있지만 원금을 초과하여 출금하면 중도해지로 간주하여 수익의 약 15.4%의 소득세가 과세된다. 다만 법에서 정한 부득이한 사유에 해당하면 세제혜택을 받을 수 있다.

**핵심개념** ISA 계좌 종류

| 구 분 | 일반형 | 서민형 | 농어민형 |
|---|---|---|---|
| 가입요건 | 만 19세 이상 또는 직전연도 근로소득이 있는 만 15세~19세 미만의 대한민국 거주자 | 총급여 5,000만원 또는 종합소득 3,800만원 이하 거주자 | 종합소득 3,800만원 이하 농어민 |
| | 직전연도 3개년 중 1회 이상 금융소득종합과세 대상이 아닌 자 | | |
| 비과세 한도 | 200만원 | 400만원 | 400만원 |

| 비과세 한도 초과분 | 분리과세(세율 9.9%) |
|---|---|
| 의무가입기간 | 3년 |
| 중도인출 | 납입금 한도 내에서 횟수 제한 없이 중도인출 가능 |
| 납입한도 | 연간 2천만원, 최대 1억원(납입한도 이월 가능) 단, 기존 소득공제장기펀드, 재형저축의 가입금액 차감 |

## 07 정답 ②

출제영역　금융투자상품 및 증권시장 > 금융투자상품 > 기타 금융상품

연금수령 시 연금소득세율은 연령별(5.5% ~ 3.3%)로 차등 적용된다.

**핵심개념　퇴직연금(DC, IRP)**

| 구 분 | | 내 용 |
|---|---|---|
| 대 상 | | 퇴직연금(DC, IRP) 가입자 |
| 납입한도 | | 연간 1,800만원 + ISA계좌 만기금액 |
| 세액공제 한도 | | 연간 700만원 + 50세 이상 연간 200만원(2022년까지 한시 적용, 종합소득 1억원 및 총급여 1.2억원 초과자 제외) + ISA 만기 전환금액의 10%(연간 최대 300만원) |
| 세액공제율 | | 16.5%(종합소득 4,000만원, 총급여 5,500만원 이하자) 13.2%(종합소득 4,000만원, 총급여 5,500만원 초과자) |
| 연금 수령 | 요 건 | 가입 후 5년 경과, 만 55세 이후 |
| | 연간 한도 | 연금수령한도 $= \dfrac{\text{과세기간개시일(연금신청개시일) 현재평가액}}{(11 - \text{연금수령연차})} \times 120\%$ |

| 연금 수령 | 과 세 | **연금수령(연령별 차등 적용)** | | |
|---|---|---|---|---|
| | | 연금수령연령 | 일반수령 | 종신형연금 |
| | | 55~69세 | 5.5% | 4.4% |
| | | 70~79세 | 4.4% | |
| | | 80세 이상 | 3.3% | 3.3% |
| | | 연금외 수령 시(중도해지, 연금수령한도 초과 인출금액) • 기타소득세 16.5%(분리과세) • 부득이한 사유에 해당되면 3.3% ~ 5.5% 세율로 분리과세(천재지변, 사망 또는 해외이주, 파산선고, 개인회생 등) | | |

## 08 정답 ②

출제영역　금융투자상품 및 증권시장 > 금융투자상품 > 기타 금융상품

대출잔액이 주택가격보다 크더라도 부족한 부분에 대해서 채무자(상속인)에게 청구하지 않는다.

**핵심개념　주택연금(역모기지론)**

| 구 분 | 내 용 | | |
|---|---|---|---|
| 가입대상 | 부부 중 연장자가 만 55세 이상 | | |
| 대상주택 | 공시지가 9억원 이하인 주택(주거용 오피스텔도 가능) | | |
| 월지급금액 | 주택가격과 가입시점에 따라 다르며 가입시점은 부부 중 나이가 적은 사람을 기준으로 함 | | |
| 지급방식 | 종신방식, 확정기간방식, 대출상환방식 등 | | |
| 대출금 상환 | 대출금 상환은 주택연금 계약 종료 시 담보주택 처분가격 범위 내로 한정 | | |
| | 상환시점 | 상환금액 | 비 고 |
| | 주택가격 > 대출잔액 | 대출잔액 | 남는 부분은 채무자(상속인)에게 돌려줌 |
| | 주택가격 < 대출잔액 | 주택가격 | 부족한 부분은 채무자(상속인)에게 청구하지 않음 |
| 대출금리 | 3개월 CD금리 + 1.1%, COFIX + 0.85% | | |
| 보증료 | • 초기 보증료 : 주택가격의 1.5% • 연보증료 : 보증잔액의 연 0.75% | | |

## 09 정답 ①

출제영역　금융투자상품 및 증권시장 > 금융투자상품 > 투자성 금융상품

ⓒ 수익증권은 신탁업자가 발행한 금전신탁계약에 의한 수익권이 표시된다.

**핵심개념　증권의 종류**

| 구 분 | 내 용 |
|---|---|
| 의 의 | 내국인 또는 외국인이 발행한 금융투자상품으로서 투자자가 취득과 동시에 지급한 금전 등 외에 추가로 지급의무를 부담하지 아니하는 것 |
| 채무증권 | 국채증권, 지방채증권 등 이와 유사한 것으로 지급청구권이 표시된 것 |
| 지분증권 | 주권, 신주인수권이 표시된 것으로 출자지분 또는 출자지분을 취득할 권리가 표시된 것 |
| 수익증권 | 신탁업자가 발행한 금전신탁계약에 의한 수익권이 표시된 수익증권으로 신탁의 수익권이 표시된 것 |
| 투자계약증권 | 특정 투자자가 그 투자자와 타인 간의 공동사업에 금전 등을 투자하고 주로 타인이 수행한 공동사업의 결과에 따른 손익을 귀속받는 계약상의 권리가 표시된 것 |
| 파생결합증권 | 기초자산의 가격, 이자율, 지표 단위 또는 이를 기초로 하는 지수 변동과 연계하여 미리 정하여진 방법에 따라 지급금액 또는 회수금액이 결정되는 권리가 표시된 것(예 ELW, ELS) |
| 증권예탁증권 | 증권을 예탁받은 자가 그 증권이 발행된 국가 외의 국가에서 발행한 것으로 그 예탁받은 증권에 관련된 권리가 표시된 것 |

## 10

정답 ③

출제영역 금융투자상품 및 증권시장 > 금융투자상품 > 투자성 금융상품

투자금액은 가격결정요인과 거리가 멀다. 주식워런트증권의 가격 결정요인에는 기초자산가격, 권리행사가격, 기초자산가격의 변동성, 만기까지의 잔존기간, 금리, 배당이 있다.

**핵심개념** ELW 가격결정요인

| 구 분 | 내 용 |
|---|---|
| 기초자산가격 | 콜 워런트의 경우 기초자산가격이 오를수록, 풋 워런트의 경우 기초자산가격이 하락할수록 가격은 상승 |
| 권리행사가격 | • 콜 워런트의 경우 권리행사가격이 낮을수록, 풋 워런트의 경우 권리행사가격이 높을수록 가격은 상승<br>• 주식워런트증권 발행 이후 행사가격은 변하지 않기 때문에 특정한 주식워런트증권을 선택하고 나면 행사가격은 주식워런트증권 가격에 영향을 주지 않음 |
| 기초자산의 가격변동성 | 기초자산가격의 변동성이 클수록 콜·풋 주식워런트증권에 관계없이 모든 주식워런트증권의 가격은 높아짐 |
| 만기까지 잔존기간 | 잔존기간이 길수록 콜·풋 주식워런트증권 모두 가격은 비싸짐 |
| 금 리 | • 주식워런트증권 거래에서 발생하는 기회비용을 의미<br>• 콜 워런트의 경우 금리가 높아질수록 가격은 비싸지며 풋 워런트의 경우 반대가 됨<br>• 주식워런트증권 가격 형성에 금리가 미치는 영향은 미미 |
| 배 당 | • 배당을 하면 주가가 낮아지게 됨<br>• 콜 주식워런트증권 매수자는 불리해지며, 배당이 클수록 가격은 낮아짐(풋 주식워런트증권은 배당이 클수록 가격은 높아짐) |

## 11

정답 ①

출제영역 금융투자상품 및 증권시장 > 유가증권시장 및 코스닥시장 > 증권의 발행형태

모집에 대한 설명이다.
② 매출 : 50인 이상의 투자자에게 이미 발행된 증권의 매수청약 또는 매도청약을 권유하는 행위
③ 사모 : 발행주체가 특정 소수 50인 미만을 대상으로 증권을 발행하는 경우
④ 상장 : 주식회사가 발행한 주권이 거래소가 정하는 일정한 요건을 충족하여 증권시장에서 거래될 수 있는 자격을 부여하는 것

## 12

정답 ③

출제영역 금융투자상품 및 증권시장 > 유가증권시장 및 코스닥시장 > 기업공개 절차와 실무

기업공개(IPO)는 개인이나 소수의 주주로 구성되어 있는 기업이 주식의 분산요건 등 거래소 시장에 신규상장하기 위한 일정 요건을 충족시킬 목적으로 행하는 공모행위이며, 상장을 위한 준비단계이다.
① 거래소시장에 상장하기 위한 공모행위이다.
② 거래소시장에 상장하기 위한 준비단계이다.
④ 기업공개는 공모를 통하여 일반대중에게 발행주식을 분산시키는 상장이전단계를 의미하므로 상장과 다른 의미로 사용된다.

## 13

정답 ④

출제영역 금융투자상품 및 증권시장 > 유가증권시장 및 코스닥시장 > 상장의 의의, 효과 및 혜택

「상법」에서는 주식의 액면미달 발행 시 법원의 인가를 받도록 되어있지만 주권상장법인은 법원의 인가 없이 주주총회 특별결의만으로 주식의 액면미달 발행이 가능하다.

**핵심개념** 상장의 효과 및 상장기업의 혜택

| 구 분 | 내 용 |
|---|---|
| 상장효과 | • 직접자금 조달기회 및 능력의 증대<br>• 기업의 홍보 효과와 공신력 제고<br>• 종업원의 사기진작과 경영권의 안정효과<br>• 투자자본의 회수효과<br>• 소유와 경영의 분리 가속화<br>• 구조조정의 추진 용이 |
| 상장혜택 | • 주식 양도소득세 비과세 적용<br>• 주식매수청구권 행사<br>• 주식의 발행 및 배정 등에 관한 특례<br>• 우리사주조합원에 대한 우선배정<br>• 액면미달발행에 대한 특례<br>• 조건부자본증권의 발행<br>• 이익배당/주식배당의 특례<br>• 의결권이 없거나 제한되는 주식의 발행 한도 특례<br>• 보증금 등의 대신 납부<br>• 주주총회 소집절차의 간소화<br>• 증권거래세 탄력세율 적용<br>• 상속 및 증여재산의 평가기준 |

정답 및 해설

## 14
정답 ①

출제영역 금융투자상품 및 증권시장 > 유가증권시장 및 코스닥시장 > 신규상장 심사요건

소액주주 500명 이상, 일반주주 500명 이상 조건은 유가증권시장 신규상장 심사요건이다.

핵심개념 상장 심사요건(영업활동기간 & 기업규모 및 상장예정주식 수)

| 구 분 | 내 용 |
|---|---|
| 영업활동기간 | 신규상장 심사 신청은 상장예비심사 신청일 현재 설립 후 3년 이상 경과하고 계속적으로 영업을 하고 있어야 함 |
| 자기자본 및 시가총액 | • 유가증권시장 : 상장예정 보통주식총수가 100만주 이상이고 자기자본이 300억원 이상<br>• 코스닥시장(기술성장기업) : 자기자본이 10억원 이상이거나 보통주식의 기준시가총액이 90억원 이상 |
| 주식분산요건<br>(1), (2) 모두 충족<br>(2) 항목은 택1 | **유가증권시장** / **코스닥시장**<br>(1) 일반주주 500명 이상 / (1) 소액주주 500명 이상<br>(2) 일반주주 지분 25% 이상이거나 일반주주 소유주식 수 500만주 이상 / (2) 소액주주 지분 25% 이상<br>(2) 총공모지분 25% 이상이거나 총공모주식 수 500만주 이상 / (2) 심사 신청일 현재 소액주주 지분이 25% 미만인 경우(신청 후 10% 이상 공모 & 공모 후 소액주주 지분 25% 이상)<br>(2) 국내외 동시공모 10% 이상 국내 공모주식 수 100만주 이상 / (2) 심사 신청일 현재 소액주주 지분이 25% 이상인 경우(신청 후 5% 이상 공모 & 공모가액 10억원 이상) |

## 15
정답 ④

출제영역 금융투자상품 및 증권시장 > 유가증권시장 및 코스닥시장 > 불성실공시

불성실고시 관련 과거 1년간 누계벌점이 15점 이상이 되면 관리종목으로 지정되며, 관리종목 지정 후 1년 이내 불성실공시법인 지정 등으로 인한 누계벌점이 15점 이상이면 상장적격성 실질심사 대상이 된다.

핵심개념 불성실공시법인에 대한 제재

| 구 분 | 내 용 |
|---|---|
| 매매거래 정지 | • 매매거래 1일간 정지<br>• 다만, 부과벌점이 10점 미만(코스닥 8점)인 경우에는 매매거래 정지 제외 |
| 불성실공시법인 지정사실 및 부과벌점의 공표 | • 불성실공시법인으로 지정되었음을 투자자에게 공표<br>• 공표기간 : 5점 미만 1주일, 5~10점 미만 2주일, 10점 이상 1개월 |
| 공시위반 제재금 부과 | • 총 10억원(코스닥 5억원) 한도에서 공시위반 제재금 부과<br>• 고의, 중과실, 상습적 공시의무 위반 : 벌점당 3,000만원(코스닥 1,000만원) 추가 부과<br>• 최종 부과벌과금이 5점 미만인 경우 고의·중과실이 아닌 경우에는 벌점당 400만원의 제재금으로 대체 가능 |
| 개선계획서 제출 요구 | • 대상 : 누계벌점이 15점 이상인 법인<br>• 공시의무 위반 재발방지에 대한 기업의 개선계획서 및 이행보고서의 제출 요구 |
| 공시책임자 및 담당자 교육 | 거래소가 시행하는 불성실공시 재발방지 및 예방을 위한 교육을 의무적으로 이수 |
| 관리종목 지정 및 상장폐지 | 불성실공시와 관련하여 과거 1년간 누계벌점이 15점 이상이면 관리종목으로 지정, 이후 1년간 15점 이상 추가되면 상장폐지 |
| 공시책임자 등 교체 요구 | 고의 또는 상습적인 불성실공시 행위자에 대해 공시책임자 등의 교체 요구 가능 |

## 16
정답 ③

출제영역 금융투자상품 및 증권시장 > 유가증권시장 및 코스닥시장 > 조회공시

① 요구받은 시점이 오전인 경우 당일 오후까지 답변해야 한다.
② 요구받은 시점이 오후인 경우 다음날 오전까지 답변해야 한다.
④ 부도, 해산, 영업활동정지 등 상장폐지기준에 해당하는 풍문 및 보도 등과 같이 매매거래 정지조치가 취해지는 사항은 다음날까지 공시하여야 한다.

## 17

출제영역 금융투자상품 및 증권시장 > 유가증권시장 및 코스닥시장 > 호가

이미 제출한 호가의 가격 또는 호가의 종류를 정정할 수 있으며, 호가를 정정하는 경우 시간상 우선순위는 정정호가 접수 시점으로 변경된다. 다만 수량을 증가하는 방식으로 호가를 정정할 수는 없고 이를 위해서는 원하는 수량만큼 신규의 호가를 제출해야 한다.

**핵심개념** 호 가

| 구 분 | 내 용 |
|---|---|
| 호가의 제출 | • 회원이 호가를 제출할 때에는 종목, 수량, 가격, 매도/매수 구분, 호가 유형 등을 입력해야 함<br>• 회원이 거래소에 호가하기 전에는 호가의 적합성을 반드시 직접 점검하도록 의무화함<br>• 관련 법규를 위반한 호가 등은 자동 거부 처리 |
| 호가의 접수 및 효력 | • 회원이 거래소에 제출한 호가는 호가접수시간 내에서 거래소가 접수한 때로부터 매매거래가 성립될 때까지 유효<br>• 호가의 접수시기는 호가의 효력 발생 시점으로, 동일한 가격의 호가 간 매매체결 우선순위를 결정하는 요소로서 중요한 의미를 가짐<br>• 정규시장의 호가접수시간에 접수된 호가는 시간외시장에서는 그 효력을 인정하지 않음<br>• 시간외매매에 참여하기 위해서는 별도의 호가를 제출해야 함<br>• 거래소에 접수된 호가는 당일의 매매거래시간 이내 호가의 효력이 인정(다만, 주문의 경우 회원이 주문의 유효기간을 별도로 정할 수 있음) |
| 호가의 취소 및 정정 | • 회원은 이미 제출한 호가 중 매매거래가 성립되지 아니한 수량(잔량)의 전부 또는 일부를 취소할 수 있음<br>• 수량의 일부를 취소하는 경우 시간상의 우선순위는 변화 없음<br>• 회원은 이미 제출한 호가의 가격 또는 호가의 종류를 정정할 수 있으며 호가를 정정하는 경우 시간상 우선순위는 정정호가 접수 시점으로 변경(다만, 수량을 증가하는 방식으로 호가를 정정할 수는 없으므로 원하는 수량만큼 신규의 호가를 제출해야 함) |

## 18

출제영역 금융투자상품 및 증권시장 > 유가증권시장 및 코스닥시장 > 시장운영

거래소는 투자자의 거래비용 및 거래의 효율성 등을 고려하여 가격대에 따라 호가 가격 단위를 다르게 정하고 있다.

**핵심개념** 시장운영

| 구 분 | 내 용 | |
|---|---|---|
| 매매거래일 | 월요일~금요일(토요일, 공휴일, 근로자의날, 12월 31일 휴장) | |
| 매매거래시간 | 정규장 | 09시 ~ 15시 30분(6시간 30분) |
| | 시간외시장 | • 장 개시 전 : 07시 30분 ~ 09시 (1시간 30분)<br>• 장 개시 후 : 15시 40분 ~ 18시 (2시간 20분) |
| 매매수량단위 | 1주 단위 매매(주식워런트증권(ELW)은 10주 단위로 매매) | |
| 호가(주문) 가격단위 | • 종목별로 가격이 표시되는 최소 단위, 동시에 가격이 한 번에 변동할 수 있는 최소 단위<br>• 거래소는 투자자의 거래비용 및 거래의 효율성 등을 고려하여 가격대에 따라 호가 가격 단위를 다르게 정함<br>※ 거래소의 호가 가격 단위(유가증권시장, 코스닥시장, 코넥스시장)<br>　－ 2,000원 미만 : 1원<br>　－ 5,000원 미만 : 5원<br>　－ 20,000원 미만 : 10원<br>　－ 50,000원 미만 : 50원<br>　－ 200,000원 미만 : 100원<br>　－ 500,000원 미만 : 500원<br>　－ 500,000원 이상 : 1,000원 | |

## 19

출제영역 금융투자상품 및 증권시장 > 유가증권시장 및 코스닥시장 > 안정적 주가 형성을 위한 시장관리제도

단일가매매 임의연장(Random End, 랜덤엔드)에 대한 설명이다.
① 사이드카 : 파생상품시장에서 선물가격이 급등락할 경우 프로그램매매가 주식시장(현물시장)에 미치는 충격을 완화하기 위해, 주식시장 프로그램매매호가의 효력을 일시적으로 정지시키는 제도
② 서킷브레이커 : 코스피(코스닥) 지수가 기준가격 대비 8%, 15%, 또는 20% 이상 하락하여 1분간 지속될 때 발동하며 동일 발동요건은 1일 1회에 한함(장 종료 40분 전 이후에는 발동하지 않음)
③ VI(변동성 완화장치) : 예상치 못한 갑작스런 주가의 급변으로부터 투자자를 보호하기 위한 가격 안정화 장치 중 하나로, 개별 종목에 대해 일정한 가격 범위를 설정하고 체결 가격이 동 가격 범위를 벗어날 경우 발동된다.

## 20

출제영역 금융투자상품 및 증권시장 > 유가증권시장 및 코스닥시장 > 결제리스크 관리제도

손해배상공동기금에 대한 설명이다.

② 회원보증금 : 회원은 증권시장 또는 파생상품시장에서의 매매거래와 관련하여 발생할 수 있는 채무의 이행을 보증하기 위해 거래소에 보증금을 예치해야 하며, 보증금 규모는 1백만원을 최저한도로 하여 거래소 이사회에서 정하고 있음

③ 위탁증거금 : 회원이 고객으로부터 증권의 매매거래를 수탁하는 경우 해당 위탁자의 결제이행을 담보하기 위해 징수하는 현금 또는 증권을 말하며 위탁주문이 체결된 후에 결제를 이행하지 않을 가능성에 대비하여 회원이 채권확보를 위한 담보를 해당 위탁자로부터 미리 징수함

④ 거래증거금 : 결제 이행 능력을 제고할 수 있는 추가 위험관리 수단

## 21

출제영역 금융투자상품 및 증권시장 > 채권시장 > 유통시장

②, ③ 발행시장에 대한 설명이다.
④ 주식시장과는 달리 가격제한폭 제도가 존재하지 않는다.

핵심개념 채권유통시장

| 구 분 | 내 용 |
|---|---|
| 의 의 | 채권의 만기 전 현금화를 위해 채권의 거래가 이루어지는 시장으로 발행시장을 1차 시장, 유통시장은 2차 시장이라고 함 |
| 기 능 | • 채권의 유동성을 부여<br>• 공정한 가격 형성을 가능하게 함<br>• 발행시장에서 신규로 창출되는 채권가격 결정에 지표를 제공<br>※ 투자자로부터 직접 자금 조달은 발행시장의 기능 |

## 22

출제영역 금융투자상품 및 증권시장 > 채권시장 > 채권가격 결정과정

채권의 세전매매 가격은 미래에 발행하는 현금흐름(채권이자 및 원금)을 만기수익률과 잔존기간으로 할인하여 계산할 수 있다. 이 때 모든 조건이 동일한 6개월 후급 이표채의 경우 만기수익률의 값이 낮을수록 채권매매 가격이 커지게 되므로 만기수익률이 2%인 A채권의 세전매매 가격이 가장 높다고 볼 수 있다.

## 23

출제영역 금융투자상품 및 증권시장 > 채권시장 > 전환사채

① 발행기업 입장에서 전환사채는 일반채권에 비해 상대적으로 낮은 표면이자를 지급하므로 자금조달 비용을 낮추는 장점을 갖게 된다.
② 신주인수권부사채는 권리행사 후에도 사채의 권리는 존속한다.
③ 교환사채는 권리행사 이후 발행사가 보유한 자산과 부채가 동시에 감소한다.

핵심개념 신종채권 권리행사 이후 채권자 지위

| 구 분 | 내 용 |
|---|---|
| 전환사채(CB) | 전환권이 행사되면 부채(사채)가 감소되고 자본(주식)은 증가하여 자산은 물론 총자본은 불변 |
| 신주인수권부사채 | • 채권자의 지위를 보유한 채 주주의 지위를 겸용<br>• 신주인수권 행사 후에도 사채 존속 |
| 교환사채 | • 채권자의 지위는 소멸하고 주주로 전환<br>• 사채는 소멸됨 |

## 24

출제영역 금융투자상품 및 증권시장 > 채권시장 > 전환사채

• 전환주수(2주) = 전환사채 액면가격(10,000원) / 전환가격(5,000원)
• 전환가치 = 패리티가치
  = 주식의 시장가격 7,000원 × 전환주수 2
  = 14,000원
• 패리티 = 전환주식의 시장가격 / 전환가격 × 100(%)
  = 7,000원 / 5,000원 × 100(%) = 140

핵심개념 전환사채

| 구 분 | 내 용 |
|---|---|
| 전환가격과<br>전환주수 | ※ [공식] 전환주수 = 액면금액 / 전환가격<br>• 전환가격은 전환사채를 주식으로 전환할 때 전환대상 주식 1주당 지불해야 할 가격 |
| 전환가치 | ※ [공식] 전환가치 = 패리티가치<br>        = 주식의 시장가격 × 전환주수<br>• 전환가치(패리티가치)는 전환된 주식들의 시장가치를 나타내며, 일반적으로 전환주식의 시가를 전환주수로 곱한 것 |
| 전환 프리미엄 | ※ [공식] 전환 프리미엄<br>= 시장 전환 프리미엄 = 괴리<br>= 전환사채의 시장가격 − 전환가치<br>• 괴리로 불리는 전환 프리미엄은 전환사채의 시장가격과 전환가치와의 차이를 나타냄 |
| 패리티 | ※ [공식] 패리티 = 주식의 시장가격 /<br>            전환가격 × 100(%)<br>• 전환대상 주식의 시가 대비 전환가격을 백분율로 나타낸 것으로 전환사채를 전환할 경우에 전환차익이 발생하는가를 판단하는 지표 |

## 25
정답 ④

출제영역 금융투자상품 및 증권시장 > 채권시장 > 채권투자전략

수익률곡선타기전략은 적극적 투자전략이다.

**핵심개념 채권투자전략의 구분**

| 구 분 | 주요 내용 |
| --- | --- |
| 소극적 투자전략 | 만기보유전략, 인덱스전략, 현금흐름일치전략, 사다리형 만기운용전략, 바벨형 만기운용전략, 면역전략 |
| 적극적 투자전략 | 수익률예측전략, 채권교체전략, 수익률곡선의 형태를 이용한 전략(수익률곡선타기, 나비형 투자전략, 역나비형 투자전략) |

## 26
정답 ②

출제영역 금융투자상품 및 증권시장 > 채권시장 > 소극적 투자전략

바벨형 만기운용전략에 대한 설명이다.
① 면역전략 : 이자율 변동과 관계없이 목표수익률을 달성하기 위한 전략이다.
③ 수익률예측전략 : 수익률 하락 예측 시 채권을 매입하고 수익률 상승 예측 시 보유채권을 매각하는 방법이다.
④ 역나비형 투자전략 : 단기채와 장기채의 비중을 줄이고 중기채의 비중을 높이는 포트폴리오를 구성하는 전략으로 단기물과 장기물의 수익률이 상대적으로 상승함으로써 수익률 곡선의 형태가 역나비형 모양을 나타낼 것으로 예측할 때 취하는 전략이다.

## 27
정답 ①

출제영역 금융투자상품 및 증권시장 > 기타증권시장 > 코넥스시장의 상장제도

지정자문인 제도에 대한 설명이다. 코넥스시장에 상장하고자 하는 기업은 증권에 대한 인수업 인가를 받은 모든 금융투자업자와 지정자문인 선임계약을 체결한 이후 신규상장신청이 가능하며, 지정자문인은 코넥스시장에 상장하고자 하는 상장예정법인의 시장적격성을 심사한다.

## 28
정답 ③

출제영역 금융투자상품 및 증권시장 > 기타증권시장 > K-OTC시장의 개요

K-OTC(장외시장) 시장은 한국금융투자협회가 증권시장에 상장되지 아니한 주권의 장외매매거래를 위하여 운영하는 장외시장이며, 비상장주권의 매매거래를 위하여 법령에 근거하여 조직화되고 표준화된 시장이다.

**핵심개념 K-OTC시장의 특징**

| 구 분 | 내 용 |
| --- | --- |
| 의 의 | • 한국금융투자협회가 「자본시장법」 및 시행령 등에 따라 증권시장에 상장되지 아니한 주권의 장외매매거래를 위해 운영하는 장외시장<br>• 비상장주권의 매매거래를 위해 법령에 근거한 장외시장(투자자 간에 직접 매매하는 장외거래와는 구별) |
| 특 징 | • 비상장주식을 원활하고 투명하게 거래할 수 있는 공신력 있는 장으로, 비상장주식 거래의 효율성과 편의성 제공<br>• 비상장기업의 직접금융을 통한 자금조달 지원 및 발행 주식의 환금성 높임<br>• 비상장기업에 투자한 투자자가 투자자금을 회수하고 재투자를 위한 자금을 조성할 수 있는 수단 제공<br>• 유망기업이 발행한 주식을 거래소시장 상장 이전에 투자할 수 있는 새로운 투자기회 제공<br>• 불공정거래나 사기행위에서 투자자보호 |

## 29
정답 ①

출제영역 금융투자상품 및 증권시장 > 기타증권시장 > K-OTC시장 등록·지정제도

주된 영업이 6개월 이상 정지되어 잔여사업 부문만으로는 실질적인 영업을 영위하기 어렵거나 영업의 전부가 양도되는 경우

**핵심개념 K-OTC시장 등록·지정해제 사유**

| 구 분 | 내 용 |
| --- | --- |
| 부실화되거나 정기공시서류를 미제출한 기업 | • 발행한 어음 또는 수표가 거래은행에 의해 최종 부도 결정 또는 거래은행과의 거래가 정지된 경우<br>• 최근 사업연도 말을 기준으로 자본전액잠식 상태인 경우<br>• 최근 사업연도 매출액이 1억원 미만이거나 최근 2개 사업연도에 연속하여 매출액이 5억원(크라우드 펀딩기업의 경우 3억원) 미만인 경우<br>• 최근 사업연도 재무제표에 대한 외부감사인의 감사의견이 부적정, 의견거절이거나 최근 2개 사업연도 연속하여 감사범위 제한으로 한정인 경우<br>• 주된 영업이 6개월 이상 정지되어 잔여사업 부문만으로 실질적인 영업을 영위하기 어렵거나 영업의 전부가 양도되는 경우<br>• 법원의 회생절차개시신청 기각, 회생절차개시결정 취소, 회생계획 불인가 및 회생절차 폐지 결정이 있는 경우<br>• 결산기 공시서류(지정법인은 사업보고서)를 제출 기한까지 제출하지 아니하고 그 다음날부터 30일 이내에도 제출하지 않은 경우 |
| 조직변경, 경영방침 등으로 인한 경우 | • 타법인에 피흡수합병되는 경우<br>• 법률에 따른 해산사유가 발생하는 경우<br>• 증권시장에 상장되는 경우<br>• 주식유통 관련 기본요건을 충족하지 못한 경우 |

## 30

정답 ④

출제영역 금융투자상품 및 증권시장 > 기타증권시장 > K-OTC시장 매매
거래제도

매매거래시간은 정규시장 09시부터 15시 30분까지이며, 시간외시
장은 운영하지 않는다.

핵심개념 K-OTC시장 등록 매매거래제도

| 구 분 | 내 용 |
|---|---|
| 특 징 | • 매매방식 : 상대매매(단일의 매도자와 매수자 간에 매매하는 상대매매방식이 적용)<br>• 호가수량단위 : 1주이고, 호가가격단위는 주권의 가격대별로 7단계로 세분<br>• 거래시간 : 09시 00분 ~ 15시 30분의 정규시장만 있으며, 단일가매매 및 시간외매매 제도 없음<br>• 위탁증거금 : 현금 또는 주식 100%(신용거래 없음)<br>• 수도결제 : 매매체결일로부터 3영업일째 되는 날(T+2) |
| 매매제도 및 비용 | • 불리한 호가접수 제한 : 5호가 가격단위를 초과하는 매매호가 거부<br>• 가격제한 폭 : ± 30%<br>• 위탁수수료 : 개별 금융투자회사가 각각 자율적으로 정함<br>• 증권거래세 : 양도가액의 0.20%(농특세 없음)<br>• 양도소득세 : 벤처기업 등 소액주주 양도소득세 비과세<br>　- 중소기업 주식 양도 시 : 10%<br>　- 중소기업 이외의 주식 양도 시 : 20%<br>　- 중소기업 이외의 주식이면서 1년 미만 보유주식 양도 시 : 30% |

## 증권투자(25문항)

## 31

정답 ④

출제영역 증권투자 > 증권분석의 이해 > 증권분석의 개요

주식을 발행한 기업의 본질(내재)가치를 찾아내기 위해 분석의 과
정에서 기업분석 → 산업분석 → 경제분석 순으로 분석을 행하는
것을 Bottom-up 방식이라 하며, 경제분석 → 산업분석 → 기업
분석 순으로 행하는 것을 Top-down 방식이라 한다.

## 32

정답 ②

출제영역 증권투자 > 증권분석의 이해 > 경제분석

명목이자율은 실질이자율과 기대인플레이션의 합으로 계산할 수
있다.
명목이자율 10% = 실질이자율 7% + 기대인플레이션 3%

핵심개념 인플레이션

| 구 분 | 내 용 |
|---|---|
| 개 념 | • 물가가 지속적으로 상승 또는 화폐가치가 지속적으로 하락하는 현상<br>• 화폐의 구매력 감소 및 시중이자율 상승으로 가격을 하락시킴 |
| 명목수익률과 실질수익률 | • 명목수익률 : 인플레이션에 의한 화폐가치의 변동이 고려되지 않은 현금흐름으로부터 계산된 명목상의 투자수익률<br>• 실질수익률 : 화폐의 변동(구매력 감소)을 고려하여 계산된 수익률<br>• 명목이자율 : 실질이자율 + 기대인플레이션(피셔효과)<br>• 투자자들의 기대수익률 = 실질기대수익률 = 기대명목수익률 − 기대인플레이션 |
| 인플레이션과 주식가치평가 | • 인플레이션만큼 기업의 명목현금흐름이 증가하면 주식가격은 인플레이션의 영향을 받지 않음<br>• 실제인플레이션이 기대인플레이션보다 더 높은 경우 채권자는 손실, 채무자는 이득을 보게 됨 |

## 33

정답 ③

출제영역 증권투자 > 증권분석의 이해 > 경제분석

경기순환은 여러 유형이 있는 것으로 분석되고 있으며, 기업의 재
고증감과 관련이 있다고 보는 단기순환, 설비투자의 변동과 관련
이 있다고 보는 중기순환, 획기적인 기술혁신(혁신적 기술진보)과
관련 있다고 보는 장기순환 등으로 구분한다.

핵심개념 경기순환

| 구 분 | 내 용 |
|---|---|
| 경기순환 개념 | 한 나라의 국민경제 전체의 활동수준이 반복적인 규칙성을 지니면서 변동하는 경향 |
| 경기순환 국면 | • 2분 : 호황과 불황 또는 확장과 수축<br>• 4개 국면 : 회복 → 활황 → 후퇴 → 침체 |
| 경기순환 유형 | • 단기순환 : 기업의 재고증감과 관련 있음<br>• 중기순환 : 설비투자 변동과 관련 있음<br>• 장기순환 : 획기적인 기술혁신과 관련 있음 |
| 경기순환 초래원인 | 국민경제의 총수요 변화와 생산주체의 비용함수 또는 생산함수의 변화가 가져오는 경제의 수급불균형 |

## 34 정답 ④

출제영역 증권투자 > 증권분석의 이해 > 기업경기실사지수(BSI)

BSI(Business Survey Index)는 기업의 활동 및 경기동향 등에 대한 기업가의 판단, 전망 및 계획 등을 설문지를 통하여 조사 분석하여 전반적인 경기동향을 파악하는 단기적인 경기예측 수단이다.

BSI = (상승 응답업체 수 − 하락 응답업체 수) / 전체 응답업체 수 × 100 + 100

BSI = (300 − 200) / 500 × 100 + 100 = 120

**핵심개념** 기업경기실사지수(BSI)

| 구 분 | 내 용 |
|---|---|
| 개 념 | 미래의 경기변동을 예측하는 방법으로 정부, 기업, 가계 모든 부문에 대해 설문을 통해 기업경기실사지수를 작성하여 예측에 이용하는 것 |
| BSI 지수 | • (상승 응답업체 수 − 하락 응답업체 수) / 전체 응답업체 수 × 100 + 100<br>• BSI 값 > 100 상승(확장)국면,<br>  BSI 값 < 100 하강(수축)국면,<br>  BSI 값 = 100 경기전환점 |
| 특 징 | • 경기변동의 방향은 파악하나, 경기변동의 속도 및 진폭은 판단 불가능<br>• (한계점) 응답자가 호황에서는 낙관적으로, 불황에서는 비관적으로 지나치게 민감한 반응 → 실제 경기상황보다 과소 또는 과대 예측됨 |

## 35 정답 ①

출제영역 증권투자 > 증권분석의 이해 > 경제분석

②, ③ 동행지표
④ 후행지표

**핵심개념** 경기종합지수의 구성지표

| 구 분 | 내 용 |
|---|---|
| 선행지표(7) | 재고순환지표, 경제심리지수, 기계류내수출하지수, 건설수주액(실질), 수출입물가비율, 코스피지수, 장단기금리차 |
| 동행지표(7) | 비농림어업취업자수, 광공업생산지수, 서비스업생산지수, 소매판매액지수, 내수출하지수, 건설기성액(실질), 수입액(실질) |
| 후행지표(5) | 취업자수, 생산자제품재고지수, 소비자물가지수변화율(서비스), 소비재수입액(실질), CD유통수익률 |

## 36 정답 ③

출제영역 증권투자 > 증권분석의 이해 > 산업분석

마이클 포터의 특정 산업의 경쟁강도는 5가지 구조적 경쟁요인들에 의해 좌우된다고 본다. 5가지 구조적 경쟁요인들로는 진입장벽, 대체 가능성, 현존경쟁업체 간의 경쟁강도, 구매자의 교섭력, 공급자의 교섭력으로 구분하여 구조적 경쟁요인들의 총체적인 힘에 의해 그 산업에서 기대할 수 있는 궁극적인 이윤잠재력이 결정된다고 본다.

**핵심개념** 마이클 포터(M. E. Porter) 산업의 경쟁구조 분석

| 구 분 | 내 용 |
|---|---|
| 의 의 | • 특정산업의 경쟁강도는 5가지 구조적 경쟁요인에 의해 좌우된다고 봄<br>• 5가지 구조적 경쟁요인<br>  − 진입장벽<br>  − 대체 가능성<br>  − 현존경쟁업체 간의 경쟁강도<br>  − 구매자의 교섭력<br>  − 공급자의 교섭력<br>• 5가지 구조적 경쟁요인의 총체적 힘에 의해 그 산업에서 기대할 수 있는 궁극적인 이윤 잠재력이 결정 |
| 진입장벽이 높은 경우 | • 규모의 경제가 잘 나타나는 경우<br>• 제품 차별화가 잘 이루어진 경우<br>• 진출에 소요자본이 막대한 경우<br>• 기존 판매망이 견고한 경우<br>• 기존 진출업체의 절대비용 우위가 큰 경우<br>• 정부의 규제가 많은 경우<br>※ 특정산업의 진입장벽이 높을수록 해당 산업에 이미 진출해 있는 기업이 유리<br>  [예] 전기, 전자, 통신, 반도체 산업 등 |
| 기존 경쟁업체 간 경쟁강도가 높은 경우 | • 경쟁기업의 수가 많은 경우<br>• 산업의 성장이 완만한 경우<br>• 가격경쟁의 가능성이 높거나, 제품차별화가 잘 이루어지지 않는 경우<br>• 고정비가 높은 비중을 차지하는 경우<br>• 시설확장이 대규모로 이루어질 수밖에 없는 경우<br>  [예] 치킨, 편의점 등 |

## 37
정답 ①

출제영역 증권투자 > 증권분석의 이해 > 산업분석

도입기는 품질이 열악하며 판매에 대한 광고비율이 높고 마케팅 비용이 많이 발생한다. 또한 가동률이 낮고 생산원가가 높기 때문에 사업위험이 높다.

**핵심개념** 제품수명주기상 단계별 특징

| 구 분 | 내 용 |
|---|---|
| 도입기 | • 품질이 열악하고, 판매에 대한 광고비율이 높으며, 마케팅 비용이 많이 필요<br>• 가동률이 낮고, 생산원가가 높아서, 사업위험이 높음<br>• 높은 가격과 높은 마진, 낮은 수익성으로 가격탄력성은 크지 않음 |
| 성장기 | • 제품의 차별화가 시작되며, 품질이 개선됨<br>• A/S 비용이 도입기보다는 낮지만 여전히 높은 편이며, 조업도가 높은 대량생산체제, 설비의 과소문제가 대두됨<br>• 신규업체 참여로 경쟁업체가 증가하고, 성장률이 높아지며, 사업위험은 감소<br>• 가격은 높은 수준이나 도입기보다 낮고, 수익성은 높아짐 |
| 성숙기 | • 품질이 최고 수준에 도달하고, 차별화가 적어 표준화되며, 시장 세분화가 가속화되고, 제품라인이 많아지며, 광고 경쟁이 치열해짐<br>• 제조과정이 안정화되고, 제품이 다양해져 물적 유통비용이 많이 발생하며, 가격경쟁 및 업계 재편성이 이루어짐<br>• 제품의 가격은 하락하고 제품마진과 수익성 유통업체 마진도 감소 |
| 쇠퇴기 | • 제품의 차별화가 거의 없고, 품질이 저하되며, 광고 및 마케팅활동을 하지 않아 마케팅 비용이 감소<br>• 과잉 설비, 유통경로의 축소, 조업도가 현저히 낮아지고 철수기업이 늘어나 경쟁이 크게 줄어들며 낮은 가격과 낮은 마진으로 가격은 지속적으로 하락함 |

## 38
정답 ④

출제영역 증권투자 > 증권분석의 이해 > 재무비율분석

• 총자본 100억원 = 자기자본 60억원 + 타인자본 40억원
• 총자본이익률(ROI) = 당기순이익 / 총자본 × 100(%)
  = 12억원 / 100억원 × 100(%) = 12%
• 자기자본이익률(ROE) = 당기순이익 / 자기자본 × 100(%)
  = 12억원 / 60억원 × 100(%) = 20%

**핵심개념** 수익성지표(~이익률)

| 구 분 | 내 용 |
|---|---|
| 총자본이익률<br>(ROI) | • 기업의 생산활동에 투입된 자본이 얼마나 효율적으로 운영되고 있는가를 측정<br>• 총자본이익률<br>  = 당기순이익 / 총자본 × 100(%)<br>  = 당기순이익 / 매출액 × 매출액 / 총자본 × 100(%)<br>  = 매출액순이익률 × 총자본회전율 |
| 자기자본이익률<br>(ROE) | • 타인자본을 제외한 자기자본으로 창출한 기업의 이익창출 능력을 파악<br>• 자기자본이익률 = 당기순이익 / 자기자본 × 100(%) |
| 매출액순이익률 | • 기업의 전반적인 경영활동 결과를 평가<br>• 매출액순이익률 = 당기순이익 / 매출액 × 100(%)<br>※ 매출액순이익률만으로 기업 영업활동의 효율성을 정확히 판단하는 것은 곤란<br>• 당기순이익의 산출과정에서 영업활동과 직접적으로 관련 없는 비용 발생 → 이를 보완하기 위해 매출액영업이익률을 고려하여 기업의 영업활동을 평가 |

## 39
정답 ①

출제영역 증권투자 > 증권분석의 이해 > 재무비율분석

활동성지표는 기업자산의 활용 정도를 파악하는 것으로 손익계산서의 매출액을 재무상태에 있는 각 자산의 항목들로 나누어 계산한다.

• 총자산회전율 = 매출액 / 총자산
• 고정자산회전율 = 매출액 / 고정자산
• 재고자산회전율 = 매출액 / 재고자산

**핵심개념** 활동성지표(~회전율)

| 구 분 | 내 용 |
|---|---|
| 총자산회전율 | ※ [공식] 매출액 / 총자산<br>• 기업이 매출활동을 하면서 현재 보유한 모든 자산을 몇 번이나 활용했는지 측정<br>• 비율이 높을수록 영업활동 평가가 긍정적 |
| 고정자산회전율 | ※ [공식] 매출액 / 고정자산<br>• 고정자산을 잘 활용했는지와 고정자산의 과대 또는 과소투자를 평가<br>• 비율이 높다면 고정자산을 과소투자한 결과로 고정자산을 더 늘려야 하며, 비율이 낮다면 고정자산을 과대투자한 것으로 고정자산을 제대로 활용하지 못하고 있음을 의미함 |
| 재고자산회전율 | ※ [공식] 매출액 / 재고자산<br>• 재고자산에 대한 판매활동 여부를 측정<br>• 비율이 높으면 제품을 재고로 남겨두는 기간이 짧아 제품이 빨리 판매된다는 의미이며, 비율이 낮으면 제품이 잘 판매되지 않아 재고자산 판매활동에 문제가 있음을 의미 |

## 40
정답 ③

출제영역　증권투자 > 증권분석의 이해 > 재무비율분석

이자보상비율이 안정성지표에 해당한다.

**핵심개념** 재무비율 분석

| 구 분 | 내 용 |
| --- | --- |
| 수익성지표 | 총자본이익률, 자기자본이익률, 매출액순이익률 |
| 안정성지표 | 유동비율, 부채비율, 고정비율, 이자보상비율 |
| 활동성지표 | 총자산회전율, 고정자산회전율, 재고자산회전율 |
| 성장성지표 | 매출액증가율, 총자산증가율, 영업이익증가율 |

## 41
정답 ④

출제영역　증권투자 > 증권분석의 이해 > 재무비율분석

주당순이익, 주가수익비율, 주가순자산비율, 주가현금흐름비율, 주가매출액비율은 시장가치 측면에서 접근하는 재무비율분석으로 해당 기업의 주식가격을 주식과 관련된 각종 비율로 나타내어 기업의 가치를 평가하는 분석방법이다.
반면에 총자산회전율은 재무비율분석 중 활동성지표로 기업자산의 활용정도를 알아보고자 하는 것으로 손익계산서의 매출액을 재무상태표에 있는 각 자산의 항목들로 나누어 계산한다.

**핵심개념** 시장가치비율 종류

| 구 분 | 내 용 |
| --- | --- |
| 주당순이익<br>(EPS) | • 주당순이익(EPS) = 당기순이익 / 발행주식수<br>• 주식 1주당 얼마의 이익을 창출하는지를 나타낸다. 주당순이익이 크면 클수록 주식가격이 높은 것이 보통임 |
| 주가수익비율<br>(PER) | • 주가수익비율(PER) = 주가 / 주당순이익<br>• 주당순이익의 몇 배가 주가로 나타나는가를 의미<br>• 주가수익비율이 높다면 장래에 성장 가능성이 높다고 판단 |
| 주가순자산비율<br>(PBR) | • 주가순자산비율(PBR) = 주가 / 주당순자산<br>　= 주당시장가치 / 주당순이익<br>• 1주당 순자산이 주가(기업가치)를 몇 배 창출했는가를 나타냄<br>• 주가순자산비율이 높다면 성장 가능성이 있다는 것을 의미함 |
| 주가현금흐름비율<br>(PCR) | • 주가현금흐름비율(PCR) = 주가 / 주당현금흐름<br>• 주가를 1주당 현금흐름으로 나눈 것<br>• 주가현금흐름이 낮다면 저평가되어 있다고 볼 수 있음<br>• 주가수익비율(PER)은 높지만 주가현금흐름비율(PCR)이 낮다면 현재 주가는 낮은 것으로 봄 |

| | |
| --- | --- |
| 주가매출액비율<br>(PSR) | • 주가매출액비율(PSR) = 주가 / 주당매출액<br>• 주가를 1주당 매출액으로 나눈 것<br>• 기업의 순수한 경영활동의 결과인 매출액을 이용하여 계산<br>• 기업의 영업성과를 객관적으로 잘 나타내 주고, 음수(–)가 나오는 경우가 없으므로 주가수익비율(PER)의 약점을 보완해 줌 |
| 배당수익률 | • 배당수익률 = (1주당 배당금 / 주가) × 100(%)<br>• 주식 1주를 보유함으로써 얼마의 현금배당을 받을 수 있는지 알 수 있음 |

## 42
정답 ②

출제영역　증권투자 > 증권분석의 이해 > 시장가치비율분석

주가현금흐름비율(Price Cash flow Ratio : PCR)은 주가를 1주당 현금흐름으로 나눈 것이다. 이 값이 낮으면 주식은 저평가되어 있다고 볼 수 있으며 주가수익비율(PER)이 높은 경우에도 PCR이 낮으면 해당 주식에 대한 현 주가는 낮다고 볼 수 있다. 반대로 주가수익비율(PER)이 낮은 경우에 PCR이 높으면 해당 주식에 대한 현 주가가 낮다고 할 수 없다.
① PBR(주가순자산비율) : 1주당 순자산이 주가(기업가치)를 몇 배 창출했는가를 나타낸다.
③ PSR(주가매출액비율) : 주가를 주당 매출액으로 나눈 비율로 아직 본격적인 이익을 내지 못해 수익성 평가가 어려운 신생기업이나 벤처기업의 주식평가에 많이 사용한다.
④ FCF(잉여현금흐름)모형 : 미래 현금유입액 중 추가적인 부가가치 창출에 기여할 투하자본의 증가액을 차감한 잉여현금흐름으로 기업가치를 평가하는 접근법이다.

## 43
정답 ①

출제영역　증권투자 > 증권분석의 이해 > 시장가치비율분석

PBR은 ROE와 PER의 곱으로 나타낸다.

**핵심개념** 주식가치평가(PBR과 PER)

| 구 분 | 내 용 |
| --- | --- |
| 주가순자산비율<br>(PBR) | • ROE와는 양(+)의 관계<br>• 위험과는 음(–)의 관계<br>• ROE > 자본비용($k$) : PBR은 1보다 크고 $g$가 높을수록 커짐<br>• ROE ≤ 자본비용($k$) : PBR은 1보다 작고 $g$가 높을수록 작아짐 |
| 주가수익비율<br>(PER) | • PER은 성장률($g$)과는 양(+)의 관계, 자본비용($k$)과는 음(–)의 관계, 배당성향과는 일정하지 않으나 자기자본이익률(ROE) < 자본비용($k$)이라면 배당성향과 양(+)의 관계, 그 반대이면 음(–)의 관계로 봄<br>• 주가수익비율(PER)에 주당이익(EPS)를 곱하면 주가 계산 가능 → 미래의 주가 예측 가능 |

## 44        정답 ④

출제영역   증권투자 > 증권분석의 이해 > 기술적 분석의 정의

내재가치를 무시하고 시장의 변동에만 집착하므로 시장의 변화요인을 정확히 분석하기 곤란하다.

**핵심개념** 기술적 분석

| 구 분 | 내 용 |
| --- | --- |
| 개 념 | 주식의 내재가치와는 관계없이 주가흐름이나 거래량 등을 도표화 → 과거의 일정한 패턴이나 추세를 파악 → 이를 활용하여 주가 변동을 예측하거나 주식의 선택 또는 매매 시기를 판단 |
| 기술적 분석의 장점 | • 주가와 거래량에 모든 정보가 반영된다는 가정이 바탕<br>• 주가 변동의 패턴을 관찰하여 그 변동을 미리 예측<br>• 차트를 통해 누구나 짧은 시간에 이해하기 쉬움<br>• 한꺼번에 여러 주식의 가격변동 상황을 분석 및 예측 가능 |
| 기술적 분석의 단점 | • 미래에는 과거 주가 변동의 패턴이 반복되지 않을 경우가 많음<br>• 분석자에 따라 차트 해석이 다를 수 있고, 단기/중기/장기 추세 등 추세 기간에 대한 구분이 곤란<br>• 과거 주가의 동일한 양상을 놓고 어느 시점이 주가 변화의 시발점인가에 대해 해석이 다름<br>• 주가 변동이 주식의 수급이 아닌 다른 요인으로 발생된 경우 이를 설명하기 어려움<br>• 내재가치를 무시하고, 시장 변동에만 집착하므로 시장 변화요인을 정확히 분석하기 곤란하며, 이론적인 검증이 어려움 |

## 45        정답 ①

출제영역   증권투자 > 증권분석의 이해 > 기술적 분석의 종류

②, ③, ④는 반전형 패턴에 속한다.

**핵심개념** 패턴분석

| 구 분 | 내 용 |
| --- | --- |
| 반전형 패턴 | 헤드앤숄더형, 이중삼중천정형, 원형반전형, V자 패턴 |
| 지속형 패턴 | 삼각형, 이등변삼각형, 깃발형, 패넌트형, 쐐기형, 직사각형 |
| 기 타 | 확대형, 다이아몬드형, 갭(보통갭, 돌파갭, 급진갭, 소멸갭, 섬꼴반전갭) |

## 46        정답 ④

출제영역   증권투자 > 투자관리 > 자산배분은 투자관리의 핵심 솔루션

자산시장의 단기 변동성에 적극 대응한다기보다는 중장기적인 관점에서 자산배분전략을 세워 투자하는 것이 더 나은 성과를 나타낸다고 보기 때문에 자산배분전략을 세워 투자한다.

## 47        정답 ③

출제영역   증권투자 > 투자관리 > 자산집단의 선정

예금의 벤치마크는 3년 정기예금 금리이며, 단기금융상품의 벤치마크가 CD 91일물이다.

**핵심개념** 벤치마크의 종류

| 구 분 | 내 용 |
| --- | --- |
| 국내주식 | KOSPI 또는 KOSPI200 |
| 해외주식 | MSCI ACWI |
| 대안투자 | Reuters Jefferies CRB Index + FTSE EPRA NAREIT Global Index |
| 채 권 | KRX 채권 종합지수 |
| 예 금 | 3년 정기예금 금리 |
| 단기금융상품 | CD(양도성예금증서) 91일물 |

## 48        정답 ③

출제영역   증권투자 > 투자관리 > 기대수익률

기대수익률은 각 상황이 발생할 확률에 그 상황이 발생했을 때 예상되는 기대수익률을 곱한 후 그 합으로 계산할 수 있다.
기대수익률 = $(0.6 \times 0.15) + (0.4 \times 0.05) = 11\%$

## 49        정답 ①

출제영역   증권투자 > 투자관리 > 기대수익률

보기는 펀더멘털분석법에 의한 기대수익률 측정방법으로 과거의 자료를 바탕으로 하되 미래의 발생상황에 대한 기대치를 추가하여 수익률을 예측하는 방법이다.
(주식 기대수익률 = 무위험이자율 + 주식시장 위험프리미엄)으로 계산되며 무위험이자율은 3년 만기 국고채 수익률을 사용할 수 있다.

**핵심개념** 기대수익률 측정방법

| 구 분 | 내 용 |
| --- | --- |
| 추세분석법 | • 자산집단과 과거 장기간 수익률을 분석하여 미래의 수익률로 사용하는 방법<br>• 자본시장의 역사가 짧은 경우 사용이 어려움<br>(예) 한국 |
| 시나리오분석법 | 여러 가지 경제변수의 상관관계를 고려하여 시뮬레이션을 통해 수익률을 추정하는 방법(과거수익률을 사용하지 않음) |
| 펀더멘털분석법 | • 과거의 자료를 바탕으로 미래의 발생상황에 대한 기대치를 추가하여 수익률을 예측하는 방법<br>• 자본자산가격결정모형(CAPM), 차익거래가격결정모형(APT) 사용 |
| 시장공동예측치 사용법 | • 시장 참여자들 간에 공통적으로 가지고 있는 미래 수익률에 대한 추정치를 사용하는 방법<br>• 주식의 기대수익률을 측정하는 방법으로는 '1/PER' 또는 '배당수익률 + EPS 증가율' 등이 사용됨 |

## 50 　　　　　　　　　　　　　　　　정답 ①

출제영역　증권투자 > 투자관리 > 위험(Risk)

위험 측정지표로는 범위, 분산, 표준편차, 변동계수 등이 분산도의 측정에 이용되고 있다. 공분산은 두 변수의 관계를 나타내는 양으로 두 확률변수의 선형관계에 대한 정보를 알려주는 지표이다.

## 51 　　　　　　　　　　　　　　　　정답 ③

출제영역　증권투자 > 투자관리 > 위험(Risk)

변동계수는 기대수익률의 단위당 위험의 정도를 나타내는 것으로 두 개 이상의 자산에 대한 상대성과를 비교하는 데 주로 사용된다.

**[공식] 변동계수 = 표준편차 / 기대수익률**
A 변동계수 = 0.6, B 변동계수 = 0.7143, C 변동계수 = 0.7778, D 변동계수 = 0.75이므로 가장 큰 값은 C이다.

## 52 　　　　　　　　　　　　　　　　정답 ②

출제영역　증권투자 > 투자관리 > 자산배분의 실행

산술평균수익률(시간가중평균수익률)은 기간별 단일시간수익률을 모두 합한 후 이를 기간수로 나누어 측정하며 복리로 증식되는 것을 감안하지 않는 특징이 있다.
- 1년차 말 수익률 : (100만원 / 50만원 − 1) × 100(%) = 100%
- 2년차 말 수익률 : (150만원 / 100만원 − 1) × 100(%) = 50%
- 산술평균수익률 = 총수익률 (100% + 50%) / 2(기간) = 75%

## 53 　　　　　　　　　　　　　　　　정답 ②

출제영역　증권투자 > 투자관리 > 전략적 자산배분 전략

전략적 자산배분은 증시(시장)가 효율적인 것을 전제로 한다.

**핵심개념** 투자전략 기준선택

| 구 분 | 전략적 자산배분 | 전술적 자산배분 |
|---|---|---|
| 투자전략 | 소극적 투자관리의 방법 | 적극적 투자관리의 방법 |
| 가 정 | 증시(시장)가 효율적인 것을 전제 | 증시(시장)가 비효율적인 것을 전제 |
| 목 표 | 시장평균수익률 추구 | 초과수익률 추구 |
| 관리방법 | 중장기적 투자관리 방법 | 단기적 투자관리 방법 |
| 반영주기 | 3년간의 중장기적인 관점에서 접근, 대개 6개월의 간격을 두고 전략 반영 | 1개월 단위로 고객과 자본시장의 변화를 자산배분에 반영 |

## 54 　　　　　　　　　　　　　　　　정답 ②

출제영역　증권투자 > 투자관리 > 전략적 자산배분 전략

시장가치접근법은 여러 가지 투자자산들의 포트폴리오 내 구성비중을 각 자산이 시장에서 차지하는 시가총액비율과 동일하게 포트폴리오를 구성하는 방법으로 전략적 자산배분의 실행방법이다.

**핵심개념** 전술적 자산배분 전략의 실행도구

| 구 분 | | 내 용 |
|---|---|---|
| 가치평가 모형 | 개 념 | 자산가격이 단기적으로는 균형가격이나 적정가격에서 벗어날 수 있지만 중장기적으로는 균형가격에 복귀한다는 가정에서 출발하므로 가치평가가 제일 중요한 요소 |
| | 기본적 분석방법 | • 주식의 이익할인, 배당할인 현금흐름할인 모형 등 <br> • 채권의 기간구조를 이용한 현금흐름할인 모형 등 |
| | 요인모형 방식 | CAPM, APT, 다변량회귀분석 등 |
| 기술적 분석 | | • 자산집단의 가치평가 시 과거 일정기간의 변화된 모습을 활용 <br> • 주가와 채권의 추세분석, 이동평균선 이격도 등 다양한 방법을 적용 |
| 포뮬러 플랜 | | • 막연히 시장과 역으로 투자함으로써 고수익을 추구하는 전략 <br> • 주가가 하락하면 주식을 매수하고, 주가가 상승하면 주식을 매도하는 역투자전략으로, 정액법과 정률법이 있음 |

## 55 　　　　　　　　　　　　　　　　정답 ④

출제영역　증권투자 > 투자관리 > 자산배분 전략 수정

업그레이딩에 대한 설명이다.
① 리밸런싱 : 자산포트폴리오가 갖는 원래의 특성을 그대로 유지하는 것으로 자산집단의 상대가격의 변동에 따른 투자비율의 변화를 원래대로의 비율로 환원시키는 방법을 사용한다.
② 포뮬러플랜 : 전술적 자산배분의 실행도구로 막연하게 시장과 역으로 투자함으로써 고수익을 지향하고자 하는 전략이다.
③ 위험-수익 최적화 : 전략적 자산배분의 실행방법으로 기대수익률과 위험 간의 관계를 고려하여 동일한 위험수준에서 최대한으로 보상받을 수 있는 지배원리에 의하여 포트폴리오를 구성하는 방법이다.

## 투자권유(45문항)

### 56
정답 ①

출제영역 투자권유 > 증권 관련 법규 > 투자자

② 주권상장법인은 일반투자자 대우를 받겠다는 의사를 금융투자업자에게 서면으로 통지한 경우 일반투자자로 간주되며 이는 상대적 전문투자자로 분류된다.

③ 상대적 전문투자자가 일반투자자 대우를 받는 별도의 기간은 정해져 있지 않다.

④ 자발적으로 전문투자자 대우를 받고자 하는 법인은 100억원(외부감사 대상법인 50억원) 이상의 금융투자상품 잔고를 보유해야 한다.

**핵심개념** 투자자

| 구 분 | | 내 용 |
|---|---|---|
| 전문투자자 | 절대적 전문투자자 | • 일반투자자 대우를 받을 수 없는 전문투자자<br>• 국가, 한국은행, 금융기관, 한국거래소, 예금보험공사, 외국정부, 국제기구 등 |
| | 상대적 전문투자자 | • 일반투자자 대우를 받겠다는 의사를 금융투자업자에게 서면으로 통지한 경우 일반투자자로 간주<br>• 주권상장법인 등이 장외파생상품 거래를 하는 경우 별도의 의사표현이 없으면 일반투자자 대우(전문투자자 대우를 받길 원할 경우 서면으로 금융투자업자에게 통지)<br>• 주권상장법인, 지방자치단체 등 |
| | 자발적 전문투자자 | • 전문투자자 대우를 받고자 하는 법인 및 개인으로 법정요건을 갖추었음을 금융위에 신고<br>• 향후 2년간 전문투자자 대우<br>  – 법인 : 금융투자상품 잔고 100억원 이상 보유(외부감사 대상법인의 경우 50억원 이상)<br>  – 개인 : 투자경험을 기준으로 소득기준 또는 자산기준, 또는 전문성 요건을 충족해야 함<br>• 투자경험 : 최근 5년 중 1년 이상 금융투자상품 월말평균 5천만원 이상 잔고 보유<br>• 소득기준 : 직전년도 본인 소득액 1억원 이상<br>• 자산기준 : 총자산에서 부동산, 임차보증금, 총부채를 차감한 금액이 5억원 이상<br>• 전문성 : 해당 분야에서 1년 이상 종사한 회계사, 감평사 등 시험합격자/금융투자업 주요직무 종사자 |
| 일반투자자 | 절대적 일반투자자 | 전문투자자(절대적 + 상대적)가 아닌 투자자 |
| | 상대적 일반투자자 | 상대적 전문투자자로서 일반투자자 대우를 받겠다는 의사를 금융투자업자에게 서면으로 통지한 자 |

### 57
정답 ①

출제영역 투자권유 > 증권 관련 법규 > 영업행위의 규칙

둘 이상의 금융투자업자와 투자권유 위탁계약을 체결하는 행위는 금지된다.

**핵심개념** 투자권유대행인 금지행위

• 회사를 대리하여 계약을 체결하거나, 투자자를 대리해 계약을 체결하는 행위
• 투자자로부터 금전・증권, 그 밖의 재산을 수취하는 행위
• 회사로부터 위탁받은 투자권유 대행업무를 제3자에게 재위탁하는 행위
• 투자자로부터 금융투자상품에 대한 매매권한을 위탁받는 행위
• 둘 이상의 회사와 투자권유 위탁계약을 체결하는 행위
• 회사가 이미 발행한 주식의 매수 또는 매도를 권유하는 행위
• 투자자를 대리하여 매매주문을 대리하거나 투자자 또는 그 대리인으로부터 매매주문을 수탁하는 행위
• 보수의 일부를 투자자에게 부당하게 지급(Rebate)하는 행위
• 투자권유대행인의 자격 또는 명의를 대여하는 행위 등

### 58
정답 ③

출제영역 투자권유 > 증권 관련 법규 > 주식 등의 대량보유상황 보고제도

자본감소로 보유주식 등의 비율이 변동된 경우 변동보고의무는 면제된다.

**핵심개념** 주식 등의 대량보유상황 보고제도(5% rule)

| 구 분 | 내 용 |
|---|---|
| 의 의 | • 주권상장법인의 주식 등을 발행주식 총수의 5% 이상 보유하게 되는 경우 또는 보유지분의 변동 및 보유목적의 변동 등 M&A와 관련된 주식 등의 보유상황을 공시하도록 하는 제도<br>• 5% Rule 또는 5% 보고제도라고 함 |
| 보고의무자 | 보고의무자는 본인과 특별관계자를 합하여 주권상장법인의 주식 등을 5% 이상 보유하게 된 자 또는 보유하고 있는 자 |
| 보고사유 | • 신규보고 = 주식 등을 5% 이상 보유하게 되는 경우<br>• 변동보고 = 5% 이상 보유자가 보유비율의 1% 이상이 변동되는 경우<br>• 변경보고 = 신규보고 및 변동보고자의 보유목적의 변경, 보유주식 등에 대한 신탁・담보 계약, 그 밖의 주요 계약내용의 변경 또는 보유형태의 변경 |
| 보고내용 | • 보유상황, 보유목적, 보유주식 등에 관한 주요 계약내용<br>• 보유목적이 발행인의 경영권에 영향을 주기 위한 것이 아닌 경우와 '일정한 전문투자자'의 경우에는 약식 보고서에 의할 수 있음 |
| 보고기한 | • 보고사유발생일로부터 5일 내에 보고<br>• 다만 보유목적이 경영에 영향을 주기 위한 것이 아닌 경우 그 변동이 있었던 달의 다음달 10일까지, 일정한 전문투자자는 분기의 다음달 10일까지 보고 가능 |

| 냉각기간 | • 보유목적이 경영권에 영향을 주기 위한 것이라면 보고사유가 발생한 날부터 보고한 날 이후 5일까지 그 발행인의 주식 등을 추가로 취득하거나 보유주식 등에 대하여 그 의결권을 행사할 수 없음<br>• 만약 이를 위반한 경우 추가로 취득한 주식에 대한 의결권 행사 금지 및 6개월 내의 기간을 정하여 추가 취득분에 대해 처분 명령을 할 수 있음 |
|---|---|

## 59 정답 ②

출제영역　투자권유 > 증권 관련 법규 > 증권신고서 제도

증권신고서 효력 발생의 의미는 금융위가 제출된 신고서 및 첨부서류에 근거하여 심사한 결과, 형식상 또는 내용상으로 문제가 없다는 것으로서, 그 증권신고서의 기재사항이 진실 또는 정확하다는 것을 인정하거나 정부에서 그 증권의 가치를 보증 또는 승인하는 효력은 가지지 않는다.

**핵심개념** 증권신고서 발행 세부규정

| 구 분 | 내 용 |
|---|---|
| 증권신고서 발행 면제 증권 | • 증권 중 국채증권, 지방채증권, 법률에 따라 직접 설립된 법인이 발행한 특수채권<br>• 그 밖에 다른 법률에 따라 충분한 공시가 행하여지는 등 투자자 보호가 이루어지고 있다고 인정되는 증권으로서 대통령령으로 정하는 증권 |
| 신고대상 | 모집가액 또는 매출가액 각각의 총액이 과거 1년간 10억원 이상인 경우 |
| 제출의무자 | • 증권신고서의 제출의무자 : 해당 증권의 발행인<br>• 증권예탁증권 발행 : 그 기초가 되는 증권을 발행하였거나 발행하고자 하는 자 |
| 효력의 발생 | • 금융위는 제출된 증권신고서를 수리 전과 수리 후 효력 발생 전까지 심사 가능 및 심사결과 수리를 거부하거나 정정요구를 할 수 있음<br>• 증권신고서의 형식을 제대로 갖추지 아니한 경우, 그 증권신고서 중 중요사항에 관하여 거짓의 기재 표시가 있거나, 중요사항이 기재 표시되지 아니한 경우를 제외하고는 금융위는 그 수리를 거부할 수 없음<br>• 금융위가 증권별로 정해진 효력 발생 기간 동안 별도의 조치하지 않는 한 증권신고서는 효력 발생<br>• 효력 발생의 의미 → 금융위가 제출된 신고서 및 첨부서류에 근거하여 심사한 결과 형식상 또는 내용상 문제가 없다는 의미이며, 그 증권신고서의 기재사항이 진실 또는 정확하다는 것을 인정하거나 정부에서 그 증권의 가치를 보증 또는 승인하는 효력을 가지는 것은 아님 |
| 거래의 제한 | 증권신고의 효력이 발생하지 아니한 증권의 취득 또는 매수의 청약에 대하여 그 증권의 발행인 · 매출인과 그 대리인은 그 청약의 승낙을 할 수 없음 |

## 60 정답 ②

출제영역　투자권유 > 증권 관련 법규 > 미공개정보 이용(내부자거래) 규제

내부자거래 규제의 적용대상 법인은 상장법인 및 6개월 이내 상장이 예정된 법인이 포함된다.
참고로 규제대상행위는 업무 등과 관련된 미공개 중요정보를 특정증권 등의 매매, 그 밖의 거래에 이용하거나 타인에게 이용하게 하는 행위이며, 이는 증권의 매매거래 자체가 금지되는 것이 아니라 미공개 중요정보의 이용행위가 금지되는 것이다.

**핵심개념** 미공개정보 이용(내부자거래) 행위의 금지

| 구 분 | | 내 용 |
|---|---|---|
| 적용대상 | | • 상장법인 및 증권시장에 상장된 증권을 발행한 법인<br>• 6개월 이내 상장이 예정된 법인 |
| 규제대상 증권 | | • 상장법인이 발행한 증권(단, CB, BW, PB 및 EB 이외 채무증권, 수익증권, 파생결합증권 제외)<br>• 상장법인이 발행한 증권예탁증권<br>• 상장법인 외의 자가 발행한 교환사채권 및 위의 증권만을 기초자산으로 하는 금융투자상품 |
| 규제대상자 | 내부자 | • 법인(계열회사 포함) 및 법인의 임직원 대리인으로 그 직무와 관련하여 미공개 중요정보를 알게 된 자<br>• 법인(계열회사 포함)의 주요 주주로서 그 권리행사 과정에서 미공개 중요정보를 알게 된 자 |
| | 준내부자 | • 법인에 대해 허가 · 인가 · 지도 · 감독 등의 권한을 갖는 자로서 그 권한 행사 과정에서 미공개 중요정보를 알게 된 자<br>• 법인과 계약체결 또는 체결교섭 중인 자로서 그 계약의 체결 · 교섭 · 이행과정에서 미공개 중요정보를 알게 된 자 |
| | 정보수령자 | • 내부자 및 준내부자로부터 미공개 중요정보를 받은 자(정보수령자에 해당하지 아니된 날로부터 1년 이내 포함) |
| 규제대상 행위 | | • 미공개 중요정보를 특정 증권 등의 매매, 그 밖의 거래에 이용하거나 타인에게 이용하게 하는 행위 금지(증권의 매매 자체가 금지되는 것이 아님)<br>• 금융위 또는 거래소에 신고 · 보고된 서류에 기재된 정보 : 서류가 비치된 날부터 1일<br>• 금융위 또는 거래소가 설치 · 운영하는 전자전달매체를 통해 공개된 정보 : 공개된 때부터 3시간<br>• 일반일간신문 또는 경제 분야 특수 일간신문에 게재된 정보 : 게재된 날의 다음 날 0시부터 6시. 단, 전자간행물 형태로 게재된 경우에는 그 게재된 때부터 6시간<br>• 전국 지상파방송 또는 연합뉴스사를 통하여 방송 · 제공된 정보 : 방송 · 제공된 때부터 6시간 |

## 61

정답 ③

**출제영역** 투자권유 > 증권 관련 법규 > 미공개정보 이용(내부자거래) 규제

주권상장법인의 특정 증권 등의 매수 후 (6)개월 이내 매도 또는 특정 증권 등의 매도 후 (6)개월 이내 매수하여 얻은 이익은 반환해야 한다.

**핵심개념** 내부자의 단기매매차익 반환제도

| 구 분 | 내 용 |
|---|---|
| 반환대상자 | 주권상장법인의 주요 주주, 임원 및 직원(단, 직원은 그 법인에서 주요사항보고대상에 해당하는 사항과 관련된 업무에 종사하거나, 그 법인의 재무·회계·기획·연구·개발 관련 업무에 종사하고 있는 직원으로서 미공개중요정보를 알 수 있는 자로 인정한 자에 한함) |
| 반환대상 | 주권상장법인의 특정 증권 등의 매수 후 6개월 이내 매도 또는 특정 증권 등의 매도 후 6개월 이내 매수하여 얻은 이익 |
| 반환의 예외 | • 법령에 따라 불가피하게 매수 또는 매도하는 경우<br>• 정부의 허가·인가·승인 등 또는 문서에 의한 지도·권고 또는 안정조작·시장조성에 따른 매수 또는 매도<br>• 주식매수선택권의 행사·전환사채권·신주인수권부사채권의 권리행사·증권예탁증권의 예탁계약 해지에 따른 주식·증권의 취득<br>• 주식매수청구권의 행사 또는 공개매수의 응모함에 따른 주식 등의 처분 등 |

## 62

정답 ③

**출제영역** 투자권유 > 증권 관련 법규 > 시세조종행위 규제

증권회사가 자기의 계산에 입각하여 유가증권을 매매하는 자기매매는 시세조종행위와 거리가 멀다.

**핵심개념** 시세조종행위

| 구 분 | 내 용 |
|---|---|
| 의 의 | • 증권시장 등의 수요<br>• 공급에 의하여 형성되어야 할 상장증권 등의 시세를 인위적인 조작을 가하여 등락시키고, 타인으로 하여금 그 인위적인 시세를 공정한 것으로 오인하게 함으로써 부당한 이득을 꾀하는 행위 |
| 시세조종<br>행위의 유형 | • 위장거래에 의한 시세조종<br>통정매매(서로 짜고), 가장매매(거짓으로 꾸민 매매)<br>• 현실거래에 의한 시세조종<br>매매유인을 위해 증권 또는 장내파생상품의 매매가 성황을 이루고 있는 듯이 잘못 알게 하는 것<br>• 허위표시에 의한 시세조종<br>매매유인을 위해 증권 또는 장내파생상품이 자기 또는 타인의 조작에 의하여 변동한다는 말의 유포 또는 중요한 사실에 관하여 거짓의 표시 또는 오해를 유발시키는 표시를 하는 행위<br>• 가격 고정 또는 안정조작행위<br>• 현물과 선물 연계 시세조종행위 |

## 63

정답 ③

**출제영역** 투자권유 > 금융소비자보호법 > 금융소비자보호법 주요내용

금융상품 등에 대한 광고를 할 경우 준법감시인의 심의를 받아야 한다.

**핵심개념** 「금융소비자보호법」 광고규제

| 구 분 | 내 용 |
|---|---|
| 개 요 | 금융상품 또는 금융상품판매업자등의 업무에 관한 광고 시 필수 포함사항 및 금지행위 등을 규정하고 광고주체를 제한하는 등의 규제로 허위·과장광고로부터 금융소비자를 보호 |
| 광고주체 | • 금융상품직접판매업자, 금융상품판매대리·중개업자, 금융상품자문업자, 금융상품판매업자등을 자회사로 하는 금융지주회사<br>• 「자본시장법」에 따른 증권의 발행인 또는 매출인(해당 증권에 관한 광고에 한정)<br>• 각 금융협회 그리고 집합투자업자 등 |
| 광고주체<br>제한 | 투자성 상품의 경우 금융상품판매대리·중개업자는 금융상품뿐 아니라 금융상품판매업자등의 업무에 관한 광고도 수행할 수 없음 |
| 광고방법 | 광고주체는 글자의 색깔·크기 또는 음성의 속도 등이 금융소비자(일반 또는 전문)가 금융상품의 내용을 오해하지 않도록 명확하고 공정하게 전달해야 하며, 금융상품으로 인해 얻는 이익과 불이익을 균형 있게 전달해야 함<br>※ 금융상품등에 대한 광고를 할 경우 준법감시인의 심의를 받아야 함 |
| 포함사항 | • 금융상품에 관한 계약을 체결하기 전에 금융상품설명서 및 약관을 읽어볼 것을 권유하는 내용<br>• 투자성 상품의 경우 금융상품의 명칭, 수수료, 투자에 따른 위험(원금손실발생 가능성, 원금손실에 대한 소비자의 책임, 과거 운용실적을 포함하여 광고하는 경우에는 그 운용실적이 미래의 수익률을 보장하는 것이 아니라는 사항, 금융상품의 이자, 수익 지급시기 및 지급제한 사유 등) |
| 금지사항 | • 손실보전 또는 이익보장이 되는 것으로 오인하게 하는 행위<br>• 수익률이나 운용실적을 표시하는 경우 수익률이나 운용실적이 좋은 기간의 수익률이나 운용실적만을 표시하는 경우 |

## 64

정답 ③

**출제영역** 투자권유 > 금융소비자보호법 > 금융소비자보호법 주요내용

① 예금성 상품은 구체적인 적용대상을 정하지 않아 적합성 원칙이 적용된다고 볼 수 없다.
② 보장성 상품 중 변액보험은 적합성 원칙이 적용된다.
④ 인덱스 펀드는 적정성 원칙에 제외되는 금융상품이다.

**핵심개념** 적합성 원칙과 적정성 원칙

| 구 분 | 내 용 |
|---|---|
| 적합성 원칙 | 금융상품판매업자등은 면담, 질문 등을 통하여 일반금융소비자의 금융상품 취득 또는 처분 목적, 재산상황 등의 정보를 고려한 투자성향을 파악하고 투자성향에 적합하지 아니하다고 인정되는 때에는 계약 체결을 권유해서는 아니 됨 |
| 적정성 원칙 | 금융상품판매업자등은 위험성의 정도가 높은 투자성 상품 또는 대출성 상품에 대해서는 계약체결의 권유가 없는 경우에도 해당 일반금융소비자에게 적정한지를 살펴보고 적정성 여부를 해당 일반금융소비자에게 알리도록 하여 소비자보호를 강화함 |
| 차이점 | 적합성 원칙은 금융상품판매업자등의 계약체결의 권유가 있는 경우에만 적용되는 반면에, 적정성 원칙은 소비자가 자발적으로 계약체결 의사를 밝힌 경우에도 적용되는 것이 차이임 |

## 65
정답 ①

**출제영역** 투자권유 > 금융소비자보호법 > 금융소비자보호법 주요내용

일반금융소비자는 (투자성) 상품 중 청약철회가 가능한 상품에 한하여 (7일) 이내에 청약의 철회를 할 수 있다.

**핵심개념** 청약의 철회

| 구 분 | 내 용 |
|---|---|
| 개 요 | 일반금융소비자가 금융상품 등 계약의 청약을 한 후 일정기간 내에 청약과정 등에 하자가 없음에도 불구하고 일반금융소비자에게 청약철회권을 부여하는 제도 |
| 투자성 상품 | 일반금융소비자는 투자성 상품 중 청약철회가 가능한 상품에 한하여 7일 이내 청약의 철회를 할 수 있음<br>※ 금융상품판매업자등과 일반금융소비자 간에 해당기간보다 긴 기간으로 약정한 경우에는 그 기간 내에 청약의 철회를 할 수 있음 |
| 투자성 상품 금전의 반환 | 금융상품판매업자등은 청약의 철회를 접수한 날로부터 3영업일 이내에 이미 받은 금전·재화 및 해당 상품과 관련하여 수취한 보수·수수료 등을 반환 |
| 청약철회 가능 금융투자상품 | • 고난도금융투자상품(일정 기간에만 금융소비자를 모집하고 그 기간이 종료된 후에 금융소비자가 지급한 금전 등으로 「자본시장법」에 따른 집합투자를 실시하는 것만 해당)<br>• 고난도투자일임계약, 고난도금전신탁계약<br>• 비금전신탁(부동산신탁계약)<br>※ 파생결합증권은 해당되지 않음 |
| 대출성 상품 | 신용공여가 대표적인 청약철회의 대상이며 일반금융소비자는 계약서류를 제공받은 날 또는 계약체결일로부터 14일 이내에 청약의 철회를 할 수 있음<br>※ 금융상품판매업자등과 일반금융소비자 간에 해당기간보다 긴 기간으로 약정한 경우에는 그 기간 내에 청약의 철회를 할 수 있음 |

| | |
|---|---|
| 대출성 상품 금전의 반환 | • 금융상품판매업자등은 일반금융소비자로부터 금전 등을 반환받은 날로부터 3영업일 이내에 신용공여와 관련하여 투자자로부터 받은 수수료를 포함하여 이미 받은 금전 등을 반환<br>• 반환이 늦어진 기간에 대해서는 해당 금융상품의 계약에서 정해진 연체이자율을 금전·재화·용역의 대금에 곱한 금액을 일 단위로 계산하여 지급하여야 함 |
| 소비자보호 장치 | • 회사는 청약이 철회된 경우 투자자에 대하여 청약의 철회에 따른 손해배상 또는 위약금 등 금전 지급을 청구할 수 없으며, 청약의 철회에 대한 특약으로서 투자자에게 불리한 것은 무효로 함<br>• 회사는 청약이 철회된 경우 투자자에 대하여 청약의 철회에 따라 금전(이자 및 수수료를 포함)을 반환하는 경우에는 투자자가 지정하는 입금계좌로 송금해야 함 |

## 66
정답 ③

**출제영역** 투자권유 > 영업실무 > 금융투자관리(CRM)

① 고객획득에서 고객유지 : 기존고객과의 지속적인 관계증진
② 규모의 경제에서 범위의 경제 : 다양한 제품의 의한 다양한 고객의 금융수요 충족
④ 시장점유율에서 고객점유율 : 우량고객 중심의 고객점유율 확대

**핵심개념** 성공적인 CRM(Customer Relationship Management) 전략
새로운 상품개발보다는 고객 세분화 작업이 선행되어야 하며, 신규고객 확보 노력보다는 기존고객 유지에 초점을 두어야 함
• 고객획득에서 고객유지로 변경
• 단기적 고객유인·판매 중심에서 장기적 관계형성으로 변경
• 판매촉진 중심에서 고객서비스 중심으로 변경
• 시장점유율에서 고객점유율로 변경
• 제품차별화에서 고객차별화로 변경
• 자동화에서 정보화로 변경

## 67
정답 ①

**출제영역** 투자권유 > 영업실무 > 금융투자관리(CRM)

많은 고객을 확보한다고 고객점유율이 높아지는 것은 아니다. 금융기관에 기여도가 높은 우량고객 중심의 고객점유율 확대가 중요하며 고객점유율을 높이기 위해 각 금융기관마다 주거래은행 개념을 도입하여 월급 이체, 공과금 납부 등 고객의 모든 금융거래를 집중하기 위한 노력을 하고 있다.

## 68

출제영역  투자권유 > 영업실무 > 고객상담(Process)

ⓒ 표준화된 상담화법 및 필요자료 등을 사전에 작성하여 연습한 후 활용한다.

**핵심개념** 고객상담

| 구 분 | 내 용 |
|---|---|
| 상담활동의 목적 | • 계약 성공률을 높이고, 상담시간을 효율적으로 활용<br>• 고객관리 능력을 증대시키고, 문제점(거절 등)을 도출해 해결의 기초로 삼음<br>• 상담표준화를 통해 판매력을 향상시켜 업무 효율성을 높임<br>• 응용과 활용을 통하여 무관심과 반감을 자연스럽게 극복 |
| 효율적인 상담시간 증대의 요령 | • 상담활동의 표준화 및 정형화<br>• 잡담시간 최소화<br>• 일별·월별·연별 등의 계획을 세워 실천하는 것을 습관화<br>• 불필요한 잡일을 제거하거나 최소화<br>• 고객 방문은 철저히 계획하에 진행<br>• 사전에 철저한 연습과 모델을 제시 |
| 상담활동 효율 증대의 요령 | • 고객의 최적시간을 적극 활용<br>• 상담진척표를 고객별로 작성·관리<br>• 표준화된 상담화법 및 필요자료 등을 사전에 작성하여 연습한 후 활용<br>• 자신만의 화법 및 테크닉을 발굴·개발하여 가슴에서 느껴지는 공감대를 형성 |

## 69

출제영역  투자권유 > 영업실무 > 고객상담(Process)

고객상담 프로세스 순서는 고객과의 관계형성 → Needs 탐구 → 설득 및 해법 제시 → 동의확보 및 Closing이다.

**핵심개념** 고객상담 프로세스(Process)

| 구 분 | | 내 용 |
|---|---|---|
| 1단계 | 고객과의 관계형성 | 고객과의 신뢰구축, 고객의 무관심 처리 |
| 2단계 | Needs 탐구 | 고객의 기대수준 파악, 질문구사 |
| 3단계 | 설득 및 해법 제시 | 상품의 특성 및 이점 소개, 고객의 반감 극복 |
| 4단계 | 동의확보 및 Closing | 고객소개(MGM) 및 Cross-selling<br>※ Members Get Members |

## 70

출제영역  투자권유 > 영업실무 > 고객과의 관계 형성

① 개방형 질문은 무엇을, 왜, 어떻게 등의 질문을 통해 고객이 스스로의 상황에 대해 좀 더 광범위하게 이야기할 수 있는 효과를 거둘 수 있다.
③ 개방형 질문은 잘못 사용하면 꼬치꼬치 캐묻는 느낌을 주어 불쾌하게 할 우려가 있다.
④ 고객이 자신의 Needs에 대해 잘 이야기할 경우 확대형 질문을 통해 고객이 자신의 이야기를 더 많이 하도록 유도할 수 있다.

**핵심개념** 고객의 Needs 파악을 위한 질문법

| 구 분 | 내 용 |
|---|---|
| 폐쇄형 질문 | ※ [예시] 고객님, 은퇴생활을 위한 연금 상품을 가입하고 계신가요?<br>• 고객의 대답을 한정하고자 하는 질문으로 '예' 또는 '아니오' 등의 간단한 대답을 유도하고자 할 때 사용됨<br>• 상담원이 대화의 상황을 유도할 때 유용하게 사용함<br>• 장점 : 상담시간을 단축하여 대기 고객이 많을 때 신속하게 여러 고객을 처리할 수 있음<br>• 단점 : 고객의 동의 및 확신을 얻기가 힘들며, '예', '아니오'의 단답이 나올 경우 다음 단계로 대화를 이어가기가 어려움 |
| 개방형 질문 | ※ [예시] 고객님, 은퇴생활을 위한 대비는 어떻게 하고 계신가요?<br>• 고객이 자유로이 이야기하도록 유도하는 질문으로 긴 대답을 유도하고자 할 때 사용함<br>• '무엇을', '왜', '어떻게' 등의 질문을 통해 고객이 스스로의 상황에 대해 좀 더 광범위하게 이야기할 수 있도록 함<br>• 장점 : 개방형 질문과 폐쇄형 질문을 적절히 배합하여 고객 Needs의 파악을 극대화할 수 있음<br>• 단점 : 꼬치꼬치 캐묻는 느낌을 줄 수 있어 고객이 불쾌함을 느낄 수 있음 |
| 확대형 질문 | ※ [예시] 올해 은퇴하셨다고 들었습니다. 혹시 은퇴생활을 계획하는 데 어려움은 없으신지요?<br>• 고객에게 질문을 통해 생각하게 하고 제한된 시간 안에 고객의 Needs를 구체화하고 확신시켜 주는 효과를 거둘 수 있음<br>• 어렵고 전문적인 질문은 피하고 판매사원의 견해를 피력해 설득의 서두로 사용함<br>• 장점 : 고객으로 하여금 Needs를 분석·궁리·느끼게 함<br>• 단점 : 심문을 당한다는 느낌이나 귀찮게 한다는 느낌을 줄 수 있어 절제가 필요함 |

## 71
정답 ④

출제영역  투자권유 > 영업실무 > 설득 및 해법 제시

고객의 Needs를 충족시키는 것은 설득과정의 중요한 목표와 거리가 멀다.

## 72
정답 ①

출제영역  투자권유 > 영업실무 > 설득 및 해법 제시

보상법에 대한 설명이다.

**핵심개념** 고객의 반감처리 화법

| 구 분 | 내 용 |
|---|---|
| Yes, but | • '맞습니다 맞고요' 화법<br>• 고객의 주장을 받아들여 고객의 마음을 부드럽게 한 후 의견을 주장하는 대응 방법 |
| 부메랑법 | 고객의 주장을 받아들이면서도 고객이 거절한 내용을 활용하여 반전을 노리는 화법 |
| 보상법 | 사실은 인정하되 그 대신 다른 이점을 활용하여 대응하는 방법 |
| 질문법 | 고객의 거절을 질문으로 되돌려 보내는 방법 |

## 73
정답 ②

출제영역  투자권유 > 영업실무 > 고객의 동의확보 및 Closing

고객이 가입의사(Buying Signal)를 나타냈을 때가 모두 타이밍이다.

**핵심개념** Closing(클로징)

| 구 분 | 내 용 |
|---|---|
| Closing의 정의 | • Closing의 단계는 고객의 Needs 파악과 충분한 설득 여부를 분명히 확인하는 단계<br>• Closing을 할 때는 고객의 Needs와 고객이 이미 선택한 상품의 이점을 상기시켜 주면서 고객과의 계약을 성립 |
| Closing의 타이밍 | • Closing 타이밍을 잘 포착하는 일은 상담의 성패를 좌우하는 중요 포인트<br>• Closing을 어느 시점에 할지 미리 정해서는 안 됨(고객이 가입의사(Buying Signal)를 나타냈을 때가 모두 타이밍)<br>• Buying Signal은 확실한 것도 있지만 분명치 않은 것도 있음(고객의 태도나 말하는 것을 항상 주의 깊게 관찰 및 경청하는 것이 필요하며, 고객이 나타내는 표정 · 몸짓 · 말투 · 기색 등에서 Buying Signal이 나오고 있는지 파악하는 훈련을 해 두어야 함) |

## 74
정답 ①

출제영역  투자권유 > 영업실무 > 고객의 동의확보 및 Closing

추정승낙법에 대한 설명이다.

**핵심개념** 상담 종결의 화법

| 구 분 | 내 용 |
|---|---|
| 추정승낙법 | 고객이 확실한 대답을 하기 전이라도 긍정적 반응이 나올 경우 사용하는 상담 종결 화법<br>※ [예시] "상품이 꽤 잘 만들어졌는데요." 등 고객에게 긍정적인 표현이 나올 경우, "고맙습니다. 선택해 주셔서 감사합니다. 가입에 따른 제반 서류를 준비토록 하겠습니다." 등 대답으로 상담을 종결하는 화법 |
| 실행촉진법 | 긍정적 답변은 하지 않으나 부정적이지 않을 때 사용하는 화법<br>※ [예시] "끝까지 경청해 주셔서 감사합니다.", "다른 질문사항이 없으시면 서류를 준비하겠습니다.", "서명 날인은 여기다 하시면 됩니다." |
| 양자택일법 | 가입의사가 감지되고 있으나 고객이 결정을 늦추고 있을 때는 다음처럼 A 아니면 B, 둘 중 하나를 선택하게 함으로써 구매를 기정사실화함<br>※ [예시] "주식형 펀드로 가입하시겠습니까? 아니면 주식혼합형 펀드로 가입하시겠습니까?" |
| '기회이익의 상실은 손해' 화법 | 기회이익 상실은 금리, 주가, 환율 변동에 따른 수익률의 차이로 나타낼 수 있음<br>※ [예시] 특판상품인 경우 + α(메리트) 및 사은품 증정 등의 혜택 등 |
| 가입조건문의법 | 고객이 결정을 미루고 있다면 어떻게 하면 가입하겠는지 물어보면서 가입을 요청하는 방법 |

## 75
정답 ③

출제영역  투자권유 > 영업실무 > 고객의 동의확보 및 Closing

T-방법(대차대조표방법)에 대한 설명이다.

**핵심개념** 효과적인 고객동의 확보기술

| 구 분 | 내 용 |
|---|---|
| 직설동의요구법 | • 고객에게 직설적으로 동의를 요구하는 방법<br>• 단순판매의 경우 적합하나 자칫 잘못하면 고객의 반발을 가져옴 |
| 이점요약법 | 프레젠테이션 과정에서 보여 줬던 상품의 이점을 한 번 더 요약해서 보여 줌으로 고객의 확신을 유도 |
| T-방법 | 고객이 이 상품을 선택했을 때의 이점과 선택하지 않았을 때의 손해를 T막대의 대차대조표를 사용하여 비교 및 설명 |
| 결과탐구법 | 고객이 동의를 못하고 머뭇거릴 경우, 이를 되물어 동의하도록 설명하는 방법 |

## 76
정답 ③

출제영역 투자권유 > 직무윤리 > 본 교재에서의 직무윤리

직무윤리 및 직무윤리의 기준은 일종의 자율규제로, 위반 시 위반행위에 대한 명시적인 제재가 존재하지 않을 수 있다. 따라서 위반행위에 대한 책임을 묻는 법규와는 다르다.

**핵심개념** 직무윤리의 적용대상

- 관련 전문자격증을 보유하고 있는 자(금융투자전문인력), 자격을 갖기 이전에 관련 업무에 실질적으로 종사하는 자, 직접 또는 간접적으로 이와 관련되어 있는 자를 포함
- 회사와의 위험계약관계 또는 고용계약관계 및 보수의 유무, 고객과의 법률적인 계약관계 및 보수의 존부를 불문함
- 회사와 정식 고용관계에 있지 않은 자나 무보수로 일하는 자도 직무윤리를 준수해야 함
- 아직 아무런 계약관계를 맺지 않은 잠재적 고객에 대해서도 직무윤리를 준수해야 함

## 77
정답 ②

출제영역 투자권유 > 직무윤리 > 직무윤리에 대한 이해

금융투자상품의 전문화·복잡화·다양화로 인해 단순정보제공의 차원을 넘어 금융소비자보호를 위한 노력이 요구된다.

**핵심개념** 금융투자업에서 직무윤리가 강조되는 이유

| 구 분 | 내 용 |
| --- | --- |
| 산업의 고유속성 | 금융투자업은 고객의 자산을 위탁받아 운영하므로, 이해상충의 발생 가능성이 큼 |
| 상품의 특성 | 금융투자상품은 투자성(원본손실 가능성)이 있고, 고객과의 분쟁 가능성이 상존함 |
| 금융소비자의 질적 변화 | 금융투자상품의 전문화·복잡화·다양화로 단순한 정보제공의 차원을 넘어 금융소비자보호를 위한 노력이 요구되며, 전문가조차도 금융투자상품의 정확한 내용을 파악하기 어려워짐 |
| 안전장치 | 직무윤리를 준수하는 것은 금융투자업종사자들을 보호하는 안전장치(Safeguard)의 역할 |

## 78
정답 ①

출제영역 투자권유 > 직무윤리 > 기본원칙

고객우선의 원칙에 대한 설명이며, 금융투자업종사자들은 금융소비자 및 그의 이익을 우선순위에 놓아야 할 의무가 존재한다.

② 신의성실의 원칙 : 회사와 임직원은 정직과 신뢰를 가장 중요한 가치관으로 삼고, 신의성실의 원칙에 입각하여 맡은 업무를 충실히 수행해야 한다.

③ 금융소비자보호 의무 : 금융투자상품의 개발, 판매, 판매 이후의 단계까지 모든 단계에 걸쳐 적용한다.

④ 이해상충방지의무 : 금융투자업자는 금융투자업을 영위함에 있어 정당한 사유 없이 투자자의 이익을 해하면서 자기가 이익을 얻거나 제3자가 이익을 얻도록 하여서는 아니 된다.

## 79
정답 ②

출제영역 투자권유 > 직무윤리 > 영업행위 규칙

금융투자업자는 그 이해상충이 발생할 가능성을 낮추는 것이 곤란하다고 판단되는 경우에는 매매, 그 밖의 거래를 하여서는 아니 된다.

**핵심개념** 이해상충의 방지 의무

| 구 분 | 내 용 |
| --- | --- |
| 개 요 | ※ 「자본시장법」 제37조 제2항<br>금융투자업자는 금융투자업을 영위함에 있어 정당한 사유 없이 투자자의 이익을 해하면서 자기가 이익을 얻거나 제3자가 이익을 얻도록 하여서는 아니 된다.<br>※ 「금융소비자보호법」 제14조 제2항<br>금융상품판매업자등은 금융상품판매업 등을 영위할 때 업무의 내용과 절차를 공정히 하여야 하며, 정당한 사유 없이 금융소비자의 이익을 해치면서 자기가 이익을 얻거나 제3자가 이익을 얻도록 해서는 아니 된다. |
| 최선의 이익 | • 소극적으로 금융소비자 등의 희생 위에 자기 또는 제3자의 이익을 도모해서는 안 된다는 것에 그치는 것이 아니고, 적극적으로 금융소비자 등의 이익을 위해 실현 가능한 최대한의 이익을 추구해야 하는 것(최선집행의무)<br>• 단순히 결과에서 최대 수익률을 내야 한다는 뜻이 아니라 결과와 과정 모두에서 최선의 결과를 얻도록 노력해야 한다는 의미 |
| 이해상충 발생원인 | • 금융투자업자 내부 문제로서, 금융투자업을 영위하는 회사 내에서 공적 업무에서 사적 업무의 정보를 이용하기 때문<br>• 금융투자업자와 금융소비자 간 존재하는 정보 비대칭으로 금융투자업종사자가 금융소비자 이익을 희생하여 본인이나 제3자의 이익을 추구할 가능성이 높기 때문<br>• 금융투자업자의 겸영 업무 허용범위가 넓어졌기 때문 |
| 이해상충 방지체계 | • 금융투자업자는 투자자 간 이해상충 방지를 위해 이해상충 발생 가능성을 파악 및 평가하고, 내부통제기준에 따라 관리해야 함<br>• 이해상충 발생 가능성이 있다고 인정되는 경우 그 사실을 미리 투자자에게 알리고, 투자자보호에 문제가 없는 수준으로 낮춘 후 매매 및 거래해야 함<br>• 이해상충 발생 가능성을 낮추기 어려울 때는 매매 및 거래를 해서는 안 됨<br>• 정보교류의 차단(Chinese Wall 구축) 의무<br>  - 정보제공행위 : 금융투자상품의 매매에 관한 정보 제공행위 |

- 겸직행위 : 임원 및 직원을 겸직하게 하는 행위
- 공간·설비 공동이용행위 : 사무공간 또는 전산설비를 공동으로 이용하는 행위
- 기타 : 그 밖에 이해상충이 발생할 가능성이 있는 행위
- 금융투자업자 자신이 발행했거나 관련되어 있는 대상에 대한 조사분석자료 공표 및 제공을 원칙적으로 금지
- 금융투자업종사자는 금융소비자가 동의한 경우를 제외하고는 금융소비자와의 거래 당사자가 되거나 자기 이해관계인의 대리인이 되어서는 안 됨(단, 증권시장 또는 파생상품시장을 통해 매매가 이뤄지는 경우에는 적용되지 않음)

## 80　정답 ④

출제영역　투자권유 > 직무윤리 > 본인, 회사 및 사회에 대한 윤리

임직원의 외부강연이나 기고, 언론매체 접촉 등 전자통신수단을 이용한 대외활동 정보는 금융투자회사의 비밀정보와 거리가 멀다.

핵심개념　비밀정보의 범위
금융투자회사의 표준내부통제기준 제53조에서는 다음에 해당하는 미공개 정보는 기록형태나 기록유무와 관계없이 비밀정보로 본다.
- 회사의 재무건전성이나 경영 등에 중대한 영향을 미칠 수 있는 정보
- 고객 또는 거래상대방(거래상대방이 법인, 그 밖의 단체인 경우 그 임직원을 포함)에 관한 신상정보, 매매거래내역, 계좌번호, 비밀번호 등에 관한 정보
- 회사의 경영전략이나 새로운 상품 및 비즈니스 등에 관한 정보

## 81　정답 ①

출제영역　투자권유 > 직무윤리 > 본인, 회사 및 사회에 대한 윤리

회사의 공식의견이 아닌 경우 사견임을 명백히 표현해야 한다.

핵심개념　대외활동

| 구 분 | 내 용 |
|---|---|
| 개 요 | ※「금융투자회사의 표준윤리준칙」제16조(대외활동)<br>임직원이 외부 강연이나 기고, 언론매체 접촉, SNS 등 전자통신수단을 이용한 대외활동을 하는 경우 다음의 각호의 사항을 준수해야 함 |
| 준수사항 | • 회사의 공식의견이 아닌 경우 사견임을 명백히 표현해야 함<br>• 대외활동으로 인하여 회사의 주된 업무 수행에 지장을 주면 안 됨<br>• 대외활동으로 인하여 금전적인 보상을 받게 되는 경우 회사에 알려야 함<br>• 공정한 시장질서를 유지하고 건전한 투자문화 조성을 위해 최대한 노력해야 함<br>• 불확실한 사항을 단정적으로 표현하거나 다른 금융투자회사를 비방해서는 안 됨 |

## 82　정답 ④

출제영역　투자권유 > 직무윤리 > 직무윤리의 준수절차

영업점별 영업관리자에게 업무수행 결과에 따라 적절한 보상을 지급할 수 있다.

핵심개념　영업관리자의 자격
다음의 모든 요건을 구비해야 한다.
- 영업점에서 1년 이상 근무한 경력이 있거나 준법감시·감사업무를 1년 이상 수행한 경력이 있는 자
- 본인이 수행하는 업무가 과다하거나 수행하는 업무의 성격으로 인해 준법감시업무에 곤란을 받지 않을 것
- 영업점장이 아닌 책임자급일 것(다만 당해 영업점의 직원 수가 적어 영업점장을 제외한 책임자급이 없는 경우 예외)
- 준법감시업무를 위한 충분한 경험과 능력, 윤리성을 갖추고 있을 것

## 83　정답 ①

출제영역　투자권유 > 직무윤리 > 직무윤리의 준수절차

이사회 및 대표이사의 지휘를 받아 업무를 수행한다.

핵심개념　준법감시인
- 이사회 및 대표이사의 지휘를 받아 업무 수행
- 내부통제기준의 적정성 점검
- 이사회 의결을 거쳐 임면, 해임 시에는 이사총수의 2/3 이상의 찬성으로 의결
- 사내이사 또는 업무집행자 중 선임, 임기는 2년 이상
- 임직원의 위법·부당행위에 대한 감사 및 보고
- 준법감시계획 수립 및 결과 보고
- 업무전반에 대한 접근 및 임직원에 대한 각종 자료나 정보의 제출 요구권
- 이사회 및 감사위원회 등 주요회의에 대한 참석 및 의견진술
- 준법감시 업무의 전문성 제고를 위한 연수프로그램 이수

## 84　정답 ③

출제영역　투자권유 > 직무윤리 > 금융소비자보호의무

① 이사회는 최고의사결정기구로 회사의 금융소비자에 대한 내부통제체계의 구축 및 운영에 관한 기본방침을 정한다.
② 대표이사는 이사회가 정한 내부통제체계의 구축 및 운영에 관한 기본방침에 따라 금융소비자보호와 관련한 내부통제체제를 구축·운영해야 한다.
④ 금융소비자보호 총괄기관은 금융상품 개발·판매 업무로부터 독립하여 업무를 수행해야 하고, 대표이사 직속 기관으로 두어야 한다.

## 85 정답 ④

금융위원회의 처분 또는 조치에 대해 불복하는 자는 해당 처분 또는 조치의 고지를 받는 날로부터 30일 이내에 그 사유를 갖추어 금융위원회에 이의신청을 할 수 있다. 이때, 금융위원회는 해당 이의신청에 대해 60일 이내에 결정을 하여야 하며, 부득이한 사정으로 그 기간 내에 결정을 할 수 없을 경우에는 30일의 범위에서 그 기간을 연장할 수 있다.

## 86 정답 ④

허위, 부당광고 금지원칙은 위법계약해지권을 행사할 수 있는 6대 판매원칙과 거리가 멀다. 추가로 불공정영업행위 금지 위반, 부당권유행위 금지 또한 위법계약해지권을 행사할 수 있는 6대 판매원칙에 포함된다.

## 87 정답 ①

주민등록번호와 여권번호는 고유식별정보로 구분되며 민감정보로는 건강상태, 진료기록 병력, 정당의 가입 등이 있다.

**핵심개념** 개인정보개념 및 처리의 기본원칙

| 구 분 | 내 용 |
| --- | --- |
| 개인정보 | • 살아있는 개인에 관한 정보로서 성명, 주민등록번호 및 영상 등을 통하여 개인을 알아볼 수 있는 정보<br>• 고유식별정보 : 주민등록번호, 여권번호 등<br>• 민간정보 : 건강상태, 진료기록, 병력, 정당가입 등<br>• 금융정보 : 신용카드번호, 통장계좌번호 등 |
| 개인정보보호 | 개인정보처리가 정보주체의 개인정보를 정당하게 수집 및 이용하고 개인정보를 보관·관리하는 과정에서 내부자의 고의나 관리부주의 및 외부의 공격에서 유출 및 변조·훼손되지 않도록 하며, 정보주체의 개인정보 자기결정권이 제대로 행사되도록 보장하는 일련의 행위 |
| 개인정보개념 및 처리의 기본원칙 | • 정보주체 : 처리되는 정보에 의해 알아볼 수 있는 사람, 그 정보의 주체가 되는 사람<br>• 개인정보 파일 : 개인정보를 쉽게 검색할 수 있도록 일정한 규칙에 따라 체계적으로 배열하거나 구성한 개인정보의 집합물<br>• 업무를 목적으로 개인정보파일을 운용하기 위하여 스스로 또는 다른 사람을 통하여 개인정보를 처리하는 공공기관, 법인, 단체 및 개인 |

## 88 정답 ②

개인정보 처리방침 등 개인정보의 처리에 관한 사항을 공개하여야 하며, 열람청구권 등 정보주체의 권리를 보장해야 한다.

**핵심개념** 개인정보처리자의 개인정보 보호 원칙

• 개인정보처리자는 개인정보의 처리 목적을 명확하게 하여야 하고 그 목적에 필요한 범위에서 최소한의 개인정보만을 적법하고 정당하게 수집해야 함
• 개인정보의 처리 목적에 필요한 범위에서 적합하게 개인정보를 처리하여야 하며, 그 목적 외의 용도로 활용하여서는 아니 됨
• 개인정보의 처리 목적에 필요한 범위에서 개인정보의 정확성, 완전성 및 최신성이 보장되도록 하여야 함
• 개인정보의 처리 방법 및 종류 등에 따라 정보주체의 권리가 침해받을 가능성과 그 위험 정도를 고려하여 개인정보를 안전하게 관리함
• 개인정보 처리방침 등 개인정보의 처리에 관한 사항을 공개하여야 하며, 열람청구권 등 정보주체의 권리를 보장함
• 정보주체의 사생활 침해를 최소화하는 방법으로 개인정보를 처리함
• 개인정보의 익명처리가 가능한 경우에는 익명에 의하여 처리될 수 있도록 하여야 함
• 이 법 및 관계법령에서 규정하고 있는 책임과 의무를 준수하고 실천함으로써 정보주체의 신뢰를 얻기 위하여 노력함

## 89 정답 ③

징역과 벌금을 병과하여 부과 가능하며, 그 행위자의 소속 법인 및 개인에게도 벌금형이 부과될 수 있는 양벌규정을 적용한다.

**핵심개념** 「금융소비자보호법」상 과징금과 과태료 비교

| 구 분 | 과징금 | 과태료 |
| --- | --- | --- |
| 개 요 | 금융상품직접판매업자 또는 금융상품자문업자가 주요 판매원칙을 위반할 경우 위반행위로 인한 수입 등의 50%까지 과징금 부과 | 금융상품판매업자등의 위반행위 유형별로 과태료 상한액을 규정하고 개별 위반행위의 과태료 기준금액을 시행령으로 구체화 |
| 부과 대상 | • 금융상품직접판매업자 (원칙적으로 소속 임직원, 대리·중개업자)<br>• 금융상품자문업자 | 규정 위반자(부과대상에 제한 없음) |

| 부과사유 | ・설명의무 위반<br>・불공정영업행위금지 위반<br>・부당권유금지 위반<br>・광고규제 위반 | 1억원 | ・내부통제기준 미수립<br>・설명의무 위반<br>・불공정영업행위금지 위반<br>・부당권유금지 위반<br>・광고규제 위반<br>・계약서류제공의무 위반<br>・자문업자 영업행위 준칙 위반<br>・자료유지의무 위반<br>・검사거부・방해・기피 |
|---|---|---|---|
| 법정한도액 | 업무정지처분에 갈음한 과징금의 경우 업무정지기간 (6개월 내) 동안 얻을 이익 | 3천만원 | ・적합성・적정성 원칙 위반<br>・판매대리・중개업자 금지의무 |
| | | 1천만원 | 변동보고의무 위반 |

## 90

정답 ③

**출제영역** 투자권유 > 투자자분쟁예방 > 위반에 대한 제재

감봉은 회원의 직원 대상 조치 내용에 속한다.

**핵심개념** 자율규제기관에 의한 제재
- 위규행위가 발견되는 경우 금융투자협회의 자율규제위원회는 회원의 임원에 대한 해임, 6개월 내의 업무집행정지, 경고, 주의를 권고할 수 있음
- 회원의 직원에 대해 징계면직, 정직, 감봉, 견책, 주의를 권고할 수 있음
- 회원에 대해서는 총회에 대한 회원의 제명요구, 회원자격의 정지, 회원에게 제공하는 업무의 일부 정지(또는 전부 정지), 제재금의 부과, 경고, 주의 등의 제재를 결정할 수 있음

## 91

정답 ④

**출제영역** 투자권유 > 투자자분쟁예방 > 위반에 대한 제재

금융상품의 가치에 중대한 영향을 미치는 사항을 금융소비자에게 알리지 아니하는 행위는 부당권유행위로써 불공정영업행위와 거리가 멀다.

**핵심개념** 과징금 부과대상 불공정영업행위
- 금융소비자의 의사에 반하여 다른 금융상품의 계약체결을 강요하는 행위
- 대출성 상품의 경우 부당하게 담보를 요구하거나, 보증을 요구하는 행위
- 업무와 관련하여 (금융소비자에게) 편익을 요구하거나 제공받는 행위
- (대출성 상품의 경우) 특정 대출 상환방식을 강요하거나, 법령에서 정한 경우를 제외하고 중도상환수수료를 부과하거나, 제3자의 연대보증을 요구하는 행위
- 연계, 제휴 서비스 등을 부당하게 축소하거나 변경하는 행위 등
- 그 밖에 우월적 지위를 이용하여 금융소비자의 권익을 침해하는 행위 등

## 92

정답 ②

**출제영역** 투자권유 > 투자자분쟁예방 > 분쟁조정제도

금융감독원의 금융분쟁조정위원회의 조정은 재판상 화해와 동일한 효력이 발생되며, 한국거래소의 시장감시위원회 및 금융투자협회의 분쟁조정위원회 등에 의한 조정은 「민법」상 화해 계약으로서의 효력이 발생된다.

**핵심개념**

**금융투자협회의 분쟁조정제도**

| 구 분 | 내 용 |
|---|---|
| 분쟁조정제도 | ・협회 회원의 영업행위 관련 분쟁소송에 따른 비용과 시간의 문제점을 해결<br>・당사자 간의 원만하고 신속한 분쟁해결을 유도함으로써 시장 참가자들의 편의제공을 위한 제도<br>・분쟁 당사자는 분쟁조정위원회의 분쟁조정을 이용함으로써 공정하게 분쟁해결 가능 |
| 취급업무 | ・회원의 영업행위와 관련한 분쟁조정<br>・회원 간의 착오매매와 관련한 분쟁조정 |
| 분쟁조정 효력 | 당사자가 협회 분쟁조정위원회의 조정안을 수락한 경우 민법상 화해계약의 효력을 갖게 됨 |
| 분쟁조정 절차 | 분쟁조정신청 접수/통지 → 사실조사 → 합의권고 → 회부 전 처리 → 위원회 회부 → 심의 → 각하/조정결정 → 조정안 통지 → 조정의 성립 → 재조정 신청 |

**금융감독원의 분쟁조정제도**

| 구 분 | 내 용 |
|---|---|
| 분쟁조정제도 | ・합리적인 분쟁해결 방안이나 의견을 제시하여 당사자 간의 합의에 따른 원만한 분쟁해결을 도모하는 제도<br>・분쟁조정신청이 접수되면 양당사자의 제출자료 검토와 대면 문답절차 등을 거쳐 분쟁조정기관이 중립적인 조정안을 제시함<br>・금융 관련 분쟁의 조정에 관한 사항을 심의・의결하기 위해 금융감독원에 금융분쟁조정위원회를 두고 있음 |
| 분쟁조정 효력 | ・조정은 법원의 판결과는 달리 그 자체로서는 구속력이 없고 당사자가 이를 수락하는 경우에 한해 효력을 가짐<br>・금융감독원의 금융분쟁조정위원회의 조정안을 당사자가 수락하면 당해 조정안은 재판상 화해와 동일한 효력을 가짐<br>・한국거래소 시장감시위원회의 분쟁조정심의위원회, 금융투자협회의 분쟁조정위원회 등에 의한 조정은 민법상 화해계약으로서의 효력을 가짐 |

| | 장 점 | 단 점 |
|---|---|---|
| 분쟁조정제도<br>장·단점 | - 소송비용 없이 최소한의 시간 내에 합리적인 분쟁 처리 가능<br>- 전문가의 조언 및 도움을 받을 수 있음<br>- 개인이 직접 확인하기 어려운 금융회사의 자료를 조정기관을 통해 간접적으로 확인 가능 | - 합의 도출이 안 되면 분쟁처리가 지연됨<br>- 판단기관에 따른 결과의 차이가 있을 수 있음 |

위 표 상단:
- 금융감독원장은 분쟁조정의 신청을 받은 날부터 30일 이내에 당사자 간에 합의가 이루어지지 아니하는 때에는 지체 없이 이를 조정위원회에 회부해야 함
- 조정위원회는 조정의 회부를 받으면 60일 이내에 이를 심의하여 조정안을 작성해야 함

| 분쟁조정 절차 | 분쟁내용의 통지 및 합의권고 → 조정위원회에 회부 → 조정안의 작성 → 조정안의 제시 및 수락권고 |
|---|---|

## 93

정답 ①

**출제영역** 투자권유 > 투자자분쟁예방 > 금융투자상품 관련 분쟁

금융투자상품은 투자실적에 따라 큰 수익이 발생할 수도 있지만, 반대로 투자원금뿐 아니라 투자원금을 초과하여 손실이 날 수도 있다.

## 94

정답 ③

**출제영역** 투자권유 > 투자자분쟁예방 > 분쟁조정제도

유가증권시장, 코스닥시장, 파생상품시장에서의 매매거래와 관련하여 발생한 권리의무 또는 이해관계에 관한 분쟁 업무를 담당하는 분쟁조정기구는 한국거래소이다. 금융투자협회의 분쟁조정제도는 회원의 영업행위와 관련한 분쟁조정 및 회원 간의 착오매매와 관련한 분쟁조정 업무를 취급한다.

## 95

정답 ②

**출제영역** 투자권유 > 투자자분쟁예방 > 금융투자상품 관련 분쟁

임의매매에 대한 설명이다. 임의매매의 경우 「민법」상 손해배상책임 또는 그 직원에 대한 처벌이 가능하다.

---

**핵심개념** 금융투자상품 관련 분쟁의 유형

| 구 분 | 내 용 |
|---|---|
| 임의매매 | • 고객이 증권회사나 선물회사 직원에게 금융투자상품 관리를 맡기지 않았고, 금융투자회사 직원이 매매주문을 받지 않았음에도 고객 예탁자산으로 마음대로 매매한 경우<br>• 위반 시 민사상 손해배상책임이 발생하며, 해당 직원에 대한 처벌이 가능함 |
| 일임매매 | • 투자일임업자가 고객과 투자일임계약을 체결한 상태에서 당초의 일임계약 취지를 위반하여 수수료 수입 목적 등 사유로 과도한 매매를 일삼은 경우 등 고객충실의무 위반이 인정될 수 있는 경우<br>• 위반 시 민사상 손해배상책임 발생 가능 |
| 부당권유 | • 금융투자회사나 겸영금융투자회사 직원이 고객에게 투자권유를 하면서 설명의무를 충실히 이행하지 않아 투자자가 위험성을 잘못 인식하거나, 과대한 위험성이 있는 투자를 부당하게 권유한 경우<br>• 위반 시 민사상 손해배상책임 발생 가능 |
| 펀드 등<br>금융투자상품<br>불완전판매 | • 금융투자상품의 불완전판매도 부당권유의 한 유형으로 분류되며, 이러한 추세는 점차 증대되고 있음<br>• 적합성의 원칙, 적정성의 원칙, 설명의무, 손실보전약정 금지 등을 종합적으로 고려하여 민법상 불법 행위 여부를 판단 |

## 96

정답 ④

**출제영역** 투자권유 > 투자권유와 투자권유 사례분석 > 투자권유 주요 내용

판매과정을 녹취하고 금융소비자가 요청하는 경우 해당 녹취파일을 제공해야 할 의무가 있는 것이지 반드시 녹취파일을 의무적으로 제공해야 할 의무가 있는 것은 아니다.

**핵심개념** 고령투자자에 대한 금융투자상품 판매 시 보호기준

| 구 분 | 내 용 |
|---|---|
| 의 의 | 금융회사는 회사별로 적정한 수준의 '고령투자자 보호기준'을 의무적으로 만들어야 하며, 여기에는 해당 기준을 적용할 고령투자자의 대상, 금융상품의 범위 및 강화된 보호수단 등에 관한 사항이 포함됨 |
| 투자권유대행인<br>준수사항 | • 투자권유대행인은 만 65세 이상의 고령투자자에게 금융투자상품을 판매하려는 경우 앞서 설명한 일반적인 적합성 판단기준에 더하여 회사별로 설정한 '고령투자자 보호기준'을 준수하여야 함<br>• 판매과정을 녹취하고 금융소비자가 요청하는 경우 해당 녹취파일을 제공해야 할 의무가 있고, 판매과정에서 2영업일 이상의 숙려기간을 부여함으로써 고령투자자에 대한 보호를 강화해야 함 |
| 고령투자자<br>보호에 관한<br>일반적인 기준 | 금융회사는 고령투자자에 대한 보호를 강화하기 위해 영업점의 전담창구 마련, 본사 전담부서 및 전담인력의 지정, "투자권유 유의상품"의 지정 및 투자권유 시 사전확인, 상품의 개발·판매 시 고령투자자 판매 위험 분석, 녹취제도 및 숙려제도 등을 마련해야 함 |

| | |
|---|---|
| 고령투자자 보호 관련 내부통제 강화 | • 금융회사는 고령투자자에 대한 판매절차를 내규로 마련하고, 임직원 등을 대상으로 교육을 실시해야 하며, 내규 준수 여부 등에 대한 정기점검을 실시해야 함<br>• 가족 등 조력자의 연락처를 확인해야 함<br>• 고령투자자 대상 마케팅 활동에 대한 내부통제 강화 등의 조치로 고령투자자 대상 투자권유활동에 대한 내부통제활동을 실시해야 함 |

## 97　　　　정답 ①

출제영역　투자권유 > 투자권유와 투자권유 사례분석 > 투자권유 주요 내용

투자권유를 받은 투자자가 이를 거부하는 취지의 의사표시를 한 후 1개월이 지난 후 다시 투자권유를 하는 행위는 가능하다.

**핵심개념** 투자권유 시 유의사항

• 금융투자상품의 내용을 사실과 다르게 알리는 행위 금지
• 불확실한 사항에 대하여 단정적 판단을 제공하거나 확실하다고 오인하게 할 소지가 있는 내용을 알리는 행위 금지
• 투자자로부터 투자권유의 요청을 받지 아니 하고 방문·전화 등 실시간 대화의 방법을 이용하는 행위 금지. 다만, 증권과 장내파생상품에 대하여 투자권유를 하는 경우는 제외함
• 투자권유를 받은 투자자가 이를 거부하는 취지의 의사를 표시하였음에도 불구하고 투자권유를 계속하는 행위 금지. 다만, 다음의 행위는 제외함
  − 거부하는 의사표시를 한 후 1개월이 지난 후에 다시 투자권유를 하는 행위
  − 다른 종류의 금융투자상품에 대하여 투자권유를 하는 행위
• 투자자로부터 금전의 대여나 그 중개·주선 또는 대리를 요청받지 아니 하고 이를 조건으로 투자권유를 하는 행위 금지
• 관계법령 및 회사가 정한 절차에 따르지 아니 하고 금전·물품·편익 등의 재산상 이익을 제공하거나 제공받는 행위 금지
  − 투자권유대행인은 투자자성향 및 금융투자상품의 특성을 고려하여 장기투자가 유리하다고 판단되는 경우, 해당 금융투자상품에 대한 장기투자를 권유할 수 있음
  − 투자자의 투자자산이 특정 종목의 금융투자상품에만 편중되지 않도록 분산하여 투자할 것을 권유할 수 있음
  − 일반투자자에게 계열회사 또는 계열회사에 준하는 관계에 있는 집합투자업자가 운용하는 펀드를 투자권유하는 경우에는 그 사실을 고지해야 함

## 98　　　　정답 ③

출제영역　투자권유 > 투자권유와 투자권유 사례분석 > 개인 재무설계 및 재무설계 전문가의 필요성

물가가 상승하면 실질구매력을 잃게 된다. 즉 물가가 지속적으로 상승하여 화폐가치가 하락하는 인플레이션 시기에는 구매 시 더 많은 돈을 지불해야 하므로 재무자원의 손실 또는 필요증대에 대한 대비가 필요하다.

**핵심개념** 개인재무설계 및 재무설계 전문가의 필요성

| 구 분 | 내 용 |
|---|---|
| 우리가 바라는 생활양식의 달성 | 가계의 재무상황을 통제하여 현재와 미래의 소득, 자산, 재무지원 증대 |
| 생애 소비만족의 극대화 | 전 생애주기에 걸친 소득 이전을 고안하는 재무관리는 생애 소비만족을 극대화시키는 데 필요한 방안 |
| 미래의 불확실성에 대한 대비 | 실질구매력 하락 및 재무자원의 손실 또는 필요증대에 대한 대비 등 미래의 불확실성에 대한 대비 |
| 사회경제적 환경의 변화 | 금융자산의 증대, 금융자유화에 따른 금융상품의 다양화, 평균수명 연장과 고령사회로의 진입 등 사회경제적 환경변화 대응 |

## 99　　　　정답 ④

출제영역　투자권유 > 투자권유와 투자권유 사례분석 > 재무상태평가표 작성 및 분석의 실제

저축성향지표는 성장성지표이다.

**핵심개념** 재무상태 분석 및 평가

| 구 분 | | 내 용 |
|---|---|---|
| 안전성 지표 | 가계수지지표 | ※ [공식] 월평균생활비 / 월평균가계소득<br>• 월평균소비성향을 나타냄 |
| | 비상자금지표 | ※ [공식] 금융자산 / 월평균생활비<br>• 보유하고 있는 금융자산으로 몇 개월 정도의 생활비를 감당할 수 있는지를 평가함<br>• 이 수치가 높을수록 비상사태(실직 등)에 대한 적응력이 높음 |
| | 위험대비지표 | ※ [공식] 월평균보험료 / 월평균가계소득<br>• 보험료를 통하여 위험대비 정도를 가늠해 보는 지표<br>• 이 값이 클수록 위험대비는 잘 되어 있다고 평가(지나치게 높거나 낮지도 않은 적정수준을 유지하는 것이 바람직) |
| | 부채부담지표 | ※ [공식] 월평균부채상환액 / 월평균가계소득<br>• 현금흐름 관점에서 측정한 부채부담지표로서, 부채로 인해 발생할 수 있는 소비지출에 대한 영향력도 평가 가능(이 수치는 낮을수록 바람직)<br>※ [공식] 총부채 / 금융자산(또는 총자산)<br>• 저량적인 측면에서 파악할 수 있는 부채부담지표로서, 단·장기 부채상환능력을 평가 |

| | | |
|---|---|---|
| 성장성<br>지표 | 저축성향지표 | ※ [공식] 연간총저축액 / 연간가처분<br>소득<br>• 유량적 관점에서 가계의 저축성향<br>을 알아보며, 장기적 자본의 성장<br>성을 평가하는 데 이용됨 |
| | 투자성향지표 | ※ [공식] 투자자산(또는 실물자산) /<br>총자산<br>• 자산을 운영하면서 위험은 있지만<br>수익성이 높은 투자자산으로 포트<br>폴리오를 구성하는 정도를 측정함<br>으로써 가계경제의 성장성을 평가<br>할 수 있는 지표<br>• 이 수치가 높을수록 수익성과 위험<br>이 모두 높아지므로 지나치게 높은<br>비중은 바람직하지 않음 |
| | 유동성지표 | ※ [공식] 금융자산 / 총자산<br>• 유동성은 긴급상황에 대비하거나<br>자산소득에 의존하는 노년생활의<br>경우에도 중요하지만, 자산 증대를<br>극대화하기 위한 대기자금의 역할<br>도 하여 수익성을 높이는 데 기여함 |

## 100

출제영역  투자권유 > 투자권유와 투자권유 사례분석 > 노인가계의 재무
설계

안정성을 가장 먼저 고려해야 하며, 수익성을 위한 투자가 필요할
때라도 반드시 일정금액은 안전한 곳에 분산투자하는 원칙을 지켜
야 한다.

**핵심개념** 퇴직 후 자산관리 운용지침
• 명확한 목표의식으로 자산을 배분한다.
• 안전성을 가장 먼저 고려한다.
• 유동성을 높인다.
• 월 이자지급식 상품을 이용한다.
• 보험을 활용한다.
• 부채를 최소화한다.
• 절세상품을 활용한다.
• 상속계획을 미리 세우고 실행한다.

# 제1회 정답 및 해설

| 01 | 02 | 03 | 04 | 05 | 06 | 07 | 08 | 09 | 10 |
|----|----|----|----|----|----|----|----|----|----|
| ④ | ② | ④ | ② | ③ | ④ | ② | ② | ④ | ④ |
| 11 | 12 | 13 | 14 | 15 | 16 | 17 | 18 | 19 | 20 |
| ④ | ① | ② | ④ | ③ | ① | ① | ③ | ② | ③ |
| 21 | 22 | 23 | 24 | 25 | 26 | 27 | 28 | 29 | 30 |
| ② | ④ | ② | ① | ② | ② | ④ | ④ | ② | ② |
| 31 | 32 | 33 | 34 | 35 | 36 | 37 | 38 | 39 | 40 |
| ③ | ① | ③ | ④ | ④ | ② | ② | ② | ② | ③ |
| 41 | 42 | 43 | 44 | 45 | 46 | 47 | 48 | 49 | 50 |
| ③ | ② | ② | ④ | ② | ② | ④ | ④ | ① | ④ |
| 51 | 52 | 53 | 54 | 55 | 56 | 57 | 58 | 59 | 60 |
| ① | ③ | ③ | ④ | ④ | ② | ② | ③ | ③ | ② |
| 61 | 62 | 63 | 64 | 65 | 66 | 67 | 68 | 69 | 70 |
| ④ | ④ | ④ | ④ | ④ | ④ | ① | ① | ① | ④ |
| 71 | 72 | 73 | 74 | 75 | 76 | 77 | 78 | 79 | 80 |
| ② | ② | ② | ① | ③ | ② | ④ | ③ | ④ | ④ |
| 81 | 82 | 83 | 84 | 85 | 86 | 87 | 88 | 89 | 90 |
| ① | ① | ④ | ① | ④ | ② | ④ | ① | ① | ③ |
| 91 | 92 | 93 | 94 | 95 | 96 | 97 | 98 | 99 | 100 |
| ④ | ② | ④ | ② | ③ | ③ | ② | ③ | ④ | ② |

## 금융투자상품 및 증권시장(30문항)

### 01
정답 ④

**출제영역** 금융투자상품 및 증권시장 > 금융투자상품 > 은행·비은행

우체국보험은 보험회사에 속한다.

**핵심개념** 우리나라의 금융회사 분류

| 구 분 | 내 용 |
|-------|-------|
| 은 행 | • 일반은행 : 시중은행, 지방은행, 외은지점<br>• 특수은행 : 산업은행, 수출입은행, 중소기업은행, 농협중앙회, 수협중앙회 |
| 비은행예금<br>취급기관 | • 상호저축은행<br>• 신용협동기구 : 신용협동조합, 새마을금고, 상호금융<br>• 우체국예금 |
| 금융투자업자 | • 투자매매중개업자 : 증권회사, 선물회사<br>• 집합투자업자 : 자산운용회사, 투자자문사<br>• 신탁업자 : 은행, 증권, 보험, 부동산신탁회사<br>• 종합금융회사 |

| 보험회사 | • 생명보험회사<br>• 손해보험회사 : 재보험회사, 보증보험회사<br>• 우체국보험 |
|---------|--------|

### 02
정답 ②

**출제영역** 금융투자상품 및 증권시장 > 금융투자상품 > 금융투자회사

수탁회사는 신탁회사이며, 신탁재산을 보관·관리하는 업무를 담당한다.

**핵심개념** 집합투자기구 관련 회사

| 구 분 | 내 용 |
|-------|-------|
| 위탁회사 | 투자신탁재산의 운용(집합투자업자) |
| 수탁회사 | 신탁재산의 보관 |
| 판매회사 | 수익증권의 판매 |
| 일반사무관리회사 | 투자회사의 위탁을 받아 집합투자기구의 일반사무 관리 업무를 담당 |

### 03
정답 ④

**출제영역** 금융투자상품 및 증권시장 > 금융투자상품 > 금융투자회사

투자계약증권은 자산총액의 60% 이상을 투자계약증권에 투자하는 것으로, 투자계약증권에 60% 미만 투자할 경우 혼합주식형으로 분류한다.
혼합주식형은 자산총액 중 주식에 투자할 수 있는 최고 편입한도가 50% 이상인 것, 혼합채권형은 자산총액 중 주식에 투자할 수 있는 최고 편입한도가 50% 이하인 것을 말한다.

**핵심개념** 투자대상에 따른 집합투자기구 유형

| 구 분 | 내 용 |
|-------|-------|
| 주식형 | 자산총액의 60% 이상 주식(지분증권)에 투자 |
| 채권형 | 자산총액의 60% 이상 채권에 투자 |
| 혼합주식형 | 주식에 투자할 수 있는 최고한도가 50% 이상 |
| 혼합채권형 | 주식에 투자할 수 있는 최고한도가 50% 이하 |
| 투자계약증권 | • 자산총액의 60% 이상 투자계약증권에 투자<br>• 투자계약증권에 60% 미만 투자 시 혼합주식형으로 분류 |
| 재간접형 | 자산총액의 40% 이상 집합투자증권에 투자 |
| 단기(MMF)형 | 유가증권의 운용비율 등에 제한이 없으며, 자산을 주로 단기성 자산(콜론, CP, CD 등)에 투자 |

| 부동산 | 50% 이상을 부동산(부동산개발법인에 대한 대출, 부동산과 관련된 증권)에 투자 |
|---|---|
| 특별자산 | 50% 이상을 특별자산(증권, 부동산 이외의 투자대상 자산)에 투자 |
| 혼합자산 | • 증권, 부동산, 특별자산, 집합투자기구 관련 규정의 제한을 받지 않는 집합투자기구<br>• 투자비율의 제한이 없음 |

## 04            정답 ②

출제영역   금융투자상품 및 증권시장 > 금융투자상품 > 보험회사

정기보험에 대한 설명이다.

핵심개념 **생명보험상품의 종류**

| 구 분 | 내 용 |
|---|---|
| 정기보험 | 사망 시 보험금이 지급되는 전형적인 보장성보험으로, 보험기간을 미리 정해놓고 피보험자가 보험기간 내 사망 시 사망보험금을 지급(예 보험기간이 60세라면 60세 이전에 피보험자가 사망 시 사망보험금 지급) |
| 종신보험 | 보험기간이 피보험자의 일생 동안에 걸쳐 있는 보험상품으로, 사망 시 사망보험금 지급 |
| 생존보험 | 피보험자가 보험기간 만기일까지 생존하는 경우에만 보험금이 지급 |
| 생사혼합보험 (양로보험) | 생존보험의 저축기능과 사망보험의 보장기능을 겸비한 절충형 보험(피보험자가 보험기간 중에 사망하면 사망보험금이, 생존 시에는 생존보험금이 각각 지급) |

## 05            정답 ③

출제영역   금융투자상품 및 증권시장 > 금융투자상품 > 투자성 금융상품

ELW는 권리 종류에 따라 콜ELW와 풋ELW로 나눌 수 있는데 콜ELW는 주로 기초자산의 가격 상승을 예상할 때 매수하며, 풋ELW는 주로 기초자산의 가격 하락을 예상할 때 매수한다.

핵심개념 **주식워런트증권(ELW)의 종류**

| 구 분 | 내 용 |
|---|---|
| Basket 워런트 | 특정 산업에 속하는 기업들의 주식을 대상으로 발생하는 워런트 |
| 지수 워런트 | 주가지수를 대상으로 발행하는 워런트 |
| Exotic 워런트 | • Barrier 워런트 : 일반적인 워런트의 발행조건에 특정한 가격대를 설정하여 주가가 설정한 가격대에 도달하면, 워런트가 즉시 행사된 후 만료됨<br>• Corridor 워런트 : 특정한 가격대를 상하로 설정한 후에 주가가 그 범위 내에서 움직일 경우에만 미리 정한 금액을 지급 |
| Installment 워런트 | 할부(Installment) 형태의 상품으로서 워런트 만기까지 기초자산가격을 일정하게 구매할 수 있는 권리가 있으며, 만기 이전에 배당금을 수취할 수 있는 상품 |

## 06            정답 ④

출제영역   금융투자상품 및 증권시장 > 금융투자상품 > 투자성 금융상품

Reverse Convertible형은 미리 정한 하락폭 이하로 주가가 하락하지만 않으면 사전에 약정된 수익률을 지급하며, 동 수준 이하로 하락하면 원금에 손실이 발생하는 구조이다.

## 07            정답 ②

출제영역   금융투자상품 및 증권시장 > 금융투자상품 > 투자성 금융상품

KDR(Korean Depositary Receipts)은 외국법인이 국내에서 외국에 보관된 원주를 근거로 발행하는 것을 말하며, 해외DR(Depositary Receipts)은 기업이 자국 주식예탁기관에 주식을 맡겨두는 대신 해외 증시에 상장해서 유통하는 증권이다.

핵심개념 **발행시장에 따른 증권예탁증권(DR)의 종류**

| 구 분 | 내 용 |
|---|---|
| GDR(Global DR) | 전 세계 증시에서 거래 가능 |
| ADR(American DR) | 뉴욕 증시에서 거래 가능 |
| EDR(European DR) | 유럽 증시에서 거래 가능 |

## 08            정답 ②

출제영역   금융투자상품 및 증권시장 > 금융투자상품 > 투자성 금융상품

랩어카운트는 자산운용방식, 투자대상, 일임의 정도 등에 따라 다양한 종류가 존재하며, 일반적으로 일임형 랩어카운트, 자문형 랩어카운트, 펀드형 랩어카운트 등으로 구분된다.

핵심개념 **랩어카운트의 종류**

| 구 분 | 내 용 |
|---|---|
| 일임형 랩어카운트 | 자산포트폴리오 구성에서 운용까지 증권사가 대행 |
| 자문형 랩어카운트 | 증권사가 아닌 외부 자문사가 종목과 매매 타이밍을 결정 |
| 펀드형 랩어카운트 | 고객 성향 등을 파악하여 고객에게 가장 적합한 펀드로 포트폴리오를 구성하는 투자전략 제시 |

## 09

정답 ④

**출제영역** 금융투자상품 및 증권시장 > 금융투자상품 > 기타 금융상품

신탁형 ISA는 금융회사가 가입자의 지시가 없으면 가입자의 계좌에 편입된 상품을 다른 상품으로 교체할 수 없다. 따라서 편입시킬 금융상품을 직접 고르고 원하는 투자자에게 적합하다.

**핵심개념** 개인종합자산관리계좌(Individual Savings Account : ISA)

### 1. ISA 특징

| 구 분 | 내 용 |
|---|---|
| 특 징 | • 한 계좌에서 다양한 금융상품을 담아 운용<br>• 일정기간 후 이익과 손실을 통산한 후 순이익을 기준으로 세제혜택<br>• 기존 소장펀드나 재형저축보다 가입자격이 낮음 |

### 2. ISA 계좌 유형

| 구 분 | 중개형 ISA | 신탁형 ISA | 일임형 ISA |
|---|---|---|---|
| 투자가능상품 | 국내상장주식,<br>펀드, ETF, 리츠,<br>상장형수익증권,<br>파생결합증권,<br>사채, ETN, RP | 펀드, ETF, 리츠,<br>상장형수익증권,<br>파생결합증권,<br>사채, ETN, RP,<br>예금 | 펀드, ETF |
| 투자방법 | 투자자가 직접 상품 선택 | | 투자전문가에게<br>포트폴리오<br>일임운용 |
| 보수 및<br>수수료 | 투자상품별 | 신탁보수 | 일임수수료 |

### 3. ISA 계좌 종류

| 구 분 | 일반형 | 서민형 | 농어민형 |
|---|---|---|---|
| 가입요건 | 만 19세 이상<br>또는 직전 연도<br>근로소득이 있는<br>만 15세~19세<br>미만의 대한민국<br>거주자 | 총급여<br>5,000만원 또는<br>종합소득<br>3,800만원 이하<br>거주자 | 종합소득<br>3,800만원<br>이하 농어민 |
| | 직전연도 3개년 중 1회 이상 금융소득종합과세 대상이<br>아닌 자 | | |
| 비과세 한도 | 200만원 | 400만원 | 400만원 |
| 비과세 한도<br>초과분 | 분리과세(세율 9.9%) | | |
| 의무가입기간 | 3년 | | |
| 중도인출 | 납입금 한도 내에서 횟수 제한 없이 중도인출 가능 | | |
| 납입한도 | 연간 2천만원, 최대 1억원(납입한도 이월 가능)<br>단, 기존 소득공제장기펀드, 재형저축의 가입금액 차감 | | |

## 10

정답 ④

**출제영역** 금융투자상품 및 증권시장 > 금융투자상품 > 예금보험제도

우체국은 국가가 우체국예금 및 우체국보험금 전액에 대해 지급을 보장한다. 따라서 「예금자보호법」에 의한 보호대상기관이 아니다.

**핵심개념** 「예금자보호법」이 적용되지 않는 기관의 예금자보호

| 구 분 | 내 용 |
|---|---|
| 상호금융 | 별도의 기금을 적립하여 고객의 예금을 1인당 5,000만원까지 보호 |
| 새마을금고 | 별도의 기금을 적립하여 원리금 합산 최고 5,000만원까지 지급을 보장 |
| 우체국 | 국가가 우체국예금 및 우체국보험금 전액에 대해 지급을 보장 |
| 신용협동조합 | 예금, 적금에 대해 신용협동조합중앙회 내부의 신용협동조합 예금자보호기금에 의해 최고 5,000만원까지 보호(단, 1인당 1,000만원 한도로 비과세 혜택이 주어지는 출자금은 보호대상에서 제외) |

## 11

정답 ④

**출제영역** 금융투자상품 및 증권시장 > 유가증권시장 및 코스닥시장 > 증권시장의 구조

유통시장은 2차적 시장 즉, 거래소 시장을 의미하며 발행시장은 1차적 시장으로 신규증권 시장 및 자금조달 시장을 의미한다.

## 12

정답 ①

**출제영역** 금융투자상품 및 증권시장 > 유가증권시장 및 코스닥시장 > 기업공개 절차와 실무

② 증권신고서는 금융위원회가 이를 수리한 날부터 영업일 기준 15일이 경과하면 그 효력이 발생한다.

③ 모집・매출가액 및 이와 관련한 사항의 변경으로 인해 정정신고서를 제출한 경우 정정신고서가 수리된 날로부터 3일이 경과하면 효력이 발생한다.

④ 증권을 공모하고자 하는 기업은 증권신고서가 수리된 후 그 효력이 발생되기 전에 예비투자설명서를 작성하여 당해 증권의 청약을 권유하는 데 사용할 수 있다.

## 13

**출제영역** 금융투자상품 및 증권시장 > 유가증권시장 및 코스닥시장 > 상장의 종류

재상장은 신규상장요건보다는 완화된 요건을 적용한다. 재상장을 신청할 수 있는 시기는 상장폐지된 법인의 경우 상장이 폐지된 날로부터 5년 이내, 분할·분할합병에 의해 설립된 법인은 분할·분할합병을 위한 이사회 결의 후 지체 없이 해야 한다.

**핵심개념** 상장의 종류

| 구 분 | 내 용 |
|---|---|
| 신규상장 | • 주권의 발행인이 상장되어 있지 않은 주권을 처음 증권시장에 상장하는 것<br>• 거래소에 상장예비심사 결과 적격통보를 받은 법인은 모집이나 매출(공모)을 통해 자금 조달 후 상장 |
| 추가상장 | 기상장된 주권의 발행인이 증자, 기업합병, 전환사채권 등의 권리행사, 주식배당 등의 사유로 새로이 주권을 발행하여 상장하는 것 |
| 변경상장 | 당해 주권종목, 액면금액, 주식수량(자본감소, 병합 등의 사유로 주식수 감소) 등이 변경된 경우 해당 종목명 등을 변경하는 것 |
| 재상장 | • 신규상장요건보다는 완화된 요건을 적용<br>• 재상장 신청 시기<br>　– 상장폐지된 법인 : 상장이 폐지된 날로부터 5년 이내<br>　– 분할·분할합병에 의해 설립된 법인 : 분할·분할합병을 위한 이사회 결의 후 지체 없이 진행<br>• 일반 재상장 : 유가증권시장에서 상장이 폐지된 보통주권의 발행인이 상장폐지일부터 5년 이내에 해당 보통주권을 다시 상장하는 것<br>• 분할 재상장 : 보통주권 상장법인의 분할 및 분할합병에 따라 설립된 법인의 보통주권을 상장하는 것<br>• 합병 재상장 : 보통주권 상장법인 간의 합병에 따라 설립된 법인의 보통주권을 상장하는 것 |
| 우회상장 | 주권상장법인이 주권비상장법인과 합병하거나 포괄적 주식교환 등의 사유로 신규상장 심사 절차를 거치지 않고 바로 증권시장에 진입하는 것 |

## 14

**출제영역** 금융투자상품 및 증권시장 > 유가증권시장 및 코스닥시장 > 상장폐지

최근년 매출액 50억원 미만이면 관리종목 지정 대상이지만 최근 2년 연속 매출액 50억원 미만은 상장폐지기준인 퇴출요건에 해당한다.
①, ②, ③은 관리종목 지정 대상이다.

## 15

**출제영역** 금융투자상품 및 증권시장 > 유가증권시장 및 코스닥시장 > 기업내용 공시제도의 개요

유통시장 공시는 증권시장에 공급된 증권이 투자자 간에 이루어지는 거래와 관련해서 기업 경영내용을 알리도록 하는 공시로서 정기공시, 수시공시, 주요사항보고서, 기타공시가 있다. 발행시장 공시는 증권을 모집·매출하는 경우에 신고·공시하는 증권신고서, 투자설명서, 증권발행실적보고서 등의 공시가 있다.

**핵심개념** 공시체계 분류도

| 구 분 | | 내 용 |
|---|---|---|
| 발행시장 공시 | | 증권신고서, 투자설명서, 증권발행실적보고서 등 |
| 유통시장 공시 | 정기공시 | 사업보고서, 반기보고서, 분기보고서 |
| | 주요사항 보고서 | 부도 발생, 증자/감자 결정, 영업양수도, 협병/분할, 주식의 포괄적 교환·이전, 회생절차개시 등 |
| | 기타공시 | 자기주식취득/처분결과보고서, 주식매수선택권부여에 관한 신고, 시장조성·안정조작신고서 |
| | 지분공시 | 주식 등의 대량보유 상황 보고, 임원·주요 주주 특정 증권 등 소유상황보고서 등 |
| | 수시공시 | 주요 경영사항의 신고공시, 지주회사의 자회사에 대한 공시, 자율공시, 조회공시 |
| | 공정공시 | 공정공시 |

## 16

**출제영역** 금융투자상품 및 증권시장 > 유가증권시장 및 코스닥시장 > 시장운영

가격 급등락을 완화하기 위해 기준가격 대비 ±30%로 제한한다.

**핵심개념** 가격제한폭

| 구 분 | 내 용 |
|---|---|
| 의 의 | 상장증권의 가격이 하루에 변동할 수 있는 등락 폭을 상하 일정범위로 제한하는 장치로, 가격의 급등락을 완화하기 위한 제도 |
| 가격제한폭 | • ±30%(유가증권시장, 코스닥시장)<br>• 주가의 당일 변동 가능 범위 : 기준가격 대비 ±30% 범위 내에서 가장 가까운 호가가격 단위에 해당하는 가격(예 기준가격이 9,990원인 종목의 상한가는 12,950원으로 기준가격 대비 29.6%) |
| 예 외 | • 가격변동의 폭이 큰 정리매매종목, 주식워런트증권(ELW), 신주인수권증서, 신주인수권증권(BW워런트)는 균형가격의 신속한 발견을 위해 가격제한폭 없음<br>• 기초자산가격 변화의 일정배율로 연동하는 레버리지 ETF는 그 배율만큼 가격제한폭을 확대 적용(예 2배 레버리지의 경우 가격제한폭은 ±60%) |

## 17

출제영역 금융투자상품 및 증권시장 > 유가증권시장 및 코스닥시장 > 매매거래의 중단

주가지수가 전일종가대비 각각 8%, 15%, 20% 이상 하락하여 1분간 지속되면 Circuit Breakers가 발동된다.

핵심개념 주식시장의 매매거래중단(Circuit Breakers)

| 구 분 | 내 용 |
|---|---|
| 의 의 | 시장 상황이 급격히 악화되는 경우 투자자들에게 냉정한 투자판단의 시간을 제공하기 위해 시장에서의 모든 매매거래를 일시적으로 중단하는 제도 |
| 특 징 | 주가 급락 시에만 발동하고 급등 시에는 발동하지 않음 |
| 발동요건 | • 주가지수가 전일종가지수와 대비하여 8%, 15%, 20% 이상 하락하며 1분간 지속되는 경우<br>• 단, 동일 발동조건으로는 1일 1회에 한하여 발동하며, 장 종료 40분 전(14:50) 이후에는 발동하지 않음 |
| 발동효과 | • 주가지수가 8%, 15% 하락하여 CB가 발동되면 증권시장의 모든 종목 및 주식 관련 선물·옵션 시장의 매매거래를 20분간 중단<br>• 20% 이상 하락하여 발동된 경우에는 당일 장을 종료 |
| 발동해제<br>(매매거래재개) | • 매매거래중단 후 20분이 경과된 때 매매거래 재개<br>• 재개시 최초 가격은 재개시점부터 10분간 호가를 접수하여 단일가매매 방법에 의해 결정<br>• 그 후에는 접속매매 방법으로 매매를 체결 |

## 18

출제영역 금융투자상품 및 증권시장 > 유가증권시장 및 코스닥시장 > 안정적 주가형성을 위한 시장관리제도

① 매수·매도 구분 없이 1일 1회에 한해 발동된다.
② 상승의 경우 프로그램 매수호가, 하락의 경우 프로그램 매도호가의 효력을 5분 동안 정지한다.
④ 장 종료 40분 전이면 사이드카가 해제된다.

핵심개념 프로그램매매호가 효력의 일시정지 제도(Sidecar)

| 구 분 | 내 용 |
|---|---|
| 의 의 | 파생상품시장에서 선물가격이 급등락할 경우 프로그램매매가 주식시장(현물시장)에 미치는 충격을 완화하기 위해, 주식시장 프로그램매매호가의 효력을 일시적으로 정지시키는 제도 |
| 발동기준 | • 유가증권시장 : 코스피200지수선물 가격이 기준가격 대비 5% 이상 상승 또는 하락하여 1분간 지속되는 경우<br>• 코스닥시장 : 코스닥150지수선물 가격이 기준가격 대비 6% 이상 상승 또는 하락하고 코스닥150지수가 기준가격 대비 3% 이상 상승 또는 하락하여 1분간 지속되는 경우 |
| | • 매수·매도 구분 없이 1일 1회 한해 발동, 장 개시 후 5분이 경과한 시점부터 발동 기준을 계산하므로 실제로는 장 개시 후 6분 후부터 발동 |
| 발동효력 | 상승의 경우 프로그램 매수호가, 하락의 경우 프로그램 매도호가의 효력을 5분간 정지 |
| 해제기준 | • 프로그램매매호가의 효력정지 시점부터 5분이 경과한 경우<br>• 장종료 40분 전인 경우<br>• 프로그램매매호가의 효력정지 시간 중 주식시장 매매거래 중단(Circuit Breakers) 또는 임시정지된 경우에는 매매거래가 재개된 경우 |

## 19

출제영역 금융투자상품 및 증권시장 > 유가증권시장 및 코스닥시장 > 공정한 주가형성을 위한 시장관리제도

고평가된 증권의 매도를 통한 차익을 얻기 위해 공매도를 활용한다.

핵심개념 공매도

| 구 분 | 내 용 |
|---|---|
| 의 의 | • 「자본시장법」에서는 소유하지 않은 증권을 매도하는 것으로 정의<br>• 투자자는 자신이 보유한 증권의 가격 하락 시 손실을 회피하거나, 고평가된 증권을 매도하여 차익을 얻기 위해 활용 |
| 예 외 | ※ 「자본시장법」상 공매도로 보지 않는 경우<br>• 매수계약 체결 후 결제일 전에 해당 증권을 다시 매도하는 경우<br>• 주식 관련 채권(전환사채 등)의 권리행사, 유·무상 증자, 주식배당 등으로 취득한 주식이 결제일까지 상장되어 결제가 가능한 경우 그 주식의 매도<br>• 기타 다른 보관기관에 보관하고 있는 증권을 매도하거나 DR에 대한 예탁계약의 해지로 취득할 주식 및 ETF 환매청구에 따라 교부받을 주식 등의 매도로서 결제일까지 결제가 가능한 경우 등 |

정답 및 해설

## 20
정답 ③

출제영역 금융투자상품 및 증권시장 > 유가증권시장 및 코스닥시장 > 결제리스크 관리제도

거래증거금은 현금, 외화 및 대용증권으로 납부할 수 있다.

**핵심개념** 증권시장의 거래증거금

| 구 분 | 내 용 |
|---|---|
| 부과대상 종목 | • 상장주식과 증권상품(ETF, ETN, ELW)으로 한정<br>• 거래 당일 결제하는 일반채권과 REPO, 다음날 결제하는 국채는 증거금 부과대상에서 제외 |
| 산출방법 | 증권사의 자기계좌와 위탁계좌 그룹별로 순위험증거금액과 변동증거금을 산출하여 합산 |
| 통지 및 납입시한 | • 거래소는 매 거래일 20시까지 증권사에게 통지, 증권사는 다음 매매거래일 15시까지 납부<br>• 현금, 외화, 대용증권으로 납부 |
| 증거금 납부 불이행 처리 | 증권사가 거래증거금 납부를 불이행하거나, 불이행할 우려가 있으면 결제불이행한 것과 동일하게 처리 |
| 위탁증거금 사용 제한 | 투자자의 위탁증거금을 보호하기 위해 거래증거금(위탁계좌분)을 회원의 재산으로 납부하도록 하며, 이를 담보하기 위해 위탁증거금의 거래증거금 사용 제한 |

## 21
정답 ②

출제영역 금융투자상품 및 증권시장 > 채권시장 > 채권의 기본적 구조와 분류

ㄱ 채권은 기업의 수익성 여부에 따라 배당의 크기가 달라지는 주식과는 달리 채권은 발행 시 약속된 대로 확정이자율 또는 여타 이자율 결정주기에 의해 이자가 확정적으로 지급되는 채무증서이다.
ㄹ 국고채와 같은 주요 국채를 이표채로 발행한 경우 이자지급단위기간은 6개월이다.

## 22
정답 ④

출제영역 금융투자상품 및 증권시장 > 채권시장 > 채권의 기본적 구조와 분류

수의상환채권은 만기상환일 이전이라도 발행자가 원금을 임의로 상환할 수 있는 채권을 말한다. 수의상환청구채권은 채권보유자가 발행자에게 원금의 상환을 요구할 수 있는 채권을 말한다.

## 23
정답 ②

출제영역 금융투자상품 및 증권시장 > 채권시장 > 채권가격 결정과정

채권수익률 변동으로 인한 채권가격 변동은 만기가 길수록 커지나, 그 증감률은 체감한다. 이는 증감률이 만기에 정확히 비례하는 것이 아니라 체감적으로 반응하기 때문이다.

**핵심개념** 채권가격과 수익률의 관계(말킬의 채권가격 정리)
• 채권가격과 채권수익률은 역의 관계
• 채권만기가 길수록 채권수익률 변동에 대한 채권가격 변동폭은 커짐
• 채권수익률 변동으로 인한 채권가격 변동은 만기가 길수록 커지나, 그 증감률은 체감
• 만기가 일정할 때 채권수익률 하락으로 인한 가격 상승폭은 같은 폭의 채권수익률 상승으로 인한 가격 하락폭보다 큼
• 표면이자율이 낮은 채권이 높은 채권보다 일정한 수익률 변동에 따라 가격 변동폭이 큼

## 24
정답 ①

출제영역 금융투자상품 및 증권시장 > 채권시장 > 적극적 투자전략

ㄱ, ㄴ은 적극적 투자전략, ㄷ, ㄹ은 소극적 투자전략에 해당한다.

**핵심개념** 채권투자전략

| 구 분 | | 내 용 |
|---|---|---|
| 적극적 투자전략 | 의 의 | 시장의 비효율성을 전제로 시장이자율을 예측하고, 초과수익을 얻고자 하는 전략 |
| | 시장수익률 예측전략 | – |
| | 채권교체전략 | • 동종 채권 간 교체전략(시장불균형 이용)<br>• 이종 채권 간 교체전략(스프레드 이용) |
| | 수익률곡선의 형태를 이용한 전략 | • 수익률곡선타기전략<br>• 나비형(바벨형) 투자전략<br>• 역나비형(불릿형) 투자전략 |
| 소극적 투자전략 | | ※ 의의 : 시장의 효율성을 전제로 수익률 변동위험을 최소화하는 전략<br>• 만기보유전략<br>• 인덱스전략<br>• 현금흐름일치전략<br>• 면역전략<br>• 사다리형 만기운용전략<br>• 바벨(아령)형 만기운용전략 |

## 25
정답 ②

출제영역 금융투자상품 및 증권시장 > 채권시장 > 자산유동화증권

복잡한 금융구조가 필요하므로 법률 회계 자문비용이 발생한다. 또한 조달 주체는 실행 및 유지관리를 위한 비용 부담이 상대적으로 크다. 따라서 ABS의 신용도가 자산보유자의 신용도보다 높지 않을 경우 조달비용이 오히려 높아질 가능성이 크며, 고정 부대비용이 높아 소규모의 ABS 발행이 어렵고 대규모 자금조달에 더 유리하다.

## 26

정답 ②

출제영역 금융투자상품 및 증권시장 > 채권시장 > 전환사채

패리티는 전환대상 주식의 시가 대비 전환가격을 백분율로 나타낸 것으로 전환사채를 전환할 경우 전환차익이 발생하는가를 판단하는 지표이다. 예를 들어 (액면) 전환가격이 10,000원인데 주가가 11,000원이라면 패리티는 110이 된다. 이는 전환에 의한 수익률이 10%임을 의미한다.

- 패리티(Parity) = 주식의 시장가격 / 전환가격 × 100(%)
- 120 = 6,000 / 전환가격 × 100(%)

따라서 전환가격은 = 6,000원 / 120 × 100 = 5,000원이다.

핵심개념 전환사채

| 구 분 | 내 용 |
|---|---|
| 전환가격과<br>전환주수 | ※ [공식] 전환주수 = 액면금액 / 전환가격<br>• 전환가격은 전환사채를 주식으로 전환할 때 전환대상 주식 1주당 지불해야 할 가격 |
| 전환가치 | ※ [공식] 전환가치 = 패리티가치<br> = 주식의 시장가격 × 전환주수<br>• 전환가치(패리티가치)는 전환된 주식들의 시장가치를 나타내며, 일반적으로 전환주식의 시가를 전환주수로 곱한 것 |
| 전환 프리미엄 | ※ [공식] 전환 프리미엄<br> = 시장 전환 프리미엄 = 괴리<br> = 전환사채의 시장가격 − 전환가치<br>• 괴리로 불리는 전환 프리미엄은 전환사채의 시장가격과 전환가치와의 차이를 나타냄 |
| 패리티 | ※ [공식] 패리티 = 주식의 시장가격 / 전환가격 × 100(%)<br>• 전환대상 주식의 시가 대비 전환가격을 백분율로 나타낸 것으로 전환사채를 전환할 경우에 전환차익이 발생하는가를 판단하는 지표 |

## 27

정답 ④

출제영역 금융투자상품 및 증권시장 > 기타증권시장 > 코넥스시장의 개요

① 코넥스시장은 초기 중소 벤처기업의 자본시장 진입과 자본시장을 활용한 자금조달이 원활히 이루어질 수 있도록 유가증권시장 및 코스닥시장보다 진입요건을 완화하였다.
② 코넥스시장은 지정자문인이 기업의 상장적격성을 판단하고, 거래소에 의한 심사는 최소화하였다.
③ 특례상장으로 상장한 기업에 한하여 상장에 동의한 기관투자자들에 대해 6개월간 보호예수의무를 부과하고 있으며, 특례상장이 아닌 경우 보호예수의무를 부과하지 않고 있다.

핵심개념 코넥스시장의 상장제도 특징

| 구 분 | 내 용 |
|---|---|
| 완화요건 적용 | 중소기업 전용 신시장으로, 유가증권시장 및 코스닥시장보다 진입요건을 대폭 완화 |
| 지정기관투자자<br>제도의 도입 | 지정기관투자자(다수인 전원)에게 특례상장에 대한 동의를 얻어야 함 |
| 지정자문인의<br>상장적격성 판단 | • 증권에 대한 인수업 인가를 받은 모든 금융투자업자(거래소 회원)와 지정자문인 선임계약을 체결한 이후 신규 상장신청 가능<br>• 지정자문인이 기업의 상장적격성을 판단, 한국거래소 심사는 최소화<br>• 지정자문인이 상장적격성 판단을 상장신청 전에 완료 → 상장신청 이후 신규상장까지의 소요기간이 15일 내로 단축 |
| 회계기준 및<br>지배구조<br>준수의무 완화 | 유가증권시장 및 코스닥시장에 상장하고자 하는 기업이 의무적으로 적용해야 하는 증권선물위원회로부터 외부감사인 지정과 한국채택국제회계기준(K-IFRS) 적용이 면제 |
| 보호예수의무<br>완화 및<br>수수료 면제 | • 상장기업의 자유로운 M&A, 투자자금의 원활한 회수 등을 위해 보호예수의무 미부과<br>• 특례상장으로 상장한 기업은 상장에 동의한 기관투자자들에 대해 6개월간 보호예수의무 부과 |

## 28

정답 ④

출제영역 금융투자상품 및 증권시장 > 기타증권시장 > 코넥스시장의 상장제도

자본잠식은 코넥스시장 상장폐지 사유에 해당하지 않는다.

핵심개념 코넥스시장 상장폐지 요건

| 구 분 | 내 용 |
|---|---|
| 의 의 | • 재무상태 및 경영성과와 관련한 상장폐지 요건은 적용하지 않음<br>• 지정자문인 계약 여부를 퇴출요건에 추가 |
| 즉시상장폐지 | • 특례상장기업의 지정자문인 미선임<br>• 감사의견 부적정, 의견거절, 감사 범위 제한으로 인한 한정<br>• 사업보고서 미제출<br>• 2반기 연속 또는 3년 내 4회 이상 기업설명회 미개최<br>• 이전 상장(유가증권, 코스닥시장 상장)을 위한 상장폐지 신청<br>• 어음 또는 수표 부도, 은행 거래 정지<br>• 해산 사유(피흡수합병, 파산선고 등) 발생<br>• 지정자문인 선임계약해지 후 30영업일 이내 미체결<br>• 주식의 양도제한 |
| 위원회 심사 후<br>상장폐지 결정 | • 불성실공시(최근 1년간 누계벌점이 15점 이상)<br>• 회생절차개시신청<br>• 상장 관련 서류의 허위기재 또는 누락<br>• 횡령, 배임, 회계부정, 주된 영업정지 등 |

정답 및 해설

## 29

**출제영역** 금융투자상품 및 증권시장 > 기타증권시장 > K-OTC시장의 개요

비상장기업의 직접금융을 통해 자금조달을 지원한다.

**핵심개념** K-OTC시장의 특징

| 구 분 | 내 용 |
|---|---|
| 의 의 | • 한국금융투자협회가 「자본시장법」 및 시행령 등에 따라 증권시장에 상장되지 아니한 주권의 장외매매 거래를 위해 운영하는 장외시장<br>• 비상장주권의 매매거래를 위해 법령에 근거한 장외시장(투자자 간에 직접 매매하는 장외거래와는 구별) |
| 특 징 | • 비상장주식을 원활하고 투명하게 거래할 수 있는 공신력 있는 장으로, 비상장주식 거래의 효율성과 편의성 제공<br>• 비상장기업의 직접금융을 통한 자금조달 지원 및 발행 주식의 환금성 높임<br>• 비상장기업에 투자한 투자자가 투자자금을 회수하고 재투자를 위한 자금을 조성할 수 있는 수단 제공<br>• 유망기업이 발행한 주식을 거래소시장 상장 이전에 투자할 수 있는 새로운 투자기회 제공<br>• 불공정거래나 사기행위에서 투자자보호 |

## 30

**출제영역** 금융투자상품 및 증권시장 > 기타증권시장 > K-OTC시장 공시제도

매출의 경우, 신고서 제출의무자는 기존주주 등 매출하는 자가 아닌 증권발행인(등록·지정법인)이다.

**핵심개념** K-OTC시장 공시제도

| 구 분 | 내 용 |
|---|---|
| 발행시장 공시 | ※ **등록·지정법인 모두 해당**<br>불특정 다수의 투자자가 거래하는 K-OTC시장에서 주식 매도주문을 내는 행위는 증권의 매출에 해당, 등록·지정법인은 발행공시를 해야 함 |
| 유통시장 공시 | ※ **등록법인만 해당**<br>• K-OTC시장 등록법인은 주요 기업 내용을 공시하는 유통시장 공시를 해야 함<br>• 공시유형 : 정기공시, 수시공시, 조회공시<br>• 사업보고서 제출대상법인은 「자본시장법」에 따라 사업보고서 등을 금융위원회 제출하여 공시 |

## 증권투자(25문항)

## 31

**출제영역** 증권투자 > 증권분석의 이해 > 증권분석의 개요

기본적 분석에서 행하는 증권분석(Top-down) 3단계는 경제분석 → 산업분석 → 기업분석이다.

경제분석 → 산업분석 → 기업분석의 순으로 행하는 것을 Top-down 방식이라 하고, 이것을 기업가치 분석의 3단계 분석이라 한다. 반대로 분석의 과정에서 기업분석 → 산업분석 → 경제분석의 순으로 분석을 행하는 것을 Bottom-up 방식이라고 한다.

**핵심개념** 기본적 분석과 기술적 분석 예측방법

| 구 분 | 내 용 |
|---|---|
| 기본적 분석 | • 시장에서 형성되는 주식가격은 그 기업가치에 의해 결정<br>• 기업의 진정한 가치 즉, 내재가치 또는 본질가치를 찾아 이 가치가 시장에 반영될 것으로 기대<br>예 어느 기업의 내재가치가 10,000원인데, 현재 이 기업 주식의 시장가치가 9,000원이라면 시장가격은 기업의 내재가치를 반영하기 위해 10,000원으로 상승할 것으로 봄<br>• 기업가치에 영향을 미치는 경제변수, 산업변수, 기업 자체 변수의 분석 수행 |
| 기술적 분석 | • 주가는 시장에서의 수요와 공급에 의해 결정<br>• 수요와 공급은 시장에 참여하는 투자자들의 심리상태에 의해 결정<br>• 시장에서 나타나는 거래량 및 가격 변화 등을 분석한 후 향후 수요와 공급을 예측<br>• 주가의 움직임은 일정한 패턴이 있으므로 과거 주가의 움직임을 분석하여 미래 주가 변동의 추이는 예측 가능하다고 봄 |

## 32 정답 ①

명목이자율은 실질이자율과 기대인플레이션의 합으로 이루어지므로, 명목이자율 8% = 실질이자율 5% + 기대인플레이션(x) 일 때 기대인플레이션은 3%이다.

**핵심개념** 인플레이션

| 구 분 | 내 용 |
|---|---|
| 개 념 | • 물가가 지속적으로 상승 또는 화폐가치가 지속적으로 하락하는 현상<br>• 화폐의 구매력 감소 및 시중이자율 상승으로 가격을 하락시킴 |
| 명목수익률과<br>실질수익률 | • 명목수익률 : 인플레이션에 의한 화폐가치의 변동이 고려되지 않은 현금흐름으로부터 계산된 명목상의 투자수익률<br>• 실질수익률 : 화폐의 변동(구매력 감소)을 고려하여 계산된 수익률<br>• 명목이자율 : 실질이자율 + 기대인플레이션(피셔효과)<br>• 투자자들의 기대수익률 = 실질기대수익률 = 기대명목수익률 − 기대인플레이션 |
| 인플레이션과<br>주식가치평가 | • 인플레이션만큼 기업의 명목현금흐름이 증가하면 주식가격은 인플레이션의 영향을 받지 않음<br>• 실제인플레이션이 기대인플레이션보다 더 높은 경우 채권자는 손실, 채무자는 이득을 보게 됨 |

## 33 정답 ③

세율의 인하는 재정정책의 수단으로 볼 수 있다.

**핵심개념** 정부의 경제정책

| 구 분 | 내 용 |
|---|---|
| 재정정책 | • 정부의 재정정책(정부지출, 세제변화)은 경제의 수요 측면에 영향을 주며, 경기활성화를 촉진시키거나 과열된 경기를 진정시킴<br>• 경기침체 시 : 정부지출 확대, 세율 인하(조세의 감소) → 수요 진작, 경제활성화 촉진<br>• 경기과열 시 : 정부지출 축소, 세율 인상(조세의 증가) → 과열경기 진정<br>• 정부차입을 증가시키는 재정적자는 민간부문의 차입기회를 감소시켜 이자율 상승을 가져옴 |
| 금융정책 | • 시중통화량을 조절하여 이자율에 영향을 줌으로써 투자와 소비수요를 변경시키는 것이 목표<br>• 통화공급의 증가 : 시중이자율 하락 → 투자와 소비수요 증가 → 물가상승 유발 → 장기적으로 그 효과 상쇄<br>• 금융정책의 수단 : 국채의 매각 및 매입, 시중은행의 지불준비금 변경, 정책금리 변경 등 |

## 34 정답 ④

경쟁기업의 수가 많은 경우는 현존하는 경쟁기업 간의 경쟁강도가 높은 경우에 해당한다.

**핵심개념** 진입장벽이 높은 경우
• 규모의 경제가 잘 일어나는 경우
• 제품 차별화가 잘 이루어지는 경우
• 진출에 소요자본이 막대하게 필요한 경우
• 기존 판매망이 견고한 경우
• 기존 진출업체의 절대비용 우위가 큰 경우
• 정부의 규제가 많은 경우

## 35 정답 ②

재무제표의 종류로는 재무상태표, 손익계산서, 이익잉여금처분계산서, 현금흐름표가 있다.

**핵심개념** 재무제표

| 구 분 | 내 용 |
|---|---|
| 개 념 | • 기업의 영업실적이나 재무상태를 기업 외부관계자에게 전달하는 재무보고의 핵심적 형태<br>• 기업 및 경제주체들이 경제활동을 수행하는 데 있어 한정된 자원을 효율적으로 배분하도록 의사결정에 필요한 정보 제공 |
| 작성원칙 | • 회계의 기본원칙에 의해 작성<br>• 역사적 원가주의 : 모든 자산과 부채는 거래가 발생된 시점에서 현금 또는 현금등가액으로 평가<br>• 수익인식의 원칙 : 일반적으로 수익획득과정이 실질적으로 완료되는 교환거래가 나타났을 경우 인식하는 원칙<br>• 대응의 원칙 : 일정기간에 실현된 수익과 이를 획득하기 위해 발생한 비용을 결정하여, 이를 서로 대응시켜 당기순이익을 산출해야 한다는 원칙 |

## 36 정답 ②

투자자의 입장에서 가장 중요한 수익성 비율이다.

**핵심개념** 자기자본이익률(ROE)

| 구 분 | 내 용 |
|---|---|
| 개 념 | 타인자본을 제외하고 투입한 자기자본이 얼마만큼의 이익을 냈는지 기업의 이익창출능력을 나타내는 지표 |
| 공 식 | 당기순이익 / 자기자본 × 100(%)<br>= (당기순이익 / 매출액) × (매출액 / 총자본) × (총자본 / 자기자본) × 100(%)<br>= 매출액순이익률 × 총자산회전율 × 부채비율 |

## 37

**출제영역** 증권투자 > 증권분석의 이해 > 재무비율분석

- 총자본이익률(ROI)
  = (당기순이익 / 총자본(자산)) × 100(%)
  = (60,000,000원 / 500,000,000원) × 100(%) = 12%
- 자기자본이익률(ROE)
  = (당기순이익 / 자기자본) × 100(%)
  = (60,000,000원 / 300,000,000원) × 100(%) = 20%

## 38

**출제영역** 증권투자 > 증권분석의 이해 > 재무비율분석

유동비율에 대한 설명이다. 유동비율은 유동자산을 유동부채로 나누어서 계산하며, 유동비율을 통해 단기채무능력을 측정할 수 있다.

**핵심개념** 안정성지표(~비율)

| 구 분 | 내 용 |
|---|---|
| 유동비율 | ※ [공식] 유동자산 / 유동부채 × 100(%)<br>• 기업의 단기채무지급능력을 측정 |
| 부채비율 | ※ [공식] 타인자본 / 자기자본 × 100(%)<br>• 타인자본과 자기자본이 차지하는 비율을 측정 |
| 고정비율 | ※ [공식] 비유동자산 / 자기자본 × 100(%)<br>• 자본사용의 적절성을 측정 |
| 이자보상비율 | ※ [공식] 영업이익 / 이자비용 × 100(%)<br>• 기업의 영업이익이 지급해야 할 이자비용의 몇 배에 해당하는가를 나타내는 비율로, 높을수록 좋음 |

## 39

**출제영역** 증권투자 > 증권분석의 이해 > 시장가치비율분석

분모는 장부가치를, 분자는 시장가치를 사용하여 비율을 계산할 수 있다.

**핵심개념** 주가순자산비율(PBR)

| 구 분 | 내 용 |
|---|---|
| 개 념 | 기업의 자산가치를 나타내는 것으로, 주가를 주당순자산가치(BPS)로 나눈 비율 |
| 공 식 | • 주가순자산비율(배) = 주가 / 주당순자산(장부가치)<br>• 주가순자산비율(배) = 주당시장가치 / 주당순이익<br>• 주가순자산비율(배) = $(ROE_1 - g) / (k - g)$ |

| 주가순자산비율<br>(PBR)이<br>1이 아닌 이유 | • 주당순자산가치가 실질적 가치를 정확히 반영하면 PBR이 1이 되어야 하지만 주가와 주당순자산이 같지 않으므로 1이 되지 않음<br>• 시간성의 차이 : 분자의 주가는 미래지향적인데, 분모의 주당순이익은 역사적 취득원가로서 과거지향적<br>• 집합성의 차이 : 분자의 주가는 기업을 총체적으로 반영, 분모의 주당순자산(BPS)은 개별자산의 합에서 부채를 차감한 것에 불과<br>• 자산·부채의 인식기준의 차이 : 자산이나 부채의 장부가액은 일정한 회계기준 및 회계관습에 의해 제약을 받을 가능성이 있음 |
|---|---|
| 주가순자산비율<br>(PBR)의 관계 | • ROE와는 양(+)의 관계<br>• 위험과는 음(−)의 관계<br>• ROE > 자본비용($k$) : PBR은 1보다 크고 $g$가 높을수록 커짐<br>• ROE ≤ 자본비용($k$) : PBR은 1보다 작고 $g$가 높을수록 작아짐 |

## 40

**출제영역** 증권투자 > 증권분석의 이해 > 시장가치비율분석

정상적인 PER에 주당이익(EPS)을 곱하면 적정주가를 산정할 수 있다.
정상PER 10 × 주당이익(EPS) 2,000원 = 20,000원

## 41

**출제영역** 증권투자 > 증권분석의 이해 > 시장가치비율분석

주가수익비율(PER)은 배당성향 / $(k - g)$로 계산될 수 있는데, 이때 성장률($g$)은 (1−배당성향) × 자기자본이익률(ROE)로 계산된다. 배당성향이 분모와 분자 모두에 포함되어 있으므로 배당성향과 PER의 관계는 일정하지 않다.

**핵심개념** 주가수익비율(PER)

| 구 분 | 내 용 |
|---|---|
| 개 념 | 주가를 주당순이익(EPS)으로 나눈 값 |
| 공 식 | • 주가수익비율(배) = 주가 / 주당순이익(EPS)<br>• 주가수익비율(배) = 배당성향 / $k - g$ |
| 특 징 | • PER이 높을수록 투자자산의 변동성은 더욱 커지고 투자위험도 높아짐<br>• PER이 높을수록 투자자는 그 기업이익이 폭발적으로 성장할 것으로 기대<br>• PER이 낮을수록 투자자는 그 기업을 보수적으로 안전위주 경영을 하는 회사로 기대<br>• PER은 성장률($g$)과는 양(+)의 관계, 자본비용($k$)과는 음(−)의 관계, 배당성향과는 일정하지 않으나 자기자본이익률(ROE) < 자본비용($k$)이라면 배당성향과 양(+)의 관계, 그 반대이면 음(−)의 관계로 봄<br>• 주가수익비율(PER)에 주당이익(EPS)를 곱하면 주가 계산 가능 → 미래의 주가 예측 가능 |

## 42

정답 ②

출제영역 증권투자 > 증권분석의 이해 > 상대가치평가보형(주가배수모형)

EBITDA는 이자 및 세금, 상각비 차감전 이익을 의미하며, EV는 주주 가치와 채권자 가치를 합계한 금액을 나타낸다.

**핵심개념** EV/EBITDA

| 구 분 | 내 용 |
|---|---|
| 개 념 | 순수한 영업활동으로 벌어들인 이익에 대한 기업가치의 비율을 기준으로 하여 공모기업의 전체 기업가치(EV)를 추정 |
| EV/EBITDA 비율 | • EV(기업가치) = 주주 가치 + 채권자 가치<br>• EV(기업가치) = 주식시가총액 + (이자지급성 부채 - 현금 및 유가증권)<br>• EBITDA(세전영업이익) = 이자 및 세금, 상각비차감전 이익을 의미 |
| 공모기업의 시장가치 추정 | • 유사기업의 EV/EBITDA를 산출하고 이를 공모기업의 EBITDA와 비교하여 추정<br>• 유사기업의 EV/EBITDA × 공모기업의 EBITDA = 공모기업의 EV 추정<br>• 공모기업의 EV - 채권자 가치(이자지급성 부채 - 현금 및 유가증권) = 예상 시가총액 추정 |

## 43

정답 ②

출제영역 증권투자 > 증권분석의 이해 > 잉여현금흐름(FCF) 모형

사업기간 중 발행한 잉여현금흐름을 적절한 자본비용으로 할인 후 합산하면 새로운 투자로 순수하게 증가되는 기업가치 증식분의 추산이 가능하다.

**핵심개념** 잉여현금흐름(FCF)의 모형

| 구 분 | 내 용 |
|---|---|
| 개 념 | 미래 현금유입액 중에서 추가적인 부가가치 창출에 기여할 투하자본의 증가액을 차감한 잉여현금흐름으로 기업가치를 평가하는 방법 |
| 잉여현금흐름의 의의 | • 본업 활동이 창출해 낸 현금유입액에서 당해연도 중 새로운 사업에 투자하고 남은 금액<br>• 투하자본에 기여한 자금 조달자들이 당해연도 말에 분배받을 수 있는 총자금 |
| 잉여현금흐름의 모형 | • 기업가치 = 일정기간 유입되는 잉여현금흐름의 현재가치 + 잔여가치<br>• 잔여가치 : 사업의 예측기간이 끝난 후 동 사업으로부터 지속적으로 얻을 수 있는 경제적 부가가치액의 크기를 의미 |

## 44

정답 ④

출제영역 증권투자 > 증권분석의 이해 > 기술적 분석의 정의

한꺼번에 여러 주식의 가격변동 상황을 분석 · 예측할 수 있다.

**핵심개념** 기술적 분석

| 구 분 | 내 용 |
|---|---|
| 개 념 | 주식의 내재가치와는 관계없이 주가흐름이나 거래량 등을 도표화 → 과거의 일정한 패턴이나 추세를 파악 → 이를 활용하여 주가 변동을 예측하거나 주식의 선택 또는 매매 시기를 판단 |
| 기술적 분석의 장점 | • 주가와 거래량에 모든 정보가 반영된다는 가정이 바탕<br>• 주가 변동의 패턴을 관찰하여 그 변동을 미리 예측<br>• 차트를 통해 누구나 짧은 시간에 이해하기 쉬움<br>• 한꺼번에 여러 주식의 가격변동 상황을 분석 및 예측 가능 |
| 기술적 분석의 단점 | • 미래에는 과거 주가 변동의 패턴이 반복되지 않을 경우가 많음<br>• 분석자에 따라 차트 해석이 다를 수 있고, 단기 · 중기 · 장기 추세 등 추세 기간에 대한 구분이 곤란<br>• 과거 주가의 동일한 양상을 놓고 어느 시점이 주가 변화의 시발점인가에 대해 해석이 다름<br>• 주가 변동이 주식의 수급이 아닌 다른 요인으로 발생된 경우 이를 설명하기 어려움<br>• 내재가치를 무시하고, 시장 변동에만 집착하므로 시장 변화요인을 정확히 분석하기 곤란하며, 이론적인 검증이 어려움 |

## 45

정답 ②

출제영역 증권투자 > 증권분석의 이해 > 기술적 분석의 종류

추세순응전략은 최근 형성된 추세를 바탕으로 상승추세면 매수하고, 하락추세로 전환되면 매도하는 안정적인 기법이다.

**핵심개념** 추세분석

| 구 분 | 내 용 |
|---|---|
| 개 념 | 주가는 상당기간 동일한 방향성을 지속하려는 경향이 있는데, 그 특성을 이용하여 분석 |
| 추세순응전략 | • 최근 형성된 추세를 바탕으로 상승추세이면 매수, 하락추세이면 매도<br>• 추세를 확인 후 매매에 임하는, 안정적인 1년 이내의 단기적 기법 |
| 역추세순응전략 | • 추세 반전을 미리 예상하여, 최고점에서 매도하고 최저점에서 매수하는 전략<br>• 3년 이상의 장기적으로 사용<br>• 예측이 정확하면 보다 큰 수익 창출 가능, 정보력 및 분석력이 약한 개인투자자에게는 위험성이 높음 |

정답 및 해설

## 46
정답 ②

**출제영역** 증권투자 > 투자관리 > 자산배분의 의의

자산배분이란 (기대수익률)과 (위험) 수준이 다양한 여러 자산집단을 대상으로 투자자금을 배분하여 최적의 자산포트폴리오를 구성하는 일련의 투자과정을 말한다. 자산배분은 장기적 관점에서 최소의 위험으로 중장기 투자자의 재무목표에 맞는 자산포트폴리오를 구성하는 의사결정과정과 단기적으로 수익률을 제고하기 위하여 자본시장 변동을 반영하여 자산집단의 구성비율을 적극적으로 변경하는 행위라고 정의할 수 있다.

**핵심개념** 자산배분

| 구 분 | 내 용 |
|---|---|
| 의 의 | 기대수익률과 위험이 다양한 여러 자산집단을 대상으로 투자자금을 배분하여 최적의 자산포트폴리오를 구성하는 투자과정 |
| 필요성 | • 포트폴리오 수익률의 절대적인 부분이 자산배분 전략에 의해 결정<br>• 적극적 자산배분 전략이 증권선택보다 투자수익률에 더 큰 영향 |
| 중요성 | • 투자대상 자산군이 증가하고 있고, 투자상품이 다양해짐에 따라 위험을 적절히 분산시킬 필요성 증가<br>• 투자위험관리의 필요성 증가<br>• 투자수익률 결정에 자산배분 효과가 절대적인 영향을 미친다는 투자자들의 인식이 높아짐<br>• 중장기적 관점에서 자산배분 전략을 세워 투자하는 것이 자산시장의 단기 변동성에 대한 적극적인 대응보다 더 좋은 결과를 가져옴 |

## 47
정답 ④

**출제영역** 증권투자 > 투자관리 > 투자목표의 설정

재무목표를 설정한 후에 그 목표에 부합하는 투자목표를 설정해야 한다.

**핵심개념** 투자목표의 설정

| 구 분 | 내 용 |
|---|---|
| 재무목표 설정 | 은퇴자금 마련, 자녀의 대학교육자금 마련, 내집 마련 등 투자목표를 설정하기 전 투자자의 재무목표를 설정(목표금액과 목표달성 시기를 명확히 설정) |
| 투자목표 설정 | 재무목표에 부합하는 투자목표를 세워야 하며, 투자목적은 투자자의 나이, 투자성향, 투자자금의 성격, 세금 등에 의해 결정 |
| 투자목표 설정을 위한 고려사항 | 투자시계, 위험수용도, 세금관계, 법적규제, 투자자금의 성격, 고객의 특별한 요구사항, 투자목표 등 여러 제약조건과 투자자의 개인적 선호도를 고려 |

## 48
정답 ④

**출제영역** 증권투자 > 투자관리 > 자산배분 자산집단의 선정

단기금융상품의 벤치마크는 CD 91일물이다.

**핵심개념** 벤치마크의 종류

| 구 분 | 내 용 |
|---|---|
| 국내주식 | KOSPI 또는 KOSPI200 |
| 해외주식 | MSCI ACWI |
| 대안투자 | Reuters Jefferies CRB Index + FTSE EPRA NAREIT Global Index |
| 채 권 | KRX 채권 종합지수 |
| 예 금 | 3년 정기예금 금리 |
| 단기금융상품 | CD(양도성예금증서) 91일물 |

## 49
정답 ①

**출제영역** 증권투자 > 투자관리 > 자산배분 자산집단의 선정

자산집단과 가중치에 대한 구체적인 내용은 운용하기 이전에 명확히 해야 한다.

**핵심개념** 벤치마크의 3가지 충족조건
• 구체적인 내용(자산집단과 가중치)은 운용하기 이전에 명확할 것
• 벤치마크의 운용성과를 운용자가 추적하는 것이 가능할 것
• 적용되는 자산의 바람직한 운용상을 표현하고 있을 것

## 50
정답 ④

**출제영역** 증권투자 > 투자관리 > 기대수익률

기대수익률 측정방법으로는 추세분석법, 시나리오분석법, 펀더멘털(경제상황)분석법, 시장공동예측치사용법 등이 있다. 위험-수익 최적화방법은 전략적 자산배분의 실행방법이다.

**핵심개념** 기대수익률 측정방법

| 구 분 | 내 용 |
|---|---|
| 추세분석법 | • 자산집단과 과거 장기간 수익률을 분석하여 미래의 수익률로 사용하는 방법<br>• 자본시장의 역사가 짧은 경우 사용이 어려움(예 한국) |
| 시나리오분석법 | 여러 가지 경제변수의 상관관계를 고려하여 시뮬레이션을 통해 수익률을 추정하는 방법(과거수익률을 사용하지 않음) |
| 펀더멘털분석법 | • 과거의 자료를 바탕으로 미래의 발생상황에 대한 기대치를 추가하여 수익률을 예측하는 방법<br>• 자본자산가격결정모형(CAPM), 차익거래가격결정모형(APT) 사용 |
| 시장공동예측치 사용법 | • 시장 참여자들 간에 공통적으로 가지고 있는 미래 수익률에 대한 추정치를 사용하는 방법<br>• 주식의 기대수익률을 측정하는 방법으로는 '1/PER' 또는 '배당수익률 + EPS 증가율' 등이 사용됨 |

## 51            정답 ①

**출제영역** 증권투자 > 투자관리 > 기대수익률

무위험이자율에 주식 위험 프리미엄을 더해 주식의 기대수익률을 추정할 수 있다.
주식시장 위험 프리미엄은 주식시장의 평균기대수익률과 무위험 증권의 평균수익률의 차이를 말하며, 무위험이자율은 3년 만기 국고채 수익률을 사용할 수 있다.

## 52            정답 ③

**출제영역** 증권투자 > 투자관리 > 위험(Risk)

변동계수는 기대수익률의 단위당 위험의 정도를 나타내는 것으로, 두 개 이상의 자산에 대한 상대성과를 비교하는 데 주로 사용된다.

**[공식] 변동계수 = 표준편차(위험) / 기대수익률(평균)**
- A의 변동계수 = 2 / 20 = 0.1%
- B의 변동계수 = 3 / 30 = 0.1%
- C의 변동계수 = 3 / 20 = 0.15%
- D의 변동계수 = 2 / 30 = 0.07%

## 53            정답 ③

**출제영역** 증권투자 > 투자관리 > 전략적 자산배분 전략

일정한 기대수익률에서 최소위험을 부담하는 자산포트폴리오를 구성하는 것은 최적화라 한다.
지배원리는 전략적 자산배분의 실행방법으로 동일한 기대수익률이면 위험이 더 낮은 자산을, 동일한 위험이라면 기대수익률이 더 높은 자산을 선택하는 것을 의미한다.

**핵심개념** 자산배분의 이론적 배경

| 구 분 | | 내 용 |
|---|---|---|
| 전략적 자산배분 | 효율적 투자기회선 | • 여러 개의 효율적 포트폴리오를 수익률과 위험의 공간에서 연속적으로 연결한 선<br>• 효율적 포트폴리오 : 정해진 위험에서 가장 높은 수익률을 달성하는 포트폴리오 |
| | 최적화 방법의 문제점 | • 최적화 : 일정한 기대수익률에서 최소위험을 가져오는 자산포트폴리오를 구성하는 것(일정 위험에서 최대 기대수익률을 달성)<br>• 진정한 효율적 투자기회선을 규명하는 것은 현실적으로 어려움 → 기대수익률과 위험 추정치의 오류로 자산집단에 과잉/과소 투자가 이루어지기 때문 |
| 전술적 자산배분 | 역투자전략 | • 내재가치 대비 저평가된 자산을 매수하고, 고평가된 자산을 매도하는 방법<br>• 시장가격이 하락하면 매수하여 시장가격의 움직임과 반대의 활동을 함 |
| | 증권시장의 과잉반응 현상 | • 새로운 정보를 지나치게 낙관적/비관적으로 반응함으로써 내재가치로부터 상당히 벗어나는 가격착오 현상인 과잉반응을 활용하는 전략 |

## 54            정답 ④

**출제영역** 증권투자 > 투자관리 > 전략적 자산배분 전략

전술적 자산배분 전략은 새로운 정보에 대해 지나치게 낙관적이거나 비관적인 반응으로 인하여 내재가치로부터 상당히 벗어나는 가격착오 현상인 과잉반응을 활용하는 전략이다.

**핵심개념** 자산배분 전략의 종류

| 구 분 | 내 용 |
|---|---|
| 전략적 자산배분 전략 | • 투자목적을 달성하기 위해 장기적인 포트폴리오의 자산구성을 정하는 의사결정<br>• 투자자의 투자기간 중 기본적인 가정이 변화하지 않는 한 포트폴리오의 자산구성을 변경하지 않는 매우 장기적인 의사결정<br>• 장기적인 자산구성비율과 중기적으로 개별자산이 취할 수 있는 투자비율의 한계를 결정 |
| 전술적 자산배분 전략 | • 시장의 변화방향을 예상하여 사전적으로 자산구성을 변동시켜 나가는 전략<br>• 내재가치 대비 저평가된 자산을 매수하고, 고평가된 자산을 매도함으로써 투자성과를 높이고자 하는 전략 (역투자전략)<br>• 전략적 자산배분의 수립 시점에 세웠던 자본시장의 가정들이 변화하면서 자산집단들의 상대가치가 변화하는 경우, 이런 가치변화에서 이익을 얻기 위해 일정 기간별로 자산구성을 변경하는 적극적인 투자전략 |

## 55            정답 ④

**출제영역** 증권투자 > 투자관리 > 전술적 자산배분 전략

포뮬러 플랜은 전술적 자산배분 전략의 실행도구 중 하나로, 정액법과 정률법이 있다.
위험수익 최적화방법은 전략적 자산배분 전략의 실행도구로, 기대수익과 위험 간의 관계를 고려하여 동일한 위험수준 하에서 최대한으로 보상받을 수 있는 지배원리에 의해 포트폴리오를 구성하는 방법이다.

**핵심개념** 전술적 자산배분 전략의 실행도구

| 구 분 | | 내 용 |
|---|---|---|
| 가치평가 모형 | 개 념 | 자산가격이 단기적으로는 균형가격이나 적정가격에서 벗어날 수 있지만 중장기적으로는 균형가격에 복귀한다는 가정에서 출발하므로 가치평가가 제일 중요한 요소 |
| | 기본적 분석방법 | • 주식의 이익할인, 배당할인 현금흐름할인 모형 등<br>• 채권의 기간구조를 이용한 현금흐름할인 모형 등 |
| | 요인모형 방식 | CAPM, APT, 다변량회귀분석 등 |

| 기술적 분석 | • 자산집단의 가치평가 시 과거 일정기간의 변화된 모습을 활용<br>• 주가와 채권의 추세분석, 이동평균선 이격도 등 다양한 방법을 적용 |
|---|---|
| 포뮬러 플랜 | • 막연히 시장과 역으로 투자함으로써 고수익을 추구하는 전략<br>• 주가가 하락하면 주식을 매수하고, 주가가 상승하면 주식을 매도하는 역투자전략으로, 정액법과 정률법이 있음 |

## 투자권유(45문항)

### 56
정답 ②

**출제영역** 투자권유 > 증권 관련 법규 > 자본시장법 개관

기관별 규제에서 기능별 규제로 전환했다.

**핵심개념** 「자본시장법」 제정 기본철학
• 금융투자상품 종류를 열거주의에서 포괄주의로 전환
• 기관별 규제에서 기능별 규제로 전환
　→ 동일한 금융서비스를 동일하게 규제
• 업무범위의 확장
　→ 금융투자업 간 겸업을 허용, 부수업무 범위가 열거주의에서 포괄주의로 전환
• 원칙중심 투자자보호 제도 도입
　→ 공통영업행위 규칙과 업자별 영업행위 규칙으로 구분하여 규정

### 57
정답 ②

**출제영역** 투자권유 > 증권 관련 법규 > 금융투자상품

투자금액 산정 시 판매수수료와 위험보험료는 포함되지 않는다. 추가로 회수금액 산정 시 중도해지에 따른 환매, 해지수수료와 세금, 거래상대방이 채무불이행으로 지급하지 않은 미지급액은 회수금액에 포함된다.

**핵심개념** 금융투자상품

| 구 분 | 내 용 |
|---|---|
| 의의 및 분류 | • 원금손실 가능성이 있음<br>• 추가적인 지급의무에 따라 증권과 파생상품으로 구분 |
| 증 권 | • 증권은 취득 후 추가적인 지급의무를 부담하지 않음<br>• 종류 : 채무증권, 지분증권, 수익증권, 증권예탁증권, 투자계약증권, 파생결합증권 |
| 파생상품 | • 파생상품은 취득 후 추가적인 지급 의무 부담<br>• 정형화된 시장 거래 여부에 따라 장내파생상품과 장외파생상품으로 구분 |
| 금융투자상품 제외 | 원화표시 양도성예금증서(CD), 관리형신탁의 수익권, 주식매수선택권(스톡옵션) |

### 58
정답 ③

**출제영역** 투자권유 > 증권 관련 법규 > 투자자

금융투자상품 잔고가 100억원 이상(외부감사 대상법인의 경우 50억원 이상)인 법인 또는 단체는 금융위에 신고하면 금융위의 확인 후 2년간 전문투자자의 대우를 받을 수 있다.

**핵심개념** 투자자

| 구 분 | | 내 용 |
|---|---|---|
| 전문투자자 | 절대적 전문투자자 | • 일반투자자 대우를 받을 수 없는 전문투자자<br>• 국가, 한국은행, 금융기관, 한국거래소, 예금보험공사, 외국정부, 국제기구 등 |
| | 상대적 전문투자자 | • 일반투자자 대우를 받겠다는 의사를 금융투자업자에게 서면으로 통지한 경우 일반투자자로 간주<br>• 주권상장법인 등이 장외파생상품 거래를 하는 경우 별도의 의사표현이 없으면 일반투자자 대우(전문투자자 대우를 받길 원할 경우 서면으로 금융투자업자에게 통지)<br>• 주권상장법인, 지방자치단체 등 |
| | 자발적 전문투자자 | • 전문투자자 대우를 받고자 하는 법인 및 개인으로 법정요건을 갖추었음을 금융위에 신고<br>• 향후 2년간 전문투자자 대우<br>　– 법인 : 금융투자상품 잔고 100억원 이상 보유(외부감사 대상법인의 경우 50억원 이상)<br>　– 개인 : 투자경험을 기준으로 소득기준 또는 자산기준, 또는 전문성 요건을 충족해야 함<br>• 투자경험 : 최근 5년 중 1년 이상 금융투자상품 월말평균 5천만원 이상 잔고 보유<br>• 소득기준 : 직전년도 본인 소득액 1억원 이상(소득기준)<br>• 자산기준 : 총자산에서 부동산, 임차보증금, 총부채를 차감한 금액이 5억원 이상<br>• 전문성 : 해당 분야에서 1년 이상 종사한 회계사, 감평사 등 시험합격자/금융투자업 주요직무 종사자 |
| 일반투자자 | 절대적 일반투자자 | 전문투자자(절대적 + 상대적)가 아닌 투자자 |
| | 상대적 일반투자자 | 상대적 전문투자자로서 일반투자자 대우를 받겠다는 의사를 금융투자업자에게 서면으로 통지한 자 |

### 59
정답 ③

**출제영역** 투자권유 > 증권 관련 법규 > 금융투자업 인가 심사

특정 회계연도 말을 기준으로 유지요건에 미달한 금융투자업자는 다음 회계연도 말까지 '자본보완'이 이루어지는 경우 요건충족으로 간주한다. 따라서 즉시 금융투자업 인가가 취소되는 것은 아니다.

| 구 분 | 내 용 |
|---|---|
| 의 의 | 금융투자업자는 인가·등록을 받은 이후 인가요건을 계속 유지해야 하며, 인가요건을 유지하지 못할 경우 금융위의 인가가 취소될 수 있음 |
| 자기자본 요건 | • 매 회계연도 말 기준 자기자본이 인가업무 단위별 최저 자기자본의 70% 이상 유지<br>• 다음 회계연도 말까지 자본보완이 이뤄질 경우 요건을 충족한 것으로 간주 |
| 대주주 요건 | • 대주주의 출자능력, 재무건전성, 부채비율 요건은 인가유지 의무에서 배제<br>• 최대주주의 경우 최근 5년간 5억원 이상의 벌금형만을 적용<br>• 부실금융기관으로 지정된 금융기관의 최대주주 및 주요주주 또는 그 특수관계인이 아닐 것 |

## 60
정답 ②

출제영역 투자권유 > 증권 관련 법규 > 영업행위 규칙

회사가 이해상충 우려가 없다고 판단하는 경우 스스로 차단대상 정보에서 제외 가능하다.

핵심개념 정보교류 차단장치(Chinese Wall)

| 구 분 | 내 용 |
|---|---|
| 의 의 | 「자본시장법」에 따라 투자매매업자, 집합투자업자 등 금융투자업자의 겸업을 허용하는 대신 이해상충의 발생을 최소화하기 위해 설치를 의무화한 정보교류차단장치 |
| 정보교류 차단장치 | 사내·외 정보차단벽 간 정보제공, 임직원 겸직, 사무공간·전산설비 공동이용 등 정보교류 금지 |
| 내부정보교류 차단장치 설비 범위 | • 교류차단 대상정보 : 회사가 이해상충 우려가 없다고 판단하는 경우 스스로 차단대상 정보에서 제외 가능(단, 예외정보는 내부통제기준에 따라 사전 공시해야 함)<br>• 내부통제 이행·관리 : 내부통제기준에 대한 정기적 점검, 임직원 교육, 책임자 지정, 공시 등 |
| 정보교류의 금지 | 미공개 중요정보, 투자자의 금융투자상품 매매 및 소유현황에 대한 정보 등 불특정 다수인에게 공개되기 전에 정보, 집합투자재산, 투자일임재산 및 신탁재산의 구성 내역과 운영에 대한 정보 등 불특정 다수인에게 공개되기 전에 정보교류는 원칙적으로 금지 |
| 내부통제기준 수립의무 | 정보교류차단을 위해 필요한 기준 및 절차를 내부통제기준에 따라 수립해야 할 의무로 정보교류 차단의 대상이 되는 정보의 예외적 교류를 위한 요건 및 절차, 정보교류 차단 업무를 독립적으로 총괄하는 임원 및 총괄 집행책임자(금융위원회 고시)의 지정 및 운영, 상시적 감시체계 운영 등 내부통제기준을 수립해야 함 |

## 61
정답 ④

출제영역 투자권유 > 증권 관련 법규 > 매매 또는 중개업무 관련 규제

투자매매업자 또는 투자중개업자가 다자간매매체결회사를 통해 매매가 이루어지도록 한 경우 자기거래 금지 규정이 적용되지 않는다.

핵심개념 투자매매업자의 자기계약 금지

| 구 분 | 내 용 |
|---|---|
| 의 의 | 투자매매업자 또는 투자중개업자는 금융투자상품에 관한 같은 매매에서 자신이 본인이 됨과 동시에 상대방의 투자중개업자가 되어서는 안 된다. |
| 예외조항 | • 투자매매업자 또는 투자중개업자가 증권시장 또는 파생상품시장을 통하여 매매가 이루어지도록 한 경우<br>• 투자매매업자 또는 투자중개업자가 자기가 판매하는 집합투자증권을 매수하는 경우<br>• 투자매매업자 또는 투자중개업자가 다자간매매체결회사를 통하여 매매가 이루어지도록 한 경우<br>• 종합금융투자사업자가 금융투자상품의 장외매매가 이루어지도록 한 경우<br>• 공정한 가격 형성과 매매, 거래의 안정성과 효율성 도모 및 투자자의 보호에 우려가 없는 경우로서 금융위원회가 정하여 고시하는 경우 |

## 62
정답 ④

출제영역 투자권유 > 증권 관련 법규 > 불건전 영업행위의 금지

모집·매출과 관련된 조사분석자료는 그 증권이 최초로 상장된 후 40일 이내에 공표하거나 특정인에게 제공할 수 없다.

핵심개념 불건전 영업행위 규제

| 구 분 | 내 용 |
|---|---|
| 선행매매금지 | 투자자로부터 금융투자상품의 가격에 중대한 영향을 미칠 수 있는 매매주문의 체결 전에 그 금융투자상품을 자기의 계산으로 매매하거나 제3자에게 매매를 권유하는 행위는 금지<br>※ 다음의 경우 선행매매에 해당되지 않음<br> • 투자자의 매매주문에 관한 정보를 이용하지 않았음을 입증하는 경우<br> • 증권시장과 파생상품시장 간의 가격 차이를 이용한 차익거래<br> • 그 밖에 이에 준하는 거래로서 투자자의 정보를 의도적으로 이용하지 아니하였다는 사실이 객관적으로 명백한 경우 |

| 조사분석자료<br>공표 후<br>매매 금지 | 조사분석자료의 내용이 사실상 확정된 때부터 공표 후 24시간이 경과하기 전 자기의 계산으로 매매할 수 없음<br>※ **적용 제외**<br>・조사분석자료의 내용이 직접・간접으로 특정 금융투자상품의 매매를 유도하는 것이 아닌 경우<br>・조사분석자료의 공표로 인한 매매유발 또는 가격변동을 의도적으로 이용하였다고 볼 수 없는 경우<br>・공표된 조사분석자료의 내용을 이용하여 매매하지 아니하였음을 증명하는 경우<br>・해당 조사분석자료가 이미 공표한 조사분석자료와 비교하여 새로운 내용을 담고 있지 아니한 경우 |
|---|---|
| 조사분석자료<br>작성에 대한<br>성과보수 금지 | 조사분석자료 작성을 담당하는 자에 대해서는 일정한 기업금융업무와 연동된 성과보수를 지급할 수 없음<br>※ **성과보수 연동이 금지되는 기업금융업무**<br>・인수업무<br>・모집・사모・매출의 주선업무<br>・기업의 인수 및 합병의 중개・주선 또는 대리업무<br>・기업의 인수・합병에 관한 조언업무<br>・경영참여형 사모집합투자기구 집합투자재산 운용업무<br>・프로젝트금융의 자문 또는 주선업무, 자문 또는 주선에 수반되는 프로젝트금융 |
| 모집・매출 관련<br>조사분석자료의<br>공표・제공 금지 | 주권 등 일정한 증권의 모집・매출 관련 계약체결일로부터 그 증권이 최초 상장된 후 40일 이내 그 증권에 대한 조사분석자료의 공표 또는 특정인에게 제공 금지<br>※ **대상증권**<br>주권, 전환사채, 신주인수권부사채, 교환사채(주권・CB・BW와 교환을 청구할 수 있는 것 및 이와 관련된 증권예탁증권만 해당) |
| 투자권유 금지 | 투자권유대행인 또는 투자권유자문인력이 아닌 자에게 투자권유를 하도록 할 수 없음 |
| 일임매매 금지 | 투자자로부터 금융투자상품에 대한 투자판단의 전부 또는 일부를 일임받아 투자자별로 구분하여 금융투자상품의 취득 또는 처분, 그 밖의 방법으로 운용하는 행위는 금지 |
| 기타<br>불건전한영업행위<br>금지 | 그 밖에 투자자보호 또는 건전한 거래질서를 해할 우려가 있는 행위로서 시행령에서 정하는 행위 금지 |

**63**

정답 ④

출제영역　투자권유 > 증권 관련 법규 > 증권신고서 제도

금융위의 정정요구를 받은 후 3개월 내에 정정신고서를 제출하지 아니한 경우에는 해당 증권신고서를 철회한 것으로 본다.

**핵심개념** 증권신고서 제도

| 구 분 | 내 용 |
|---|---|
| 의 의 | 불특정 다수를 상대로 증권시장 밖에서 증권을 새롭게 발행하거나, 이미 발행된 증권을 분매할 경우, 해당 증권과 발행인에 대한 사항을 투자자에게 알리는 제도 |
| 신고대상 | 모집가액 또는 매출가액 합계액이 과거 1년간 10억원 이상인 경우<br>※ **소액공모 공시제도**<br>증권신고서 제출의무가 없는 모집・매출의 경우에도 발행인은 재무상태 사항 등 일정 내용을 공시하는 등의 조치를 해야 함 |
| 제출의무<br>면제증권 | ・국채증권<br>・지방채증권<br>・특수채증권(법률에 따라 직접 설립된 법인이 발행한 채권)<br>・국가 또는 지자체가 원리금의 지급을 보증한 채무증권<br>・국가 및 지자체가 소유 증권을 매출의 방법으로 매각하는 경우 그 증권<br>・도시철도 건설 및 운영과 주택건설사업을 목적으로 설립된 지방공사가 발행하는 채권<br>・국제금융기구가 금융위원회와 협의해 기획재정부장관의 동의를 받아 발행하는 증권<br>・한국주택금융공사가 채권유동화 계획에 의해 발행하고 원리금 지급을 보장하는 주택저당증권 및 학자금대출증권<br>・전자단기사채 등으로서 만기가 3개월 이내인 증권 |
| 신고의무자 | ・증권신고서 : 해당 증권의 발행인<br>・증권예탁증권 : 그 기초가 되는 증권을 발행하였거나 발행하고자 하는 자 |
| 효력발행 | 금융위가 증권별 효력 발생기간 동안 별도 조치를 하지 않으면 효력 발생<br>※ **효력 발생의 의미**<br>형식상・내용상 문제가 없다는 의미일 뿐, 증권신고서의 기재사항이 진실・정확하다는 것을 인정하거나 정부에서 그 증권의 가치를 보증・승인하는 효력을 갖는 것은 아님 |
| 거래의 제한 | ・증권신고서의 효력이 발생하지 아니한 증권은 취득 또는 매수의 청약에 대해 그 증권의 발행인・매출인과 대리인은 청약의 승낙을 할 수 없음<br>・일괄신고서를 제출하지 아니한 경우 그 증권의 발행인・매출인과 대리인은 청약의 승낙을 할 수 없음 |
| 일괄신고서제도 | ・같은 종류의 증권을 지속적으로 발행하는 경우 발행예정증권을 일괄신고하고, 실제 발행 시 일괄신고추가서류만 제출(증권신고서 제출과 동일한 효과가 있으므로 증권 발행이나 매도를 원활히 함)<br>・일괄신고서 제출 가능 증권 : 주권, 주권 관련 사채권 및 이익참가부사채권 및 기타 사채권, 고난도금융투자상품이 아닌 파생결합증권, 개방형 집합투자증권 |

## 64

정답 ④

출제영역 투자권유 > 증권 관련 법규 > 공개매수제도

공개매수란 증권시장 (밖)에서 (불특정 다수)를 대상으로 이루어지는 주식 등의 장외매수에 대해 그 내용을 공시하도록 하는 제도이다.

**핵심개념 공개매수 의무**

주식 등을 6개월 동안 증권시장 밖에서 10인 이상의 자로부터 매수 등을 하고자 하는 자는 그 매수 등을 한 후에 본인과 그 특별관계자가 보유하게 되는 주식 등의 수의 합계가 그 주식 등의 총수의 10분의 5 이상이 되는 경우에는 공개매수를 해야 한다.

## 65

정답 ④

출제영역 투자권유 > 증권 관련 법규 > 미공개정보 이용(내부자거래) 규제

단기매매차익 반환제도는 주권상장법인의 임원, 직원, 또는 주요 주주가 특정 증권 등을 매수한 후 (6개월) 이내에 매도하거나 특정 증권 등을 매도한 후 (6개월) 이내에 매수하여 이익을 얻은 경우 그 이익을 회사에 반환하도록 하는 제도이다.

**핵심개념 내부자의 단기매매차익 반환제도**

| 구 분 | 내 용 |
| --- | --- |
| 반환대상자 | 주권상장법인의 주요 주주, 임원 및 직원(단, 직원은 그 법인에서 주요사항보고대상에 해당하는 사항과 관련된 업무에 종사하거나, 그 법인의 재무·회계·기획·연구·개발 관련 업무에 종사하고 있는 직원으로서 미공개중요정보를 알 수 있는 자로 인정한 자에 한함) |
| 반환대상 | 주권상장법인의 특정 증권 등의 매수 후 6개월 이내 매도 또는 특정 증권 등의 매도 후 6개월 이내 매수하여 얻은 이익 |
| 반환의 예외 | • 법령에 따라 불가피한 매수 또는 매도하는 경우<br>• 정부의 허가·인가·승인 등 또는 문서에 의한 지도·권고 또는 안정조작·시장조성에 따라 매수 또는 매도<br>• 주식매수선택권의 행사·전환사채권·신주인수권부사채권의 권리행사·증권예탁증권의 예탁계약 해지에 따른 주식·증권의 취득<br>• 주식매수청구권의 행사 또는 공개매수의 응모함에 따른 주식 등의 처분 등 |

## 66

정답 ④

출제영역 투자권유 > 영업실무 > 고객관리의 필요성

양적인 계수 중심의 영업전략에서 질적인 수익 중심의 경영전략으로 금융기관의 조직 문화가 전환되었다.

**핵심개념 고객관리의 필요성**

| 구 분 | 내 용 |
| --- | --- |
| 시장 성장둔화 및 성숙단계로의 진입 | • 시장 성장세 둔화로 금융기관 간 치열한 고객확보전이 벌어지고 있음<br>• 신규 고객확보를 위한 비용 증대 및 수익성 악화 초래 |
| 고객의 욕구 개별화와 다양화 | • 고객이 선택할 수 있는 금융투자상품 및 서비스의 종류가 많아짐<br>• 고객의 구매의사 결정과정이 더욱 합리적이고 정교해지며, 고객의 욕구가 다양화·개성화됨<br>• 기존의 매스(Mass) 마케팅이나 타깃(Target) 마케팅의 영업전략으로는 고객이 더 이상 움직이지 않음 |
| 경쟁의 가열 | • 상품 및 서비스의 차별화가 더욱 어려워지고 고유 업무영역이 더 이상 의미가 없어짐<br>• '누가 더 좋은 상품 및 서비스를 개발해서 판매하느냐'보다는 '누가 더 고객의 종합적인 금융욕구를 만족시키고 관리·운용을 할 수 있느냐'에 핵심역량 부여 |
| 수익성 위주의 금융기관 경영전략 | • 과거의 양적성장 위주의 영업전략에서는 신규고객확보가 중요했지만, 질적인 수익중심의 경영전략에서는 기존 고객관리 중심의 영업전략이 효과적임<br>• 신규고객을 확보하는 데 드는 비용은 기존고객 유지 및 관리비용에 비해 약 6배 정도 필요<br>• 철저한 기존 고객관리를 통해 우량고객 및 충성고객을 두텁게 유지하여 안정적 이익창출을 지속적으로 도모 |

## 67

정답 ①

출제영역 투자권유 > 영업실무 > 금융투자관리(CRM)

제품차별화가 아닌 고객차별화에 중점을 두는 경영전략이다.

**핵심개념 성공적인 CRM(Customer Relationship Management) 전략**

새로운 상품개발보다는 고객 세분화 작업이 선행되어야 하며, 신규고객 확보 노력보다는 기존고객 유지에 초점을 두어야 함

• 고객획득에서 고객유지로 변경
• 단기적 고객유인·판매 중심에서 장기적 관계형성으로 변경
• 판매촉진 중심에서 고객서비스 중심으로 변경
• 시장점유율에서 고객점유율로 변경
• 제품차별화에서 고객차별화로 변경
• 자동화에서 정보화로 변경

## 68 정답 ①

출제영역 투자권유 > 영업실무 > 고객상담(Process)

고객상담 절차는 4단계 상담 판매과정을 거치는데 [고객과의 관계 형성 → Needs 탐구 → 설득 및 해법 제시 → 동의확보 및 Closing]이다.

**핵심개념** 고객상담 프로세스(Process)

| 구 분 | | 내 용 |
| --- | --- | --- |
| 1단계 | 고객과의 관계형성 | 고객과의 신뢰구축, 고객의 무관심 처리 |
| 2단계 | Needs 탐구 | 고객의 기대수준 파악, 질문구사 |
| 3단계 | 설득 및 해법 제시 | 상품의 특성 및 이점 소개, 고객의 반감 극복 |
| 4단계 | 동의확보 및 Closing | 고객소개(MGM) 및 Cross-selling ※ Members Get Members |

## 69 정답 ①

출제영역 투자권유 > 영업실무 > 고객상담(Process)

②, ③, ④는 폐쇄형 질문의 타이밍이다.

**핵심개념** 질문의 타이밍

| 구 분 | 내 용 |
| --- | --- |
| 폐쇄형 질문의 타이밍 | • 확대형 및 개방형 질문을 해도 고객의 반응이 없거나 시큰둥할 때<br>• 새로운 화제나 보다 다른 구체적인 화제로 바꾸어 대화의 흐름을 자신이 생각하는 방향으로 리드하고 싶을 때<br>• 판매사원 또는 고객의 시간적 제약으로 결정을 빨리 유도해야 할 때 |
| 확대형 질문의 타이밍 | • 고객이 자기의 Needs에 대해 잘 말하는 경우<br>• 확대형 질문을 통해 고객이 자신의 말을 많이 하도록 유도할 수 있음 |

## 70 정답 ④

출제영역 투자권유 > 영업실무 > 고객과의 관계 형성

서둘러 Closing을 할 경우 자칫하면 고객이 반감을 느낄 수 있기 때문에 각각의 고객 성향에 따라 Closing을 달리해야 한다.

## 71 정답 ②

출제영역 투자권유 > 영업실무 > 고객과의 관계 형성

대부분의 Needs는 현 상태의 무언가를 증가시키거나 현 상태의 무언가를 감소시키는 것으로 분류된다.

**핵심개념** 고객의 Needs 파악

| 구 분 | 내 용 |
| --- | --- |
| 의 의 | 고객의 Needs를 파악하여 적합한 금융투자상품을 소개하고 이를 통해 만족도를 높이는 과정 |
| Needs의 개념 | • 고객이 안고 있는 문제, 난처해하고 있는 일, 원하고 있는 것과 바라고 있는 점<br>• Needs란 일종의 갭(Gap)으로 현재 고객이 처한 상태와 시간의 흐름 속에서 바라는 상태와의 차이를 의미<br>• Needs는 현 상태의 무언가를 증가시키는 것, 현 상태의 무언가를 감소시키는 것으로 크게 상반된 2가지로 분류 |
| 갭의 확인 및 구체화 | • 금융투자상품을 권유하기에 앞서 가장 중요한 것은 고객이 스스로의 갭을 느끼고 인정하게 도와주는 일<br>• 막연하게 표현된 고객의 문제를 적절한 문의와 정확한 경청을 통해 구체화된 Needs의 상태로 바꾸어 고객에게 인식시키는 작업 필요<br>• Needs를 찾아가는 바람직한 단계는 문의 → 촉진 → 확인의 기본적인 기법 적용 |

## 72 정답 ②

출제영역 투자권유 > 영업실무 > 설득 및 해법 제시

보상법은 사실을 그대로 인정하지만 그 대신 다른 이점을 활용하여 보충하는 대응 화법이다.

**핵심개념** 고객의 반감처리 화법

| 구 분 | 내 용 |
| --- | --- |
| Yes, but | • '맞습니다 맞고요' 화법<br>• 고객의 주장을 받아들여 고객의 마음을 부드럽게 한 후 의견을 주장하는 대응 방법 |
| 부메랑법 | 고객의 주장을 받아들이면서도 고객이 거절한 내용을 활용하여 반전을 노리는 화법 |
| 보상법 | 사실은 인정하되 그 대신 다른 이점을 활용하여 대응하는 방법 |
| 질문법 | 고객의 거절을 질문으로 되돌려 보내는 방법 |

## 73
정답 ②

출제영역   투자권유 > 영업실무 > 고객의 동의확보 및 Closing

"긍정적 답변은 하지 않으나 부정적이지 않을 때, 끝까지 경청해 주셔서 감사합니다. 제반 사항을 다 살펴본 것 같습니다. 다른 질문사항이 없으시면 서류를 준비하겠습니다. 서명 날인은 여기다 하시면 됩니다." 등의 화법은 실행촉진법이다.

**핵심개념** 상담 종결의 화법

| 구 분 | 내 용 |
| --- | --- |
| 추정승낙법 | 고객이 확실한 대답을 하기 전이라도 긍정적 반응이 나올 경우 사용하는 상담 종결 화법<br>※ [예시] "상품이 꽤 잘 만들어졌는데요." 등 고객에게 긍정적인 표현이 나올 경우, "고맙습니다. 선택해 주셔서 감사합니다. 가입에 따른 제반 서류를 준비토록 하겠습니다." 등 대답으로 상담을 종결하는 화법 |
| 실행촉진법 | 긍정적 답변은 하지 않으나 부정적이지 않을 때 사용하는 화법<br>※ [예시] "끝까지 경청해 주셔서 감사합니다.", "다른 질문사항이 없으시면 서류를 준비하겠습니다.", "서명 날인은 여기다 하시면 됩니다." |
| 양자택일법 | 가입의사가 감지되고 있으나 고객이 결정을 늦추고 있을 때는 다음처럼 A 아니면 B, 둘 중 하나를 선택하게 함으로써 구매를 기정사실화함<br>※ [예시] "주식형 펀드로 가입하시겠습니까? 아니면 주식혼합형 펀드로 가입하시겠습니까?" |
| '기회이익의 상실은 손해' 화법 | 기회이익 상실은 금리, 주가, 환율 변동에 따른 수익률의 차이로 나타낼 수 있음<br>※ [예시] 특판상품인 경우 + α(메리트) 및 사은품 증정 등의 혜택 등 |
| 가입조건문의법 | 고객이 결정을 미루고 있다면 어떻게 하면 가입하겠는지 물어보면서 가입을 요청하는 방법 |

## 74
정답 ①

출제영역   투자권유 > 영업실무 > 고객의 동의확보 및 Closing

클로징(Closing)의 타이밍을 포착하는 것은 중요하지만 어느 시점에 할지를 미리 정하고 있어서는 안 된다.

**핵심개념** Closing(클로징)

| 구 분 | 내 용 |
| --- | --- |
| Closing의 정의 | • Closing의 단계는 고객의 Needs 파악과 충분한 설득 여부를 분명히 확인하는 단계<br>• Closing을 할 때는 고객의 Needs와 고객이 이미 선택한 상품의 이점을 상기시켜 주면서 고객과의 계약을 성립 |
| Closing의 타이밍 | • Closing 타이밍을 잘 포착하는 일은 상담의 성패를 좌우하는 중요 포인트<br>• Closing을 어느 시점에 할지 미리 정해서는 안 됨(고객이 가입의사(Buying Signal)를 나타냈을 때가 모두 타이밍)<br>• Buying Signal은 확실한 것도 있지만 분명치 않은 것도 있음(고객의 태도나 말하는 것을 항상 주의 깊게 관찰 및 경청하는 것이 필요하며, 고객이 나타내는 표정·몸짓·말투·기색 등에서 Buying Signal이 나오고 있는지 파악하는 훈련을 해 두어야 함) |

## 75
정답 ③

출제영역   투자권유 > 영업실무 > 고객응대와 기본매너

항시 고객 지향적인 사고와 행동을 해야 한다.

**핵심개념** 고객응대 시 유의사항

• 매우 친절하고 고객을 지원하는 자세가 느껴져야 한다.
• 매우 편안하고 편리하게 느껴져야 한다.
• 매우 프로페셔널하게 느껴져야 한다.
• 매우 정중하게 느껴져야 한다.
• 매우 긍정적이고 적극적으로 느껴져야 한다.
• 불만을 표시하는 고객은 더욱 정중하고 감사하는 마음으로 대해야 한다.
• 하찮은 약속이든 중요한 약속이든 고객과의 약속은 반드시 지켜야 한다.
• 항시 고객 지향적인 사고와 행동을 해야 한다.

## 76
정답 ②

출제영역   투자권유 > 직무윤리 > 직무윤리에 대한 이해

'있는 그대로의 법'은 현실을 반영하는 법이며, '있어야 할 법'은 윤리를 최대한 반영하는 이상적인 법이다.

**핵심개념** 법과 윤리

| 구 분 | 내 용 |
| --- | --- |
| 법 | • 사회질서 유지가 목적<br>• 모든 사회에 존재하는 '있는 그대로의 법'을 말함<br>• 정당한 사회관계를 규정하기 위해 강제력을 갖는 여러 규범들의 종합 |
| 윤리 | • 개인의 도덕심을 지키는 것이 목적<br>• 윤리에 부합하는 법, 즉 정당한 법을 '있어야 할 법'이라고 함<br>• 윤리는 절대적으로 고정된 것이 아니며 시대와 상황에 따라 변화하는 상대적인 것 |

## 77

정답 ④

직무윤리를 준수하는 것은 금융투자업종사자들을 보호하는 안전장치의 역할을 한다.

**핵심개념** 금융투자업에서 직무윤리가 강조되는 이유

| 구 분 | 내 용 |
|---|---|
| 산업의 고유속성 | 금융투자업은 고객의 자산을 위탁받아 운영하므로, 이해상충의 발생 가능성이 큼 |
| 상품의 특성 | 금융투자상품은 투자성(원본손실 가능성)이 있고, 고객과의 분쟁 가능성이 상존함 |
| 금융소비자의 질적 변화 | 금융투자상품의 전문화·복잡화·다양화로 단순한 정보제공의 차원을 넘어 금융소비자보호를 위한 노력이 요구되며, 전문가조차도 금융투자상품의 정확한 내용을 파악하기 어려워짐 |
| 안전장치 | 직무윤리를 준수하는 것은 금융투자업종사자들을 보호하는 안전장치(Safeguard)의 역할 |

## 78

정답 ③

적합성원칙을 위반한 것으로 예탁된 자산규모가 크다고 해서 위험허용도가 큰 것은 아니며, 투자권유를 할 때는 투자경험과 투자목적도 함께 고려하여 개별적으로 고객에게 적합한 투자권유를 해야 한다.

## 79

정답 ④

일반투자자의 수익달성 여부는 과당매매를 판단하는 기준이 아니다. 과당매매 기준에는 ①, ②, ③에 개별 매매거래 시 권유내용의 타당성 여부가 포함된다.

**핵심개념** 과당매매 판단기준

| 구 분 | 내 용 |
|---|---|
| 개 요 | • 일반적으로 금융투자업자와 금융소비자 사이에 대표적으로 발생하는 이해상충의 사례<br>• 「자본시장법」 시행령에서는 '일반투자자의 투자목적, 재산상황 및 투자경험 등을 고려하지 않고 일반투자자에게 지나치게 투자권유를 하는 행위'를 금지함 |
| 판단기준 | ※ **특정거래가 빈번한 거래인지 또는 과도한 거래인지의 판단기준**<br>• 일반투자자가 부담하는 수수료 총액<br>• 일반투자자의 재산상태 및 투자목적에 적합한지 여부<br>• 일반투자자가 투자지식이나 경험에 비추어 당해 거래에 수반되는 위험을 잘 이해하고 있는지 여부<br>• 개별 매매거래 시 권유 내용의 타당성 여부 등을 종합적으로 고려하여 판단 |

## 80

정답 ④

청약철회에 대한 설명은 모든 금융상품에 적용되는 것이 아니라 보장성 상품, 투자성 상품, 금융상품 자문, 대출성 상품에 적용된다.

**핵심개념** 설명의무

| 구 분 | 내 용 |
|---|---|
| 개 요 | ※ 「금융소비자보호법」 제19조(설명의무)<br>금융상품판매업자등은 일반금융소비자에게 계약체결을 권유(금융상품자문업자가 자문에 응하는 것을 포함)하는 경우 및 일반금융소비자가 설명을 요청하는 경우에는 금융상품에 관한 중요한 사항을 일반금융소비자가 이해할 수 있도록 설명해야 한다. |
| 투자성 상품 | • 투자성 상품의 내용<br>• 투자에 따른 위험<br>• 금융상품직접판매업자가 정하는 위험등급<br>• 금융소비자가 부담해야 하는 수수료 등 투자성 상품에 관한 중요한 사항 등 |
| 대출성 상품 | • 금리변동 여부, 중도상환수수료 부과 여부·기간 및 수수료율 등 대출성 상품의 내용<br>• 상환방법에 따른 상환금액·이자율·시기<br>• 저당권 등 담보권 설정에 관한 사항, 담보권 실행사유 및 담보권 실행에 따른 담보목적물의 소유권 상승 등 권리변동에 관한 사항<br>• 대출원리금, 수수료 등 금융소비자가 대출계약을 체결하는 경우 부담해야 하는 금액의 총액<br>• 대출계약의 해지에 관한 사항 등 대출성 상품의 중요한 사항 |
| 기 타 | • 연계·제휴 서비스 등의 내용<br>• 연계·제휴서비스 등의 이행책임에 관한 사항<br>• 청약 철회의 기한·행사방법·효과에 관한 사항<br>• 설명에 필요한 설명서를 일반금융소비자에게 제공해야 함<br>• 설명한 내용을 일반금융소비자가 이해하였음을 서명, 기명날인, 녹취 등의 방법으로 확인받아야 함<br>• 일반금융소비자의 합리적 판단 또는 금융상품의 가치에 중대한 영향을 미칠 수 있는 사항을 거짓으로 왜곡하여 설명해서는 안 됨 |

## 81

출제영역 투자권유 > 직무윤리 > 금융소비자보호 의무

설명의무는 상품 판매 단계의 금융소비자보호제도이다. ①, ②, ④는 상품 판매 이후 단계의 금융소비자보호와 관계가 깊다.

핵심개념 금융소비자보호 제도

| 구 분 | 내 용 |
|---|---|
| 상품 개발 단계의 금융소비자보호 | • 사전협의절차<br>• 사전협의절차 이행 모니터링<br>• 금융상품 개발 관련 점검<br>• 외부 의견 청취 |
| 상품 판매 단계의 금융소비자보호 | • 적합성의 원칙<br>• 적정성의 원칙<br>• 설명의무<br>• 불공정영업행위 금지<br>• 부당권유행위 금지<br>  합리적 근거 제공 등, 적정한 표시 의무, 요청하지 않는 투자권유 금지, 손실보전 등의 금지, 기타 부당권유행위<br>• 광고 관련 준수사항<br>  광고의 주체, 광고의 내용 등, 준수 및 금지사항<br>• 계약서류 제공의무 |
| 상품 판매 이후 단계의 금융소비자보호 | • 보고 및 기록 의무<br>  처리결과의 보고의무, 기록 및 유지·관리의무, 자료열람요구권<br>• 정보의 누설 및 부당이용 금지<br>• 관련 제도<br>  판매 후 모니터링 제도(해피콜 서비스), 고객의 소리(VOC), 위법계약해지권, 미스터리 쇼핑(Mystery Shopping)<br>• 기타 금융소비자의 사후구제를 위한 법적 제도<br>  법원의 소송 중지, 소액분쟁사건의 분쟁조정 이탈 금지, 손해배상책임 |

## 82

출제영역 투자권유 > 직무윤리 > 금융소비자보호 의무

계약서류 제공의무는 금융상품 판매 단계의 금융소비자보호 내용이다.

핵심개념 금융소비자보호 제도

| 구 분 | 내 용 |
|---|---|
| 상품 개발 단계의 금융소비자보호 | • 사전협의절차<br>• 사전협의절차 이행 모니터링<br>• 금융상품 개발 관련 점검<br>• 외부 의견 청취 |
| 상품 판매 단계의 금융소비자보호 | • 적합성의 원칙<br>• 적정성의 원칙<br>• 설명의무<br>• 불공정영업행위 금지<br>• 부당권유행위 금지<br>  합리적 근거 제공 등, 적정한 표시 의무, 요청하지 않는 투자권유 금지, 손실보전 등의 금지, 기타 부당권유행위<br>• 광고 관련 준수사항<br>  광고의 주체, 광고의 내용 등, 준수 및 금지사항<br>• 계약서류 제공의무 |
| 상품 판매 이후 단계의 금융소비자보호 | • 보고 및 기록 의무<br>  처리결과의 보고의무, 기록 및 유지·관리의무, 자료열람요구권<br>• 정보의 누설 및 부당이용 금지<br>• 관련 제도<br>  판매 후 모니터링 제도(해피콜 서비스), 고객의 소리(VOC), 위법계약해지권, 미스터리 쇼핑(Mystery Shopping)<br>• 기타 금융소비자의 사후구제를 위한 법적 제도<br>  법원의 소송 중지, 소액분쟁사건의 분쟁조정 이탈 금지, 손해배상책임 |

## 83

출제영역 투자권유 > 직무윤리 > 본인, 회사 및 사회에 대한 윤리

회사의 사전 승인 없이 언론을 통해 활동하는 행위는 대외활동 관련 준수의무를 위반한 것이다.

핵심개념 공용재산의 사적 사용 및 수익 금지

• 금융투자업종사자는 회사의 업무용 차량, 부동산 등 회사 소유의 재산을 부당하게 사용하거나 정당한 사유 없이 사적인 용도로 사용해서는 아니 됨
• 회사 재산은 회사의 이익을 위한 용도로만 사용해야지, 회사의 이익이 아닌 개인의 사적 이익을 위해 부당하게 사용되거나 유출되어서는 아니 됨
• 회사 재산 : 매우 넓은 개념으로 동산, 부동산, 무체재산권, 영업비밀과 정보, 고객관계, 영업기회 등과 같은 유형·무형의 것이 모두 포함되며, 회사가 임직원에게 부여한 지위도 개인의 것이 아니라 넓은 의미에서의 회사 재산이 됨
• 회사 재산을 부당하게 유용하거나 유출하는 행위는 형사법상 처벌의 대상(횡령죄, 배임죄, 절도죄, 업무방해죄 등)

## 84 정답 ①

출제영역 투자권유 > 직무윤리 > 직무윤리의 준수절차

모든 금융투자업자는 반드시 내부통제기준을 두어야 한다.

**핵심개념** 내부통제 및 준법감시제도

| 구 분 | 내 용 |
|---|---|
| 내부통제 | • 내부통제는 회사 임직원이 업무수행 시 법규를 준수하고 조직운영의 효율성 제고 및 재무보고의 신뢰성을 확보하기 위해 회사 내부에서 수행하는 모든 절차와 과정을 말함<br>• 금융투자업자는 효과적인 내부통제 활동을 수행하기 위한 조직구조, 위험평가, 업무분장 및 승인절차 등의 종합적 체제로서 내부통제체제를 구축해야 함 |
| 준법감시제도 | 금융투자회사의 모든 임직원이 금융소비자의 이익을 위해 최선을 다했는지와 업무를 수행하는 데 윤리기준과 제반법규를 엄격히 준수하고 있는지에 대해 사전적 또는 상시적으로 통제 및 감독하는 장치 |
| 내부통제기준 | • 금융투자업자가 법령을 준수하고, 자산을 건전하게 운용하며, 이해상충 방지 등 투자자를 보호하기 위해 금융투자업자의 임직원이 직무를 수행함에 있어서 준수해야 할 적절한 기준 및 절차를 정한 것<br>• 모든 금융투자업자는 반드시 내부통제기준을 두어야 함(지배구조법)<br>• 내부통제기준의 제정·변경 시 이사회 결의를 거쳐야 함<br>• 준법감시인은 내부통제기준을 바탕으로 내부통제의 구체적 지침, 컴플라이언스 매뉴얼, 임직원 윤리강령 등을 제정하고 시행하는 것이 가능 |

## 85 정답 ④

출제영역 투자권유 > 직무윤리 > 직무윤리의 준수절차

임직원의 재산 가압류에 대한 보고는 준법감시인의 역할로 적절하지 않다.

**핵심개념** 준법감시인

• 이사회 및 대표이사의 지휘를 받아 업무 수행
• 내부통제기준의 적정성 점검
• 이사회 의결을 거쳐 임면, 해임 시에는 이사총수의 2/3 이상의 찬성으로 의결
• 사내이사 또는 업무집행자 중 선임, 임기는 2년 이상
• 임직원의 위법·부당행위에 대한 감사 및 보고
• 준법감시계획 수립 및 결과 보고
• 업무전반에 대한 접근 및 임직원에 대한 각종 자료나 정보의 제출 요구권
• 이사회 및 감사위원회 등 주요회의에 대한 참석 및 의견진술
• 준법감시 업무의 전문성 제고를 위한 연수프로그램 이수

## 86 정답 ②

출제영역 투자권유 > 투자자분쟁예방 > 금융투자상품 권유 판매 관련 의무

ⓛ, ⓒ은 손실보전금지 예외행위에 포함된다.

**핵심개념** 손실보전 등의 금지

| 구 분 | 내 용 |
|---|---|
| 개 요 | ※「자본시장법」제55조(손실보전 등의 금지)<br>금융투자업자는 금융투자상품의 매매, 그 밖의 거래와 관련하여 제103조 제3항에 따라 손실의 보전 또는 이익의 보장을 하는 경우, 그 밖에 건전한 거래질서를 해할 우려가 없는 경우로서 정당한 사유가 있는 경우를 제외하고는 다음의 어느 하나에 해당하는 행위를 하여서는 아니 된다. 금융투자업자의 임직원이 자기의 계산으로 하는 경우에도 또한 같다.<br>• 투자자가 입은 손실의 전부 또는 일부를 보전하여 줄 것을 사전에 약속하는 행위<br>• 투자자가 입은 손실의 전부 또는 일부를 사후에 보전하여 주는 행위<br>• 투자자에게 일정한 이익을 보장할 것을 사전에 약속하는 행위<br>• 투자자에게 일정한 이익을 사후에 제공하는 행위 |
| 손실보전금지 예외행위 | • 회사가 자신의 위법행위가 불명확한 경우 사적 화해의 수단으로 손실을 보상하는 행위<br>• 회사의 위법행위로 인해 회사가 손해를 배상하는 행위<br>• 분쟁조정 또는 재판상의 화해절차에 따라 손실을 보상하거나 손해를 배상하는 행위 |

## 87 정답 ④

출제영역 투자권유 > 투자자분쟁예방 > 금융투자상품 판매 관련 일반 기준

불공정영업행위에 대한 설명이다.

**핵심개념** 6대 판매원칙

| 구 분 | 내 용 |
|---|---|
| 적합성 원칙 | '일반' 금융소비자의 재산상황, 계약체결의 적합성 목적 및 경험정보를 면담·질문 등을 통해 파악하고, 적합하지 않은 경우 상품을 '권유'할 수 없음 |
| 적정성 원칙 | '일반' 금융소비자가 계약체결을 '권유받지 않고' 금융투자상품 등의 계약체결을 하려는 경우, 해당 금융상품이 일반금융소비자 원칙에 적정한지 여부를 면담·질문 등을 통하여 파악하고, 부적정한 경우 금융소비자에게 알리고 확인을 받아야 함 |
| 설명의무 | '일반' 금융소비자에게 계약체결을 권유하는 경우 및 일반금융소비자가 설명을 요청하는 경우, 중요사항을 일반금융소비자가 이해할 수 있도록 설명하고 설명서를 제공하여야 하며, 일반금융소비자가 이해하였음을 확인받아야 함 |

| 불공정영업행위 금지 | '모든' 금융소비자에게 우월적 지위를 이용하여 금융소비자의 권익을 침해하는 행위 금지 |
|---|---|
| 부당권유행위 금지 | '모든' 금융소비자에게 아래와 같이 부당한 계약체결을 '권유'하는 경우<br>• 단정적 판단의 제공<br>• 사실과 다르게 알리는 행위<br>• 투자판단에 중대한 영향을 미치는 사항 미고지<br>• 객관적 근거 없이 상품의 우수성 알림<br>• 고객 요청 없이 실시간 대화(방문, 유선 등)의 방법으로 투자권유<br>• 고객의 거절에도 지속적인 체결 권유<br>• 적합성 원칙 적용 |

## 88

정답 ①

출제영역 투자권유 > 투자자분쟁예방 > 개인정보보호법 관련 고객정보 처리

개인정보 처리로 인하여 발생한 피해를 신속하고 공정한 절차에 따라 구제받을 권리가 있는 것이지, 구상권을 청구할 권리가 있는 것은 아니다.

핵심개념 개인정보 처리와 관련한 정보주체의 권리
• 개인정보 처리에 관한 정보를 제공받을 권리
• 개인정보 처리에 관한 동의 여부, 동의 범위 등을 선택하고 결정할 권리
• 개인정보 처리 여부를 확인하고 개인정보에 대해 열람(사본의 발급을 포함)을 요구할 권리
• 개인정보의 처리 정지, 정정, 삭제 및 파기를 요구할 권리
• 개인정보 처리로 인해 발생한 피해를 신속하고 공정한 절차에 따라 구제받을 권리

## 89

정답 ①

출제영역 투자권유 > 투자자분쟁예방 > 개인정보보호법 관련 고객정보 처리

개인정보처리를 담당하는 직원정보는 정보주체에게 알려야 할 사항과 거리가 멀다.

핵심개념 개인정보 제공 시 정보주체에게 동의를 구하고 알려야 할 사항
• 개인정보를 제공받는 자
• 개인정보를 제공받는 자의 개인정보 이용 목적
• 제공하는 개인정보의 항목
• 개인정보를 제공한 자의 개인정보 보유 및 이용기간
• 동의를 거부할 권리가 있다는 사실 및 동의 거부에 따른 불이익이 있는 경우에는 그 불이익의 내용

## 90

정답 ③

출제영역 투자권유 > 투자자분쟁예방 > 개인정보보호법 관련 고객정보 처리

개인정보를 부정한 방법으로 취득하여 타인에게 제공하면 5년 이하의 징역 또는 5천만원 이하의 벌금에 처한다.

핵심개념 개인정보유출 시 처벌 내용
• 징벌적 손해배상제도가 도입되면서 피해액의 최대 3배까지 배상액을 중과
• 피해액을 입증하지 못해도 일정 금액을 보상받는 법정손해배상제도 도입
• 개인에 대해서도 개인정보를 부정한 방법으로 취득하여 타인에게 제공하면 5년 이하의 징역 또는 5천만원 이하의 벌금

## 91

정답 ④

출제영역 투자권유 > 투자자분쟁예방 > 분쟁조정제도

분쟁조정신청의 당사자는 결과에 중대한 영향을 미치는 사실이 나타난 경우 조정결정일로부터 30일 이내에 재조정 신청이 가능하다.

핵심개념 금융투자협회의 분쟁조정제도

| 구 분 | 내 용 |
|---|---|
| 분쟁조정제도 | • 협회 회원의 영업행위 관련 분쟁소송에 따른 비용과 시간의 문제점을 해결<br>• 당사자 간의 원만하고 신속한 분쟁해결을 유도함으로써 시장 참가자들의 편의제공을 위한 제도<br>• 분쟁 당사자는 분쟁조정위원회의 분쟁조정을 이용함으로써 공정하게 분쟁 해결 가능 |
| 취급업무 | • 회원의 영업행위와 관련한 분쟁조정<br>• 회원 간의 착오매매와 관련한 분쟁조정 |
| 분쟁조정 효력 | 당사자가 협회 분쟁조정위원회의 조정안을 수락한 경우 민법상 화해계약의 효력을 갖게 됨 |
| 분쟁조정 절차 | 분쟁조정신청 접수/통지 → 사실조사 → 합의권고 → 회부 전 처리 → 위원회 회부 → 심의 → 각하/조정결정 → 조정안 통지 → 조정의 성립 → 재조정 신청 |

## 92

정답 ②

출제영역 투자권유 > 투자자분쟁예방 > 분쟁조정제도

직접적인 이해관계가 있는 자가 조정신청을 한 경우가 회부 전 종결처리사유이다.

핵심개념 분쟁조정위원회 회부 전 처리(종결처리 사유)
• 수사기관이 수사 중이거나 법원에 제소된 경우
• 법원 또는 다른 분쟁조정기관에 조정신청을 한 경우
• 직접적인 이해관계가 없는 자가 조정신청을 하는 경우
• 동일한 내용으로 다시 신청되었거나 조정신청서상 신청인의 명의와 실제 신청인이 상이한 경우
• 협회의 사실조사를 정당한 사유 없이 거부하거나 사실조사 등을 통하여 신청서의 중요 내용이 허위임이 드러난 경우

• 조정신청의 내용이 관련법령, 판례 또는 조정선례 등에 비추어 명백하게 받아들일 수 없다고 인정되는 경우
• 조정신청의 내용이 분쟁조정의 대상으로서 적합하지 아니하다고 인정되는 경우
• 당사자 주장 또는 제출자료 등을 통한 사실조사로써 명백히 사실관계를 확정하기 곤란한 경우
• 신청인이 조정의 신청을 취하하는 경우

## 93      정답 ④

> 출제영역   투자권유 > 투자자분쟁예방 > 금융투자상품 관련 분쟁

금융투자상품의 내재적 특성은 ①, ②, ③이다.

**핵심개념** 금융투자상품의 내재적 특성

| 구 분 | 내 용 |
|---|---|
| 원금손실 가능성 | 투자실적에 따라 큰 수익을 얻을 수 있으나 투자원금뿐 아니라 투자금액을 초과한 손실 발생 가능 |
| 투자결과에 따른 본인 책임 | 투자결과는 모두 본인에게 귀속되므로 금융상품에 대해 충분히 이해한 후, 자신의 판단과 책임으로 투자해야 함 |
| 투자상품에 대한 지속적 관리 필요 | 투자상품의 고유특성에 따라 손익내역이 지속적으로 변화하므로 주기적 관리가 요구됨 |

## 94      정답 ②

> 출제영역   투자권유 > 투자자분쟁예방 > 금융투자상품 관련 분쟁

일임매매로 인해 고객충실의무 위반이 인정될 경우 민사상 손해배상책임이 발생할 수 있다.

**핵심개념** 금융투자상품 관련 분쟁의 유형

| 구 분 | 내 용 |
|---|---|
| 임의매매 | • 고객이 증권회사나 선물회사 직원에게 금융투자상품 관리를 맡기지 않았고, 금융투자회사 직원이 매매주문을 받지 않았음에도 고객 예탁자산으로 마음대로 매매한 경우<br>• 위반 시 민사상 손해배상책임이 발생하며, 해당 직원에 대한 처벌이 가능함 |
| 일임매매 | • 투자일임업자가 고객과 투자일임계약을 체결한 상태에서 당초의 일임계약 취지를 위반하여 수수료 수입목적 등 사유로 과도한 매매를 일삼은 경우 등 고객충실의무 위반이 인정될 수 있는 경우<br>• 위반 시 민사상 손해배상책임 발생 가능 |
| 부당권유 | • 금융투자회사나 겸영금융투자회사 직원이 고객에게 투자권유를 하면서 설명의무를 충실히 이행하지 않아 투자자가 위험성을 잘못 인식하거나, 과대한 위험성이 있는 투자를 부당하게 권유한 경우<br>• 위반 시 민사상 손해배상책임 발생 가능 |
| 펀드 등 금융투자상품 불완전판매 | • 금융투자상품의 불완전판매도 부당권유의 한 유형으로 분류되며, 이러한 추세는 점차 증대되고 있음<br>• 적합성의 원칙, 적정성의 원칙, 설명의무, 손실보전약정 금지 등을 종합적으로 고려하여 민법상 불법 행위 여부를 판단 |

## 95      정답 ③

> 출제영역   투자권유 > 투자자분쟁예방 > 증권투자 관련 주요 분쟁 사례

고객이 직원의 임의매매 사실을 알고도 즉시 이에 대한 배상요구를 하지 않았다고 하여 임의매매를 추인한 것으로 보기는 어렵다는 것이 판례의 입장이다.

**핵심개념** 임의매매
• 고객이 증권회사나 선물회사 직원에게 금융투자상품의 관리를 맡기지 않았고, 금융투자회사 직원이 매매주문을 받지 않았음에도 고객의 예탁자산으로 마음대로 매매한 경우
• 위반 시 민사상 손해배상책임이 발생하며, 해당 직원에 대한 처벌이 가능

## 96      정답 ③

> 출제영역   투자권유 > 투자권유와 투자권유 사례분석 > 투자자정보 파악 및 투자자성향 분석

주권상장법인이 장외파생상품 거래를 하는 경우 원칙적으로 일반 금융소비자로 보되, 해당 법인이 전문금융소비자와 같은 대우를 받겠다는 의사를 금융회사에 서면으로 통지한 경우 전문금융소비자로 본다.

## 97      정답 ②

> 출제영역   투자권유 > 투자권유와 투자권유 사례분석 > 투자권유 주요 내용

투자권유대행인은 투자자 성향 및 금융투자상품의 특성을 고려하여 장기투자가 유리하다고 판단되는 경우 장기투자를 권유할 수 있다.

**핵심개념** 투자권유대행인 금지행위
• 회사를 대리하여 계약을 체결하거나, 투자자를 대리해 계약을 체결하는 행위
• 투자자로부터 금전 · 증권, 그 밖의 재산을 수취하는 행위
• 회사로부터 위탁받은 투자권유대행업무를 제3자에게 재위탁하는 행위
• 투자자로부터 금융투자상품에 대한 매매권한을 위탁받는 행위
• 둘 이상의 회사와 투자권유 위탁계약을 체결하는 행위
• 회사가 이미 발행한 주식의 매수 또는 매도를 권유하는 행위
• 투자자를 대리하여 매매주문을 대리하거나 투자자 또는 그 대리인으로부터 매매주문을 수탁하는 행위
• 보수의 일부를 투자자에게 부당하게 지급(Rebate)하는 행위
• 투자권유대행인의 자격 또는 명의를 대여하는 행위 등

## 98

정답 ③

출제영역   투자권유 > 투자권유와 투자권유 사례분석 > 재무설계란

재무설계는 가계나 개인의 재무목표에 기초한 전반적인 재무문제를 해결하기 위해 통합적인 계획과 개발에 중점을 둔다.

**핵심개념** 재무설계

| 구 분 | 내 용 |
|---|---|
| 개 념 | • 재정적인 자원을 적절하게 관리함으로써 삶의 목표를 달성해 가는 과정<br>• 현재 재정상태를 파악하여 앞으로 필요한 것과 해야 할 일이 무엇인지 알아내고, 이를 실행함으로써 적절한 재정정보를 모아 목표를 달성하도록 전략 · 계획을 마련하는 것 |
| 특 징 | • 재무설계는 계획이다 : 개인 재무관리도 모든 재무 관련 의사결정의 지침을 세워 주는 재무설계에서 시작됨<br>• 재무설계는 일생동안의 과정이다 : 재무설계는 단기에 걸쳐서만 세우는 계획이 아니라 일생 동안 지속적으로 이루어져야 함<br>• 재무설계는 체계적 접근 및 전략이 필요하다 : 단순히 소득이 증가한다고 해서 재무문제가 해결 가능한 것은 아님 |

## 99

정답 ④

출제영역   투자권유 > 투자권유와 투자권유 사례분석 > 개인 재무설계의 목표

재무관리 능력 향상은 재무설계의 목표로 적절하지 않다. 재무설계의 목표는 5가지로 (1) 소득과 부의 극대화 (2) 효율적 소비의 실천 (3) 재무 생활만족의 발견 (4) 재무 안전감의 달성 (5) 노후대비를 위한 부의 축적이다.

**핵심개념** 개인 재무설계의 목표

| 구 분 | 내 용 |
|---|---|
| 소득과 부의 극대화 | • 부는 화폐, 자산, 투자자원 등의 풍요를 의미<br>• 부의 극대화를 달성하려면 소득을 극대화해야 하며, 자산소득을 극대화하려면 투자 선택이 중요 |
| 효율적 소비의 실천 | 효율적 소비를 실천하기 위해서는 효율적 재무관리를 위한 기능 및 기법을 개발해야 함 → 지출, 저축, 투자를 위한 돈이 더 많아짐 |
| 재무 생활만족의 발견 | 생활만족을 달성하려면 직업선택, 상품구매 등 재무와 관련된 의사결정을 해야 하며, 재무적 성공은 더 높은 생활의 질의 수단이 됨 |
| 재무 안전감의 달성 | • 재무 안전감이 있는 사람은 돈 관련 문제에 자신감이 있고, 재무문제에 관한 걱정에서 자유로워짐<br>• 재무 안전감을 달성하려면 장 · 단기 목표(지출, 대출, 저축, 투자 등)를 세우고, 우선순위를 정해야 함 |
| 노후대비를 위한 부의 축적 | 은퇴 후 일반적 목표는 편안한 생활양식으로 사는 데 충분한 노후소득을 갖는 것 |

## 100

정답 ②

출제영역   투자권유 > 투자권유와 투자권유 사례분석 > 노인가계의 재무설계

여유자산이 있는 경우에는 자산관리가 필요하나 생활비도 빠듯한 경우라면 자산관리보다 지출관리가 더 중요하다.

정답 및 해설

# 제2회 정답 및 해설

| 01 | 02 | 03 | 04 | 05 | 06 | 07 | 08 | 09 | 10 |
|----|----|----|----|----|----|----|----|----|----|
| ② | ① | ② | ③ | ④ | ① | ③ | ③ | ④ | ① |
| 11 | 12 | 13 | 14 | 15 | 16 | 17 | 18 | 19 | 20 |
| ③ | ③ | ① | ② | ④ | ④ | ② | ② | ① | ③ |
| 21 | 22 | 23 | 24 | 25 | 26 | 27 | 28 | 29 | 30 |
| ④ | ④ | ② | ① | ② | ② | ① | ③ | ③ | ③ |
| 31 | 32 | 33 | 34 | 35 | 36 | 37 | 38 | 39 | 40 |
| ④ | ④ | ④ | ① | ③ | ① | ④ | ② | ③ | ② |
| 41 | 42 | 43 | 44 | 45 | 46 | 47 | 48 | 49 | 50 |
| ③ | ① | ② | ③ | ② | ④ | ① | ③ | ② | ② |
| 51 | 52 | 53 | 54 | 55 | 56 | 57 | 58 | 59 | 60 |
| ③ | ③ | ② | ③ | ④ | ② | ③ | ④ | ② | ④ |
| 61 | 62 | 63 | 64 | 65 | 66 | 67 | 68 | 69 | 70 |
| ③ | ② | ③ | ① | ③ | ② | ① | ② | ④ | ① |
| 71 | 72 | 73 | 74 | 75 | 76 | 77 | 78 | 79 | 80 |
| ④ | ③ | ④ | ① | ① | ④ | ② | ① | ① | ③ |
| 81 | 82 | 83 | 84 | 85 | 86 | 87 | 88 | 89 | 90 |
| ③ | ③ | ① | ④ | ④ | ④ | ④ | ④ | ① | ② |
| 91 | 92 | 93 | 94 | 95 | 96 | 97 | 98 | 99 | 100 |
| ④ | ① | ④ | ② | ③ | ④ | ② | ④ | ③ | ② |

## 금융투자상품 및 증권시장(30문항)

### 01
정답 ②

**출제영역** 금융투자상품 및 증권시장 > 금융투자상품 > 금융투자회사

위탁매매업무로서 고객의 매매주문을 받아 증권회사의 명의와 고객의 계산으로 금융투자상품의 매매를 행한다.

**핵심개념** 증권회사 업무

| 구분 | 내용 |
|------|------|
| 위탁매매<br>업무 | 증권 및 파생상품 등 금융투자상품에 대한 투자중개업무로서 고객의 매매주문을 성사시키고 수수료를 받는 업무 (Brokerage)로서 (1) 위탁매매 (2) 매매의 중개·대리 (3) 위탁의 중개·주선·대리 세 가지 형태로 이루어짐 |

| | 위탁매매 | 고객의 매매주문을 받아 증권회사의 명의와 고객의 계산으로 금융투자상품의 매매를 행하는 업무 → 매매거래에 따른 손익은 위탁자인 고객에게 귀속되며 증권회사는 고객으로부터 일정한 위탁수수료를 받음 |
|---|---|---|
| 위탁매매<br>업무 | 매매의<br>중개·대리 | 타인 간 금융투자상품의 매매가 성립되도록 노력하거나, 고객을 대리하여 매매를 하고 수수료를 받는 업무 → 증권회사가 명의상으로나 계산상으로 매매 당사자가 되지 않음 |
| | 위탁의<br>중개·주선<br>·대리 | 거래소 회원이 아닌 비회원인 증권회사는 회원인 증권회사를 통하여 고객의 위탁매매주문을 중개·주선·대리해주고 고객으로부터 받는 수수료를 회원인 증권회사와 배분함 |
| 자기매매<br>업무 | | 투자매매업무로서 자기명의와 자기계산으로 인적·물적 시설을 갖추고 지속적·반복적으로 금융투자상품을 매매하는 업무 |
| 인수주선<br>업무 | | 투자매매업무로서 증권회사가 신규 발행된 증권을 매출할 목적으로 취득하는 업무 |
| | 인수형태 | 모집 | 50인 이상 투자자에게 새로 발행되는 증권에 대해 취득의 청약을 권유 |
| | | 매출 | 이미 발행된 증권에 대한 매도 또는 매수청약 권유 |
| | | 사모 | 49인 이하의 투자자에게 취득의 청약을 권유 |
| | 주선 | | 증권회사가 제3의 위탁에 의해 모집·매출을 주선하는 업무 |
| 펀드판매<br>업무 | | 증권회사가 투자중개업자로서 펀드에서 발행하는 수익증권 등을 투자자에게 판매하는 업무 |
| 자산관리<br>업무 | | 투자자문 및 투자일임업자로서 투자자에게 랩어카운트 및 CMA 서비스 등을 제공하는 업무<br>• 랩어카운트 : 고객의 증권거래, 고객에 대한 자문 등 통합 서비스를 제공하고 고객예탁재산의 평가액에 비례하여 연간 단일보수율로 산정한 요금(Fee)를 징수하는 업무<br>• CMA 서비스 : 고객과 사전 약정에 따라 예치자금이 MMF, RP 등 특정 단기금융상품에 투자되도록 설계한 CMA 계좌를 고객예탁금 계좌와 연계하여 수시입출, 급여이체, 신용카드 결제대금 납부 등의 부가서비스를 제공 |
| 신용공여<br>업무 | | 증권회사가 증권거래와 관련하여 고객 증권의 매수에 대한 금전의 융자·매도에 대한 대주를 해주는 신용거래업무 및 예탁된 증권을 담보로 하는 대출업무 |

## 02

정답 ①

**출제영역** 금융투자상품 및 증권시장 > 금융투자상품 > 보험회사

생사혼합보험은 생명보험상품이며, 생명보험상품은 피보험자를 기준으로 개인보험과 단체보험으로 구분되고, 개인보험은 보험금 지급조건에 따라 사망보험, 생존보험 및 생사혼합보험(양로보험) 으로 세분된다.

손해보험사가 취급하고 있는 보험종목은 부보위험의 대상에 따라 화재, 해상, 자동차, 보증, 특종, 연금, 장기저축성 및 해외원보험 등 8가지로 구분된다.

## 03

정답 ②

**출제영역** 금융투자상품 및 증권시장 > 금융투자상품 > 예금성 금융상품

정기예금에 대한 설명이다.

① 정기적금 : 일정한 기간 후에 일정한 금액을 지급할 것으로 약 정하고 매월 특정일에 일정액을 적립하는 예금

③ 보통예금 : 가입대상, 예치금액, 예치기간 등에 아무 제한 없이 자유롭게 거래할 수 있는 예금

④ 당좌예금 : 은행과 당좌계약거래를 체결한 자가 일반 상거래로 취득한 자금을 은행에 예치하고, 예치 잔액이나 당좌대출 한도 의 범위 내에서 거래은행을 지급인으로 하는 당좌수표 또는 거 래은행을 지급장소로 하는 약속어음을 발행할 수 있는 예금

## 04

정답 ③

**출제영역** 금융투자상품 및 증권시장 > 금융투자상품 > 투자성 금융상품

모자형 집합투자기구는 동일한 자산운용사의 집합투자기구를 상 하구조로 나누어 하위(子펀드) 투자기구의 집합투자증권을 투자 자에게 매각하고, 매각된 자금을 대부분 상위(母펀드) 투자기구에 투자한다. 또한 실제 증권에 대한 투자는 상위(母펀드) 투자기구 에서 발생된다.

## 05

정답 ④

**출제영역** 금융투자상품 및 증권시장 > 금융투자상품 > 투자성 금융상품

상장지수펀드(ETF)는 안정적인 수익률이 장점인 인덱스펀드에 개 별주식의 높은 환금성이 더해진 펀드로 특정 주가지수의 움직임을 따라가도록 운용된다.

① 종류형 집합투자기구 : 동일한 투자기구 내에서 다양한 판매보 수 또는 수수료 구조를 가진 클래스를 만든 집합투자기구이다.

② 전환형 집합투자기구 : 다양한 자산과 투자전략을 가진 투자기 구를 묶어 하나의 투자기구 세트를 만들고, 투자자로 하여금 그 투자기구 세트 내에 속하는 다양한 투자기구 간에 교체 투 자가 가능하다.

③ 모자형 집합투자기구 : 동일한 자산운용사의 집합투자기구를 상하구조로 나누어 하위 투자기구의 집합투자증권을 투자자에 게 매각하고, 매각된 자금으로 조정된 자금을 거의 대부분 상 위 투자기구에 투자한다.

## 06

정답 ①

**출제영역** 금융투자상품 및 증권시장 > 금융투자상품 > 투자성 금융상품

파생결합증권에 연계되는 기초자산으로는 금융투자상품, 통화(외 국의 통화 포함), 일반상품(농산물·축산물·수산물·광산물 등), 신용위험, 가격 이자율 지표, 단위의 산출이나 평가가 가능한 것 이 포함된다. 다만 교환사채, 전환사채, 신주인수권부사채 등 신 종채권은 제외된다.

## 07

정답 ③

**출제영역** 금융투자상품 및 증권시장 > 금융투자상품 > 투자성 금융상품

주식워런트증권 발행 이후 행사가격은 변하지 않기 때문에 특정한 주식워런트증권을 선택하고 나면, 행사가격은 주식워런트증권 가 격에 영향을 주지 않게 된다.

**핵심개념** 주가워런트증권(ELW)의 가격결정요인

| 구 분 | 내 용 |
|---|---|
| 기초자산가격 | • 콜워런트 : 기초자산가격 상승 → 주식워런트증권 가격 상승<br>• 풋워런트 : 기초자산가격 하락 → 주식워런트증권 가격 상승 |
| 권리행사가격 | • 콜워런트 : 권리행사가격 하락 → 주식워런트증권 가격 상승<br>• 풋워런트 : 권리행사가격 상승 → 주식워런트증권 가격 상승<br>※ 주식워런트증권 발행 이후 행사가격은 변하지 않으므로 특정 주식워런트증권을 선택하면 행사가 격은 주식워런트증권 가격에 영향을 주지 않음 |
| 기초자산가격의 변동성 | 기초자산가격의 변동성이 클수록 콜, 풋 주식워런트 증권 모두 가격은 높아짐 |
| 만기까지의 잔존기간 | 잔존기간이 길수록 콜, 풋 주식워런트증권 모두 가격 은 높아짐 |
| 금 리 | • 금리는 주식워런트증권 거래에서 발생하는 기회비 용을 의미<br>• 콜워런트 : 금리가 높아질수록 가격이 높아짐<br>• 풋워런트 : 금리가 낮아질수록 가격이 높아짐<br>※ 주식워런트증권의 가격 형성에 금리는 미미한 영 향을 끼침 |
| 배 당 | • 콜 주식워런트증권 : 배당이 클수록 가격이 낮아짐<br>• 풋 주식워런트증권 : 배당이 클수록 가격은 높아짐<br>※ 배당을 하면 주가가 낮아짐 |

## 08

정답 ③

출제영역 금융투자상품 및 증권시장 > 금융투자상품 > 투자성 금융상품

만기 이전 중도상환(해지) 가능하다. 다만 투자원금의 손실을 초래할 수 있다.

## 09

정답 ④

출제영역 금융투자상품 및 증권시장 > 금융투자상품 > 기타 금융상품

연금저축은 개인의 노후생활 및 장래의 생활안정을 목적으로 일정금액을 적립하여 연금으로 원리금을 수령할 수 있는 장기금융상품이다. 상품의 종류로는 은행에서 가입하는 연금저축신탁, 증권사 및 자산운용사에서 가입가능한 연금저축펀드, 보험사에서 가입가능한 연금저축보험이 있다. 현재 연금저축신탁은 신규판매가 중단된 상태이다.

## 10

정답 ①

출제영역 금융투자상품 및 증권시장 > 금융투자상품 > 예금보험제도

보통예금, 기업자유예금, 별단예금, 당좌예금 등 요구불예금은 예금자보호 대상 상품에 해당된다.

## 11

정답 ③

출제영역 금융투자상품 및 증권시장 > 유가증권시장 및 코스닥시장 > 발행시장의 기능

50인 이상의 투자자에게 이미 발행된 증권의 매도의 청약을 하거나 매수의 청약을 권유하는 것은 매출이다. 모집은 50인 이상의 투자자에게 새로 발행된 증권의 매도의 청약을 하거나 매수의 청약을 권유하는 것이다.

핵심개념 증권의 모집과 매출 기준인 50인 산출 시 제외되는 자

| 구 분 | 내 용 |
|---|---|
| 전문가 | • 전문투자자<br>• 법률에 따라 기금 및 그 기금을 관리 운용하는 법인과 공제사업을 경영하는 법인 중 금융위원회가 정하여 고시하는 자<br>• 「공인회계사법」에 의한 회계법인<br>• 「자본시장법」에 따라 인가받은 신용평가회사<br>• 발행인에게 회계, 자문 등의 용역을 제공하고 있는 회계사, 감정인, 변호사, 변리사, 세무사 등<br>• 「중소기업창업지원법」에 따른 중소기업창업 투자회사<br>• 그 밖에 발행인의 재무상황이나 사업내용 등을 잘 알 수 있는 전문가 |

| 연고자 | • 최대주주 및 5% 이상 주주<br>• 발행인의 임원 및 「근로복지기본법」에 따른 우리사주조합원<br>• 발행인의 계열회사와 그 임원<br>• 발행인이 주권비상장법인인 경우 그 주주<br>• 외국기업인 발행인이 국내 계열회사의 임직원에게 해당 외국기업의 주식을 매각하는 경우 그 국내 계열회사의 임직원<br>• 발행인이 설립 중인 회사의 경우에는 그 발기인<br>• 기타 발행인의 재무상황이나 사업내용 등을 잘 알 수 있는 연고자 |
|---|---|

## 12

정답 ③

출제영역 금융투자상품 및 증권시장 > 유가증권시장 및 코스닥시장 > 기업공개 절차와 실무

① 거래소의 유가증권시장에 상장하고자 하는 법인은 최근 3사업연도, 코스닥시장에 상장하고자 하는 법인은 최근 1사업연도의 재무제표에 대해 외부감사인에게 감사를 받아야 한다.

② 대표주관회사는 계약 체결 후 5영업일 이내에 이를 금융투자협회에 신고해야 한다.

④ 증권신고서는 금융위원회가 이를 수리한 날부터 15일이 경과하면 그 효력이 발생하며, 모집·매출가액 및 이와 관련한 사항의 변경으로 인해 정정신고서를 제출한 경우 정정신고서가 수리된 날로부터 3일 경과 후 효력이 발생한다.

## 13

정답 ①

출제영역 금융투자상품 및 증권시장 > 유가증권시장 및 코스닥시장 > 상장의 의의, 효과 및 혜택

기업공개(IPO)란 개인이나 소수의 주주로 구성되어 있는 기업이 주식의 분산요건 등 거래소시장에서 신규상장하기 위해 일정 요건을 충족시킬 목적으로 행하는 공모 행위이다. 기업공개는 거래소시장의 상장을 위한 준비 단계이다.

핵심개념 상장의 효과 및 상장기업의 혜택

| 구 분 | 내 용 |
|---|---|
| 상장효과 | • 직접자금 조달기회 및 능력의 증대<br>• 기업의 홍보 효과와 공신력 제고<br>• 종업원의 사기진작과 경영권의 안정효과<br>• 투자자본의 회수효과<br>• 소유와 경영의 분리 가속화<br>• 구조조정의 추진 용이 |

| 상장혜택 | • 주식 양도소득세 비과세 적용<br>• 주식매수청구권 행사<br>• 주식의 발행 및 배정 등에 관한 특례<br>• 우리사주조합원에 대한 우선배정<br>• 액면미달발행에 대한 특례<br>• 조건부자본증권의 발행<br>• 이익배당/주식배당의 특례<br>• 의결권이 없거나 제한되는 주식의 발행 한도 특례<br>• 보증금 등의 대신 납부<br>• 주주총회 소집절차의 간소화<br>• 증권거래세 탄력세율 적용<br>• 상속 및 증여재산의 평가기준 |
|---|---|

## 14

정답 ②

**출제영역** 금융투자상품 및 증권시장 > 유가증권시장 및 코스닥시장 > 상장의 종류

주권종목, 액면금액, 주식수량 등이 변경된 경우 변경상장을 통해 상장할 수 있다.

추가상장은 기상장된 주권의 발행인이 새로이 주권을 발행하여 상장하는 것으로 유·무상증자, 기업합병, 전환사채권 권리행사, 주식배당, 예탁증권발행 시 상장한다.

**핵심개념** 상장의 종류

| 구 분 | 내 용 |
|---|---|
| 신규상장 | • 주권의 발행인이 상장되어 있지 않은 주권을 처음 증권시장에 상장하는 것<br>• 거래소에 상장예비심사 결과 적격통보를 받은 법인은 모집이나 매출(공모)을 통해 자금 조달 후 상장 |
| 추가상장 | 기상장된 주권의 발행인이 증자, 기업합병, 전환사채권 등의 권리행사, 주식배당 등의 사유로 새로이 주권을 발행하여 상장하는 것 |
| 변경상장 | 당해 주권종목, 액면금액, 주식수량(자본감소, 병합 등의 사유로 주식수 감소) 등이 변경된 경우 해당 종목명 등을 변경하는 것 |
| 재상장 | • 신규상장요건보다는 완화된 요건을 적용<br>• 재상장 신청 시기<br>  – 상장폐지된 법인 : 상장이 폐지된 날로부터 5년 이내<br>  – 분할·분할합병에 의해 설립된 법인 : 분할·분할합병을 위한 이사회 결의 후 지체 없이 진행<br>• 일반 재상장 : 유가증권시장에서 상장이 폐지된 보통주권의 발행인이 상장폐지일부터 5년 이내에 해당 보통주권을 다시 상장하는 것<br>• 분할 재상장 : 보통주권 상장법인의 분할 및 분할합병에 따라 설립된 법인의 보통주권을 상장하는 것<br>• 합병 재상장 : 보통주권 상장법인 간의 합병에 따라 설립된 법인의 보통주권을 상장하는 것 |
| 우회상장 | 주권상장법인이 주권비상장법인과 합병하거나 포괄적 주식교환 등의 사유로 신규상장 심사 절차를 거치지 않고 바로 증권시장에 진입하는 것 |

## 15

정답 ④

**출제영역** 금융투자상품 및 증권시장 > 유가증권시장 및 코스닥시장 > 신규상장 심사요건

유통주식수는 분할 및 분할합병으로 인한 재상장법인의 재상장요건에 해당한다.

**핵심개념** 신규상장 심사요건

| 구 분 | 내 용 |
|---|---|
| 형식적 요건 | 영업활동 및 실적, 주주분포 등 상장예비심사를 신청할 수 있는 자격 요건(양적·외형 요건)으로, 요건 미비 시 상장예비신청 불가능 |
| 질적 심사요건 | • 형식적 심사요건을 충족한다는 전제하에 거래소에서 심사하는 자격 요건<br>• 기업의 계속성, 경영의 투명성·안정성, 투자자보호 등의 기준에서 심사 |
| 상장 심사요건 항목 | • 영업활동 기간<br>• 기업규모 및 상장예정주식 수<br>• 주식분산 요건<br>• 경영성과<br>• 감사인의 감사의견<br>• 자본상태<br>• 주식양도제한 |

## 16

정답 ②

**출제영역** 금융투자상품 및 증권시장 > 유가증권시장 및 코스닥시장 > 상장폐지

최근 연매출액이 2년 연속으로 30억원 미만인 경우에는 코스닥시장에서의 퇴출요건에 해당한다.

## 17

정답 ②

**출제영역** 금융투자상품 및 증권시장 > 유가증권시장 및 코스닥시장 > 불성실공시

① 불성실공시법인으로 지정된 경우, 거래소는 해당 법인이 발행한 주권의 매매거래를 1일간 정지한다.

③ 거래소는 불성실공시법인에 대하여 총 10억원 한도에서 공시위반제재금을 부과할 수 있다(코스닥시장은 5억원).

④ 고의, 중과실 또는 상습적으로 공시의무를 위반한 경우에는 벌점당 3,000만원씩 추가부과할 수 있다(코스닥시장은 1,000만원).

**핵심개념** 불성실공시법인에 대한 제재

| 구 분 | 내 용 |
|---|---|
| 매매거래 정지 | • 매매거래 1일간 정지<br>• 다만, 부과벌점이 10점 미만(코스닥 8점)인 경우에는 매매거래 정지 제외 |
| 불성실공시법인 지정사실 및 부과벌점의 공표 | • 불성실공시법인으로 지정되었음을 투자자에게 공표<br>• 공표기간 : 5점 미만 1주일, 5~10점 미만 2주일, 10점 이상 1개월 |
| 공시위반 제재금 부과 | • 총 10억원(코스닥 5억원) 한도에서 공시위반 제재금 부과<br>• 고의, 중과실, 상습적 공시의무 위반 : 벌점당 3,000만원(코스닥 1,000만원) 추가 부과<br>• 최종 부과벌과금이 5점 미만인 경우 고의·중과실이 아닌 경우에는 벌점당 400만원의 제재금으로 대체 가능 |
| 개선계획서 제출 요구 | • 대상 : 누계벌점이 15점 이상인 법인<br>• 공시의무 위반 재발방지에 대한 기업의 개선계획서 및 이행보고서의 제출 요구 |
| 공시책임자 및 담당자 교육 | 거래소가 시행하는 불성실공시 재발방지 및 예방을 위한 교육을 의무적으로 이수 |
| 관리종목 지정 및 상장폐지 | 불성실공시와 관련하여 과거 1년간 누계벌점이 15점 이상이면 관리종목으로 지정, 이후 1년간 15점 이상 추가되면 상장폐지 |
| 공시책임자 등 교체 요구 | 고의 또는 상습적인 불성실공시 행위자에 대해 공시책임자 등의 교체 요구 가능 |

## 18 정답 ②

**출제영역** 금융투자상품 및 증권시장 > 유가증권시장 및 코스닥시장 > 호가

종목, 수량을 지정하되 가격은 지정하지 않은 주문은 시장가 주문이다.

**핵심개념** 호가(주문)의 종류

| 구 분 | 내 용 |
|---|---|
| 지정가 주문 | 투자자가 지정한 가격 또는 그보다 유리한 가격으로 매매거래를 하고자 하는 주문<br>• 매수 지정가 주문 : 투자자가 지정한 가격이나 그보다 낮은 가격이면 매매거래 가능<br>• 매도 지정가 주문 : 투자자가 지정한 가격이나 그보다 높은 가격이면 매매거래 가능 |
| 시장가 주문 | • 종목, 수량은 지정하고 가격은 지정하지 않는 주문<br>• 현재 시장에서 거래되는 가격으로 즉시 매매거래를 하고자 하는 주문(체결가격과는 무관함)<br>• 지정가 주문에 우선하여 매매체결, 주문수량 전량이 해소될 때까지 매매체결 순서가 가장 우선하는 상대방 주문부터 순차적으로 체결 |

| 조건부지정가 주문 | • 정규시장 매매거래시간(09:00~15:20) 중에는 지정가 주문으로 매매에 참여<br>• 당해 주문수량 중 잔여수량은 종가 결정을 위한 매매거래 시(장종료 10분 전 단일가매매) 자동으로 시장가 주문으로 전환 |
|---|---|
| 최유리지정가 주문 | 상대방 최우선호가의 가격으로 즉시 체결이 가능하도록 주문접수 시점의 상대방 최우선호가의 가격으로 지정되는 주문<br>• 매도의 경우 : 주문접수 시점에 가장 높은 매수주문 가격으로 지정가 주문<br>• 매수의 경우 : 주문접수 시점에 가장 낮은 매도주문 가격으로 지정가 주문 |
| 최우선지정가 주문 | 주문접수 시점에 호가장에 기재되어 있는 자기 주문 방향의 최우선 호가가격으로 주문<br>• 매도의 경우 : 주문접수 시점에 가장 낮은 매도주문 가격으로 지정가 주문<br>• 매수의 경우 : 주문접수 시점에 가장 높은 매수주문 가격으로 지정가 주문 |
| 목표가 주문 | 향후 결정될 가격 또는 그와 근접한 가격으로 매매체결을 원하는 경우, 투자자가 목표로 하는 가격과 최대한 비슷하게 체결될 수 있도록 하는 주문<br>※ 목표가 주문과 관련된 호가유형은 별도로 존재하지 않으며, 회원사는 투자자 주문을 지정가 또는 시장가 호가로 분할 제출 |
| 경쟁대량매매 주문 | 종목 및 수량은 지정하되 체결가격은 당일의 거래량 가중평균가격(VWAP)으로 매매거래를 하고자 하는 주문<br>※ 대량매매제도의 한 유형으로 최소수량요건 등이 적용되며, 별도의 시장에서 비공개로 매매체결 |

## 19 정답 ①

**출제영역** 금융투자상품 및 증권시장 > 유가증권시장 및 코스닥시장 > 매매거래의 중단

② Random End는 모든 단일가매매 시 가격 결정을 위한 호가접수시간을 정규마감시간 이후 30초 이내의 임의시간까지 연장하여 매매체결 시점이 임의적으로 결정되도록 하는 제도이다.
③ 정적 VI는 호가제출 시점 직전에 체결된 단일가 체결 가격을 참조 가격으로 하여, 동 참조가격 대비 10% 이상 변동한 경우 발동된다.
④ 단일가매매 시 동적 VI가 발동되면 당해 단일가매매를 위한 호가접수시간이 2분간 연장된다.

## 20

정답 ③

출제영역 금융투자상품 및 증권시장 > 유가증권시장 및 코스닥시장 >
안정적 주가형성을 위한 시장관리제도

사이드카(Sidecar) 발생 시 프로그램매매호가가 5분간 정지된다.

**핵심개념** 프로그램매매호가 효력의 일시정지 제도(Sidecar)

| 구 분 | 내 용 |
|---|---|
| 의 의 | 파생상품시장에서 선물가격이 급등락할 경우 프로그램매매가 주식시장(현물시장)에 미치는 충격을 완화하기 위해, 주식시장 프로그램매매호가의 효력을 일시적으로 정지시키는 제도 |
| 발동기준 | • 유가증권시장 : 코스피200지수선물 가격이 기준가격 대비 5% 이상 상승 또는 하락하여 1분간 지속되는 경우<br>• 코스닥시장 : 코스닥150지수선물 가격이 기준가격 대비 6% 이상 상승 또는 하락하고 코스닥150지수가 기준가격 대비 3% 이상 상승 또는 하락하여 1분간 지속되는 경우<br>• 매수·매도 구분 없이 1일 1회 한해 발동되며, 장 개시 후 5분이 경과한 시점부터 발동 기준을 계산하므로 실제로는 장 개시 후 6분 후부터 발동 |
| 발동효력 | 상승의 경우 프로그램 매수호가, 하락의 경우 프로그램 매도호가의 효력을 5분간 정지 |
| 해제기준 | • 프로그램매매호가의 효력정지 시점부터 5분이 경과한 경우<br>• 장종료 40분 전인 경우<br>• 프로그램매매호가의 효력정지 시간 중 주식시장 매매거래 중단(Circuit Breakers) 또는 임시정지된 경우에는 매매거래가 재개된 경우 |

## 21

정답 ④

출제영역 금융투자상품 및 증권시장 > 채권시장 > 채권의 기본적 구조와 분류

복리채, 단리채, 할인채는 일단 발행되면 만기 시점을 제외하고는 현금흐름이 발생하지 않지만, 이표채는 만기 이전에도 이자 혹은 원금이 지급됨으로써 만기 시점 이외에서도 여러 차례의 현금흐름이 발생한다.

**핵심개념** 이자 및 원금지급방법에 따른 분류

| 구 분 | 내 용 |
|---|---|
| 복리채 | ※ **만기이전 현금흐름 발생하지 않음**<br>• 종류 : 제1종 국민주택채권, 제2종 국민주택채권 및 지역개발채권 등<br>• 특 징<br>　－ 채권 발행 후 만기까지 이자 지급 단위기간의 수만큼 복리로 이자가 재투자 → 만기 시 원금과 이자가 동시에 지급<br>　－ 채권의 표면이율이 동일해도 재투자 횟수가 늘어나면 채권의 만기상환액은 증가 |
| 단리채 | ※ **만기이전 현금흐름 발생하지 않음**<br>• 종류 : 은행채의 일부, 주택금융공사, MBS와 같은 자산유동화증권 등<br>• 특 징<br>　－ 발생된 이자가 재투자되지 않음<br>　－ 단리방식에 의한 이자와 원금이 만기에 일시 지급되는 원리금 지급 방식 |
| 할인채 | ※ **만기이전 현금흐름 발생하지 않음**<br>• 종류 : 통화안정증권, 금융채 등<br>• 특징 : 만기까지의 총이자를 채권 발행 시 미리 공제하는 방식으로 선지급 |
| 이표채 | ※ **만기이전 현금흐름 발생**<br>• 종류 : 국채와 금융채 일부, 회사채 등<br>• 특 징<br>　－ 국채를 이표채로 발행한 경우 이자지급 단위기간은 6개월<br>　－ 정해진 단위기간마다 이자를 주기적으로 지급<br>　－ 채권의 권면에 이표가 붙어 있어 이자지급일에 이 이표를 떼어내서 이자를 지급받음 |

## 22

정답 ④

출제영역 금융투자상품 및 증권시장 > 채권시장 > 유통시장

증권회사를 통해 이루어지는 대고객 상대매매의 결제방법은 매도자와 매수자가 협의하여 매매 계약을 체결한 날 익일부터 30영업일 이내에 할 수 있지만 익일결제가 보편적으로 이루어지고 있다.

## 23

정답 ②

출제영역 금융투자상품 및 증권시장 > 채권시장 > 채권가격 결정과정

• 복리채 만기상환금 = $10,000 \times (1 + 0.04/4)^{3 \times 4}$ = 11,268원
• 복리채의 매매단가 : 먼저 만기상환금액을 계산한 후 만기상환금액을 채권 만기수익률과 잔존기간으로 할인하여 채권 매매단가를 계산한다.

**핵심개념** 복리채 만기수익률 계산

| 구 분 | 내 용 |
|---|---|
| 1단계<br>만기상환금액 계산 | • 10,000(액면가) $\times$ (1 + 표면금리)$^N$ = 만기상환금액<br>　N = 발행일 ~ 만기일까지 기간<br>※ 금융복리채(중도이자지급)의 경우 : 표면금리 / 연간 이자지급 횟수<br>　N $\times$ 연간 이자지급 횟수 |
| 2단계<br>채권 매매단가 계산 | • 만기상환금액 / (1 + 만기수익률)$^N$ = 채권매매단가<br>　N = 잔존기간(매매일 ~ 만기일까지 기간) |

　　　　정답 및 해설

## 24

정답 ①

출제영역 금융투자상품 및 증권시장 > 채권시장 > 소극적 투자전략

ⓒ 만기보유전략은 채권을 매입하여 만기까지 보유하는 매우 단순한 전략이다.

ⓔ 면역전략은 이자율 변동과 관계없이 목표수익률을 달성하기 위한 전략이다.

## 25

정답 ②

출제영역 금융투자상품 및 증권시장 > 채권시장 > 전환사채

전환권 행사 후 사채가 소멸되는 전환사채와는 달리 신주인수권부사채는 신주인수권의 행사 후에도 사채가 존속할 수 있다.

## 26

정답 ②

출제영역 금융투자상품 및 증권시장 > 채권시장 > 기업어음

전자적 방식으로 등록한 채무증권은 전자단기사채이며, 전자적으로 등록되므로 실물증권의 발행이 금지된다.

## 27

정답 ①

출제영역 금융투자상품 및 증권시장 > 기타증권시장 > 코넥스시장의 상장제도

유가증권시장 및 코스닥시장과 달리 코넥스시장은 보호예수의무를 부과하지 않는다. 다만, 특례상장으로 상장한 기업(스타트업기업부 소속 상장사)에 한하여 상장에 동의한 기관투자자에 대해서는 6개월간 보호예수의무를 부과한다.

**핵심개념** 코넥스시장의 상장제도 특징

| 구 분 | 내 용 |
| --- | --- |
| 완화요건 적용 | 중소기업 전용 신시장으로, 유가증권시장 및 코스닥시장보다 진입요건을 대폭 완화 |
| 지정기관투자자 제도의 도입 | 지정기관투자자(다수인 전원)에게 특례상장에 대한 동의를 얻어야 함 |
| 지정자문인의 상장적격성 판단 | • 증권에 대한 인수업 인가를 받은 모든 금융투자업자(거래소 회원)와 지정자문인 선임계약을 체결한 이후 신규 상장신청 가능<br>• 지정자문인이 기업의 상장적격성을 판단, 한국거래소 심사는 최소화<br>• 지정자문인이 상장적격성 판단을 상장신청 전에 완료 → 상장신청 이후 신규상장까지의 소요기간이 15일 내로 단축 |

| 회계기준 및 지배구조 준수의무 완화 | 유가증권시장 및 코스닥시장에 상장하고자 하는 기업이 의무적으로 적용해야 하는 증권선물위원회로부터 외부감사인 지정과 한국채택국제회계기준(K-IFRS) 적용이 면제 |
| --- | --- |
| 보호예수의무 완화 및 수수료 면제 | • 상장기업의 자유로운 M&A, 투자자금의 원활한 회수 등을 위해 보호예수의무 미부과<br>• 특례상장으로 상장한 기업은 상장에 동의한 기관투자자들에 대해 6개월간 보호예수의무 부과 |

## 28

정답 ③

출제영역 금융투자상품 및 증권시장 > 기타증권시장 > 코넥스시장의 매매제도

① 매도측이 단수(1인)이고 매수측이 복수인 경우에 한해 경매매제도를 적용한다.

② 1일 가격제한폭은 유가증권시장 및 코스닥시장(±30%)과 달리 코넥스시장은 기준가격 대비 ±15%로 제한하고 있다(시간외 대량매매의 경우 ±30%로 확대 적용).

④ 2022.1.10 코넥스시장 활성화 방안으로 소액투자전용 계좌는 폐지되었다.

**핵심개념** 코넥스시장 매매제도

| 구 분 | 내 용 |
| --- | --- |
| 경매매제도 | • 매도측이 단수(1인)이고 매수측이 복수인 경우<br>• 경매매 신청요건<br>  - 상장주식 총수의 1% 이상 매도로, 5천만원 이상의 매도<br>  - 최저입찰가격(매도 희망가격) 및 입찰가격(매수호가)은 당일 가격제한폭(기준가격 ±15%) 이내<br>  - 최저 매도 희망수량 미만으로 매수주문 시 전량 미체결 |
| 기본예탁금제도 | • 코넥스시장 활성화를 위해 3천만원으로 인하<br>• 기본예탁금은 현금 외 대용증권으로 예탁 가능<br>• 투자 전문성이 인정되는 경우 기본예탁금을 면제(상장주권을 매수하려는 경우에만 적용)<br>• 코넥스시장 상장주권을 매도하려는 경우에는 기본예탁금에 상관없이 언제든지 매도 가능 |
| 코넥스시장 활성화 방안 | • 2022.1.10 코넥스시장 활성화 방안으로 기본예탁금 및 소액투자전용 계좌 폐지<br>• 이에 따라 거래를 처음 시작하는 일반투자자가 코넥스시장의 특성 및 투자위험성 등을 충분히 인식할 수 있도록 증권사는 투자자 유의사항을 개인별 1회 고지해야 함 |

## 29

정답 ③

출제영역 금융투자상품 및 증권시장 > 기타증권시장 > K-OTC시장 등록 지정제도

신규등록 승인일의 다음날로부터 2영업일째가 되는 날에 매매거래를 개시한다.

**핵심개념** K-OTC시장의 신규등록 및 지정요건

| 구 분 | 내 용 |
|---|---|
| 신규등록요건 | ※ **등록이란?** 비상장기업의 신청에 따라 K-OTC시장에 진입하는 것<br>• 최근 사업연도 말 현재 자본전액잠식 상태가 아닐 것<br>• 최근 사업연도의 매출액이 5억원 이상일 것<br>• 외부감사인의 감사의견이 적정일 것<br>• 통일규격증권 발행<br>• 명의개서대행회사와 명의개서대행계약 체결<br>• 정관 등에 주식양도의 제한이 없을 것 |
| 신규지정요건 | ※ **지정이란?** 기업의 신청 없이 금융투자협회가 직접 K-OTC시장의 거래종목으로서 자격을 부여하는 것<br>• 최근 사업연도의 사업보고서를 금융위원회에 제출하여 공시하고 있을 것<br>• 해당 주권을 모집 또는 매출한 실적 등이 있거나 지정동의서를 제출하였을 것<br>• 해당 주권이 증권시장에 상장되어 있지 않을 것<br>• 신규등록요건을 동일하게 모두 충족할 것 |

## 30

정답 ③

출제영역 금융투자상품 및 증권시장 > 기타증권시장 > 등록·지정해제

등록법인이 최근 2년간 불성실공시법인으로 지정된 횟수가 4회 이상인 경우 투자유의사항 공시 사유에 해당된다.

**핵심개념** K-OTC시장 등록·지정해제 사유

| 구 분 | 내 용 |
|---|---|
| 부실화되거나 정기공시서류를 미제출한 기업 | • 발행한 어음 또는 수표가 거래은행에 의해 최종 부도 결정 또는 거래은행과의 거래가 정지된 경우<br>• 최근 사업연도 말을 기준으로 자본전액잠식 상태인 경우<br>• 최근 사업연도 매출액이 1억원 미만이거나 최근 2개 사업연도에 연속하여 매출액이 5억원(크라우드 펀딩기업의 경우 3억원) 미만인 경우<br>• 최근 사업연도 재무제표에 대한 외부감사인의 감사의견이 부적정, 의견거절이거나 최근 2개사업연도 연속하여 감사범위 제한으로 한정인 경우<br>• 주된 영업이 6개월 이상 정지되어 잔여사업 부문만으로 실질적인 영업을 영위하기 어렵거나 영업의 전부가 양도되는 경우<br>• 법원의 회생절차개시신청 기각, 회생절차개시결정 취소, 회생계획 불인가 및 회생절차 폐지 결정이 있는 경우 |
| | • 결산기 공시서류(지정법인은 사업보고서)를 제출 기한까지 제출하지 아니하고 그 다음날부터 30일 이내에도 제출하지 않은 경우 |
| 조직변경, 경영방침 등으로 인한 경우 | • 타법인에 피흡수합병되는 경우<br>• 법률에 따른 해산사유가 발생하는 경우<br>• 증권시장에 상장되는 경우<br>• 주식유통 관련 기본요건을 충족하지 못한 경우 |

## 증권투자(25문항)

## 31

정답 ④

출제영역 증권투자 > 증권분석의 이해 > 경제분석

BSI < 100이면 수축국면으로 예측한다.

**핵심개념** 기업경기실사지수(BSI)

| 구 분 | 내 용 |
|---|---|
| 개 념 | 미래의 경기변동을 예측하는 방법으로 정부, 기업, 가계 모든 부문에 대해 설문을 통해 기업경기실사지수를 작성하여 예측에 이용하는 것 |
| BSI 지수 | • (상승 응답업체 수 − 하락 응답업체 수) / 전체 응답업체 수 × 100 + 100<br>• BSI 값 > 100 상승(확장)국면,<br> BSI 값 < 100 하강(수축)국면,<br> BSI 값 = 100 경기전환점 |
| 특 징 | • 경기변동의 방향은 파악 가능하나, 경기변동의 속도 및 진폭은 판단 불가능<br>• (한계점) 응답자가 호황에서는 낙관적으로, 불황에서는 비관적으로 지나치게 민감한 반응 → 실제 경기상황보다 과소 또는 과대 예측됨 |

## 32

정답 ④

출제영역 증권투자 > 증권분석의 이해 > 경제분석

회사채 유통수익률은 후행지표에 해당한다.

**핵심개념** 경기종합지수의 구성지표

| 구 분 | 내 용 |
|---|---|
| 선행지표(7) | 재고순환지표, 경제심리지수, 기계류내수출하지수, 건설수주액(실질), 수출입물가비율, 코스피지수, 장단기금리차 |
| 동행지표(7) | 비농림어업취업자수, 광공업생산지수, 서비스업생산지수, 소매판매액지수, 내수출하지수, 건설기성액(실질), 수입액(실질) |
| 후행지표(5) | 취업자수, 생산자제품재고지수, 소비자물가지수변화율(서비스), 소비재수입액(실질), CD유통수익률 |

## 33
정답 ④

출제영역 증권투자 > 증권분석의 이해 > 경제분석

실질GDP 성장률에 물가상승률을 더하면 명목GDP 성장률이 된다.

**핵심개념** 국내총생산(GDP)
- 경제활동에 의해 창출된 최종 재화와 용역의 시장가치로, 한 나라의 경제력·경제성장률·국민소득 평가의 기초가 된다.
- 국민경제흐름을 체계적으로 나타내므로, 경제동향을 분석하는 대표적인 도구이다.
- 주식가격의 움직임과 연관이 깊다.
- 장기간에 걸친 연평균 주가상승률은 이론적으로 보면 명목GDP 성장률에 접근할 것으로 기대된다.
- 주가상승률 = 명목GDP 성장률 = 실질GDP 성장률 + 물가상승률

## 34
정답 ①

출제영역 증권투자 > 증권분석의 이해 > 경제분석

인플레이션은 일반적으로 물가가 지속적으로 상승하거나 화폐가치가 지속적으로 하락하는 현상으로, 화폐의 구매력을 감소시킨다.

**핵심개념** 인플레이션

| 구 분 | 내 용 |
|---|---|
| 개 념 | • 물가가 지속적으로 상승 또는 화폐가치가 지속적으로 하락하는 현상<br>• 화폐의 구매력 감소 및 시중이자율 상승으로 가격을 하락시킴 |
| 명목수익률과<br>실질수익률 | • 명목수익률 : 인플레이션에 의한 화폐가치의 변동이 고려되지 않은 현금흐름으로부터 계산된 명목상의 투자수익률<br>• 실질수익률 : 화폐의 변동(구매력 감소)을 고려하여 계산된 수익률<br>• 명목이자율 : 실질이자율 + 기대인플레이션(피셔효과)<br>• 투자자들의 기대수익률 = 실질기대수익률 = 기대명목수익률 − 기대인플레이션 |
| 인플레이션과<br>주식가치평가 | • 인플레이션만큼 기업의 명목현금흐름이 증가하면 주식가격은 인플레이션의 영향을 받지 않음<br>• 실제인플레이션이 기대인플레이션보다 더 높은 경우 채권자는 손실, 채무자는 이득을 보게 됨 |

## 35
정답 ③

출제영역 증권투자 > 증권분석의 이해 > 경제분석

국내총생산(GDP)은 주식가격의 움직임과 연관이 깊은데, 이익평가모형식(주가 = 예상이익 / 할인율)을 국민경제 전체로 확대하면 명목GDP 성장률만큼 예상이익이 확대되어 이론적 주가는 상승한다.

**핵심개념** 주요 경제변수와 주가와의 관계

| 구 분 | 내 용 |
|---|---|
| 국내총생산(GDP)의<br>상승 | • 이익평가모형(주가 = 예상이익 / 할인율)이므로 이를 국민경제 전체로 확대하면 명목GDP 성장률만큼 이론적 주가는 상승할 것이라 봄<br>• 주가상승률 = 명목GDP 성장률 = 실질GDP 성장률 + 물가상승률 |
| 이자율의 상승 | • 기업의 금융비용 증가 및 요구수익률 즉, 할인율이 상승하므로 주식가격은 하락함 |
| 인플레이션 | • 투자환경의 불확실성 증가 및 명목이자율의 상승은 대체투자자산의 상대적 수익률을 상승시킴<br>• 이는 투자자의 요구수익률을 상승시키므로 주식가격의 하락을 초래함 |
| 환율의 상승 | • 환율과 주가는 부(−)의 상관관계 |

## 36
정답 ①

출제영역 증권투자 > 증권분석의 이해 > 산업분석

ⓒ 성숙기에는 대량생산체제와 대량유통채널이 구축된다.
ⓔ 쇠퇴기에는 철수기업이 늘어난다.

**핵심개념** 제품수명주기상 단계별 특징

| 구 분 | 내 용 |
|---|---|
| 도입기 | • 품질이 열악하고, 판매에 대한 광고비율이 높으며, 마케팅비용이 많이 필요<br>• 가동률이 낮고, 생산원가가 높아서, 사업위험이 높음<br>• 높은 가격과 높은 마진, 낮은 수익성으로 가격탄력성은 크지 않음 |
| 성장기 | • 제품의 차별화가 시작되며, 품질이 개선됨<br>• A/S 비용이 도입기보다는 낮지만 여전히 높은 편이며, 조업도가 높은 대량생산체제, 설비의 과소문제가 대두됨<br>• 신규업체 참여로 경쟁업체가 증가하고, 성장률이 높아지며, 사업위험은 감소<br>• 가격은 높은 수준이나 도입기보다 낮고, 수익성은 높아짐 |
| 성숙기 | • 품질이 최고 수준에 도달하고, 차별화가 적어 표준화되며, 시장 세분화가 가속화되고, 제품라인이 많아지며, 광고 경쟁이 치열해짐<br>• 제조과정이 안정화되고, 제품이 다양해져 물적 유통비용이 많이 발생하며, 가격경쟁 및 업계 재편성이 이루어짐<br>• 제품의 가격은 하락하고 제품마진과 수익성 유통업체 마진도 감소 |
| 쇠퇴기 | • 제품의 차별화가 거의 없고, 품질이 저하되며, 광고 및 마케팅활동을 하지 않아 마케팅 비용이 감소<br>• 과잉 설비, 유통경로의 축소, 조업도가 현저히 낮아지고 철수기업이 늘어나 경쟁이 크게 줄어들며 낮은 가격과 낮은 마진으로 가격은 지속적으로 하락함 |

합격의 공식 **시대에듀** www.sdedu.co.kr          62 / 108

## 37
정답 ④

**출제영역** 증권투자 > 증권분석의 이해 > 재무제표분석

① 현금흐름표를 통해 기업의 자금조달방법과 사용처를 확인할 수 있다.
② 재무상태표의 자산은 부채와 자본의 합계와 크기가 일치해야 한다.
③ 손익계산서로 기업의 경영활동을 파악할 수 있다.

**핵심개념** 재무제표의 종류

| 구분 | 내용 |
| --- | --- |
| 재무상태표 | 일정 시점에 기업이 보유한 자산과 부채, 자본을 확인할 수 있으며, 재무상태표를 통해 그 기업의 자산보유력이 얼마나 튼튼한지, 재무상태의 건전성 및 투자의 효율성을 파악 |
| 현금흐름표 | 일정기간 동안 기업이 영업활동에 필요한 자금을 어떻게 조달했으며, 조달한 자금을 어디에 사용하였는지를 명확하게 보여주기 위하여 작성 |
| 자본변동표 | 자본의 크기와 그 변동에 관한 정보를 제공하는 재무보고서로서, 자본을 구성하고 있는 자본금, 자본잉여금, 자본조정, 기타포괄손익 누계액, 이익잉여금(또는 결손금)의 변동에 대한 포괄적인 정보를 제공 |
| 손익계산서 | 일정기간 기업의 경영성과를 나타내는 재무제표로, 한 해 동안 기업의 매출실적이나 원가통제의 효율성을 통해 얼마의 이익을 실현했는지를 파악하기 위해 작성 |
| 이익잉여금 처분계산서 | 당기순이익의 사용용도를 나타낸 재무제표로, 당기순이익 중에서 주주에게 얼마를 배당하는지 배당성향과 장기적으로 활용 가능한 자금 정도를 파악 |

## 38
정답 ②

**출제영역** 증권투자 > 증권분석의 이해 > 재무비율분석

자기자본 사용의 효율성은 자기자본이익률을 통해 확인할 수 있으며, 기업의 영업활동 측정은 매출액영업이익률(= 영업이익 / 매출액)을 통해 측정할 수 있다. 이는 매출액순이익률(= 당기순이익 / 매출액)이 진정한 기업의 영업활동의 효율성을 판단하는 것이 곤란하기에 매출액영업이익률(= 영업이익 / 매출액)을 통해 기업의 영업활동을 측정하는 것이다.

**핵심개념** 수익성지표(~이익률)

| 구분 | 내용 |
| --- | --- |
| 총자본이익률 (ROI) | • 기업의 생산활동에 투입된 자본이 얼마나 효율적으로 운영되고 있는가를 측정<br>• 총자본이익률<br>  = 당기순이익 / 총자본 × 100(%)<br>  = 당기순이익 / 매출액 × 매출액 / 총자본 × 100(%)<br>  = 매출액순이익률 × 총자본회전율 |

| 자기자본이익률 (ROE) | • 타인자본을 제외한 자기자본으로 창출한 기업의 이익창출 능력을 파악<br>• 자기자본이익률 = 당기순이익 / 자기자본 × 100(%) |
| --- | --- |
| 매출액순이익률 | • 기업의 전반적인 경영활동 결과를 평가<br>• 매출액순이익률 = 당기순이익 / 매출액 × 100(%)<br>※ 매출액순이익률만으로 기업 영업활동의 효율성을 정확히 판단하는 것은 곤란<br>• 당기순이익의 산출과정에서 영업활동과 직접적으로 관련 없는 비용 발생 → 이를 보완하기 위해 매출액영업이익률을 고려하여 기업의 영업활동을 평가 |

## 39
정답 ③

**출제영역** 증권투자 > 증권분석의 이해 > 재무비율분석

• 이자보상비율 = (영업이익 / 이자비용) × 100(%)
= (8천만원 / 2천만원) × 100(%) = 400%
• 부채비율 = (타인자본 / 자기자본) × 100(%)
= (4억원 / 6억원) × 100(%) = 67%
※ 총자산 − 자기자본 = 타인자본

## 40
정답 ②

**출제영역** 증권투자 > 증권분석의 이해 > 재무비율분석

총자산증가율은 성장성 비율에 해당한다.

**핵심개념** 활동성지표(~회전율)

| 구분 | 내용 |
| --- | --- |
| 총자산회전율 | ※ [공식] 매출액 / 총자산<br>• 기업이 매출활동을 하면서 현재 보유한 모든 자산을 몇 번이나 활용했는지 측정<br>• 비율이 높을수록 영업활동 평가가 긍정적 |
| 고정자산회전율 | ※ [공식] 매출액 / 고정자산<br>• 고정자산을 잘 활용했는지와 고정자산의 과대 또는 과소투자를 평가<br>• 비율이 높다면 고정자산을 과소투자한 결과로 고정자산을 더 늘려야 하며, 비율이 낮다면 고정자산을 과대투자한 것으로 고정자산을 제대로 활용하지 못하고 있음을 의미함 |
| 재고자산회전율 | ※ [공식] 매출액 / 재고자산<br>• 재고자산에 대한 판매활동 여부를 측정<br>• 비율이 높으면 제품을 재고로 남겨두는 기간이 짧아 제품이 빨리 판매된다는 의미이며, 비율이 낮으면 제품이 잘 판매되지 않아 재고자산 판매활동에 문제가 있음을 의미 |

## 41

정답 ③

출제영역 증권투자 > 증권분석의 이해 > 시장가치비율분석

주가순자산비율(PBR)이 높을수록 기업의 성장가능성이 높다고 평가되며, 나머지 다른 조건이 동일한 경우 주가순자산비율(PBR)이 낮은 기업은 주식시장에서 저평가되었다고 볼 수 있다.

## 42

정답 ①

출제영역 증권투자 > 증권분석의 이해 > 시장가치비율분석

PER이 높다는 것은 투자자들이 그 기업의 이익이 폭발적으로 성장할 것으로 기대하고 있거나, 투자자들이 그 기업의 주식에 크게 매혹당하고 있다는 것을 의미하므로, PER이 높을수록 투자자산의 변동성은 커진다.

**핵심개념** 주가수익비율(PER)

| 구 분 | 내 용 |
|---|---|
| 개 념 | 주가를 주당순이익(EPS)으로 나눈 값 |
| 공 식 | • 주가수익비율(배) = 주가 / 주당순이익(EPS)<br>• 주가수익비율(배) = 배당성향 / $k-g$ |
| 특 징 | • PER이 높을수록 투자자산의 변동성은 더욱 커지고 투자위험도 높아짐<br>• PER이 높을수록 투자자는 그 기업의 이익이 폭발적으로 성장할 것으로 기대함<br>• PER이 낮을수록 투자자는 그 기업을 보수적으로 안전 위주의 경영을 하는 회사로 기대함<br>• PER은 성장률($g$)과는 양(+)의 관계, 자본비용($k$)과는 음(−)의 관계, 배당성향과는 일정하지 않으나 자기자본이익률(ROE) < 자본비용($k$)이라면 배당성향과 양(+)의 관계, 그 반대이면 음(−)의 관계로 봄<br>• 주가수익비율(PER)에 주당이익(EPS)를 곱하면 주가를 계산할 수 있고 이를 통해 미래의 주가를 예측할 수 있음 |

## 43

정답 ②

출제영역 증권투자 > 증권분석의 이해 > 기본적 분석의 한계점

시장가격이 내재가치보다 낮으면 주식을 매입(매수)하고, 반대로 시장가격이 내재가치보다 높으면 주식을 매각(매도)한다.

**핵심개념** 기본적 분석의 한계점

| 구 분 | 내 용 |
|---|---|
| 내재가치의<br>다양성 | 특정 주가의 내재가치 판단은 특정 투자자와 모든 투자자 간 견해 차이가 존재 |
| 내재가치의<br>적정성 | • 내재가치 파악을 위해 기업의 회계자료인 재무제표를 통해 평가<br>• 다만 동일한 사건에 대해 다양한 회계처리 기준을 적용할 수 있기에 적용한 회계기준에 따라 해당 기업의 순이익 등 상이한 결과 발생 |
| 분석시간이<br>길다 | • 기본적 분석에 장시간 소요<br>• 반면 주가는 수시로 변동하고 새로운 정보가 출현하여 이를 반영하기 위해서는 또다시 새로운 정보가 탄생하므로 기업가치를 제대로 평가할 수 없음 |

## 44

정답 ③

출제영역 증권투자 > 증권분석의 이해 > 잉여현금흐름(FCF) 모형

잉여현금흐름액 = 영업이익 − 법인세 + 감가상각비 − 순운전자본비율 − 시설자금증감액

**핵심개념** 잉여현금흐름(FCF)의 모형

| 구 분 | 내 용 |
|---|---|
| 개 념 | 미래 현금유입액 중에서 추가적인 부가가치 창출에 기여할 투하자본의 증가액을 차감한 잉여현금흐름으로 기업가치를 평가하는 방법 |
| 잉여현금흐름의<br>의의 | • 본업 활동이 창출해 낸 현금유입액에서 당해연도 중 새로운 사업에 투자하고 남은 금액<br>• 투하자본에 기여한 자금 조달자들이 당해연도 말에 분배받을 수 있는 총자금 |
| 잉여현금흐름의<br>모형 | • 기업가치 = 일정기간 유입되는 잉여현금흐름의 현재가치 + 잔여가치<br>• 잔여가치 : 사업의 예측기간이 끝난 후 동 사업으로부터 지속적으로 얻을 수 있는 경제적 부가가치액의 크기 |

## 45

정답 ②

출제영역 증권투자 > 증권분석의 이해 > 기술적 분석의 종류

깃발형은 지속형 패턴에 속한다.

**핵심개념** 패턴분석의 종류

| 구 분 | 내 용 |
|---|---|
| 반전형 패턴 | 헤드앤숄더형, 이중삼중 천정(바닥)형, 원형반전형, V자 패턴 등 |
| 지속형 패턴 | 삼각형, 이등변삼각형, 깃발형, 패넌트형, 쐐기형, 직사각형 등 |
| 기타 패턴 | 확대형, 다이아몬드형, 갭(보통갭, 돌파갭, 급진갭, 소멸갭, 섬꼴반전갭) |

## 46

정답 ④

**출제영역** 증권투자 > 투자관리 > 자산배분의 중요성

자산시장의 단기 변동성에 대한 적극적인 대응보다는 중장기적 관점에서 자산배분 전략을 세워 투자를 실행하는 것이 더 나은 성과를 나타낸다는 인식이 자산배분에 대한 중요성을 높이고 있다.

**핵심개념** 자산배분

| 구 분 | 내 용 |
| --- | --- |
| 의 의 | 기대수익률과 위험이 다양한 여러 자산집단을 대상으로 투자자금을 배분하여 최적의 자산포트폴리오를 구성하는 일련의 투자과정 |
| 필요성 | • 포트폴리오 수익률의 절대적인 부분이 자산배분 전략에 의해 결정<br>• 적극적 자산배분 전략이 증권 선택보다 투자수익률에 더 큰 영향 |
| 중요성 | • 투자대상 자산군이 증가하고 있고, 투자상품이 다양화됨에 따라 위험을 적절히 분산시킬 필요성 증가<br>• 투자위험관리의 필요성 증가<br>• 투자수익률 결정에 자산배분 효과가 절대적인 영향을 미친다는 투자자들의 인식이 높아짐<br>• 중장기적 관점에서 자산배분 전략을 세워 투자하는 것이 자산시장의 단기 변동성에 대한 적극적 대응보다 더 좋은 결과를 가져옴 |

## 47

정답 ①

**출제영역** 증권투자 > 투자관리 > 자산배분 자산집단의 선정

이자지급형 자산에 대한 설명이다.

**핵심개념** 자산집단

| 구 분 | 내 용 |
| --- | --- |
| 이자지급형 자산 | • 금융기관에 자금을 맡기거나 채권 발행자에게 자금을 빌려주고 그 대가로 얻는 이자수익이 주목적인 자산<br>• 단기금융상품, 예금, 채권 등 |
| 투자자산 | • 투자성과에 따라 투자수익이 달라지는 자산<br>• 자산가격의 변동성이 높으므로 이자자산보다 높은 수익을 얻을 수 있지만 손실도 발생할 수 있는 자산<br>• 주식이 대표적이며, 투자지역에 따라 국내주식과 해외주식으로 구분<br>• 대안투자 자산으로 부동산, 곡물, 원자재 등 실물자산이 있음 |

## 48

정답 ③

**출제영역** 증권투자 > 투자관리 > 기대수익률

개별증권의 기대수익률은 특정한 사건이 일어날 확률에 그 사건이 일어날 경우 예상되는 수익률을 곱하고, 모든 경우의 수를 합하여 산출한다.

따라서 $(30\% \times 10\%) + (40\% \times 20\%) + (30\% \times 40\%) = 23\%$로 계산되며, 계산기로 입력할 때는 $(0.3 \times 0.1) + (0.4 \times 0.2) + (0.3 \times 0.4) = 0.23(23\%)$로 계산하면 쉽게 계산할 수 있다.

## 49

정답 ②

**출제영역** 증권투자 > 투자관리 > 위험(Risk)

신뢰상수 $1\sigma$, $2\sigma$, $3\sigma$에 대하여 다음과 같은 신뢰구간을 갖는다.

• 기대수익률 $10\% \pm 12.04\% \times 1\sigma = -2.04 \sim 22.04\%$(확률 68.27%)
• 기대수익률 $10\% \pm 12.04\% \times 2\sigma = -14.08 \sim 34.08\%$(확률 95.54%)
• 기대수익률 $10\% \pm 12.04\% \times 3\sigma = -26.12 \sim 46.12\%$(확률 99.97%)

## 50

정답 ②

**출제영역** 증권투자 > 투자관리 > 자산배분 실행

전술적 자산배분은 증시가 비효율적인 것을 전제로 한다.

**핵심개념** 투자전략 기준 선택

| 구 분 | 내 용 |
| --- | --- |
| 적극적 투자전략 | ※ **전술적 투자전략**<br>• 증시가 비효율적인 것을 전제<br>• 과대평가되거나 과소평가된 증권에 투자하여 일정 위험에 상응하는 투자수익 이상의 초과수익을 추구하는 단기 투자관리 방법 |
| 소극적 투자전략 | ※ **전략적 투자전략**<br>• 증시가 효율적인 것을 전제<br>• 시장평균 수준의 투자수익을 얻거나 투자위험을 최소화시키는 중장기 투자관리 방법 |

## 51

**출제영역** 증권투자 > 투자관리 > 자산배분 실행

내부수익률은 기간별 상이한 투자금액의 크기에 가중치가 주어져 수익률이 계산되므로, 금액가중평균수익률이라고도 한다. 산술평균수익률은 기간별 투자금액의 크기를 고려하지 않고 계산된 단일기간 수익률을 근거로 계산되며, 기간에만 가중치가 주어지므로 시간가중평균수익률이라고도 한다.

**핵심개념** 투자성과의 측정

| 구 분 | | 내 용 |
|---|---|---|
| 금액가중<br>수익률 | 내부수익률 | • 서로 다른 시점에 발생하는 현금흐름의 크기와 화폐의 시간가치를 고려한 평균투자수익률<br>• 현금유입의 현재가치와 현금유출의 현재가치를 일치시키는 할인율을 계산하여 측정 |
| 시간가중(평균)<br>수익률 | 산술평균수익률 | • 기간별 단일기간수익률을 모두 더한 후, 이를 기간 수로 나누어 측정<br>• 복리로 증식되는 것을 감안하지 않는 방법으로, 미래 기대수익률 계산에 적절함 |
| | 기하평균수익률 | • 중도현금흐름이 재투자되어 증식되는 것을 감안한 평균수익률로 최종시점의 부의 크기가 감안된 수익률<br>• 과거 일정기간의 투자수익률 계산에 적절함 |

## 52

**출제영역** 증권투자 > 투자관리 > 전략적 자산배분 전략

기대수익률이 20%로 가장 높고 표준편차(위험)가 1%로 가장 낮은 포트폴리오 C를 선택하는 것이 가장 유리하다.

**핵심개념** 지배원리

포트폴리오를 관리하는 데 있어 동일한 기대수익률을 갖고 있는 포트폴리오에서는 최소 위험(표준편차)을 갖고 있는 포트폴리오를 선택하고, 동일 위험(표준편차)을 갖는 포트폴리오에서는 최대의 기대수익률을 갖는 포트폴리오를 선택한다.

## 53

**출제영역** 증권투자 > 투자관리 > 전략적 자산배분 전략

전술적 자산배분의 실행과정은 자산집단의 가치를 평가하는 행동과 가치판단의 결과를 실제 투자로 연결할 수 있는 위험 허용 여부로 나누어진다.

**핵심개념** 자산배분의 이론적 배경

| 구 분 | | 내 용 |
|---|---|---|
| 전략적<br>자산배분 | 효율적<br>투자기회선 | • 여러 개의 효율적 포트폴리오를 수익률과 위험의 공간에서 연속적으로 연결한 선<br>• 효율적 포트폴리오 : 정해진 위험에서 가장 높은 수익률을 달성하는 포트폴리오 |
| | 최적화 방법의<br>문제점 | • 최적화 : 일정한 기대수익률에서 최소위험을 가져오는 자산포트폴리오를 구성하는 것(일정한 위험에서 최대 기대수익률을 달성)<br>• 진정한 효율적 투자기회선을 규명하는 것은 현실적으로 어려움 → 기대수익률과 위험 추정치의 오류로 자산집단에 과잉/과소 투자가 이루어지기 때문 |
| 전술적<br>자산배분 | 역투자전략 | • 내재가치 대비 저평가된 자산을 매수하고, 고평가된 자산을 매도하는 방법<br>• 시장가격이 하락하면 매수하여 시장가격의 움직임과 반대의 활동을 함 |
| | 증권시장의<br>과잉반응 현상 | 새로운 정보를 지나치게 낙관적/비관적으로 반응함으로써 내재가치로부터 상당히 벗어나는 가격착오 현상인 과잉반응을 활용하는 전략 |

## 54　정답 ③

출제영역　증권투자 > 투자관리 > 전략적 자산배분 전략

정해진 위험수준 하에서 가장 높은 수익률을 달성하는 포트폴리오를 효율적 포트폴리오라고 한다.

**핵심개념** 자산배분의 이론적 배경

| 구 분 | | 내 용 |
| --- | --- | --- |
| 전략적 자산배분 | 효율적 투자기회선 | • 여러 개의 효율적 포트폴리오를 수익률과 위험의 공간에서 연속적으로 연결한 선<br>• 효율적 포트폴리오 : 정해진 위험에서 가장 높은 수익률을 달성하는 포트폴리오 |
| | 최적화 방법의 문제점 | • 최적화 : 일정한 기대수익률에서 최소위험을 가져오는 자산포트폴리오를 구성하는 것(일정한 위험에서 최대 기대수익률을 달성)<br>• 진정한 효율적 투자기회선을 규명하는 것은 현실적으로 어려움 → 기대수익률과 위험 추정치의 오류로 자산집단에 과잉/과소 투자가 이루어지기 때문 |
| 전술적 자산배분 | 역투자전략 | • 내재가치 대비 저평가된 자산을 매수하고, 고평가된 자산을 매도하는 방법<br>• 시장가격이 하락하면 매수하여 시장가격의 움직임과 반대의 활동을 함 |
| | 증권시장의 과잉반응 현상 | 새로운 정보를 지나치게 낙관적/비관적으로 반응함으로써 내재가치로부터 상당히 벗어나는 가격착오 현상인 과잉반응을 활용하는 전략 |

## 55　정답 ④

출제영역　증권투자 > 투자관리 > 전술적 자산배분 전략

전략적 자산배분의 이론적 배경 중 효율적 포트폴리오에 대한 설명이다.

**핵심개념** 자산배분의 이론적 배경

| 구 분 | | 내 용 |
| --- | --- | --- |
| 전략적 자산배분 | 효율적 투자기회선 | • 여러 개의 효율적 포트폴리오를 수익률과 위험의 공간에서 연속적으로 연결한 선<br>• 효율적 포트폴리오 : 정해진 위험에서 가장 높은 수익률을 달성하는 포트폴리오 |
| | 최적화 방법의 문제점 | • 최적화 : 일정한 기대수익률에서 최소위험을 가져오는 자산포트폴리오를 구성하는 것(일정한 위험에서 최대 기대수익률을 달성)<br>• 진정한 효율적 투자기회선을 규명하는 것은 현실적으로 어려움 → 기대수익률과 위험 추정치의 오류로 자산집단에 과잉/과소 투자가 이루어지기 때문 |
| 전술적 자산배분 | 역투자전략 | • 내재가치 대비 저평가된 자산을 매수하고, 고평가된 자산을 매도하는 방법<br>• 시장가격이 하락하면 매수하여 시장가격의 움직임과 반대의 활동을 함 |
| | 증권시장의 과잉반응 현상 | 새로운 정보를 지나치게 낙관적/비관적으로 반응함으로써 내재가치로부터 상당히 벗어나는 가격착오 현상인 과잉반응을 활용하는 전략 |

## 투자권유(45문항)

## 56　정답 ②

출제영역　투자권유 > 증권 관련 법규 > 금융투자상품

중도해지 수수료는 투자금액 산정 시 포함항목에 해당한다.

**핵심개념** 투자성 판단 시 투자원본 및 회수금액 산정기준

| 구 분 | 내 용 |
| --- | --- |
| 투자금액 산정 시 제외 | 투자자가 지급하는 판매수수료, 보험계약에 따른 사업비 및 위험보험료 등 |
| 회수금액 산정 시 포함 | 중도해지에 따른 환매 및 해지수수료, 세금, 채무불이행으로 인한 미지급액 등 |

## 57

출제영역   투자권유 > 증권 관련 법규 > 투자자

개인은 투자경험을 기준으로 소득기준 또는 자산기준 또는 전문성 요건을 충족하면 전문투자자의 대우를 받을 수 있다.

**핵심개념** 투자자

| 구 분 | | 내 용 |
|---|---|---|
| 전문투자자 | 절대적 전문투자자 | • 일반투자자 대우를 받을 수 없는 전문투 자자<br>• 국가, 한국은행, 금융기관, 한국거래소, 예 금보험공사, 외국정부, 국제기구 등 |
| | 상대적 전문투자자 | • 일반투자자 대우를 받겠다는 의사를 금융 투자업자에게 서면으로 통지한 경우 일반 투자자로 간주<br>• 주권상장법인 등이 장외파생상품 거래를 하는 경우 별도의 의사표현이 없으면 일반 투자자 대우(전문투자자 대우를 받길 원할 경우 서면으로 금융투자업자에게 통지)<br>• 주권상장법인, 지방자치단체 등 |
| | 자발적 전문투자자 | • 전문투자자 대우를 받고자 하는 법인 및 개인으로 법정요건을 갖추었음을 금융위 에 신고<br>• 향후 2년간 전문투자자 대우<br>  – 법인 : 금융투자상품 잔고 100억원 이상 보유(외부감사 대상법인의 경우 50억원 이상)<br>  – 개인 : 투자경험을 기준으로 소득기준 or 자산기준 or 전문성 요건을 충족해 야 함<br>• 투자경험 : 최근 5년 중 1년 이상 금융투자 상품 월말 평균 5천만원 이상 잔고 보유<br>• 소득기준 : 직전년도 본인 소득액 1억원 이 상(소득기준)<br>• 자산기준 : 총자산에서 부동산, 임차보증 금, 총부채를 차감한 금액이 5억원 이상<br>• 전문성 : 해당 분야에서 1년 이상 종사한 회계사, 감평사 등 시험합격자/금융투자 업 주요직무 종사자 |
| 일반투자자 | 절대적 일반투자자 | 전문투자자(절대적 + 상대적)가 아닌 투자자 |
| | 상대적 일반투자자 | 상대적 전문투자자로서 일반투자자 대우를 받겠다는 의사를 금융투자업자에게 서면으 로 통지한 자 |

## 58

출제영역   투자권유 > 증권 관련 법규 > 건전성 규제

부외자산과 부외부채에 대해서도 위험액을 산정하는 것을 원칙으로 한다.

**핵심개념** 영업용순자본 규제

| 구 분 | 내 용 |
|---|---|
| 의 의 | 상환의무가 있는 부채의 규모보다 위험손실을 감 안한 현금화 가능자산의 규모를 항상 크게 유지 해야 함 |
| 영업용순자본 | ※ [공식] 영업용순자본 = 재무상태표의 순재산 액(자산 – 부채) – 차감항목 + 가산항목<br>• 차감항목 : 재무상태표의 자산 중 즉시 현금 화가 어려운 자산<br>• 가산항목 : 재무상태표의 부채 중 실질적인 채무이행 의무가 없거나 실질적으로 자본의 보완적 기능을 하는 항목 등 |
| 총위험액 | ※ [공식] 총위험액 = 시장위험액 + 신용위험액 + 운용위험액<br>• 금융투자업자가 영업을 영위하면서 직면하 는 손실을 예측하여 계량화한 것 |
| 순자본비율과 영업용순자본비율 | ※ [공식] 순자본비율 = (영업용순자본 – 총위험 액) / 필요유지 자기자본<br>• 필요유지 자기자본 : 금융투자업자가 영위 하는 인가업무나 등록업무 단위별로 요구되 는 자기자본을 합산한 금액 |

## 59

출제영역   투자권유 > 증권 관련 법규 > 영업행위 규칙

적정성의 원칙에 대한 설명이다.

**핵심개념** 적정성의 원칙

• 일반투자자에게 투자권유 없이 파생상품 등을 판매하려는 경우 면담 또 는 질문 등을 통해 투자목적 등의 정보 파악
• 일반금융소비자의 투자목적 등에 비추어 해당 파생상품 등이 일반금융 소비자에게 적정하지 않다고 판단될 경우 그 사실을 통지하고 일반투자 자에게 서명 등의 방법으로 확인
• 적정성의 원칙이 적용되는 금융상품 : 「자본시장법」에 따른 파생상품 및 파생결합증권, 사채(社債) 중 일정한 사유가 발생할 경우 주식으로 전환 되거나 원리금을 상환해야 할 의무가 감면될 수 있는 사채, 고난도금융투 자상품, 고난도투자일임계약, 고난도금전신탁 등

## 60

정답 ④

출제영역 투자권유 > 증권 관련 법규 > 신용공여에 관한 규제

형사상의 제재는 없고, 회사 및 임직원에 대한 금융위의 행정조치의 대상이 된다.

**핵심개념** 신용공여에 관한 규제

| 구 분 | 내 용 |
|---|---|
| 신용공여 개념 | 증권과 관련하여 금전의 융자 또는 증권의 대여 방법으로 투자자에게 신용을 공여하는 것 |
| 신용공여 방법 | • 신용거래를 수탁할 시 신용거래계좌를 설정<br>• 총 신용공여 규모는 자기자본 범위 이내로 하고, 구체적인 한도는 신용공여 종류별로 금융위원장이 따로 결정 가능<br>• 신용공여 금액의 100분의 140 이상 담보 징구<br>• 투자자가 신용거래로 매매할 수 있는 증권 : 증권시장에 상장된 주권, 상장지수집합투자기구 증권 |
| 인수증권에 대한 신용공여 제한 | 투자매매업자는 증권의 인수일로부터 3개월 이내에 투자자에게 그 증권을 매수하게 하기 위해 그 투자자에게 신용공여를 할 수 없음 |
| 위반 시 제재 | 투자매매업자 또는 투자중개업자에 대해서는 형사상의 제재는 없고, 회사 및 임직원에 대한 금융위의 행정조치의 대상이 됨 |

## 61

정답 ③

출제영역 투자권유 > 증권 관련 법규 > 투자자 재산보호를 위한 규제

증권 또는 원화로 표시된 양도성예금증서를 담보로 한 대출, 한국은행의 예치, 특수채증권의 매수, 그 밖에 투자자예탁금의 안전한 운용이 가능하다고 인정되는 것으로서 금융위가 정하여 고시하는 방법으로 운용할 수 있다.

**핵심개념** 투자자예탁금

| 구 분 | 내 용 |
|---|---|
| 투자자예탁금 별도 예치 | 금융투자업자는 은행, 한국산업은행, 중소기업은행, 보험사 및 신탁업자에게 투자자로부터 예탁받은 금전을 고유재산과 구분해 신탁해야 함 |
| 상계·압류 금지 | 누구든지 예치기관에 예치 또는 신탁한 투자자예탁금을 상계·압류하지 못하며, 원칙적으로 예탁금을 양도하거나 담보로 제공 금지 |
| 투자자예탁금 우선지급 | 예치 금융투자업자의 인가 취소, 해산 결의, 파산선고, 투자매매업·중개업 전부 양도·전부 폐지승인 및 전부의 정지명령 등 이에 준하는 사유가 발생한 경우 투자자예탁금을 투자자에게 우선 지급 |
| 투자자예탁금 운용 | 국채증권, 지방채증권의 매수, 정부·지방자치단체·금융기관이 지급 보증한 채무증권의 매수, 그 밖에 투자자예탁금의 안정적 운용을 해할 우려가 없는 방법으로서 증권·CD를 담보로 한 대출, 한국은행, 체신관서의 예치, 특수채증권의 매수 등 가능 |
| 투자자예탁증권 예탁 | 금융투자상품의 매매, 그 밖의 거래에 따라 보관하게 되는 투자자 소유의 증권을 예탁결제원에 지체 없이 예탁해야 함 |
| 기 타 | 예치기관은 예치 또는 신탁받은 투자자예탁금을 자기재산과 구분하여 신의에 따라 성실하게 관리해야 함 |

## 62

정답 ②

출제영역 투자권유 > 증권 관련 법규 > 증권신고서 제도

증권신고서 효력 발생의 의미는 금융위가 제출된 신고서 및 첨부서류에 근거하여 심사한 결과 형식상 또는 내용상의 문제가 없다는 의미로서, 그 증권신고서의 기재사항이 진실 또는 정확하다는 것을 인정하거나 정부에서 그 증권의 가치를 보증 또는 승인하는 효력을 갖는 것은 아니다.

**핵심개념** 증권신고서 제도

| 구 분 | 내 용 |
|---|---|
| 의 의 | 불특정 다수를 상대로 증권시장 밖에서 증권을 새롭게 발행하거나, 이미 발행된 증권을 분매할 경우, 해당 증권과 발행인에 대한 사항을 투자자에게 알리는 제도 |
| 신고대상 | 모집가액 또는 매출가액 합계액이 과거 1년간 10억원 이상인 경우<br>※ **소액공모 공시제도**<br>증권신고서 제출의무가 없는 모집·매출의 경우에도 발행인은 재무상태 사항 등 일정 내용을 공시하는 등의 조치를 해야 함 |
| 제출의무 면제증권 | • 국채증권<br>• 지방채증권<br>• 특수채증권(법률에 따라 직접 설립된 법인이 발행한 채권)<br>• 국가 또는 지자체가 원리금의 지급을 보증한 채무증권<br>• 국가 및 지자체가 소유 증권을 매출의 방법으로 매각하는 경우 그 증권<br>• 도시철도 건설 및 운영과 주택건설사업을 목적으로 설립된 지방공사가 발행하는 채권<br>• 국제금융기구가 금융위원회와 협의해 기획재정부장관의 동의를 받아 발행하는 증권<br>• 한국주택금융공사가 채권유동화 계획에 의해 발행하고 원리금 지급을 보장하는 주택저당증권 및 학자금 대출증권<br>• 전자단기사채 등으로서 만기가 3개월 이내인 증권 |

| 신고의무자 | • 증권신고서 : 해당 증권의 발행인<br>• 증권예탁증권 : 그 기초가 되는 증권을 발행하였거나 발행하고자 하는 자 |
|---|---|
| 효력발행 | • 금융위가 증권별 효력 발생기간 동안 별도 조치를 하지 않으면 효력 발생<br>※ **효력 발생의 의미**<br>형식상·내용상 문제가 없다는 의미일 뿐, 증권신고서의 기재사항이 진실·정확하다는 것을 인정하거나 정부에서 그 증권의 가치를 보증·승인하는 효력을 갖는 것은 아님 |
| 거래의 제한 | • 증권신고서의 효력이 발생하지 아니한 증권은 취득 또는 매수의 청약에 대해 그 증권의 발행인·매출인과 대리인은 청약의 승낙을 할 수 없음<br>• 일괄신고서를 제출하지 아니한 경우 그 증권의 발행인·매출인과 대리인은 청약의 승낙을 할 수 없음 |
| 일괄신고서제도 | • 같은 종류의 증권을 지속적으로 발행하는 경우 발행예정증권을 일괄신고하고, 실제 발행 시 일괄신고추가서류만 제출(증권신고서 제출과 동일한 효과가 있으므로 증권 발행이나 매도를 원활히 함)<br>• 일괄신고서 제출 가능 증권 : 주권, 주권 관련 사채권 및 이익참가부사채권 및 기타 사채권, 파생결합증권, 개방형 집합투자증권 |

## 63

정답 ③

출제영역 투자권유 > 증권 관련 법규 > 공개매수제도

조회공시대상이 풍문 또는 보도와 관련한 경우에는 요구 시점에 오전인 때에는 당일 오후까지, 오후인 때에는 다음날 오전까지 답변해야 한다. 시황급변과 관련한 경우 요구받은 날로부터 1일 이내에 다음날까지 답변해야 한다.

## 64

정답 ①

출제영역 투자권유 > 증권 관련 법규 > 장외거래

일반투자자의 장외파생상품 거래는 위험회피목적의 거래인 경우만 가능하다. 또한 금융투자협회를 통한 주권의 매매 및 채권중개전문회사를 통한 채무증권의 매매를 제외한 장외매매는 단일의 매도자와 매수자 간에 매매하는 방법으로 해야 한다.

**핵심개념** 장외거래 구분
• 금융투자협회를 통한 비상장주권의 장외거래
• 채권중개전문회사를 통한 장외거래
• 채권전문자기매매업자를 통한 장외거래
• 환매조건부매매
• 증권의 대차거래
• 기업어음증권의 장외거래
• 장외파생상품의 매매 등
• 기타의 장외거래 등

## 65

정답 ②

출제영역 투자권유 > 증권 관련 법규 > 미공개정보 이용(내부자거래) 규제

직원은 그 법인에서 주요사항보고대상에 해당하는 사항과 관련된 업무에 종사하거나, 그 법인의 재무·회계·기획·연구·개발 관련 업무에 종사할 경우 반환대상자에 포함된다.

**핵심개념** 내부자의 단기매매차익 반환제도

| 구 분 | 내 용 |
|---|---|
| 반환대상자 | 주권상장법인의 주요 주주, 임원 및 직원(단, 직원은 그 법인에서 주요사항보고대상에 해당하는 사항과 관련된 업무에 종사하거나, 그 법인의 재무·회계·기획·연구·개발 관련 업무에 종사하고 있는 직원으로서 미공개중요정보를 알 수 있는 자로 인정한 자에 한함) |
| 반환 대상 | 주권상장법인의 특정 증권 등의 매수 후 6개월 이내 매도 또는 특정 증권 등의 매도 후 6개월 이내 매수하여 얻은 이익 |
| 반환 예외 | • 법령에 따라 불가피한 매수 또는 매도하는 경우<br>• 정부의 허가·인가·승인 등 또는 문서에 의한 지도·권고 또는 안정조작·시장조성에 따라 매수 또는 매도하는 경우<br>• 주식매수선택권의 행사·전환사채권·신주인수권부사채권의 권리행사·증권예탁증권의 예탁계약 해지에 따른 주식·증권의 취득<br>• 주식매수청구권의 행사 또는 공개매수의 응모함에 따른 주식의 처분 등 |

## 66

정답 ①

출제영역 투자권유 > 영업실무 > 금융투자관리(CRM)

고객 소개는 CRM의 영역으로 적절하지 않다.

**핵심개념** 금융·투자관리(CRM)의 영역

| 구 분 | 내 용 |
|---|---|
| 고객 유지 | • 고객 불만을 사전에 예방하는 것<br>• 고객 불만 발생 시 능동적 노력과 수동적 노력이 실행될 때 효과적임 |
| 고객 확보 | • 기존 고객을 제외한 새로운 고객을 확보하는 것<br>• 잠재고객을 발견하고 어떤 Needs를 갖고 있는지 살펴보는 것이 고객 확보에 효과적임 |
| 고객 개발 | • 확보한 고객의 가치를 높이기 위한 전략을 세우는 것<br>• 교체판매나 추가판매 등을 활용 |

## 67

정답 ②

**출제영역** 투자권유 > 영업실무 > 금융투자관리(CRM)

상담활동의 목적에 대한 설명이다.
추가로 CRM의 효과로는 고객과의 관계 증진을 통한 관리비용의 감소 효과가 있다.

**핵심개념** 성공적인 고객관리(CRM)의 효과

| 구 분 | 내 용 |
|---|---|
| 예탁자산의 증대 | 고객과의 친밀한 관계를 통한 예탁자산 증대 |
| 낮은 마케팅 관리비용 | 고객과의 관계증진을 통한 관리비용 감소 |
| 고객이탈률의 감소, 고객유지율의 증대 | 만족스러운 관계형성을 통한 고객이탈률의 감소와 고객유지율의 증대 |
| 구전을 통화 무료광고 | 만족도 높은 우량고객을 통한 무료광고 효과 |

## 68

정답 ②

**출제영역** 투자권유 > 영업실무 > 고객상담(Process)

고객상담 절차는 4단계 상담 판매과정을 거치게 되는데 [고객과의 관계형성 → Needs 탐구 → 설득 및 해법 제시 → 동의확보 및 Closing]이다.

**핵심개념** 고객상담 프로세스(Process)

| 구 분 | | 내 용 |
|---|---|---|
| 1단계 | 고객과의 관계형성 | 고객과의 신뢰구축, 고객의 무관심 처리 |
| 2단계 | Needs 탐구 | 고객의 기대수준 파악, 질문구사 |
| 3단계 | 설득 및 해법 제시 | 상품의 특성 및 이점 소개, 고객의 반감 극복 |
| 4단계 | 동의확보 및 Closing | 고객소개(MGM) 및 Cross-selling ※ Members Get Members |

## 69

정답 ②

**출제영역** 투자권유 > 영업실무 > 고객과의 관계 형성

니즈파악 시에는 70-30 Rule에 따라 대화의 70%는 고객이, 나머지 30%는 세일즈맨이 말할 수 있도록 하여 고객이 스스로 말을 많이 하여 자신의 Needs 및 정보를 자연스럽게 말하도록 유도한다.
① Needs를 찾아가는 단계에는 '문의(Questioning) → 촉진(Encouraging) → 확인(Confirming)의 기법을 적용한다.
③ Buying Signal은 고객이 구매에 대한 결정을 하기 전에 취하는 태도이다.
④ 설득 및 해법 제시 단계에서는 페이싱의 3가지 영역인 BMW (Body Language, Mood, Words)를 활용하여 고객의 마음을 사로잡아 좋은 관계를 만들어가야 한다.

## 70

정답 ①

**출제영역** 투자권유 > 영업실무 > 고객과의 관계 형성

폐쇄형 질문에 대한 내용이다. 폐쇄형 질문은 대화를 짧고 간결하게 이끌어 상담시간을 단축시키고 신속하게 여러 고객을 처리할 수 있다는 장점이 있지만, 고객의 동의 및 확신을 얻기 힘들며, 다음 단계로 대화를 이어가기가 힘들다는 단점이 있다.

**핵심개념** 고객의 Needs 파악을 위한 질문법

| 구 분 | 내 용 |
|---|---|
| 폐쇄형 질문 | ※ [예시] 고객님, 은퇴생활을 위한 연금 상품을 가입하고 계신가요? • 고객의 대답을 한정하고자 하는 질문으로 '예' 또는 '아니오' 등의 간단한 대답을 유도하고자 할 때 사용됨 • 상담원이 대화의 상황을 유도할 때 유용하게 사용함 • 장점 : 상담시간을 단축하여 대기 고객이 많을 때 신속하게 여러 고객을 처리할 수 있음 • 단점 : 고객의 동의 및 확신을 얻기가 힘들며, '예', '아니오'의 단답이 나올 경우 다음 단계로 대화를 이어가기가 어려움 |
| 개방형 질문 | ※ [예시] 고객님, 은퇴생활을 위한 대비는 어떻게 하고 계신가요? • 고객이 자유로이 이야기하도록 유도하는 질문으로 긴 대답을 유도하고자 할 때 사용함 • '무엇을', '왜', '어떻게' 등의 질문을 통해 고객이 스스로의 상황에 대해 좀 더 광범위하게 이야기할 수 있도록 함 • 장점 : 개방형 질문과 폐쇄형 질문을 적절히 배합하여 고객 Needs의 파악을 극대화할 수 있음 • 단점 : 꼬치꼬치 캐묻는 느낌을 줄 수 있어 고객이 불쾌함을 느낄 수 있음 |
| 확대형 질문 | ※ [예시] 올해 은퇴하셨다고 들었습니다. 혹시 은퇴생활을 계획하는 데 어려움은 없으신지요? • 고객에게 질문을 통해 생각하게 하고 제한된 시간 안에 고객의 Needs를 구체화하고 확신시켜 주는 효과를 거둘 수 있음 • 어렵고 전문적인 질문은 피하고 판매사원의 견해를 피력해 설득의 서두로 사용함 • 장점 : 고객으로 하여금 Needs를 분석 · 궁리 · 느끼게 함 • 단점 : 심문을 당한다는 느낌이나 귀찮게 한다는 느낌을 줄 수 있어 절제가 필요함 |

정답 및 해설

## 71  정답 ④

출제영역  투자권유 > 영업실무 > 설득 및 해법 제시

고객이 회사의 상품이나 평판에 대해 호의적인 발언을 할 때 설득하는 것이 좋다.

**핵심개념** 설득 및 해법 제시 단계

고객에게 듣고 메모한 다양한 욕구와 문제점을 판매사원이 제안한 상품 및 서비스가 얼마나 적절하게 해결해 주는지에 대해 상품의 특성을 쟁점화하여 구체적으로 설명해야 한다.

**※ 고객의 필요사항을 충족하는 해결책을 제시해야 한다.**
- 이 단계에서의 성공은 고객의 동의확보 여부를 결정하며, 이때 판매사원의 답변과 설득 기술이 핵심 성공요인으로 작용한다.
- 고객이 필요로 하는 상품 및 서비스에 대해 우선순위를 두어 중점적으로 설명해야 한다.
- 고객이 만족하지 않을 경우 기타 상품 및 서비스를 단계적으로 설명하여 합의점을 찾는다.
- 단계별로 고객이 이해하고 있는지를 점검하면서 설득해 나가야 한다.

## 72  정답 ③

출제영역  투자권유 > 영업실무 > 설득 및 해법 제시

핵심을 전달하지 못하는 단순한 나열식 설명은 고객을 지루하게 할 수 있다.

**핵심개념** 무반응 고객을 다루는 방법
- 대화의 테크닉 부족 : 고객을 만나기 전에 다양한 연습을 통해 영업상담 기법을 숙달한다.
- 고객의 이해 부족 : 설득 내용과 관련된 보조자료 및 증거를 함께 제시하여 알기 쉽게 설명한다.
- 고객의 무관심 : 고객을 진심으로 대하고 고객의 말을 경청한다.
- 고객의 반응 확인 누락 : 단계나 화제를 바꿀 시 고객의 반응을 점검하고 확인한다.

## 73  정답 ④

출제영역  투자권유 > 영업실무 > 고객의 동의확보 및 Closing

결과탐구법에 대한 설명이다.

**핵심개념** 효과적인 고객동의 확보기술

| 구 분 | 내 용 |
|---|---|
| 직설동의요구법 | • 고객에게 직설적으로 동의를 요구하는 방법<br>• 단순판매의 경우 적합하나 자칫 잘못하면 고객의 반발을 가져옴 |
| 이점요약법 | 프레젠테이션 과정에서 보여 줬던 상품의 이점을 한 번 더 요약해서 보여 줌으로 고객의 확신을 유도 |
| T-방법 | 고객이 이 상품을 선택했을 때의 이점과 선택하지 않았을 때의 손해를 T막대의 대차대조표를 사용하여 비교 및 설명 |
| 결과탐구법 | 고객이 동의를 못하고 머뭇거릴 경우, 이를 되물어 동의하도록 설명하는 방법 |

## 74  정답 ①

출제영역  투자권유 > 영업실무 > 고객의 동의확보 및 Closing

추정승낙법은 고객이 확실한 대답을 하기 전이라도 긍정적인 반응이 나올 경우 사용하는 상담 종결 화법이다.

**핵심개념** 상담 종결의 화법

| 구 분 | 내 용 |
|---|---|
| 추정승낙법 | 고객이 확실한 대답을 하기 전이라도 긍정적 반응이 나올 경우 사용하는 상담 종결 화법<br>※ [예시] "상품이 꽤 잘 만들어졌는데요." 등 고객에게 긍정적인 표현이 나올 경우, "고맙습니다. 선택해 주셔서 감사합니다. 가입에 따른 제반 서류를 준비토록 하겠습니다." 등 대답으로 상담을 종결하는 화법 |
| 실행촉진법 | 긍정적 답변은 하지 않으나 부정적이지 않을 때 사용하는 화법<br>※ [예시] "끝까지 경청해 주셔서 감사합니다.", "다른 질문사항이 없으시면 서류를 준비하겠습니다.", "서명 날인은 여기다 하시면 됩니다." |
| 양자택일법 | 가입의사가 감지되고 있으나 고객이 결정을 늦추고 있을 때는 다음처럼 A 아니면 B, 둘 중 하나를 선택하게 함으로써 구매를 기정사실화함<br>※ [예시] "주식형 펀드로 가입하시겠습니까? 아니면 주식혼합형 펀드로 가입하시겠습니까?" |
| '기회이익의 상실은 손해' 화법 | 기회이익 상실은 금리, 주가, 환율 변동에 따른 수익률의 차이로 나타낼 수 있음<br>※ [예시] 특판상품인 경우 + α(메리트) 및 사은품 증정 등의 혜택 등 |
| 가입조건문의법 | 고객이 결정을 미루고 있다면 어떻게 하면 가입하겠는지 물어보면서 가입을 요청하는 방법 |

## 75  정답 ①

출제영역  투자권유 > 영업실무 > 고객응대와 기본매너

② 상대방을 한 번도 만나지 못한 상황에서 전화로 처음 대화할 때는 '초면인사 → 자신소개 → 전화목적 → 일정약속 → 전화 클로징'의 5단계에 따라 통화한다.
③ 사무실의 자리를 비울 때는 제2의 통신 및 연락수단을 제공한다(휴대전화, 이메일 등).
④ 고객과 대화할 때는 표준어를 사용하도록 하고, 전문용어나 외래어의 과도한 사용을 자제한다.

**핵심개념** 고객응대 시 기본매너
- 예의 바른 인사법을 익힌다. → 간단 15도, 보통 30도, 정중 45도 숙임
- 정중한 전화 응대법을 익힌다. → 벨이 3번 이상 울리기 전에 받음
- 올바른 인사법과 명함 교환법을 익힌다. → 손아랫사람이 먼저 건넴
- 고객응대 및 응접 서비스의 질과 품위가 몸에 습관화되도록 한다.
- 품위 있는 대화 및 언어 사용법을 익힌다.
- 고객 및 상사와 함께 걸어갈 때의 올바른 동행, 수행, 안내 예절을 익힌다.

• 차량 탑승, 동승, 하차할 때의 안내 예절을 정확하게 익힌다.
• 고객과의 통신 연락을 원활히 유지한다.
• 정확하고 신속하게 업무를 처리하여 고객의 만족과 신뢰감을 높인다.

## 76
정답 ④

**출제영역** 투자권유 > 직무윤리 > 직무윤리에 대한 이해

금융투자산업은 불특정 다수와의 비대면 거래라는 특성상 불공정성이 크다.

**핵심개념** 금융투자업에서 직무윤리가 강조되는 이유

| 구 분 | 내 용 |
|---|---|
| 산업의 고유속성 | 금융투자업은 고객의 자산을 위탁받아 운영하므로, 이해상충의 발생 가능성이 큼 |
| 상품의 특성 | 금융투자상품은 투자성(원본손실 가능성)이 있고, 고객과의 분쟁 가능성이 상존함 |
| 금융소비자의 질적 변화 | 금융투자상품의 전문화·복잡화·다양화로 단순한 정보제공의 차원을 넘어 금융소비자보호를 위한 노력이 요구되며, 전문가조차도 금융투자상품의 정확한 내용을 파악하기 어려워짐 |
| 안전장치 | 직무윤리를 준수하는 것은 금융투자업종사자들을 보호하는 안전장치(Safeguard)의 역할 |

## 77
정답 ②

**출제영역** 투자권유 > 직무윤리 > 직무윤리의 기초 사상 및 국내외 동향

부패인식지수(CPI)는 각 국가별로 전문가, 기업인, 애널리스트들의 견해를 반영하여 공무원과 정치인의 부패 수준의 정도를 지수로 나타낸 것으로, 점수가 낮을수록 부패 정도가 심하다.

**핵심개념** 윤리경영의 국제적 환경

| 구 분 | 내 용 |
|---|---|
| OECD | • '국제 공통의 기업윤리강령' 발표<br>• 강제 규정은 아니지만 이를 따르지 않는 기업은 불이익을 받음 |
| 국제투명성기구 (TI) | • 국가별 부패인식지수(CPI)를 발표<br>• 정치인과 공무원의 부패 수준에 대한 인식 정도를 지수화함<br>• 부패인식지수의 점수가 낮을수록 부패 정도가 심함<br>• 우리나라의 경우 아직도 경제규모에 비해 윤리수준이 낮게 평가됨 |
| 영국의 BITC, CR Index | • BITC(Business In The Community), CR Index (Corporate Responsibility Index)<br>• 윤리경영을 평가하는 지수 |

## 78
정답 ①

**출제영역** 투자권유 > 직무윤리 > 기본원칙

고객우선의 원칙에 대한 설명이다. 신의성실은 상대방의 정당한 이익을 위하여 형평성에 어긋나거나 신뢰를 저버리는 일이 없도록 성실하게 행동해야 함을 의미한다.

**핵심개념** 신의성실의 원칙

| 구 분 | 내 용 |
|---|---|
| 의 의 | ※ **금융투자회사의 표준윤리준칙 제4조**<br>회사와 임직원은 정직과 신뢰를 가장 중요한 가치관으로 삼고, 신의성실의 원칙에 입각하여 맡은 업무를 충실히 수행해야 함 |
| 특 징 | ※ **신의성실은 금융투자업종사자의 직무수행에서 가장 중요한 원칙**<br>• 금융투자업에서 신의성실은 윤리적 원칙에 그치지 않고 법적 의무임<br>• 금융투자업자는 신의성실의 원칙에 따라 공정하게 금융투자업을 영위해야 함<br>• 「자본시장법」에서는 금융소비자에 대한 보호의무를 구체화시킴<br>• 금융소비자보호 의무는 금융투자상품의 개발, 판매, 판매 이후의 단계까지 모든 단계에 걸쳐 적용<br>• 금융투자업종사자가 선관주의의무 혹은 충실의무 위반 시 불법행위에 대한 손해배상책임을 부담 |

## 79
정답 ①

**출제영역** 투자권유 > 직무윤리 > 이해상충의 방지 의무

이해상충의 방지 의무에 대한 설명이다.

**핵심개념** 이해상충의 방지 의무

| 구 분 | 내 용 |
|---|---|
| 개 요 | ※ **「자본시장법」 제37조 제2항**<br>금융투자업자는 금융투자업을 영위함에 있어 정당한 사유 없이 투자자의 이익을 해하면서 자기가 이익을 얻거나 제3자가 이익을 얻도록 하여서는 아니 된다.<br>※ **「금융소비자보호법」 제14조 제2항**<br>금융상품판매업자등은 금융상품판매업 등을 영위할 때 업무의 내용과 절차를 공정히 하여야 하며, 정당한 사유 없이 금융소비자의 이익을 해치면서 자기가 이익을 얻거나 제3자가 이익을 얻도록 해서는 아니 된다. |
| 최선의 이익 | • 소극적으로 금융소비자 등의 희생 위에 자기 또는 제3자의 이익을 도모해서는 안 된다는 것에 그치는 것이 아니고, 적극적으로 금융소비자 등의 이익을 위해 실현 가능한 최대한의 이익을 추구해야 하는 것(최선집행의무)<br>• 단순히 결과에서 최대 수익률을 내야 한다는 뜻이 아니라 결과와 과정 모두에서 최선의 결과를 얻도록 노력해야 한다는 의미 |

| 이해상충<br>발생원인 | • 금융투자업자 내부 문제로서, 금융투자업을 영위하는 회사 내에서 공적 업무에서 사적 업무의 정보를 이용하기 때문<br>• 금융투자업자와 금융소비자 간 존재하는 정보 비대칭으로 금융투자업종사자가 금융소비자 이익을 희생하여 본인이나 제3자의 이익을 추구할 가능성이 높기 때문<br>• 금융투자업자의 겸영 업무 허용범위가 넓어졌기 때문 |
|---|---|
| 이해상충<br>방지체계 | • 금융투자업자는 투자자 간 이해상충 방지를 위해 이해상충 발생 가능성을 파악 및 평가하고, 내부통제기준에 따라 관리해야 함<br>• 이해상충 발생 가능성이 있다고 인정되는 경우 그 사실을 미리 투자자에게 알리고, 투자자보호에 문제가 없는 수준으로 낮춘 후 매매 및 거래해야 함<br>• 이해상충 발생 가능성을 낮추기 어려울 때는 매매 및 거래를 해서는 안 됨<br>• 정보교류의 차단(Chinese Wall 구축) 의무<br>　– 정보제공행위 : 금융투자상품의 매매에 관한 정보 제공행위<br>　– 겸직행위 : 임원 및 직원을 겸직하게 하는 행위<br>　– 공간·설비 공동이용행위 : 사무공간 또는 전산설비를 공동으로 이용하는 행위<br>　– 기타 : 그 밖에 이해상충이 발생할 가능성이 있는 행위<br>• 금융투자업자 자신이 발행했거나 관련되어 있는 대상에 대한 조사분석자료 공표 및 제공을 원칙적으로 금지<br>• 금융투자업종사자는 금융소비자가 동의한 경우를 제외하고는 금융소비자와의 거래 당사자가 되거나 자기 이해관계인의 대리인이 되어서는 안 됨(단, 증권시장 또는 파생상품시장을 통해 매매가 이뤄지는 경우에는 적용되지 않음) |

## 80

정답 ③

출제영역　투자권유 > 직무윤리 > 금융소비자보호 의무

개별 금융소비자에 대한 투자권유 전 실행해야 하는 절차는 다음과 같다.
나. 금융소비자가 투자권유를 원하는지 원하지 않는지 확인
가. 일반금융소비자인지 전문금융소비자인지 확인
마. 면담·질문 등을 통하여 해당 금융소비자의 정보를 파악
다. 금융소비자의 투자성향 분석결과 설명 및 확인서 제공
라. 투자자금의 성향 파악

**핵심개념** 개별 금융소비자에 대한 투자권유 전 실행해야 하는 절차
1. 투자권유를 하기에 앞서 먼저 해당 금융소비자가 투자권유를 원하는지 아니면 원하지 않는지를 확인
　– 투자권유를 희망하지 않는 경우 판매자의 투자권유 불가 사실 안내
2. 해당 금융소비자가 일반금융소비자인지 전문금융소비자인지 확인
　– 전문금융소비자인 경우 별도의 등록절차 진행

3. 일반금융소비자인 경우「금융소비자보호법」제17조 제2항에서 정하고 있는 바에 따라 계약체결을 권유하는 금융상품별 항목에 대하여 면담
　– 질문 등을 통하여 해당 금융소비자의 정보를 파악
　– 금융소비자가 본인의 정보를 미제공하는 경우 관계 법령 등에 따라 일부 금융상품(파생형 펀드 등 적정성 원칙 적용대상 상품)의 가입제한 사실 안내
4. 파악된 금융소비자의 정보를 바탕으로 금융소비자의 투자성향 분석결과 설명 및 확인서 제공
　– 서명(전자서명을 포함), 기명날인, 녹취 또는 이와 비슷한 전자통신, 우편, 전화자동응답 시스템의 방법으로 금융소비자로부터 확인
　– 투자성향 분석결과 및 확인서의 제공은 1회성에 그치는 것이 아니라 금융소비자가 금융상품을 가입할 때마다 실행
5. 투자자금의 성향 파악
　– 원금보존을 추구하는지 확인, 원금보존을 추구할 경우 상품 가입에 제한이 있음을 안내

## 81

정답 ③

출제영역　투자권유 > 직무윤리 > 금융소비자보호 의무

중요사실에 대한 정확한 표시 방법은 문서, 구두 또는 이메일 등 방법에 상관없이 가능하다.

**핵심개념** 부당권유의 금지

| 구 분 | 내 용 |
|---|---|
| 개 요 | ※「금융소비자보호법」제21조(부당권유의 금지)<br>금융상품판매업자등은 계약 체결을 권유하는 경우 다음의 행위를 해서는 아니 됨<br>• 불확실한 사항에 대하여 단정적 판단을 제공하거나 확실하다고 오인하게 할 소지가 있는 내용을 알리는 행위<br>• 금융상품의 내용을 사실과 다르게 알리는 행위<br>• 금융상품의 가치에 중대한 영향을 미치는 사항을 미리 알고 있으면서 금융소비자에게 알리지 아니하는 행위<br>• 금융상품 내용의 일부에 대하여 비교대상 및 기준을 밝히지 아니하거나 객관적인 근거 없이 다른 금융상품과 비교하여 해당 금융상품이 우수하거나 유리하다고 알리는 행위<br>• 금융소비자로부터 계약의 체결 권유를 해 줄 것을 요청받지 아니하고 방문·전화 등 실시간 대화의 방법을 이용하는 행위<br>• 계약의 체결 권유를 받은 금융소비자가 이를 거부하는 취지의 의사를 표시하였음에도 불구하고 투자권유를 계속하는 행위<br>• 그 밖에 투자자보호 또는 건전한 거래질서를 해할 우려가 있는 행위 |
| 합리적 근거<br>제공의무 | • 금융소비자에 대한 투자정보 제공 및 투자권유는 정밀한 조사·분석 자료를 근거로 하여 제공해야 함<br>• 금융소비자의 의사결정에 중대한 영향을 미칠 수 있는 정보를 제공할 때에는 당해 사실 또는 정보의 출처(또는 정보제공자)를 밝힐 수 있어야 함 |

※ **중요사실에 대한 정확한 표시의무**
- 중요한 사실 : 금융소비자의 투자판단에 중요한 영향을 미친다고 생각되는 사실(국내에 영향을 미칠 수 있는 외국 정보도 포함)
- 정확한 표시 : 투자판단에 필요한 중요한 사항은 빠짐없이 모두 포함시켜야 하고, 그 내용이 충분하고 명료할 것을 의미함
- 고려해야 할 사항 : 정보를 제공받는 대상의 지식 및 이해수준, 전체적 맥락에서 당해 정보가 불필요한 오해를 유발할 소지가 있는지, 내용의 복잡성이나 전문성에 비추어 정보의 전달방법이 상대방에게 정확하게 정보가 전달될 수 있는지 여부를 고려해야 함

**적절한 표시의무**

※ **투자성과보장 등에 관한 표현의 금지**
- 금융소비자에게 투자권유를 하면서 투자성과를 확실하게 보장하는 듯한 표현을 사용해서는 안 됨
- 투자성과를 보장하는 경우에 해당하는 것인지에 대한 판단은 개별적인 사안에서 구체적으로 판단해야 함

※ **허위 · 과장 · 부실표시의 금지**
- 소속회사 또는 자신의 실적을 좋게 보이기 위하여 자의적으로 부풀려진 실적을 제시하는 행위 금지
- 집합투자기구의 운용역 · 투자중개업 · 투자자문업에 종사자에게도 적용됨
- 수탁된 자산규모를 부풀리는 행위, 운용실적이 좋은 펀드매니저를 대표 펀드매니저로 제시하는 행위 금지

## 82 정답 ③

출제영역　투자권유 > 직무윤리 > 금융소비자보호 의무

임의매매는 민사상 손해배상책임뿐 아니라 형사상 처벌까지 받을 수 있는 가장 무거운 불법행위이다.

**핵심개념** 임의매매와 일임매매

| 구 분 | 내 용 |
|---|---|
| 임의매매 | • 금융소비자의 매매거래에 대한 위임 없이 금융투자업종사자가 자의적으로 매매를 한 경우<br>• 손실의 전부 또는 대부분에 대해 금융소비자가 손해배상을 받는 경우가 많음 |
| 일임매매 | • 금융소비자가 매매거래 권한을 금융투자업종사자에게 전부 혹은 일부 위임한 상태에서 매매가 발생함<br>• 원칙적으로 손해배상책임이 발생하지 않고, 금융투자업종사자의 충실의무 위반 등이 인정되는 경우에만 책임을 물을 수 있음 |

※ **임의매매와 일임매매의 차이점**
- 매매거래에 대한 계좌주, 즉 금융소비자의 위임이 있었는지 여부
- 위임이 있으면 일임매매, 위임 없이 매매거래가 이뤄지는 경우 임의매매

## 83 정답 ①

출제영역　투자권유 > 직무윤리 > 본인, 회사 및 사회에 대한 윤리

임직원의 회사에 대한 선관주의 의무는 재직 중에는 물론이고 퇴직 후에도 합리적인 기간 동안 지속된다.

**핵심개념** 고용계약 종료 후의 의무

| 구 분 | 내 용 |
|---|---|
| 개 요 | ※ **금융투자회사의 표준윤리준칙 제15조(고용계약 종료 후의 의무)**<br>임직원은 회사를 퇴직하는 경우 업무 관련 자료의 반납 등 적절한 후속조치를 취해야 하며, 퇴직 이후에도 회사와 고객의 이익을 해하는 행위를 하여서는 아니 된다. |
| 고용계약 종료 후 의무 | ※ 선관주의 의무는 재직 중에는 물론이고 회사와의 고용기간 종료 후에도 합리적인 기간 동안 지속됨<br>※ 금융투자업종사자가 퇴직하는 경우에는 인수인계 등 적절한 조치를 취해야 함<br>• 고용기간이 종료된 후 회사로부터 명시적으로 서면에 의한 권한을 부여받지 않으면 비밀정보 출간, 공개 또는 제3자 이용이 금지됨<br>• 고용기간의 종료와 동시에 또는 회사의 요구가 있을 경우에는 기밀정보를 포함한 모든 자료를 회사에 반납<br>• 고용기간이 종료되면 어떠한 경우에도 회사명, 상표, 로고 등의 사용 금지, 고용기간 동안 본인이 생산한 지적재산물은 회사의 재산이므로, 고용기간 종료 후라도 지적재산물의 이용 및 처분 권한은 회사가 갖는 것이 원칙임 |

## 84 정답 ④

출제영역　투자권유 > 직무윤리 > 직무윤리의 준수절차

매년 1회 이상 내부통제체제의 정기점검 및 결과를 이사회에 보고하는 것은 대표이사의 역할이다.

**핵심개념** 준법감시인의 역할
- 이사회 및 대표이사의 지휘를 받아 업무 수행
- 내부통제기준의 적정성 점검
- 이사회 의결을 거쳐 임면, 해임 시에는 이사총수의 2/3 이상의 찬성으로 의결
- 사내이사 또는 업무집행자 중 선임, 임기는 2년 이상

## 85 정답 ④

출제영역 투자권유 > 직무윤리 > 직무윤리의 준수절차

내부통제기준의 제정 및 변경 시에는 이사회 결의를 거쳐야 한다.

**핵심개념** 내부통제 및 준법감시제도

| 구분 | 내용 |
|---|---|
| 내부통제 | • 내부통제는 회사 임직원이 업무수행 시 법규를 준수하고 조직운영의 효율성 제고 및 재무보고의 신뢰성을 확보하기 위해 회사 내부에서 수행하는 모든 절차와 과정을 말함<br>• 금융투자업자는 효과적인 내부통제 활동을 수행하기 위한 조직구조, 위험평가, 업무분장 및 승인절차 등의 종합적 체제로서 내부통제체제를 구축해야 함 |
| 준법감시제도 | 금융투자회사의 모든 임직원이 금융소비자의 이익을 위해 최선을 다했는지와 업무를 수행하는 데 윤리기준과 제반법규를 엄격히 준수하고 있는지에 대해 사전적 또는 상시적으로 통제 및 감독하는 장치 |
| 내부통제기준 | • 금융투자업자가 법령을 준수하고, 자산을 건전하게 운용하며, 이해상충 방지 등 투자자를 보호하기 위해 금융투자업자의 임직원이 직무를 수행함에 있어서 준수해야 할 적절한 기준 및 절차를 정한 것<br>• 모든 금융투자업자는 반드시 내부통제기준을 두어야 함(지배구조법)<br>• 내부통제기준의 제정·변경 시 이사회 결의를 거쳐야 함<br>• 준법감시인은 내부통제기준을 바탕으로 내부통제의 구체적 지침, 컴플라이언스 매뉴얼, 임직원 윤리강령 등을 제정하고 시행하는 것이 가능 |

## 86 정답 ④

출제영역 투자권유 >투자자분쟁예방 > 금융투자상품 권유 판매 관련 의무

모든 고객의 이익은 차별 없이 상호 동등하게 취급해야 한다.

**핵심개념** 고객과 이해상충 시 우선순위를 정하는 방법
• 고객의 이익은 회사와 회사의 주주 및 임직원의 이익에 우선한다.
• 회사의 이익은 임직원의 이익에 우선한다.
• 모든 고객의 이익은 상호 동등하게 취급한다.

## 87 정답 ④

출제영역 투자권유 > 투자자분쟁예방 > 개인정보보호법 관련 고객정보 처리

개인정보처리자의 '정당한' 이익을 달성하기 위해 필요한 경우로서 명백하게 정보주체의 권리보다 우선하는 경우에 개인정보의 수집 및 이용이 가능하다.

**핵심개념** 개인정보처리자의 개인정보 수집 및 이용
개인정보처리자는 다음의 경우에는 개인정보를 수입할 수 있으며, 그 수집 목적의 범위에서 이용할 수 있다.
• 정보주체의 동의를 받은 경우
• 법률에 특별한 규정이 있거나 법령상 의무를 준수하기 위하여 불가피한 경우
• 공공기관이 법령 등에서 정하는 소관 업무의 수행을 위하여 불가피한 경우
• 정보주체와의 계약 체결 및 이행을 위하여 불가피하게 필요한 경우
• 명백하게 정보주체 또는 제3자의 급박한 생명, 신체, 재산의 이익을 위하여 필요한 경우
• 개인정보처리자의 정당한 이익을 달성하기 위하여 필요할 경우로서 명백하게 정보주체의 권리보다 우선하는 경우

## 88 정답 ④

출제영역 투자권유 > 투자자분쟁예방 > 개인정보보호법 관련 고객정보 처리

개인정보의 익명처리가 가능한 경우에는 익명에 의하여 처리될 수 있도록 해야 한다.

**핵심개념** 개인정보처리자의 개인정보 보호원칙
• 개인정보의 처리 목적을 명확하게 하고 그 목적에 필요한 범위에서 최소한의 개인정보만을 적법하고 정당하게 수집해야 함
• 개인정보의 처리 목적에 필요한 범위에서 적합하게 개인정보를 처리해야 하며, 목적 외의 용도로 활용하는 것은 금지됨
• 개인정보의 처리 목적에 필요한 범위에서 개인정보의 정확성, 완전성 및 최신성의 보장이 필요함
• 개인정보의 처리방법 및 종류 등에 따라 정보주체의 권리가 침해받을 가능성과 그 위험정보를 고려하여 개인정보를 안전하게 관리해야 함
• 개인정보 처리방침 등 개인정보의 처리에 관한 사항을 공개해야 하며, 열람청구권등정보주체의 권리를 보장해야 함
• 정보주체의 사생활 침해를 최소화하는 방법으로 개인정보를 처리해야 함
• 개인정보의 익명처리가 가능한 경우 익명에 의하여 처리될 수 있도록 해야 함
• 관계법령에서 규정하고 있는 책임과 의무를 준수하고 실천하여 정보주체의 신뢰를 얻기 위해 노력해야 함

## 89 정답 ①

출제영역 투자권유 > 투자자분쟁예방 > 개인정보보호법 관련 고객정보 처리

금융소비자에게 중요한 사항을 설명하지 않은 경우는 설명의무 위반으로 위반행위와 관련한 계약으로 얻은 수입 또는 이에 준하는 금액의 50% 이내에서 과징금이 부과될 수 있다.

## 90

정답 ②

출제영역 투자권유 > 투자자분쟁예방 > 금융소비자보호

증권투자의 자기책임원칙에 반하는 경우 예외 사유로 인정되지 않는다.

**핵심개념** 손실보전 등의 금지

| 구 분 | 내 용 |
|---|---|
| 개 요 | ※ 「자본시장법」 제55조(손실보전 등의 금지)<br>금융투자업자는 금융투자상품의 매매, 그 밖의 거래와 관련하여 제103조 제3항에 따라 손실의 보전 또는 이익의 보장을 하는 경우, 그 밖에 건전한 거래질서를 해할 우려가 없는 경우로서 정당한 사유가 있는 경우를 제외하고는 다음의 어느 하나에 해당하는 행위를 하여서는 아니 된다. 금융투자업자의 임직원이 자기의 계산으로 하는 경우에도 또한 같다.<br>• 투자자가 입을 손실의 전부 또는 일부를 보전하여 줄 것을 사전에 약속하는 행위<br>• 투자자가 입은 손실의 전부 또는 일부를 사후에 보전하여 주는 행위<br>• 투자자에게 일정한 이익을 보장할 것을 사전에 약속하는 행위<br>• 투자자에게 일정한 이익을 사후에 제공하는 행위 |
| 손실보전금지 예외행위 | • 회사가 자신의 위법행위가 불명확한 경우 사적 화해의 수단으로 손실을 보상하는 행위<br>• 회사의 위법행위로 인해 회사가 손해를 배상하는 행위<br>• 분쟁조정 또는 재판상의 화해절차에 따라 손실을 보상하거나 손해를 배상하는 행위 |

## 91

정답 ④

출제영역 투자권유 > 투자자분쟁예방 > 위반에 대한 제재

① 금융상품직접판매업자가 설명의무 위반 시 위반행위로 인한 수입 등의 50%까지 과징금이 부과될 수 있다.
② 금융상품판매업자가 내부통제기준을 마련하지 않은 경우 1억원 이하의 과태료가 부과될 수 있다
③ 적합성·적정성 원칙 위반 시 3천만원 이하의 과태료가 부과될 수 있다.

**핵심개념** 「금융소비자보호법」상 과징금과 과태료 비교

| 구 분 | 과징금 | 과태료 |
|---|---|---|
| 개 요 | 금융상품직접판매업자 또는 금융상품자문업자가 주요 판매원칙을 위반할 경우 위반행위로 인한 수입 등의 50%까지 과징금 부과 | 금융상품판매업자등의 위반행위 유형별로 과태료 상한액을 규정하고 개별 위반행위의 과태료 기준금액을 시행령으로 구체화 |
| 부과 대상 | • 금융상품직접판매업자(원칙적으로 소속 임직원, 대리·중개업자)<br>• 금융상품자문업자 | 규정 위반자(부과대상에 제한 없음) |

| 부과 사유 | • 설명의무 위반<br>• 불공정영업행위금지 위반<br>• 부당권유금지 위반<br>• 광고규제 위반 | 1억원 | • 내부통제기준 미수립<br>• 설명의무 위반<br>• 불공정영업행위금지 위반<br>• 부당권유금지 위반<br>• 광고규제 위반<br>• 계약서류제공의무 위반<br>• 자문업자 영업행위준칙 위반<br>• 자료유지의무 위반<br>• 검사거부·방해·기피 |
|---|---|---|---|
| 법정 한도액 | 업무정지처분에 갈음한 과징금의 경우 업무정지기간(6개월 내) 동안 얻을 이익 | 3천만원 | • 적합성·적정성 원칙 위반<br>• 판매대리·중개업자 금지의무 |
| | | 1천만원 | • 변동보고의무 위반 |

## 92

정답 ①

출제영역 투자권유 > 투자자분쟁예방 > 분쟁조정제도

협회는 당사자 간에 합의가 성립하지 않은 경우 조정신청서 접수일로부터 (30일) 이내에 분쟁조정위원회에 사건을 회부해야 한다. 분쟁조정위원회는 회부된 날부터 (30일) 이내에 심의하여 조정 또는 각하 결정함을 원칙으로 한다.

**핵심개념** 금융투자협회의 분쟁조정제도

| 구 분 | 내 용 |
|---|---|
| 분쟁조정제도 | • 협회 회원의 영업행위 관련 분쟁소송에 따른 비용과 시간의 문제점을 해결<br>• 당사자 간의 원만하고 신속한 분쟁해결을 유도함으로써 시장 참가자들의 편의제공을 위한 제도<br>• 분쟁 당사자는 분쟁조정위원회의 분쟁조정을 이용함으로써 공정하게 분쟁 해결 가능 |
| 취급업무 | • 회원의 영업행위와 관련한 분쟁조정<br>• 회원 간의 착오매매와 관련한 분쟁조정 |
| 분쟁조정 효력 | 당사자가 협회 분쟁조정위원회의 조정안을 수락한 경우 민법상 화해계약의 효력을 갖게 됨 |
| 분쟁조정 절차 | 분쟁조정신청 접수/통지 → 사실조사 → 합의권고 → 회부 전 처리 → 위원회 회부 → 심의 → 각하/조정결정 → 조정안 통지 → 조정의 성립 → 재조정 신청 |

정답 및 해설

## 93
정답 ④

양당사자의 합의가 도출되지 않을 경우 분쟁처리가 지연될 수 있으나 이에 따른 비용부담이 발생하는 것은 아니다.

**핵심개념** 금융감독원의 분쟁조정제도

| 구 분 | 내 용 |
|---|---|
| 분쟁조정제도 | • 합리적인 분쟁해결 방안이나 의견을 제시하여 당사자 간의 합의에 따른 원만한 분쟁해결을 도모하는 제도<br>• 분쟁조정신청이 접수되면 양당사자의 제출자료 검토와 대면 문답절차 등을 거쳐 분쟁조정기관이 중립적인 조정안을 제시함<br>• 금융 관련 분쟁의 조정에 관한 사항을 심의·의결하기 위해 금융감독원에 금융분쟁조정위원회를 두고 있음 |
| 분쟁조정의 효력 | • 조정은 법원의 판결과는 달리 그 자체로서는 구속력이 없고 당사자가 이를 수락하는 경우에 한해 효력을 가짐<br>• 금융감독원의 금융분쟁조정위원회의 조정안을 당사자가 수락하면 당해 조정안은 재판상 화해와 동일한 효력을 가짐<br>• 한국거래소 시장감시위원회의 분쟁조정심의위원회, 금융투자협회의 분쟁조정위원회 등에 의한 조정은 민법상 화해계약으로서의 효력을 가짐 |
| 분쟁조정제도의 장·단점 | • 금융감독원장은 분쟁조정의 신청을 받은 날부터 30일 이내에 당사자 간에 합의가 이루어지지 아니하는 때에는 지체 없이 이를 조정위원회에 회부해야 함<br>• 조정위원회는 조정의 회부를 받으면 60일 이내에 이를 심의하여 조정안을 작성해야 함<table><tr><td>장 점</td><td>단 점</td></tr><tr><td>- 소송비용 없이 최소한의 시간 내에 합리적인 분쟁 처리 가능<br>- 전문가의 조언 및 도움을 받을 수 있음<br>- 개인이 직접 확인하기 어려운 금융회사의 자료를 조정기관을 통해 간접적으로 확인 가능</td><td>- 합의 도출이 안 되면 분쟁처리가 지연됨<br>- 판단기관에 따른 결과의 차이가 있을 수 있음</td></tr></table> |
| 분쟁조정 절차 | 분쟁내용의 통지 및 합의권고 → 조정위원회에 회부 → 조정안의 작성 → 조정안의 제시 및 수락권고 |

## 94
정답 ②

일임매매에 대한 설명이다.

**핵심개념** 금융투자상품 관련 분쟁의 유형

| 구 분 | 내 용 |
|---|---|
| 임의매매 | • 고객이 증권회사나 선물회사 직원에게 금융투자상품 관리를 맡기지 않았고, 금융투자회사 직원이 매매주문을 받지 않았음에도 고객 예탁자산으로 마음대로 매매한 경우<br>• 위반 시 민사상 손해배상책임이 발생하며, 해당 직원에 대한 처벌이 가능함 |
| 일임매매 | • 투자일임업자가 고객과 투자일임계약을 체결한 상태에서 당초의 일임계약 취지를 위반하여 수수료 수입 목적 등 사유로 과도한 매매를 일삼은 경우 등 고객충실의무 위반이 인정될 수 있는 경우<br>• 위반 시 민사상 손해배상책임 발생 가능 |
| 부당권유 | • 금융투자회사나 겸영금융투자회사 직원이 고객에게 투자권유를 하면서 설명의무를 충실히 이행하지 않아 투자자가 위험성을 잘못 인식하거나, 과대한 위험성이 있는 투자를 부당하게 권유한 경우<br>• 위반 시 민사상 손해배상책임 발생 가능 |
| 펀드 등 금융투자상품 불완전판매 | • 금융투자상품의 불완전판매도 부당권유의 한 유형으로 분류되며, 이러한 추세는 점차 증대되고 있음<br>• 적합성의 원칙, 적정성의 원칙, 설명의무, 손실보전약정 금지 등을 종합적으로 고려하여 민법상 불법 행위 여부를 판단 |

## 95
정답 ③

투자결과에 대한 책임은 본인에게 귀속된다.

**핵심개념** 금융투자상품의 내재적 특성

| 구 분 | 내 용 |
|---|---|
| 원금손실 가능성 | 투자실적에 따라 큰 수익을 얻을 수 있으나 투자원금뿐만 아니라 투자원금을 초과한 손실 발생 가능 |
| 투자결과에 따른 본인 책임 | 투자결과는 모두 본인에게 귀속되므로 금융상품에 대해 충분히 이해한 후, 자신의 판단과 책임으로 투자해야 함 |
| 투자상품에 대한 지속적 관리 필요 | 투자상품의 고유특성에 따라 손익내역이 지속적으로 변화하므로 주기적 관리가 요구됨 |

## 96

**출제영역** 투자권유 > 투자권유와 투자권유 사례분석 > 투자자정보 파악 및 투자자성향 분석

투자권유대행인은 원칙적으로 금융소비자 본인으로부터 투자자정보를 파악하여야 하지만, 금융소비자의 대리인이 그 자신과 금융소비자의 실명확인증표 및 위임장 등 대리권을 증빙할 수 있는 서류 등을 지참하는 경우 대리인으로부터 금융소비자 본인의 정보를 파악할 수 있다.

## 97

**출제영역** 투자권유 > 투자권유와 투자권유 사례분석 > 투자권유 주요 내용

투자자로부터 투자권유의 요청을 받지 아니하고 방문·전화 등 실시간 대화의 방법을 이용하는 행위는 금지된다. 다만, 증권과 장내파생상품에 대해 투자권유를 하는 행위는 제외한다.

**핵심개념** 투자권유 시 유의사항

- 금융투자상품의 내용을 사실과 다르게 알리는 행위 금지
- 불확실한 사항에 대하여 단정적 판단을 제공하거나 확실하다고 오인하게 할 소지가 있는 내용을 알리는 행위 금지
- 투자자로부터 투자권유의 요청을 받지 아니 하고 방문·전화 등 실시간 대화의 방법을 이용하는 행위 금지. 다만, 증권과 장내파생상품에 대하여 투자권유를 하는 경우는 제외함
- 투자권유를 받은 투자자가 이를 거부하는 취지의 의사를 표시하였음에도 불구하고 투자권유를 계속하는 행위 금지. 다만, 다음의 행위는 제외함
  - 거부하는 의사표시를 한 후 1개월이 지난 후에 다시 투자권유를 하는 행위
  - 다른 종류의 금융투자상품에 대하여 투자권유를 하는 행위
- 투자자로부터 금전의 대여나 그 중개·주선 또는 대리를 요청받지 아니하고 이를 조건으로 투자권유를 하는 행위 금지
- 관계법령 및 회사가 정한 절차에 따르지 아니 하고 금전·물품·편익 등의 재산상 이익을 제공하거나 제공받는 행위 금지
  - 투자권유대행인은 투자자성향 및 금융투자상품의 특성을 고려하여 장기투자가 유리하다고 판단되는 경우, 해당 금융투자상품에 대한 장기투자를 권유할 수 있음
  - 투자자의 투자자산이 특정 종목의 금융투자상품에만 편중되지 않도록 분산하여 투자할 것을 권유할 수 있음
  - 일반투자자에게 계열회사 또는 계열회사에 준하는 관계에 있는 집합투자업자가 운용하는 펀드를 투자권유하는 경우에는 그 사실을 고지해야 함

## 98

**출제영역** 투자권유 > 투자권유와 투자권유 사례분석 > 개인 재무설계 과정

투자상품에 대한 경험은 질적 자료에 해당된다.

**핵심개념** 고객 관련 자료수집

| 구 분 | 내 용 |
|---|---|
| 의 의 | 효율적 재무설계를 위해서는 고객의 재정상태를 평가하고, 고객의 장·단기 목표를 달성하는 데 도움이 되도록 전략을 수립하는 데 필요한 모든 정보가 주어져야 함 → 양적 자료뿐만 아니라 질적 자료도 수집해야 함 |
| 양적 자료 | • 인적사항, 저축예금이나 보통예금계정 관련 자료, 대출사항<br>• 주식·채권 및 뮤추얼펀드 관련 자료, 부동산 관련 자료, 소득자료<br>• 보험보장범위 관련 자료, 교육자금, 세금자료, 유언·상속 관련 자료 |
| 질적 자료 | • 다양한 목적의 우선순위, 위험인내수준<br>• 투자상품에 대한 과거경험, 생명보험에 대한 태도<br>• 금융지식수준 이해도, 화폐에 대한 태도 등 |

## 99

**출제영역** 투자권유 > 투자권유와 투자권유 사례분석 > 재무상태표 작성 및 분석의 실제

비상자금지표는 금융자산을 월평균생활비로 나누어 계산한다.

**핵심개념** 재무상태 분석 및 평가

| 구 분 | | 내 용 |
|---|---|---|
| 안전성 지표 | 가계수지지표 | ※ [공식] 월평균생활비 / 월평균가계소득<br>• 월평균소비성향을 나타냄 |
| | 비상자금지표 | ※ [공식] 금융자산 / 월평균생활비<br>• 보유하고 있는 금융자산으로 몇 개월 정도의 생활비를 감당할 수 있는지를 평가함<br>• 이 수치가 높을수록 비상사태(실직 등)에 대한 적응력이 높음 |
| | 위험대비지표 | ※ [공식] 월평균보험료 / 월평균가계소득<br>• 보험료를 통하여 위험대비 정도를 가늠해 보는 지표<br>• 이 값이 클수록 위험대비는 잘 되어 있다고 평가(지나치게 높거나 낮지도 않은 적정수준을 유지하는 것이 바람직) |

| 안전성 지표 | 부채부담지표 | ※ [공식] 월평균부채상환액 / 월평균 가계소득<br>• 현금흐름 관점에서 측정한 부채부담지표로서, 부채로 인해 발생할 수 있는 소비지출에 대한 영향력도 평가 가능(이 수치는 낮을수록 바람직)<br>※ [공식] 총부채 / 금융자산(또는 총자산)<br>• 저량적인 측면에서 파악할 수 있는 부채부담지표로서, 단·장기 부채 상환능력을 평가 |
|---|---|---|
| 성장성 지표 | 저축성향지표 | ※ [공식] 연간총저축액 / 연간가처분소득<br>• 유량적 관점에서 가계의 저축성향을 알아보며, 장기적 자본의 성장성을 평가하는 데 이용됨 |
| | 투자성향지표 | ※ [공식] 투자자산(또는 실물자산) / 총자산<br>• 자산을 운영하면서 위험은 있지만 수익성이 높은 투자자산으로 포트폴리오를 구성하는 정도를 측정함으로써 가계경제의 성장성을 평가할 수 있는 지표<br>• 이 수치가 높을수록 수익성과 위험이 모두 높아지므로 지나치게 높은 비중은 바람직하지 않음 |
| | 유동성지표 | ※ [공식] 금융자산 / 총자산<br>• 유동성은 긴급상황에 대비하거나 자산소득에 의존하는 노년생활의 경우에도 중요하지만, 자산 증대를 극대화하기 위한 대기자금의 역할도 하여 수익성을 높이는 데 기여함 |

## 100 　　　정답 ②

출제영역 　투자권유 > 투자권유와 투자권유 사례분석 > 투자권유 사례분석

적극투자형 투자자에게 투자권유하기 가장 적합한 금융투자상품은 원금비보장 ELS이다.

**핵심개념** 투자자성향 분류

| 구 분 | 내 용 |
|---|---|
| 공격투자형(위험선호형) | CMA, 국공채, 파생상품 등 |
| 적극투자형(적극형) | CMA, 국공채, 주식투자, 원금비보장 ELS |
| 수익중립형(성장형) | CMA, 국공채, 원금부분보장형 ELS, 회사채 BBB+ ~ BBB- |
| 안정추구형(안정성장형) | CMA, 국공채, 원금보장형 ELS, 채권형 펀드 |
| 안정형(위험회피형) | CMA, 국공채, RP |

# 제3회 정답 및 해설

| 01 | 02 | 03 | 04 | 05 | 06 | 07 | 08 | 09 | 10 |
|---|---|---|---|---|---|---|---|---|---|
| ④ | ③ | ① | ① | ③ | ① | ① | ④ | ① | ④ |
| 11 | 12 | 13 | 14 | 15 | 16 | 17 | 18 | 19 | 20 |
| ③ | ③ | ④ | ④ | ③ | ① | ③ | ② | ④ | ③ |
| 21 | 22 | 23 | 24 | 25 | 26 | 27 | 28 | 29 | 30 |
| ③ | ② | ② | ① | ① | ② | ① | ③ | ④ | ① |
| 31 | 32 | 33 | 34 | 35 | 36 | 37 | 38 | 39 | 40 |
| ① | ③ | ② | ① | ③ | ④ | ① | ④ | ① | ② |
| 41 | 42 | 43 | 44 | 45 | 46 | 47 | 48 | 49 | 50 |
| ① | ② | ② | ④ | ① | ② | ③ | ④ | ③ | ① |
| 51 | 52 | 53 | 54 | 55 | 56 | 57 | 58 | 59 | 60 |
| ④ | ② | ① | ④ | ③ | ① | ④ | ③ | ① | ③ |
| 61 | 62 | 63 | 64 | 65 | 66 | 67 | 68 | 69 | 70 |
| ③ | ③ | ① | ③ | ② | ② | ③ | ④ | ① | ③ |
| 71 | 72 | 73 | 74 | 75 | 76 | 77 | 78 | 79 | 80 |
| ① | ② | ② | ④ | ④ | ② | ② | ④ | ③ | ② |
| 81 | 82 | 83 | 84 | 85 | 86 | 87 | 88 | 89 | 90 |
| ③ | ③ | ② | ③ | ③ | ① | ④ | ④ | ④ | ④ |
| 91 | 92 | 93 | 94 | 95 | 96 | 97 | 98 | 99 | 100 |
| ② | ③ | ① | ① | ② | ③ | ② | ① | ③ | ③ |

## 금융투자상품 및 증권시장(30문항)

### 01
정답 ④

**출제영역** 금융투자상품 및 증권시장 > 금융투자상품 > 금융투자회사

증권회사는 펀드판매업무를 담당하며, 펀드운용업무는 집합투자업자(자산운용사)의 주된 업무이다.

**핵심개념** 증권회사 업무

| 구 분 | 내 용 |
|---|---|
| 위탁매매 업무 | 증권 및 파생상품 등 금융투자상품에 대한 투자중개업무로서 고객의 매매주문을 성사시키고 수수료를 받는 업무(Brokerage)로서 (1) 위탁매매 (2) 매매의 중개·대리 (3) 위탁의 중개·주선·대리 세 가지 형태로 이루어짐 |

| | | |
|---|---|---|
| 위탁매매 업무 | 위탁매매 | 고객의 매매주문을 받아 증권회사의 명의와 고객의 계산으로 금융투자상품의 매매를 행하는 업무 → 매매거래에 따른 손익은 위탁자인 고객에게 귀속되며 증권회사는 고객으로부터 일정한 위탁수수료를 받음 |
| | 매매의 중개·대리 | 타인 간 금융투자상품의 매매가 성립되도록 노력하거나, 고객을 대리하여 매매를 하고 수수료를 받는 업무 → 증권회사가 명의상으로나 계산상으로 매매 당사자가 되지 않음 |
| | 위탁의 중개·주선·대리 | 거래소 회원이 아닌 비회원인 증권회사는 회원인 증권회사를 통하여 고객의 위탁매매주문을 중개·주선·대리해주고 고객으로부터 받는 수수료를 회원인 증권회사와 배분함 |
| 자기매매 업무 | | 투자매매업무로서 자기명의와 자기계산으로 인적·물적 시설을 갖추고 지속적·반복적으로 금융투자상품을 매매하는 업무 |
| 인수주선 업무 | | 투자매매업무로서 증권회사가 신규 발행된 증권을 매출할 목적으로 취득하는 업무 |
| | 인수형태 모집 | 50인 이상 투자자에게 새로 발행되는 증권에 대해 취득의 청약을 권유 |
| | 인수형태 매출 | 이미 발행된 증권에 대한 매도 또는 매수청약 권유 |
| | 인수형태 사모 | 49인 이하의 투자자에게 취득의 청약을 권유 |
| | 주선 | 증권회사가 제3의 위탁에 의해 모집·매출을 주선하는 업무 |
| 펀드판매 업무 | | 증권회사가 투자중개업자로서 펀드에서 발행하는 수익증권 등을 투자자에게 판매하는 업무 |
| 자산관리 업무 | | 투자자문 및 투자일임업자로서 투자자에게 랩어카운트 및 CMA 서비스 등을 제공하는 업무<br>• 랩어카운트 : 고객의 증권거래, 고객에 대한 자문 등 통합 서비스를 제공하고 고객예탁재산의 평가액에 비례하여 연간 단일보수율로 산정한 요금(Fee)을 징수하는 업무<br>• CMA 서비스 : 고객과 사전 약정에 따라 예치자금이 MMF, RP 등 특정 단기금융상품에 투자되도록 설계한 CMA 계좌를 고객예탁금 계좌와 연계하여 수시입출, 급여이체, 신용카드 결제대금 납부 등의 부가서비스를 제공 |
| 신용공여 업무 | | 증권회사가 증권거래와 관련하여 고객 증권의 매수에 대한 금전의 융자·매도에 대한 대주를 해주는 신용거래업무 및 예탁된 증권을 담보로 하는 대출업무 |

## 02

**출제영역** 금융투자상품 및 증권시장 > 금융투자상품 > 금융투자회사

위탁자(×) → 수익자(○)

## 03

**출제영역** 금융투자상품 및 증권시장 > 금융투자상품 > 금융투자회사

MMF(Money Market Fund)에 대한 설명이다. MMF는 자산운용회사가 여러 고객이 투자한 자금을 모아 이를 주로 양도성예금증서(CD), 기업어음(CP), 잔존만기 1년 이하의 국채 및 통화안정증권 등 금융자산에 투자하여 얻은 수익을 고객에게 배당하는 채권투자 신탁상품이다.

**핵심개념** 투자대상에 따른 집합투자기구 유형

| 구 분 | 내 용 |
|---|---|
| 주식형 | 자산총액의 60% 이상 주식(지분증권)에 투자 |
| 채권형 | 자산총액의 60% 이상 채권에 투자 |
| 혼합주식형 | 주식에 투자할 수 있는 최고한도가 50% 이상 |
| 혼합채권형 | 주식에 투자할 수 있는 최고한도가 50% 이하 |
| 투자계약증권 | • 자산총액의 60% 이상 투자계약증권에 투자<br>• 투자계약증권에 60% 미만 투자 시 혼합주식형으로 분류 |
| 재간접형 | 자산총액의 40% 이상 집합투자증권에 투자 |
| 단기(MMF)형 | 유가증권의 운용비율 등에 제한이 없으며, 자산을 주로 단기성 자산(콜론, CP, CD 등)에 투자 |
| 부동산 | 50% 이상을 부동산(부동산개발법인에 대한 대출, 부동산과 관련된 증권)에 투자 |
| 특별자산 | 50% 이상을 특별자산(증권, 부동산 이외의 투자대상 자산)에 투자 |
| 혼합자산 | • 증권, 부동산, 특별자산, 집합투자기구 관련 규정의 제한을 받지 않는 집합투자기구<br>• 투자비율의 제한이 없음 |

## 04

**출제영역** 금융투자상품 및 증권시장 > 금융투자상품 > 보험회사

상해보험은 손해보험회사가 취급하고 있는 보험으로 특종보험에 포함된다. 생명보험상품은 피보험자를 기준으로 개인보험과 단체보험으로 구분되며, 개인보험은 보험금 지급 조건에 따라 사망보험, 생존보험 및 생사혼합보험(양로보험)으로 세분된다.

**핵심개념** 생명보험상품의 종류

| 구 분 | 내 용 |
|---|---|
| 정기보험 | 사망 시 보험금이 지급되는 전형적인 보장성보험으로, 보험기간을 미리 정해놓고 피보험자가 보험기간 내 사망 시 사망보험금을 지급(예 보험기간이 60세라면 60세 이전에 피보험자가 사망 시 사망보험금 지급) |
| 종신보험 | 보험기간이 피보험자의 일생 동안에 걸쳐 있는 보험상품으로, 사망 시 사망보험금 지급 |
| 생존보험 | 피보험자가 보험기간 만기일까지 생존하는 경우에만 보험금이 지급 |
| 생사혼합보험 (양로보험) | 생존보험의 저축기능과 사망보험의 보장기능을 겸비한 절충형 보험(피보험자가 보험기간 중에 사망하면 사망보험금이, 생존 시에는 생존보험금이 각각 지급) |

## 05

**출제영역** 금융투자상품 및 증권시장 > 금융투자상품 > 예금성 금융상품

정기적금에 대한 설명이다.
① 보통예금 : 가입대상, 예치금액, 입출금 횟수 등에 아무런 제한 없이 자유롭게 거래할 수 있는 예금으로 은행이 저리로 자금을 조달할 수 있는 예금이다.
② 당좌예금 : 은행과 당좌계약거래를 체결한 자가 일반 상거래로 취득한 자금을 은행에 예치하고 예치잔액이나 당좌대출 한도의 범위 내에서 거래은행을 지급인으로 하는 당좌수표 또는 거래은행을 지급장소로 하는 약속어음을 발행할 수 있는 예금이다.
④ 정기예금 : 일정한 금액을 약정기간까지 예치하고 그 기한이 만료될 때까지는 원칙적으로 환급해 주지 않는 기한부 예금이다.

## 06

**출제영역** 금융투자상품 및 증권시장 > 금융투자상품 > 투자성 금융상품

단기금융상품펀드(MMF)는 예금자비보호대상 상품이다.

## 07

**출제영역** 금융투자상품 및 증권시장 > 금융투자상품 > 투자성 금융상품

ⓒ은 파생결합증권에 대한 설명이다. 지분증권은 주권, 신주인수권이 표시된 것, 법률에 의해 직접 설립된 법인이 발행한 출자증권, 「상법」에 따른 합자회사, 유한회사, 익명조합의 출자지분, 민법에 따른 조합의 출자지분, 그 밖에 이와 유사한 것으로서 출자지분이 표시된 것을 말한다.

## 08

정답 ④

출제영역 금융투자상품 및 증권시장 > 금융투자상품 > 투자성 금융상품

금리가 높을수록 풋워런트의 가격은 하락한다.

**핵심개념** 주식워런트증권의 가격결정요인

| 구 분 | 내 용 |
| --- | --- |
| 기초자산가격 | • 콜워런트 : 기초자산가격 상승 → 주식워런트증권 가격 상승<br>• 풋워런트 : 기초자산가격 하락 → 주식워런트증권 가격 상승 |
| 권리행사가격 | • 콜워런트 : 권리행사가격 하락 → 주식워런트증권 가격 상승<br>• 풋워런트 : 권리행사가격 상승 → 주식워런트증권 가격 상승<br>※ 주식워런트증권 발행 이후 행사가격은 변하지 않으므로 특정 주식워런트증권을 선택하면 행사가격은 주식워런트증권 가격에 영향을 주지 않음 |
| 기초자산가격의 변동성 | 기초자산가격의 변동성이 클수록 콜, 풋 주식워런트증권 모두 가격은 높아짐 |
| 만기까지의 잔존기간 | 잔존기간이 길수록 콜, 풋 주식워런트증권 모두 가격은 높아짐 |
| 금 리 | • 금리는 주식워런트증권 거래에서 발생하는 기회비용을 의미<br>• 콜워런트 : 금리가 높아질수록 가격이 높아짐<br>• 풋워런트 : 금리가 낮아질수록 가격이 높아짐<br>※ 주식워런트증권의 가격 형성에 금리는 미미한 영향을 끼침 |
| 배 당 | • 콜 주식워런트증권 : 배당이 클수록 가격이 낮아짐<br>• 풋 주식워런트증권 : 배당이 클수록 가격은 높아짐<br>※ 배당을 하면 주가가 낮아짐 |

## 09

정답 ①

출제영역 금융투자상품 및 증권시장 > 금융투자상품 > 투자성 금융상품

Bull-Spread형 ELS에 대한 설명이며, 만기시점의 주가 수준에 비례하여 손익이 확정되고 최대수익(Cap) 및 최대손실(Floor)을 일정수준으로 제한하는 구조이다.

**핵심개념** 주가연계증권의 주요 수익구조

| 구 분 | 내 용 |
| --- | --- |
| Knock-out형 ELS | 투자기간 중 정한 주가수준에 도달하면(주가지수 100p 도달 시 6%의 수익을 지급) 확정된 수익으로 상환, 그 외에는 만기 시 주가에 따라 수익 결정 |
| Bull Spread형 | 만기 시점의 주가 상승에 비례하여 수익을 얻는 구조로, 일정수준에서 최대손실 및 최대수익이 제한되는 구조 |
| Digital형 | 만기 시 정한 주가수준을 상회하는지 여부(주가 상승률 수준과는 무관)에 따라, 사전에 정한 두 가지 수익 중 한 가지를 지급 |
| Reverse Convertible형 | 미리 정한 하락폭 이하로 주가가 하락하지만 않으면 사전에 약정한 수익률 지급(동 수준 이하로 하락 시 원금손실 발생) |

## 10

정답 ④

출제영역 금융투자상품 및 증권시장 > 기타증권시장 > 기타 금융상품

가입자격으로는 2가지 조건을 동시에 충족해야 한다. 첫째 만 19세 이상의 거주자(근로소득자는 15세 이상), 둘째, 직전연도 3개년 중 1회 이상 금융소득종합과세 대상이 아닌 자이다. 따라서 금융소득종합과세 대상(금융소득 2,000만원 이하)에 해당하지 않더라도 나이조건을 충족해야 하므로 누구나 가입 가능한 것은 아니다.

**핵심개념** ISA 계좌 종류

| 구 분 | 일반형 | 서민형 | 농어민형 |
| --- | --- | --- | --- |
| 가입요건 | 만 19세 이상 또는 직전 연도 근로소득이 있는 만 15세~19세 미만의 대한민국 거주자 | 총급여 5,000만원 또는 종합소득 3,800만원 이하 거주자 | 종합소득 3,800만원 이하 농어민 |
| | 직전연도 3개년 중 1회 이상 금융소득종합과세 대상이 아닌 자 | | |
| 비과세 한도 | 200만원 | 400만원 | 400만원 |
| 비과세 한도 초과분 | 분리과세(세율 9.9%) | | |
| 의무가입기간 | 3년 | | |
| 중도인출 | 납입금 한도 내에서 횟수 제한 없이 중도인출 가능 | | |
| 납입한도 | 연간 2천만원, 최대 1억원(납입한도 이월 가능)<br>단, 기존 소득공제장기펀드, 재형저축의 가입금액 차감 | | |

정답 및 해설

## 11

정답 ③

출제영역 금융투자상품 및 증권시장 > 유가증권시장 및 코스닥시장 > 증권의 발행형태

① 매출에 대한 설명이다.
② 모집에 대한 설명이다.
④ 간접발행의 대부분은 총액인수방식을 사용하며, 인수기관의 부담이 큰 만큼 인수수수료율도 가장 높다.

**핵심개념** 증권의 간접 발행형태

| 구 분 | 내 용 |
|---|---|
| 모집주선<br>(위탁모집) | ※ **인수수수료가 가장 저렴**<br>• 발행인이 스스로 발행위험을 부담(모집업무와 같은 발생사무는 발행기관에 위탁)<br>• 발행기관은 발행사무만을 담당(소화되지 않은 증권의 발행인에게 되돌려줌)<br>• 간접발행방법 중 인수수수료가 가장 저렴 |
| 잔액인수 | ※ **발행기관이 부담하는 위험의 정도만큼 인수수수료 부담**<br>• 발행 및 모집사무와 인수위험을 분리하여 발행기관(인수기관)에 위임<br>• 발행기관에 발행 및 모집사무를 위탁하고 일정기간 모집한 후 모집부족액에 대해서만 인수기관에 인수시키는 방식<br>• 인수수수료는 발행기관이 부담하는 위험의 정도가 클수록 높음 |
| 총액인수 | ※ **인수수수료가 가장 높음**<br>• 인수단이 공모증권 발행총액을 자기의 책임과 계산하에 인수하고 이에 따른 발행위험(인수위험)과 발행 및 모집사무를 모두 담당<br>• 인수단은 발행증권의 불리한 가격변동에 따른 손해 등 모든 위험을 부담<br>• 간접발행의 대부분은 총액인수방식을 선택하며 인수기관의 부담이 큰 만큼 인수수수료도 가장 높음 |

## 12

정답 ③

출제영역 금융투자상품 및 증권시장 > 유가증권시장 및 코스닥시장 > 유상증자

주주배정증자방식은 일반공모에 비해 발행비용이 적게 들고 비교적 절차가 간단하다. 일반공모는 불특정 다수를 대상으로 신주를 모집하기 때문에 발행사무가 복잡해서 발행회사가 발행실무를 담당하기 어렵고, 발행된 주식을 전량 소화해 내지 못할 위험성을 내포하고 있다.

**핵심개념** 유상증자의 방법

| 구 분 | 내 용 |
|---|---|
| 주주배정증자방식 | • 주주(구주주)들이 보유한 주식 수에 비례하여 신주인수의 청약 기회를 부여하는 방식<br>• 가장 일반적인 유상증자의 방법<br>• 신주의 인수권을 주주(구주주)에게 부여하고 실권주는 이사회의 결의로 처리함<br>• 의결권의 비례적 지위의 변동을 막을 수 있으나 대규모 발행인 경우 소화하기 어려움 |
| 제3자배정증자방식<br>(연고자배정방식) | • 발행회사와 특별한 관계에 있는 제3자에게 신주 인수의 청약 기회를 부여하는 방식<br>• 기존주주에 영향을 미치므로 정관에 특별히 정하거나 주주총회 특별결의를 거치도록 하는 등 엄격한 규제가 따름 |
| 일반공모증자방식 | • 주주(구주주)의 신주인수권을 배제하고 불특정 다수인에게 신주인수의 청약 기회를 부여하는 공모방식<br>• 불특정 다수를 대상으로 신주를 모집하므로 발행사무가 복잡하여 발행회사가 발행실무를 담당하기 어렵고, 발행된 주식을 전량 소화해 내지 못할 위험성을 내포하고 있음 |

## 13

정답 ④

출제영역 금융투자상품 및 증권시장 > 유가증권시장 및 코스닥시장 > 상장의 종류

상장예비심사 신청일 후 상장일 전일까지 제3자배정방식으로 신주를 발행하는 경우이다.

**핵심개념** 상장예비심사 결과의 통지

| 구 분 | 내 용 |
|---|---|
| 의 의 | • 원칙 : 거래소는 상장예비심사 신청일로부터 영업일 기준으로 45일 내에 그 상장예비심사결과를 당해 상장예비심사 신청인과 금융위원회에 문서로 통지해야 함<br>• 예외 : 상장예비심사 신청서 및 첨부서류의 정정 또는 보완이 필요하거나 그 밖에 추가적인 심사가 필요한 경우 그 결과의 통지를 연기할 수 있음 |
| 상장예비심사<br>결과에 대한<br>효력 미인정 사유 | • 경영상 중대한 사실이 발생한 경우<br>• 투자자보호에 중요한 사항이 상장예비심사 신청서에 거짓으로 기재되거나 기재되지 않은 사실이 발견된 경우<br>• 신규상장 신청인이 국내 회계기준 위반으로 증권선물위원회로부터 검찰 고발, 검찰 통보・증권 발행 제한 또는 과징금 부과 조치를 받은 경우<br>• 투자설명서, 예비투자설명서, 간이투자설명서의 내용이 상장신청서와 다른 경우<br>• 상장예비심사 결과를 통보받은 날로부터 6개월 이내에 신규상장신청서를 제출하지 않은 경우(다만 불가피한 경우 거래소 승인을 득하면 6개월 연장 가능<br>• 상장예비심사 신청일 후 상장일 전 일까지 제3자 배정방식으로 신주를 발행하는 경우 |

## 14
정답 ④

출제영역 금융투자상품 및 증권시장 > 유가증권시장 및 코스닥시장 > 신규상장 심사요건

① 신규상장심사 신청인은 상장예비심사 신청일 현재 설립 후 3년 이상 경과하고 계속적으로 영업을 하고 있어야 한다.
② 유가증권시장에 상장하고자 하는 기업은 상장예비심사 신청일 현재 상장 예정 보통주식 총수가 10만주 이상이고, 자기자본이 30억원 이상이어야 한다.
③ 코스닥시장에 상장하고자 하는 기업은 상장예비심사 신청일 현재 자기자본이 30억원 이상이거나 보통주식의 기준시가총액이 90억원 이상이어야 한다.

## 15
정답 ③

출제영역 금융투자상품 및 증권시장 > 유가증권시장 및 코스닥시장 > 신규상장 심사요건

기업의 경영성과는 신규상장 심사요건으로 주권의 질적 심사요건에 해당하지 않는다.

**핵심개념** 신규상장 심사요건

| 구 분 | 내 용 |
| --- | --- |
| 형식적 요건 | 영업활동 및 실적, 주주분포 등 상장예비심사를 신청할 수 있는 자격요건(양적요건, 외형요건)으로 요건 미비 시 상장예비신청 불가능 |
| 질적 심사요건 | • 형식적 심사요건을 충족한다는 전제하에 거래소에서 심사하는 자격 요건<br>• 기업의 계속성, 경영의 투명성 및 안정성, 상법상의 주식회사, 투자자보호 및 공익실현, 기타 투자자보호 및 거래소시장의 건전한 발전을 저해하지 않는다고 인정되어야 함 |
| 상장 심사요건 항목 | • 영업활동 기간<br>• 기업규모 및 상장예정주식 수<br>• 주식분산 요건<br>• 경영성과<br>• 감사인의 감사의견<br>• 자본상태<br>• 주식양도제한 |

## 16
정답 ①

출제영역 금융투자상품 및 증권시장 > 유가증권시장 및 코스닥시장 > 자율공시

자율공시에 대한 설명이며, 추가로 자율공시한 내용을 변경 또는 번복하는 경우에는 불성실공시법인으로 지정된다.

**핵심개념** 다양한 공시제도

| 구 분 | 내 용 |
| --- | --- |
| 정기공시 | 사업보고서, 반기보고서, 분기보고서 등 |
| 자율공시 | 주권상장법인은 공시의무사항이 아닌 경우에도 투자자의 투자판단에 중대한 영향을 미칠 수 있다고 판단되는 내용을 사유발생일 다음날까지 자율적으로 공시할 수 있음<br>※ 자율공시 내용을 변경 또는 번복한 경우에는 불성실공시법인으로 지정 |
| 조회공시 | 거래소가 상장법인의 기업 내용에 관한 풍문·보도의 사실 여부 및 중요한 미공개정보의 유무 여부에 대해 당해 법인의 공시를 요구하는 경우 일정기간 내에 공시하는 방법<br>※ 요구받은 시점이 오전인 경우에는 오후까지, 오후인 경우에는 다음날 오전까지 공시(단, 매매거래 정지조치가 취해지는 사항은 다음날까지 공시 가능) |
| 공정공시 | 주권상장법인의 특정인에 대한 선별적인 미공개정보 제공행위를 금지하여 투자자 간 정보의 공평성을 확보하고, 미공개정보를 이용한 불공정거래 가능성을 예방하는 등 수시공시제도의 미비점을 보완 |
| 지분공시 | 주식 등의 대량 보유 상황을 보고하는 제도 |

## 17
정답 ③

출제영역 금융투자상품 및 증권시장 > 유가증권시장 및 코스닥시장 > 조회공시

조회공시에 대한 설명이며, 추가로 풍문 등의 조회공시를 요구받은 시점이 오전인 경우에는 오후까지, 오후인 경우에는 그 다음날 오전까지 공시해야 하나 부도, 해산 또는 영업활동 정지 등 상장폐지기준에 해당하는 풍문 및 보도 등과 같이 조회공시 요구 시 매매거래 정지조치가 취해지는 사항은 다음날까지 공시해야 한다.

**핵심개념** 다양한 공시제도

| 구 분 | 내 용 |
| --- | --- |
| 정기공시 | 사업보고서, 반기보고서, 분기보고서 등 |
| 자율공시 | 주권상장법인은 공시의무사항이 아닌 경우에도 투자자의 투자판단에 중대한 영향을 미칠 수 있다고 판단되는 내용을 사유발생일 다음날까지 자율적으로 공시할 수 있음<br>※ 자율공시 내용을 변경 또는 번복한 경우에는 불성실공시법인으로 지정 |
| 조회공시 | 거래소가 상장법인의 기업 내용에 관한 풍문·보도의 사실 여부 및 중요한 미공개정보의 유무 여부에 대해 당해법인의 공시를 요구하는 경우 일정기간 내에 공시하는 방법<br>※ 요구받은 시점이 오전인 경우에는 오후까지, 오후인 경우에는 다음날 오전까지 공시(단, 매매거래 정지조치가 취해지는 사항은 다음날까지 공시 가능) |
| 공정공시 | 주권상장법인의 특정인에 대한 선별적인 미공개정보 제공행위를 금지하여 투자자 간 정보의 공평성을 확보하고, 미공개정보를 이용한 불공정거래 가능성을 예방하는 등 수시공시제도의 미비점을 보완 |
| 지분공시 | 주식 등의 대량 보유 상황을 보고하는 제도 |

정답 및 해설

## 18

**출제영역** 금융투자상품 및 증권시장 > 유가증권시장 및 코스닥시장 > 호가

시장가 주문은 종목과 수량은 지정하되 가격은 지정하지 않는 주문유형으로, 체결가격과 무관하게 현재 시장에서 거래가 형성되는 가격으로 즉시 매매거래를 하고자 하는 주문이다.

**핵심개념** 호가(주문)의 종류

| 구 분 | 내 용 |
|---|---|
| 지정가 주문 | • 투자자가 지정한 가격 또는 그 가격보다 유리한 가격으로 매매거래를 하는 주문<br>• 매수 지정가 주문 : 투자자가 지정한 가격이나 그보다 낮은 가격<br>• 매도 지정가 주문 : 투자자가 지정한 가격이나 그보다 높은 가격<br>→ 매매거래가 가능 |
| 시장가 주문 | • 정규매매시간 동안 종목과 수량은 지정하되 가격은 지정하지 않는 주문<br>• 접수된 시점에 가장 유리한 가격으로 즉시 매매거래가 체결됨<br>• 시장가 주문은 지정가 주문에 우선하여 매매체결이 이루어짐 |
| 조건부지정가 주문 | 정규시장의 매매거래시간(09:00~15:20) 중에는 지정한 가격으로 주문이 접수되고 정규시장 종료 시점까지 매매체결이 이루어지지 않은 잔여 수량은 그날의 종가로 매매 |
| 최유리지정가 주문 | 상대방 최우선호가의 가격으로 즉시 체결이 가능하도록 하기 위해 주문접수 시점의 상대방 최우선호가의 가격으로 지정되는 주문<br>• 매도의 경우 : 주문의 접수 시점에 가장 높은 매수주문의 가격으로 지정가 주문<br>• 매수의 경우 : 주문의 접수 시점에 가장 낮은 매도주문의 가격으로 지정가 주문 |
| 최우선지정가 주문 | 주문의 접수 시점에 호가창에 기재되어 있는 자기 주문 방향의 최우선 호가가격으로 지정되어 주문이 제출되는 주문<br>• 매도의 경우 : 해당 주문의 접수 시점에 가장 낮은 매도주문의 가격으로 지정가 주문<br>• 매수의 경우 : 당해 주문의 접수 시점에 가장 높은 매수주문의 가격으로 지정가 주문 |
| 목표가 주문 | 투자자가 목표로 하는 가격에 최대한 근접하여 체결될 수 있도록 하는 주문<br>※ 목표가 주문과 관련된 호가유형은 별도로 존재하지 않고 회원사는 투자자 주문을 지정가 호가 또는 시장가 호가 등의 형태로 분할하여 제출해야 함 |
| 경쟁대량매매 주문 | 투자자가 일정 요건을 충족하는 수량의 주문에 대해 정규시장 매매와 별도로 당일의 거래량 가중평균가격(VWAP)으로 매매거래를 하고자 하는 주문<br>※ 시장 충격을 최소화하기 위한 대량매매제도의 한 유형으로 최소수량요건 등이 적용되며 정규시장과는 별도의 시장에서 비공개로 매매체결이 이루어짐 |

## 19

**출제영역** 금융투자상품 및 증권시장 > 유가증권시장 및 코스닥시장 > 안정적 주가형성을 위한 시장관리제도

정적 VI는 시간 외 단일가매매 시에도 발동될 수 있다.

**핵심개념** 변동성 완화장치(VI)

| 구 분 | | 내 용 |
|---|---|---|
| 동적 VI | 의 의 | • 단기간의 가격 급변을 완화시키기 위한 것<br>• 순간적인 수급불균형이나 주문착오 등으로 인한 일시적인 변동성 완화에 효과적임 |
| | 발동요건 | 특정 호가에 의해 주가가 직전 체결 가격(참조가격)보다 일정 비율 이상 변동할 때 발동 |
| | 발동 효과 및 특징 | • 단일가매매 시 : 동적 VI가 발동되면 당해 단일가매매를 위한 호가접수시간이 2분간 연장<br>• 접속매매 시 : 동적 VI가 발동되면 매매방식이 단일가매매로 전환되어 2분간 매매거래 없이 호가를 접수하여 당해 호가 간 매매거래를 체결시킴<br>• 단일가매매 이후에는 다시 접속매매방식으로 환원되고, 접속매매 및 종가단일가 매매시간에만 적용되며, 시간단일가매매 시간에는 적용되지 않고, 정리매매종목・단기과열종목 등에 대해서도 발동되지 않음 |
| 정적 VI | 의 의 | • 장기간의 가격변동을 완화하기 위한 장치<br>• 전일종가 또는 장중의 새로운 단일 가격 등을 기준으로 가격 범위를 보다 넓게 설정하므로 큰 폭의 가격변동을 완화하는 데 효과적임 |
| | 발동요건 | 호가제출 시점 직전에 체결된 단일가 체결 가격을 참조 가격으로 하여, 동 참조 가격 대비 10% 이상 변동한 경우 발동 |
| | 발동 효과 및 특징 | 정적 VI가 발동되면, 동적 VI와 동일하게 매매체결방식이 2분간 단일가매매로 전환되며, 정적 VI는 종목 및 세션의 구분 없이 10% 발동요건이 적용되며, 시간 외 단일가매매 시에도 발동될 수 있음 |

## 20

**출제영역** 금융투자상품 및 증권시장 > 유가증권시장 및 코스닥시장 > 청산 및 결제의 개념

매매거래일로부터 주권은 T-2, 국채는 T+1, 일반채권은 당일결제를 원칙으로 한다.

**핵심개념** 청산 및 결제

| 구 분 | 내 용 |
|---|---|
| 청 산 | 거래소가 회원 간에 성립된 매매거래에 개입하여 매도자에 대해서는 매수자, 매수자에 대해서는 매도자가 됨으로써 중앙거래당사자(CCP)의 지위에서 채권·채무를 차감하여 확정, 결제기관에 결제지시, 결제가 이행되기까지의 결제를 보증하는 일련의 절차 |
| 결 제 | • 청산과정을 통해 확정된 중앙거래당사자(CCP)와 회원 간의 채무를 증권의 인도 및 대금의 지급을 통해 이행함으로써 매매거래를 종결시키는 것<br>• 주권의 경우 매매거래일로부터 2거래일(T+2일)에, 국채의 경우 매매거래일로부터 1거래일(T+1일)에, 환매조건부채권 및 일반채권의 경우 매매거래일 당일(T일) 결제를 원칙으로 함 |

## 21

정답 ③

**출제영역** 금융투자상품 및 증권시장 > 채권시장 > 발행시장

발행자 입장에서 볼 때 단일가격 경매방식은 평균 낙찰수익률보다 높은 발행수익률을 적용해야 하므로, 상대적으로 더 많은 채권비용을 지불해야 하는 문제점을 발생시킨다.

**핵심개념** 채권의 직접발행 및 간접발행

| 구 분 | | | 내 용 |
|---|---|---|---|
| 직접발행 | 매출발행 | | 채권의 만기기간, 발행이율, 원리금지급방법 등 발행조건을 미리 정한 후 일정기간 내에 개별적으로 투자자들에게 매출하여 매도한 금액 전체를 발행하는 방식 |
| | 공모입찰발행 | 복수가격(수익률)경매방식 | • Conventional Auction 혹은 American Auction이라고 불리는 방식<br>• 내정수익률 이하에서 각 응찰자가 제시한 응찰수익률을 낮을 수익률(높은 가격) 순으로 배열하여 최저 수익률부터 순차적으로 낙찰자를 결정하는 방식 |
| | | 단일가격(수익률)경매방식 | 내정수익률 이하에서 낮은 수익률 응찰분부터 발행예정액에 달하기까지 순차적으로 낙찰자를 결정하며 이때 모든 낙찰자에게는 낙찰된 수익률 중 가장 높은 수익률이 일률적으로 적용되므로 단일한 가격으로 발행이 이뤄짐(Dutch Auction 방식) |
| | | 차등가격(낙찰)경매방식 | 최고 낙찰수익률 이하 응찰수익률을 일정 간격으로 그룹화하여 각 그룹별로 최고 낙찰수익률을 적용하는 방식 |
| | | 비경쟁입찰 | • 발행자가 발행조건(표면이율과 가격)을 일방적으로 결정한 후 응모희망금액을 접수하는 방식<br>• 국고채전문딜러는 비경쟁입찰을 통해 국고채를 인수할 수 있는 권한을 부여받은 경우 경쟁입찰과 달리 입찰 최고 낙찰금리로 국고채를 인수가능 |

| | | |
|---|---|---|
| 간접발행 | 위탁발행 | • 발행인의 대리인 자격 또는 발행기관 자신의 명의로 채권을 발행하는 방식<br>• 모집 혹은 매출된 채권액이 발행하고자 했던 총액에 미치지 못할 경우 이 부분을 발행자가 부담 |
| | 잔액인수발행 | • 발행기관에 의해 발행자 명의로 된 채권을 모집·매출하는 것<br>• 매출 또는 모집하고자 했던 총액에 미달할 때에는 발행기관이 그 잔액을 책임인수한다는 계약하에 이루어짐 |
| | 총액인수발행 | • 발행 채권총액을 발행기관이 모두 인수한 후 이 기관들의 책임하에 모집 또는 매출하는 방식<br>• 대부분의 회사채가 총액인수발행으로 발행됨 |

## 22

정답 ②

**출제영역** 금융투자상품 및 증권시장 > 채권시장 > 채권의 수익과 위험

가격변동 위험에 대한 설명이다.

**핵심개념** 채권투자의 위험

| 구 분 | 내 용 |
|---|---|
| 채무불이행 위험과 신용변동 위험 | • 채권 발행자가 약속된 원금을 상환하지 않는 위험<br>• 채무불이행 위험 혹은 신용위험이 클수록 발행수익률이 높아짐(위험프리미엄 반영) |
| 가격변동 위험 | • 채권투자 후 시장 만기수익률이 투자 시의 예측과 다르게 나타날 경우 가격변동 위험이 발생<br>• 예측에 대한 오차가 커질수록 가격변동 위험은 더욱 증가 |
| 재투자 위험 | • 중도에 지급받는 이자의 재투자수익률이 변동할 위험<br>• 수익률변동위험은 가격변동 위험과 재투자 위험을 포함하는 개념 |
| 유동성 위험 | • 현금화하는 데 어려움을 겪게 될 위험<br>• 소액투자자가 유동성 위험에 노출되는 경향이 높음 |
| 인플레이션 위험 | 만기까지 수익률이 확정된 채권의 경우 인플레이션은 채권으로부터 얻어지는 이자 수입의 실질가치, 즉 구매력을 감소시킬 위험 |
| 환율변동 위험 | • 투자한 채권의 가치가 외화로 표시된 경우 해당 외화의 가치가 변동하면서 채권의 실질가치가 변화할 위험<br>• 달러 표시 채권에 투자한 후 달러 가치가 상승하면 달러 가격에 의한 채권가격에는 변화가 없더라도 원화에 의한 채권 가치는 증가하게 되고, 반대로 달러 가치의 하락은 원화에 의한 채권 가치를 감소 |
| 수의상환 위험 | • 원금이 만기 이전에 상환되는 데 따른 당초 기대수익률 변동에 대한 위험<br>• 수의상환권은 채권 발행 시 지급하기로 한 이자율보다 시장금리가 낮아질 경우 행사 |

## 23       정답 ②

출제영역   금융투자상품 및 증권시장 > 채권시장 > 채권가격 결정과정

할인채의 만기상환금액은 액면가 10,000원이다.

10,000 / (1 + 0.032 × 133 / 365) = 9,884원(원 미만 절사)

핵심개념   할인채 만기수익률 계산

할인채 채권매매단가

= 만기상환금액(액면가) / (1 + 만기수익률 × t* / 365)

*잔존기간(매매일 ~ 만기일까지 기간)

## 24       정답 ①

출제영역   금융투자상품 및 증권시장 > 채권시장 > 소극적 투자전략

수익률곡선타기전략은 적극적 투자전략이며 추가로 수익률예측
전략, 채권교체전략, 나비형 투자전략, 역나비형 투자전략 등이
있다.

소극적 투자전략으로는 만기보유전략, 인덱스전략, 현금흐름일치
전략, 사다리형 만기운용전략, 바벨형 만기운용전략, 면역전략 등
이 있다.

## 25       정답 ①

출제영역   금융투자상품 및 증권시장 > 채권시장 > 이중상환청구권부
채권

커버드본드에 대한 설명이다. 커버드본드는 발행기관 파산 시 담
보자산이 발행기관의 도산절차로부터 분리되어 투자자는 담보자
산에 대한 우선변제권을 보장받고, 담보자산의 상환재원이 부족하
면 발행기관의 다른 자산으로부터 변제받을 수 있다.

② 담보부사채 : 사채권자의 채권을 담보하기 위하여 부동산 등의
    담보물을 신탁회사에 맡기고 이를 근거로 발행하는 채권이다.

③ 유동화증권 : 유동화 중개기관이 자산을 자산소유자로부터 떼
    어내 신용평가기관의 평가를 거쳐 증권화시킴으로써 시중에
    유통시키는 증서를 말한다.

④ 코코본드 : 자본잠식이 심해지는 등 유사 시 투자원금이 주식으
    로 강제전환되거나 상각된다는 조건이 붙은 채권을 의미한다.

## 26       정답 ②

출제영역   금융투자상품 및 증권시장 > 채권시장 > 전환사채

전환사채는 신주인수를 위한 별도의 주금이 불필요하다.

핵심개념   전환사채(CB)의 정의

• 전환사채를 보유한 투자자가 일정기간 동안 일정한 가격으로 발행기업
  의 주식으로 바꿀 수 있는 권리가 부여된 유가증권
• 투자자 입장에서 투자기간 동안 전환대상이 되는 주식가격이 상승하면
  전환권 행사로 주가 상승의 효과가 있음
• 주가가 낮은 상태이면 확정된 표면이자 및 만기상환금액에 의한 안정적
  투자수익 획득
• 발행기업 입장에서 주가상승 시 일반채권이 갖지 못한 주가상승 차익실
  현의 기회를 투자자에게 제공하는 대신 일반채권에 비해 상대적으로 낮
  은 표면이자를 지급함으로써 자금조달 비용을 낮추는 장점

## 27       정답 ①

출제영역   금융투자상품 및 증권시장 > 기타증권시장 > 코넥스시장의 공
시제도

코넥스시장은 전문투자자 중심의 시장으로서 거래량이 많지 않은
점을 감안하여, 코스닥시장과 달리 주가 및 거래량 급변에 따른 조
회공시는 적용하지 않는다.

핵심개념   코넥스시장 공시제도

| 구 분 | 내 용 |
| --- | --- |
| 주요 경영사항의<br>의무공시 | • 상장폐지 등 시장조치 관련 사항, 배임 등 건전성<br>  저해행위를 중심으로 공시의무를 부과<br>• 상대적으로 긴급성이 적은 사항은 발생일 다음날<br>  까지 공시<br>• 재무비율 기준 항목의 경우 코스닥시장보다 기준<br>  비율을 높여 공시 |
| 조회공시 | • 중요한 경영사항과 관련된 풍문이나 보도가 있을<br>  때 공시<br>• 주가 및 거래량 급변에 따른 조회공시 미적용<br>• 거래소의 조회공시를 요구받은 경우 확인/부인/<br>  미확정으로 구분 답변<br>• 거래소의 조회공시 요구에 대해 요구 시점이 오<br>  전인 경우 당일 오후까지, 요구 시점이 오후인 경<br>  우 다음날 오전까지 답변, 다만 매매거래 정지가<br>  수반된 경우 요구 시점과 관계없이 다음날 오후<br>  6시까지 답변 |
| 자율공시 | • 의무공시사항 외에 회사의 경영재산 및 투자자의<br>  투자판단에 영향을 미치는 사항은 자율적으로 공<br>  시 가능<br>• 코스닥시장에 비해 의무공시 사항이 대폭 축소된<br>  만큼 자율공시 대상은 확대 |
| 기업설명회<br>개최 의무 | • 기업설명회를 개최할 경우 일시, 장소, 설명회 내<br>  용 등을 공시<br>• 반기마다 기업설명회 개최, 2반기 동안 연속하여<br>  개최하지 않거나 3년 동안 4회 이상 개최하지 않<br>  은 경우 상장폐지 사유에 해당 |

## 28

**출제영역** 금융투자상품 및 증권시장 > 기타증권시장 > 코넥스시장의 매매제도

원칙적으로 유가증권시장 및 코스닥시장과 동일하게 매매거래제도를 운용하고 있다. 다만 코넥스시장의 특성을 반영하여 경매매제도, 유동성공급자(LP) 지정 의무화, 호가종류 2가지(지정가·시장가), 프로그램 매매제도 미도입, 특수한 매매방법의 경우 시간외 종가매매 및 대량매매(장중·시간외)로 제한하여 도입하고 있다.

**핵심개념** 코넥스시장 주요 매매거래제도

| 구 분 | 내 용 |
|---|---|
| 매매수량단위 | 1주(유가증권·코스닥 정규시장과 동일) |
| 호가의 조율 및 호가가격 단위 | • 유가증권시장 및 코스닥시장<br> - 호가종류 : 7가지(지정가, 시장가, 최유리지정가, 최우선지정가, 조건부지정가, 목표가, 경쟁대량매매 호가)<br>• 코넥스시장<br> - 호가종류 : 2가지(지정가, 시장가)로 최소화<br> - 매매거래 시간 중 호가가격 단위 : 7단계 체제 운영(코스닥시장과 동일) |
| 가격제한폭 | 유가증권시장 및 코스닥시장 상하 30%와 달리 기준가격 대비 상하 15%로 제한(다만, 시간외 대량매매의 경우 1일 가격제한폭은 기준가격 대비 상하 30%로 확대 적용) |
| 매매체결 | 유가증권시장 및 코스닥시장의 정규시장 매매체결방법과 동일하게 연속경쟁매매방식(접속매매방식)으로 운영 |
| 동시호가제도 | • 시간우선원칙의 예외로서 단일가매매에 시가 등을 결정하는 경우 시가 등이 상·하한가로 결정되는 때에 단일가매매에 참여한 상한가매수호가 또는 하한가매도호가(시장가호가 포함)를 동시에 접수된 호가로 간주하여 매매체결수량을 배분하는 제도<br>• 시가 결정 시 외에도 전산장애 또는 풍문 등에 의한 거래 중단 후 재개 시의 최초가격이 상·하한가로 결정되는 경우 적용 |
| 유동성공급자(LP) 제도 | • 원활한 가격형성을 도모하기 위해 원칙적으로 지정자문인이 해당 종목에 대해 매수, 매도 호가를 제출하는 유동성공급자(Liquidity Provider, LP) 역할을 하도록 의무화<br>• 유동성공급자(LP) 의무를 유가·코스닥 시장에 비해 대폭 완화(투자매매업 인가를 받은 거래소 결제회원으로서, 최근 1년 이내에 관련 법규를 위반하여 형사제재 및 영업정지 이상의 조치를 받은 사실이 없어야 함) |

## 29

**출제영역** 금융투자상품 및 증권시장 > 기타증권시장 > K-OTC시장 공시제도

① 발행시장 공시의무는 K-OTC 등록·지정법인 모두에게 있으며, 유통시장 공시의무는 등록법인에게만 있다.
② 정기공시는 유통시장 공시로 K-OTC시장 등록법인만 해당한다.
③ 등록법인은 K-OTC시장에서 유통시장 공시의무가 있으며, 지정법인은 유통시장 공시의무가 없는 대신 금융위원회에 사업보고서, 반기보고서, 분기보고서 제출의무가 있다.

**핵심개념** K-OTC시장 공시제도

| 구 분 | 내 용 |
|---|---|
| 발행시장 공시 | ※ **등록·지정법인 모두 해당**<br>불특정 다수의 투자자가 거래하는 K-OTC시장에서 주식 매도주문을 내는 행위는 증권의 매출에 해당, 등록·지정법인은 발행공시를 해야 함 |
| 유통시장 공시 | ※ **등록법인만 해당**<br>• K-OTC시장 등록법인은 주요 기업 내용을 공시하는 유통시장 공시를 해야 함<br>• 공시유형 : 정기공시, 수시공시, 조회공시<br>• 사업보고서 제출 대상 법인은 「자본시장법」에 따라 사업보고서 등을 금융위원회에 제출하여 공시 |

## 30

**출제영역** 금융투자상품 및 증권시장 > 기타증권시장 > K-OTC시장 관리제도

등록법인이 불성실공시를 한 경우 해당사유 해소 시까지 매매거래가 정지된다.

**핵심개념** 매매거래정지 사유 및 정지기간
• 등록법인이 불성실공시를 하거나 지정법인이 반기보고서를 제출기한 내에 미제출한 경우 : 1영업일간 매매거래 정지
• 정기공시서류 미제출 : 제출기한 다음날부터 제출일까지
• 등록 지정해제사유 발생 시 : 해당 사유 확인일과 그 다음 3영업일간 거래 정지
• 등록법인에 대해 등록 해제사유에 해당하는 내용의 조회공시 요구 시 : 조회공시를 요구한 때부터 조회공시에 대한 결과를 공시한 날까지 매매거래 정지
• 회생절차 개시 신청 : 해당 사유 확인일로부터 법원의 회생절차개시결정이 확인된 날까지 매매거래 정지
• 주식분할, 주식병합 등을 위해 주권의 제출이 요구되는 경우 : 사유 해소 시까지 매매거래 정지
• 호가폭주 등 피할 수 없는 사유로 K-OTC시장 전체의 장애 발생이 우려되는 경우 : 사유 해소 시까지 매매거래 정지
• 그 밖에 투자자보호를 위하여 필요하다고 인정되는 경우 : 1영업일간 매매거래 정지

## 증권투자(25문항)

### 31
정답 ①

출제영역　증권투자 > 증권분석의 이해 > 경제분석

국내총생산(GDP)에 대한 설명이다.

**핵심개념** 주요경제변수

| 구 분 | 내 용 |
|---|---|
| 국내총생산<br>(GDP) | • 경제활동에 의해 창출된 최종 재화와 용역의 시장<br>가치<br>• 한 나라의 경제력, 경제성장률, 국민소득 평가의 기<br>초가 됨<br>• 국민경제흐름을 체계적으로 나타냄 → 경제동향을<br>분석하는 대표적인 도구<br>• 주식가격의 움직임과 깊은 연관성 |
| 이자율 | • 시중자금에 대한 수요와 공급에 의해 결정<br>• 이자율이 높아지면 주식에 대한 대체투자수단의 수<br>익률이 높아짐을 의미(주식의 투자매력도가 하락)<br>• 이자율 상승 → 요구수익률 즉, 할인율 상승 → 주식<br>가격 하락 효과 |
| 인플레이션 | • 물가가 지속적으로 상승 또는 화폐가치가 지속적으<br>로 하락하는 현상<br>• 화폐의 구매력 감소 및 시중이자율 상승으로 가격을<br>하락시킴 |
| 환 율 | • 자국 통화와 타국 통화에 대한 교환비율<br>• 환율이 변동하면 자국 생산제품의 국제경쟁력에 영<br>향 → 환율은 개별기업 수익성의 주요 결정요인 |

### 32
정답 ②

출제영역　증권투자 > 증권분석의 이해 > 경제분석

환율과 주가는 부의 상관관계가 있으므로, 환율이 상승하면 주가
는 하락하므로 긍정적인 영향을 준다고 볼 수 없다.

**핵심개념** 환 율

| 구 분 | 내 용 |
|---|---|
| 의 의 | 자국통화의 타국통화에 대한 교환 비율 |
| 특 징 | • 개별 기업 수익성의 주요 결정요인<br>• 외환시장에서 수요·공급뿐 아니라 국제수지, 물가<br>등 복합적인 요인에 의해 결정<br>• 자국통화 평가절하 → 환율 상승 → 수출 비중이 높은<br>기업은 대외경쟁력 및 채산성 강화<br>• 환율 상승 → 수입제품의 원가 상승 → 국내 제품가격<br>상승 → 인플레이션이 높아짐, 달러화 표시 부채가 많<br>은 기업은 환율 상승으로 인해 상당한 환차손 발생<br>• 환율과 주가는 부(−)의 상관관계(환율이 상승하면 주<br>가는 하락) |

### 33
정답 ②

출제영역　증권투자 > 증권분석의 이해 > 경제분석

보기에서 설명하고 있는 것은 기업경기실사지수(BSI)이다. 기업
실사조사의 결과는 기간 간 상호 비교가 용이하도록 계량화된 기
업실사지수를 작성하여 예측하는 데 이용한다. 이 지수는 기준치
100을 경기전환점으로 보고 이 지수가 100을 초과할 때 경기상승
국면으로, 100 미만이면 경기하강국면으로 판단한다.

**핵심개념** 기업경기실사지수(BSI)

| 구 분 | 내 용 |
|---|---|
| 개 념 | 미래의 경기변동을 예측하는 방법으로 정부, 기업, 가계<br>모든 부문에 대해 설문을 통해 기업경기실사지수를 작<br>성하여 예측에 이용하는 것 |
| BSI 지수 | • (상승 응답업체 수 − 하락 응답업체 수) / 전체 응답업<br>체 수 × 100 + 100<br>• BSI 값 > 100 상승(확장)국면,<br>BSI 값 < 100 하강(수축)국면,<br>BSI 값 = 100 경기전환점 |
| 특 징 | • 경기변동의 방향은 파악하나, 경기변동의 속도 및 진<br>폭은 판단 불가능<br>• (한계점) 응답자가 호황에서는 낙관적으로, 불황에서<br>는 비관적으로 지나치게 민감한 반응 → 실제 경기상<br>황보다 과소 또는 과대 예측됨 |

### 34
정답 ①

출제영역　증권투자 > 증권분석의 이해 > 경제분석

경기순환의 국면은 호황과 불황 또는 확장과 수축으로 2분할 수
있고, 세분하면 회복 → 활황 → 후퇴 → 침체의 4개 국면으로 나
누어 볼 수 있다.

**핵심개념** 경기순환

| 구 분 | 내 용 |
|---|---|
| 경기순환 개념 | 한 나라의 국민경제 전체의 활동수준이 반복적인 규<br>칙성을 지니면서 변동하는 경향 |
| 경기순환 국면 | • 2분 : 호황과 불황 또는 확장과 수축<br>• 4개 국면 : 회복 → 활황 → 후퇴 → 침체 |
| 경기순환 유형 | • 단기순환 : 기업의 재고증감과 관련 있음<br>• 중기순환 : 설비투자 변동과 관련 있음<br>• 장기순환 : 획기적인 기술혁신과 관련 있음 |
| 경기순환<br>초래원인 | 국민경제의 총수요 변화와 생산주체의 비용함수 또는<br>생산함수의 변화가 가져오는 경제의 수급불균형 |

## 35
정답 ③

출제영역 증권투자 > 증권분석의 이해 > 산업분석

① 도입기에는 가동률이 낮고 생산원가가 높다.
② 성숙기에 대한 설명이다.
④ 업계 재편성이 이루어지기 시작하는 것은 성숙기이다. 쇠퇴기에는 조업도가 현저히 낮아지고 유통경로가 축소된다.

**핵심개념** 제품수명주기상 단계별 특징

| 구 분 | 내 용 |
| --- | --- |
| 도입기 | • 품질이 열악하고, 판매에 대한 광고비율이 높으며, 마케팅비용이 많이 필요<br>• 가동률이 낮고, 생산원가가 높아서, 사업위험이 높음<br>• 높은 가격과 높은 마진, 낮은 수익성으로 가격탄력성은 크지 않음 |
| 성장기 | • 제품의 차별화가 시작되며, 품질이 개선됨<br>• A/S 비용이 도입기보다는 낮지만 여전히 높은 편이며, 조업도가 높은 대량생산체제, 설비의 과소문제가 대두됨<br>• 신규업체 참여로 경쟁업체가 증가하고, 성장률이 높아지며, 사업위험은 감소<br>• 가격은 높은 수준이나 도입기보다 낮고, 수익성은 높아짐 |
| 성숙기 | • 품질이 최고 수준에 도달하고, 차별화가 적어 표준화되며, 시장 세분화가 가속화되고, 제품라인이 많아지며, 광고 경쟁이 치열해짐<br>• 제조과정이 안정화되고, 제품이 다양해져 물적 유통비용이 많이 발생하며, 가격경쟁 및 업계 재편성이 이루어짐<br>• 제품의 가격은 하락하고 제품마진과 수익성 유통업체 마진도 감소 |
| 쇠퇴기 | • 제품의 차별화가 거의 없고, 품질이 저하되며, 광고 및 마케팅 활동을 하지 않아 마케팅 비용이 감소<br>• 과잉 설비, 유통경로의 축소, 조업도가 현저히 낮아지고 철수기업이 늘어나 경쟁이 크게 줄어들며 낮은 가격과 낮은 마진으로 가격은 지속적으로 하락함 |

## 36
정답 ④

출제영역 증권투자 > 증권분석의 이해 > 산업분석

제품이 규격화되어 있거나 제품 차별화가 거의 되어 있지 않은 경우 구매자의 교섭력이 강하다고 볼 수 있다. 참고로 공급자의 제품이 차별화되어 있거나 교체비용이 소요될 경우 공급자의 교섭력이 강하다고 볼 수 있다.

## 37
정답 ①

출제영역 증권투자 > 증권분석의 이해 > 재무비율분석

수익성지표는 총자본이익률, 자기자본이익률, 매출액순이익률이 포함된다. 주당순이익(EPS), 주가수익비율(PER), 주가순자산비율(PBR)은 시장가치비율분석의 종류이다.

## 38
정답 ④

출제영역 증권투자 > 증권분석의 이해 > 재무비율분석

• 이자보상비율 = 영업이익 / 이자비용 × 100(%)
• 이자보상비율은 기업의 부채사용으로 인해 발생하는 이자가 미치는 영향을 살펴보기 위한 것으로, 기업의 영업이익이 지급해야 할 이자비용의 몇 배에 해당하는가를 나타내는 비율이다.
• 이자보상비율이 100% 미만이면 영업활동을 통한 수익으로는 이자를 충당하지 못했다는 의미로 해석할 수 있다.

## 39
정답 ①

출제영역 증권투자 > 증권분석의 이해 > 재무비율분석

자기자본이익률(ROE)은 수익성지표이다.

**핵심개념** 성장성지표(~증가율)

| 구 분 | 내 용 |
| --- | --- |
| 매출액증가율 | ※ [공식] (당기매출액 − 전기매출액) / 전기매출액<br>• 전년도에 비해 당해연도의 매출액이 얼마나 증가했는지 측정 |
| 총자산증가율 | ※ [공식] (당기말총자산 − 전기말총자산) / 전기말총자산<br>• 일정기간 중에 기업의 규모가 얼마나 성장했는지 측정 |
| 영업이익증가율 | ※ [공식] (당기영업이익 − 전기영업이익) / 전기영업이익<br>• 전년도 영업실적에 대한 당해연도의 영업이익 증가율을 나타냄 |

## 40
정답 ②

출제영역 증권투자 > 증권분석의 이해 > 시장가치비율분석

PBR = 주가 / 주당순자산
 = 주가 / 주당 장부가치로 계산된다.

**핵심개념** 시장가치비율 종류

| 구 분 | 내 용 |
| --- | --- |
| 주당순이익<br>(EPS) | • 주당순이익(EPS) = 당기순이익 / 발행주식수<br>• 주식 1주당 얼마의 이익을 창출하는지를 나타내며, 주당순이익이 크면 클수록 주식가격이 높은 것이 보통임 |
| 주가수익비율<br>(PER) | • 주가수익비율(PER) = 주가 / 주당순이익<br>• 주당순이익의 몇 배가 주가로 나타나는가를 의미<br>• 주가수익비율이 높다면 장래에 성장 가능성이 높다고 판단 |

| 주가순자산비율<br>(PBR) | • 주가순자산비율(PBR) = 주가 / 주당순자산<br>  = 주당시장가치 / 주당순이익<br>• 1주당 순자산이 주가(기업가치)를 몇 배 창출했는<br>  가를 나타냄<br>• 주가순자산비율이 높다면 성장 가능성이 있다는<br>  것을 의미함 |
|---|---|
| 주가현금흐름비율<br>(PCR) | • 주가현금흐름비율(PCR) = 주가 / 주당현금흐름<br>• 주가를 1주당 현금흐름으로 나눈 것<br>• 주가현금흐름이 낮다면 저평가되어 있다고 볼 수<br>  있음<br>• 주가수익비율(PER)은 높지만 주가현금흐름비율<br>  (PCR)이 낮다면 현재 주가는 낮은 것으로 봄 |
| 주가매출액비율<br>(PSR) | • 주가매출액비율(PSR) = 주가 / 주당매출액<br>• 주가를 1주당 매출액으로 나눈 것<br>• 기업의 순수한 경영활동의 경과인 매출액을 이용<br>  하여 계산<br>• 기업의 영업성과를 객관적으로 잘 나타내 주고,<br>  음수(-)가 나오는 경우가 없으므로 주가수익비율<br>  (PER)의 약점을 보완해 줌 |
| 배당수익률 | • 배당수익률 = (1주당 배당금 / 주가) × 100(%)<br>• 주식 1주를 보유함으로써 얼마의 현금배당을 받을<br>  수 있는지 알 수 있음 |

## 41       정답 ①

출제영역   증권투자 > 증권분석의 이해 > 시장가치비율분석

주가수익비율(PER) = 주가 / 주당순이익(EPS)
주당순이익(EPS) = 당기순이익 / 발행주식수
               = 27억 / 90만 = 3,000원
따라서, 주가수익비율(PER) = 30,000원 / 3,000원 = 10배

## 42       정답 ②

출제영역   증권투자 > 증권분석의 이해 > 기본적 분석의 한계점

비율분석에 사용되는 재무제표는 과거의 회계정보라는 한계가 있
다. 이는 수년간의 자료를 통해 미래를 예측한다는 것은 정보의 질
적인 측면에서 볼 때 타당하지 못한 것이다.

## 43       정답 ②

출제영역   증권투자 > 증권분석의 이해 > 상대가치평가모형(주가배수<br>                        모형)

특정주식의 주가수익비율(PER)이 그 기업의 성장성에 비해 높은
지 낮은지를 판단하기 위해 주가수익성장비율(PEGR) 지표를 사
용한다. 주가현금흐름비율(PCR)은 '주가 / 주당현금흐름'으로 계
산하며, 순수하게 주당 영업활동으로 인해 발생한 현금흐름에 비
해 주가가 몇 배인지를 보여주는 비율이다.

## 44       정답 ④

출제영역   증권투자 > 증권분석의 이해 > 기술적 분석의 정의

①, ②, ③ 기본적 분석에 대한 설명이다.

**핵심개념** 기술적 분석

| 구 분 | 내 용 |
|---|---|
| 개 념 | 주식의 내재가치와는 관계없이 주가흐름이나 거래<br>량 등을 도표화 → 과거의 일정한 패턴이나 추세를<br>파악 → 이를 활용하여 주가 변동을 예측하거나 주식<br>의 선택 또는 매매 시기를 판단 |
| 기술적 분석의<br>장점 | • 주가와 거래량에 모든 정보가 반영된다는 가정이<br>  바탕<br>• 주가 변동의 패턴을 관찰하여 그 변동을 미리 예측<br>• 차트를 통해 누구나 짧은 시간에 이해하기 쉬움<br>• 한꺼번에 여러 주식의 가격변동 상황을 분석 및 예<br>  측 가능 |
| 기술적 분석의<br>단점 | • 미래에는 과거 주가 변동의 패턴이 반복되지 않을<br>  경우가 많음<br>• 분석자에 따라 차트 해석이 다를 수 있고, 단기/중<br>  기/장기 추세 등 추세 기간에 대한 구분이 곤란<br>• 과거 주가의 동일한 양상을 놓고 어느 시점이 주가<br>  변화의 시발점인가에 대해 해석이 다름<br>• 주가 변동이 주식의 수급이 아닌 다른 요인으로 발<br>  생된 경우 이를 설명하기 어려움<br>• 내재가치를 무시하고, 시장 변동에만 집착하므로<br>  시장 변화요인을 정확히 분석하기 곤란하며, 이론<br>  적인 검증이 어려움 |

## 45       정답 ①

출제영역   증권투자 > 증권분석의 이해 > 기술적 분석의 종류

① 반전형 패턴분석
②, ③, ④ 지속형 패턴분석

**핵심개념** 패턴분석의 종류

| 구 분 | 내 용 |
|---|---|
| 반전형 패턴 | 헤드앤숄더형, 이중삼중천정(바닥)형, 원형반전형,<br>V자 패턴 등 |
| 지속형 패턴 | 삼각형, 이등변삼각형, 깃발형, 패넌트형, 쐐기형, 직<br>사각형 등 |
| 기타 패턴 | 확대형, 다이아몬드형, 갭(보통갭, 돌파갭, 급진갭,<br>소멸갭, 섬꼴반전갭) |

## 46
정답 ②

출제영역 증권투자 > 투자관리 > 자산배분은 투자관리의 핵심 솔루션

마켓타이밍의 선택은 투자관리의 3요소와 거리가 멀다.

**핵심개념** 자산배분 전략의 핵심 솔루션

| 구 분 | 내 용 |
| --- | --- |
| 투자관리의 핵심 | 투자수익 및 위험 등에서 성격이 다른 여러 투자자산에 투자자금을 효율적으로 배분하여 투자목적을 달성하는 것 |
| 투자관리의 3가지 과제(3요소) | 분산투자(자산배분) 방법, 개별종목 선택, 투자시점 선택 |
| 통합적 투자 관리과정 | ※ 하향식(top down) 방법으로 자산배분을 먼저 하고, 그 다음에 종목선정을 하는 것이 투자성과를 높임<br>• 1단계 : 투자목표를 설정하고 투자전략수립에 필요한 사전 투자분석 실시<br>• 2단계 : 투자전략 관점에서 자산배분 실시<br>• 3단계 : 투자전술적 관점에서 개별종목 선택<br>• 4단계 : 포트폴리오 수정과 투자성과의 사후 통제 |

## 47
정답 ③

출제영역 증권투자 > 투자관리 > 자산배분 자산집단의 선정

하나의 자산집단은 다른 자산집단과 상관관계가 충분히 낮아서 분산투자 시 위험의 감소효과가 충분히 발휘될 수 있는 통계적 속성을 지녀야 한다.

**핵심개념** 자산집단의 성격

| 구 분 | 내 용 |
| --- | --- |
| 분산 가능성 | 자산집단 내 분산투자가 가능하도록 충분히 많은 개별 증권이 존재해야 함 |
| 독립성 | 하나의 자산집단은 다른 자산집단과의 상관관계가 낮아서 분산투자 시 위험 감소효과가 충분히 발휘되어야 함 |

## 48
정답 ④

출제영역 증권투자 > 투자관리 > 자산배분 자산집단의 선정

채권발행자에게 자금을 빌려주고, 그 대가로 이자소득과 시세차익을 얻는 채권은 이자지급형 자산에 속한다.

**핵심개념** 자산집단

| 구 분 | 내 용 |
| --- | --- |
| 이자지급형 자산 | • 금융기관에 자금을 맡기거나 채권 발행자에게 자금을 빌려주고 그 대가로 얻는 이자수익이 주목적인 자산<br>• 단기금융상품, 예금, 채권 등 |
| 투자자산 | • 투자성과에 따라 투자수익이 달라지는 자산<br>• 자산가격의 변동성이 높으므로 이자자산보다 높은 수익을 얻을 수 있지만 손실도 발생할 수 있는 자산<br>• 주식이 대표적이며, 투자지역에 따라 국내주식과 해외주식으로 구분<br>• 대안투자 자산으로 부동산, 곡물, 원자재 등 실물자산이 있음 |

## 49
정답 ③

출제영역 증권투자 > 투자관리 > 기대수익률

펀더멘털분석법에 대한 설명이다.
① 자산집단의 과거 장기간 수익률을 분석하여 미래의 수익률로 사용하는 방법이다.
② 단순하게 과거 수익률을 사용하지 않고 여러 경제변수의 상관관계를 고려하여 시뮬레이션함으로써 수익률을 추정하는 방법이다.
④ 시장 참여자들 간에 공통적으로 가지고 있는 미래 수익률에 대한 추정치를 사용하는 방법이다.

**핵심개념** 기대수익률 측정방법

| 구 분 | 내 용 |
| --- | --- |
| 추세분석법 | • 자산집단과 과거 장기간 수익률을 분석하여 미래의 수익률로 사용하는 방법<br>• 자본시장의 역사가 짧은 경우 사용이 어려움 (예) 한국) |
| 시나리오분석법 | 여러 가지 경제변수의 상관관계를 고려하여 시뮬레이션을 통해 수익률을 추정하는 방법(과거 수익률을 사용하지 않음) |
| 펀더멘털분석법 | • 과거의 자료를 바탕으로 미래의 발생상황에 대한 기대치를 추가하여 수익률을 예측하는 방법<br>• 자본자산가격결정모형(CAPM), 차익거래가격결정모형(APT) 사용 |
| 시장공동예측치 사용법 | • 시장 참여자들 간에 공통적으로 가지고 있는 미래 수익률에 대한 추정치를 사용하는 방법<br>• 주식의 기대수익률을 측정하는 방법으로는 '1 / PER' 또는 '배당수익률 + EPS 증가율' 등이 사용됨 |

## 50

출제영역 증권투자 > 투자관리 > 위험(Risk)

중위수는 통계집단의 변량을 크기의 순서로 늘어놓았을 때 중앙에 위치하는 값으로, 자료, 모집단, 확률분포에서 중심을 나타내는 측도의 하나이다.

## 51

출제영역 증권투자 > 투자관리 > 위험(Risk)

표준편차에 1시그마($\sigma$)를 적용했을 때 수익률의 범위는 $-2.04 \sim 22.04\%$일 확률이 68.27%이며, 수익률이 $-2.04\%$보다 낮을 확률은 약 16%, 22.04%보다 높을 확률은 16%이다.

이는 전체 100%에서 수익률의 범위가 $-2.04 \sim 22.04\%$일 확률 약 68%를 차감했을 때 약 32%로 수익률 정규분포의 범위를 벗어날 확률이며, 이를 각각 적용하면 $-2.04\%$보다 낮을 확률과 22.04% 보다 높을 확률은 각각 약 16%임을 뜻한다.

※ 신뢰상수 $1\sigma$, $2\sigma$, $3\sigma$에 대하여 다음과 같은 신뢰구간을 갖는다.

- 기대수익률 $10\% \pm 12.04\% \times 1\sigma = -2.04 \sim 22.04\%$(확률 68.27%)
- 기대수익률 $10\% \pm 12.04\% \times 2\sigma = -14.08 \sim 34.08\%$(확률 95.54%)
- 기대수익률 $10\% \pm 12.04\% \times 3\sigma = -26.12 \sim 46.12\%$(확률 99.97%)

## 52

출제영역 증권투자 > 투자관리 > 자산배분 실행

1기간 말의 수익률은 100만원에서 130만원이 되었으므로 30%, 2기간 말의 수익률은 130만원에서 120만원이 되었으므로 $-7.69\%$이다.

따라서 기하평균수익률 $= \sqrt{(1 + 0.3) \times (1 - 0.0769)}$
$= \sqrt{1.2} - 1 = 0.095(9.5\%)$이다.

## 53

출제영역 증권투자 > 투자관리 > 자산배분 실행

리밸런싱에 대한 설명이다.

핵심개념 자산배분 전략 수정

| 구 분 | 내 용 |
| --- | --- |
| 리밸런싱 | • 자산포트폴리오가 갖는 원래 특성을 그대로 유지하는 것<br>• 자산집단의 상대가격 변동에 따른 투자비율 변화를 원래의 비율로 환원시키는 것 |
| 업그레이딩 | 위험에 비해 상대적으로 높은 기대수익을 얻거나, 기대수익에 비해 상대적으로 낮은 위험을 부담하도록 포트폴리오 구성을 수정하는 것 |

## 54

출제영역 증권투자 > 투자관리 > 전략적 자산배분 전략

④ 전술적 자산배분의 포뮬러 플랜에 대한 설명이다.

핵심개념 전략적 자산배분의 실행방법

| 구 분 | 내 용 |
| --- | --- |
| 시장가치접근법 | • 여러 투자자산의 포트폴리오 내 구성비중을 각 자산의 시가총액비율과 동일하도록 포트폴리오를 구성<br>• 자본자산가격결정모형(CAPM)이론에 의해 지지되지만 소규모 자금으로 포트폴리오를 구성하는 경우에는 부적절 |
| 위험-수익 최적화방법 | • 기대수익률과 위험 간의 관계를 고려하여, 동일한 위험수준에서 최대한으로 보상받을 수 있는 지배원리에 의해 포트폴리오 구성<br>• 효율적 투자곡선과 투자자의 효용함수가 접하는 점을 최적 포트폴리오라 하며, 이를 전략적 자산배분으로 간주 |
| 다른 유사기관투자가의 자산배분을 모방 | • 연기금, 생명보험 등의 기관투자가들이 시장에서 실행하고 있는 자산배분을 모방하여 전략적으로 자산 구성<br>• 타 기관투자가의 자산배분을 참고하므로 보편화되어 있는 방법 |
| 투자자별 특수상황을 고려하는 방법 | 운용기관 위험, 최소요구수익률, 다른 자산들과의 잠재적인 결합 등을 고려하여 수립하는 투자전략 |

## 55 정답 ③

출제영역 증권투자 > 투자관리 > 전술적 자산배분 전략

㉣ 전략적 자산배분에 대한 설명이다.

**핵심개념** 자산배분의 이론적 배경

| 구 분 | | 내 용 |
|---|---|---|
| 전략적<br>자산배분 | 효율적<br>투자기회선 | • 여러 개의 효율적 포트폴리오를 수<br>익률과 위험의 공간에서 연속적으<br>로 연결한 선<br>• 효율적 포트폴리오 : 정해진 위험에<br>서 가장 높은 수익률을 달성하는 포<br>트폴리오 |
| | 최적화 방법의<br>문제점 | • 최적화 : 일정한 기대수익률에서 최<br>소위험을 가져오는 자산포트폴리오<br>를 구성하는 것(일정한 위험에서 최<br>대 기대수익률을 달성)<br>• 진정한 효율적 투자기회선을 규명<br>하는 것은 현실적으로 어려움 → 기<br>대수익률과 위험 추정치의 오류로<br>자산집단에 과잉/과소 투자가 이루<br>어지기 때문 |
| 전술적<br>자산배분 | 역투자전략 | • 내재가치 대비 저평가된 자산을 매<br>수하고, 고평가된 자산을 매도하는<br>방법<br>• 시장가격이 하락하면 매수하여 시<br>장가격의 움직임과 반대의 활동을<br>하게 됨 |
| | 증권시장의<br>과잉반응 현상 | 새로운 정보를 지나치게 낙관적/비관<br>적으로 반응함으로써 내재가치로부<br>터 상당히 벗어나는 가격착오 현상인<br>과잉반응을 활용하는 전략 |

# 투자권유(45문항)

## 56 정답 ①

출제영역 투자권유 > 증권 관련 법규 > 금융투자업 인가·등록 개요

전문사모집합투자업은 등록대상 금융투자업이다.

**핵심개념** 금융투자업 인가·등록

| 구 분 | 내 용 |
|---|---|
| 인가대상<br>금융투자업 | 투자매매업, 투자중개업, 집합투자업, 신탁업 |
| 등록대상<br>금융투자업 | 투자자문업, 투자일임업, 온라인소액투자중개업,<br>전문사모집합투자업 |

## 57 정답 ④

출제영역 투자권유 > 증권 관련 법규 > 영업행위 규칙

금융투자업자가 금융투자업의 본질적 업무(인가·등록과 직접 관련된 필수업무)를 위탁하는 경우 위탁받는 자가 당해 업무 수행에 필요한 인가·등록한 자여야 한다. 핵심업무(투자자보호 및 건전한 거래질서를 해할 우려가 있는 업무)는 위탁이 금지된다.

**핵심개념** 금융투자업자 공통 영업행위 규칙

| 구 분 | | 내 용 |
|---|---|---|
| 신의성실의무 | | • 신의성실원칙에 따라 공정하게 금융투자업을 영위<br>• 정당한 사유 없이 투자자의 이익을 해하면서 자기<br>또는 제3자의 이익을 추구하면 안 됨 |
| 상호 규제 | | 금융투자업자가 아닌 자가 금융투자업자로 오인될 수<br>있는 문자를 상호에 사용 금지 |
| 명의대여 금지 | | 자기의 명의를 대여하여 타인에게 금융투자업을 영위<br>하게 해서는 안 됨 |
| 겸영제한 | | 다른 금융업무를 겸영하고자 하는 경우 영위예정일<br>7일 전까지 금융위에 신고 |
| 부수업무 영위 | | 부수업무를 영위하고자 하는 경우 영위예정일 7일 전<br>까지 금융위에 신고 |
| 업무위탁 | | 본질적 업무(인가·등록과 직접 관련된 필수업무)를<br>위탁하는 경우 위탁받는 자가 당해 업무수행에 필요<br>한 인가·등록한 자여야 하며, 핵심업무(투자자보호<br>및 건전한 거래질서를 해할 우려가 있는 업무)는 위탁<br>금지 |
| 이해상충관리 | 일반규제 | 신의성실의무, 투자자의 이익을 해<br>하면서 자기 또는 제3자의 이익도모<br>금지, 직무 관련 정보이용 금지, 선관<br>주의의무(자산관리업자에게만 적용) |
| | 직접규제 | 선행매매금지, 과당매매금지, 이해관<br>계인과의 투자자 재산 거래 제한 등 |
| | 정보교류<br>차단장치 | 사내외 정보차단벽 간 정보제공, 임<br>직원 겸직, 사무공간 및 전산설비 이<br>용 등 |
| | 이해상충관리<br>의무 | • 이해상충 발생할 가능성이 있다고<br>판단되면 투자자에게 사전통지하<br>거나 이해상충 발생 가능성을 내부<br>통제기준에 따라 투자자보호에 문<br>제가 없는 수준으로 낮춘 후 거래<br>• 이해상충 발생 가능성을 낮추는 것<br>이 곤란할 경우에는 거래 금지 |

정답 및 해설

## 58

정답 ③

출제영역　투자권유 > 증권 관련 법규 > 영업행위 규칙

투자권유를 거부한 투자자에게 계약의 체결 권유를 계속하는 행위는 금지된다. 다만, 1개월 경과 후 투자권유 및 다른 종류의 금융투자상품에 대한 투자권유는 가능하다.

**핵심개념** 부당권유의 금지

- 거짓의 내용을 알리는 행위, 불확실한 사항에 대해 단정적 판단을 제공하거나 확실하다고 오인하게 할 소지가 있는 내용을 알리는 행위를 의미함
- 투자자로부터 투자권유의 요청을 받지 아니하고 방문・전화 등 실시간 대화의 방법을 이용하여 장외파생상품의 투자권유를 하는 행위 금지(단, 증권 및 장내파생상품에 대한 권유 가능)
- 계약의 체결 권유를 받은 금융소비자가 이를 거부하는 취지의 의사표시를 하였는데도 계약의 체결 권유를 계속하는 행위 금지(단, 1개월 경과 후 투자권유 및 다른 종류의 금융투자상품에 대한 투자권유 가능)
- 금융상품 내용의 일부에 대하여 비교대상 및 기준을 밝히지 않고 객관적인 근거 없이 다른 금융상품과 비교하여 권유하는 금융상품이 우수하거나 유리하다고 알리는 행위 금지
- 금융상품의 가치에 중대한 영향을 미치는 사항을 미리 알고 있으면서 금융소비자에게 알리지 않는 행위 금지

## 59

정답 ①

출제영역　투자권유 > 증권 관련 법규 > 영업행위 규칙

투자권유대행인의 금지행위에는 위탁한 금융투자업자를 대리하여 계약을 체결하는 행위, 투자자로부터 금전・증권 등의 재산을 수취하는 행위, 투자권유대행업무를 제3자에게 재위탁하는 행위, 둘 이상의 금융투자업자와 투자권유 위탁계약을 체결하는 행위, 보험설계사가 소속 보험회사가 아닌 보험회사와 투자권유 위탁계약을 체결하는 행위 등이 포함된다.

**핵심개념** 투자권유대행인 금지행위

- 위탁한 금융투자업자를 대리하여 계약을 체결하는 행위
- 투자자로부터 금전 또는 증권 등의 재산을 수취하는 행위
- 투자권유대행인 업무를 제3자에게 재위탁하는 행위
- 둘 이상의 금융투자업자와 투자권유 위탁계약을 체결하는 행위
- 보험설계사가 소속 보험회사가 아닌 보험회사와 투자권유 위탁계약을 체결하는 행위

## 60

정답 ③

출제영역　투자권유 > 증권 관련 법규 > 영업행위 규칙

원금보장형 파생결합증권은 적정성의 원칙이 적용되지 않는다.

**핵심개념** 투자권유 영업행위 규제(공통)

| 구 분 | 내 용 |
|---|---|
| 투자권유 | 특정 투자자를 대상으로 금융투자상품의 매매, 투자자문계약, 투자일임계약, 신탁계약 등의 체결을 권유하는 것 |
| 적합성의 원칙 | • 금융소비자가 일반금융소비자인지 전문금융소비자인지를 확인<br>• 고객파악 의무 : 일반투자자에게 투자권유 전에 면담 등을 통해 투자목적, 투자경험, 재산상황 등을 파악하고 투자자에게 서명 등의 확인을 받은 후 투자자에게 제공<br>• 일반금융소비자에게 투자권유 시 일반금융소비자의 투자목적 등에 비추어 적합하지 아니하다고 인정되는 투자권유를 해서는 안 됨 |
| 적정성의 원칙 | • 일반투자자에게 투자권유 없이 파생상품 등을 판매하려는 경우 면담 또는 질문 등을 통해 투자목적 등의 정보 파악<br>• 일반금융소비자의 투자목적 등에 비추어 해당 파생상품 등이 일반금융소비자에게 적정하지 않다고 판단될 경우 그 사실을 통지하고 일반투자자에게 서명 등의 방법으로 확인<br>• 적정성의 원칙이 적용되는 금융상품 : 「자본시장법」에 따른 파생상품 및 파생결합증권, 사채(社債) 중 일정한 사유가 발생할 경우 주식으로 전환되거나 원리금을 상환해야 할 의무가 감면될 수 있는 사채, 고난도금융투자상품, 고난도투자일임계약, 고난도금전신탁 등 |
| 설명의무 | • 일반투자자에게 투자권유 시 금융투자상품의 내용 등을 투자자가 이해할 수 있도록 설명 또는 투자자의 서명 등의 방법으로 확인<br>• 금융투자상품의 내용, 투자위험, 금융투자상품의 투자성에 대한 구조와 성격, 수수료 및 조기상환 조건, 계약의 해제와 해지사항을 설명<br>• 설명의무 위반 시 일반투자자의 손실액 전부를 손해액으로 추정하여 투자자에게 손해를 배상할 책임이 있음 |
| 부당권유의 금지 | • 거짓의 내용을 알리는 행위, 불확실한 사항에 대해 단정적 판단을 제공하거나 확실하다고 오인하게 할 소지가 있는 내용을 알리는 행위를 의미함<br>• 투자자로부터 투자권유의 요청을 받지 아니하고 방문・전화 등 실시간 대화의 방법을 이용하여 장외파생상품의 투자권유를 하는 행위 금지(단, 증권 및 장내파생상품에 대한 권유 가능)<br>• 계약의 체결 권유를 받은 금융소비자가 이를 거부하는 취지의 의사표시를 하였는데도 계약의 체결 권유를 계속하는 행위 금지(단, 1개월 경과 후 투자권유 및 다른 종류의 금융투자상품에 대한 투자권유 가능) |

| | |
|---|---|
| | • 금융상품 내용의 일부에 대하여 비교대상 및 기준을 밝히지 않고 객관적인 근거 없이 다른 금융상품과 비교하여 권유하는 금융상품이 우수하거나 유리하다고 알리는 행위 금지<br>• 금융상품의 가치에 중대한 영향을 미치는 사항을 미리 알고 있으면서 금융소비자에게 알리지 않는 행위 금지 |
| 투자권유 준칙 | • 금융투자업자는 투자권유를 함에 있어 임직원이 준수해야 할 구체적인 기준 및 절차를 정해야 함<br>• 파생상품 등을 투자권유하기 위해서는 일반투자자의 투자목적 등을 고려하여 차등화된 투자권유 준칙을 마련해야 함<br>• 금융투자업자는 투자권유 준칙을 제정·변경한 경우 인터넷 홈페이지에 공시 |

## 61

정답 ③

**출제영역** 투자권유 > 증권 관련 법규 > 투자설명서 제도

증권신고서가 수리된 후 신고의 효력이 발생하기 전에는 예비투자설명서를 사용할 수 있다. 간이투자설명서는 증권신고서가 수리된 후 신문, 방송, 잡지 등을 이용한 광고, 안내문 홍보전단 또는 전자전달매체를 통하여 사용할 수 있다.

**핵심개념** 투자설명서

| 구 분 | 내 용 |
|---|---|
| 작 성 | • 투자설명서에는 증권신고서에 기재된 내용과 다른 내용을 표시하거나 그 기재사항을 누락할 수 없음<br>• 다만 기업경영 등 비밀유지와 투자자보호와의 형평성을 고려하여 기재를 생략할 필요가 있는 사항에 대해서는 그 기재를 생략할 수 있음 |
| 공 시 | • 증권을 모집하거나 매출하는 경우 투자설명서 및 간이투자설명서를 증권신고서의 효력발생일에 금융위에 제출해야 함<br>• 발행인은 투자설명서 및 간이투자설명서를 해당 증권의 발행인의 본점, 금융위, 거래소, 청약사무취급장소에 비치 및 공시해야 함 |
| 교부의무 | • 누구든지 증권신고서의 효력이 발생한 증권을 취득하고자 하는 자에게 투자설명서를 미리 교부해야 하며, 그렇지 않은 경우 그 증권의 취득 또는 매도할 수 없음<br>• 다만 전문투자자, 투자설명서를 받기를 거부한다는 의사를 표시한 자, 이미 취득한 것과 같은 집합투자증권을 계속하여 추가로 취득하려는 자에 대해서는 투자설명서의 교부가 면제됨 |
| 투자설명서 사용방법 | • 증권신고서의 효력이 발생한 후 투자설명서의 사용이 가능<br>• 다만 증권신고서의 효력이 발생하기 전에는 예비투자설명서를 사용할 수 있으며, 집합투자증권의 간이투자설명서를 교부하거나 사용하는 경우 투자자에게 투자설명서를 별도로 요청할 수 있음을 알려야 함 |

## 62

정답 ③

**출제영역** 투자권유 > 증권 관련 법규 > 주식 등의 대량보유상황 보고제도

5% 이상 보유자의 보유비율이 1% 이상 변동된 경우 보고 대상이다.

**핵심개념** 주식 등의 대량보유상황 보고제도

| 구 분 | 내 용 |
|---|---|
| 의 의 | • 주권상장법인의 주식 등을 발행주식 총수의 5% 이상 보유하게 되는 경우 또는 보유지분의 변동 및 보유목적의 변동 등 M&A와 관련된 주식 등의 보유상황을 공시하도록 하는 제도<br>• 5% Rule 또는 5% 보고제도라고 함 |
| 보고의무자 | 보고의무자는 본인과 특별관계자를 합하여 주권상장법인의 주식 등을 5% 이상 보유하게 된 자 또는 보유하고 있는 자 |
| 보고사유 | • 신규보고 = 주식 등을 5% 이상 보유하게 되는 경우<br>• 변동보고 = 5% 이상 보유자가 보유비율의 1% 이상이 변동되는 경우<br>• 변경보고 = 신규보고 및 변동보고자의 보유목적의 변경, 보유주식 등에 대한 신탁·담보 계약, 그 밖의 주요 계약내용의 변경 또는 보유형태의 변경 |
| 보고내용 | • 보유상황, 보유목적, 보유주식 등에 관한 주요 계약 내용<br>• 보유목적이 발행인의 경영권에 영향을 주기 위한 것이 아닌 경우와 '일정한 전문투자자'의 경우에는 약식 보고서에 의할 수 있음 |
| 보고기한 | • 보고사유발생일로부터 5일 내에 보고<br>• 다만 보유목적이 경영에 영향을 주기 위한 것이 아닌 경우 그 변동이 있었던 달의 다음달 10일까지, 일정한 전문투자자는 분기의 다음달 10일까지 보고 가능 |
| 냉각기간 | • 보유목적이 경영권에 영향을 주기 위한 것이라면 보고사유가 발생한 날부터 보고한 날 이후 5일까지 그 발행인의 주식 등을 추가로 취득하거나 보유주식 등에 대하여 그 의결권을 행사할 수 없음<br>• 만약 이를 위반한 경우 추가로 취득한 주식에 대한 의결권 행사 금지 및 6개월 내의 기간을 정하여 추가 취득분에 대해 처분 명령을 할 수 있음 |

## 63

출제영역　투자권유 > 증권 관련 법규 > 미공개정보 이용(내부자거래) 규제

정보수령자도 내부자거래 규제 적용대상이 되며, 내부자 또는 준내부자에 해당하지 아니하게 된 날로부터 1년이 경과하지 아니한 자에 대해서도 미공개주요정보를 받은 경우에는 내부자규제가 적용될 수 있다.

**핵심개념** 미공개정보 이용(내부자거래) 이용행위의 금지

| 구 분 | | 내 용 |
|---|---|---|
| 적용대상 | | • 상장법인 및 증권시장에 상장된 증권을 발행한 법인<br>• 6개월 이내 상장이 예정된 법인 |
| 규제대상 증권 | | • 상장법인이 발행한 증권(단, CB, BW, PB 및 EB 이외 채무증권, 수익증권, 파생결합증권 제외)<br>• 상장법인이 발행한 증권예탁증권<br>• 상장법인 외의 자가 발행한 교환사채권 및 위의 증권만을 기초자산으로 하는 금융투자상품 |
| 규제대상자 | 내부자 | • 법인(계열회사 포함) 및 법인의 임직원 대리인으로 그 직무와 관련하여 미공개 중요정보를 알게 된 자<br>• 법인(계열회사 포함)의 주요 주주로서 그 권리행사 과정에서 미공개 중요정보를 알게 된 자 |
| | 준내부자 | • 법인에 대해 허가·인가·지도·감독 등의 권한을 갖는 자로서 그 권한 행사 과정에서 미공개 중요정보를 알게 된 자<br>• 법인과 계약체결 또는 체결교섭 중인 자로서 그 계약의 체결·교섭·이행과정에서 미공개 중요정보를 알게 된 자 |
| | 정보수령자 | 내부자 및 준내부자로부터 미공개 중요정보를 받은 자(정보수령자에 해당하지 아니 된 날로부터 1년 이내 포함) |
| 규제대상 행위 | | • 미공개 중요정보를 특정 증권 등의 매매, 그 밖의 거래에 이용하거나 타인에게 이용하게 하는 행위 금지(증권의 매매 자체가 금지되는 것이 아님)<br>• 금융위 또는 거래소에 신고·보고된 서류에 기재된 정보 : 서류가 비치된 날부터 1일<br>• 금융위 또는 거래소가 설치·운영하는 전자전달매체를 통해 공개된 정보 : 공개된 때부터 3시간<br>• 일반일간신문 또는 경제 분야 특수 일간신문에 게재된 정보 : 게재된 날의 다음 날 0시부터 6시. 단, 전자간행물 형태로 게재된 경우에는 그 게재된 때부터 6시간<br>• 전국 지상파방송 또는 연합뉴스사를 통하여 방송·제공된 정보 : 방송·제공된 때부터 6시간 |

## 64

출제영역　투자권유 > 증권 관련 법규 > 시세조종행위 규제

시장질서 교란행위 규제가 도입되면서 2차 이상의 다차 정보수령자의 미공개중요정보이용, 외부정보이용, 해킹 등 부정한 방법으로 취득한 정보이용 등도 규제대상에 포함된다.

**핵심개념** 위장거래에 의한 시세조정

| 구 분 | 내 용 |
|---|---|
| 개 념 | 누구든지 상장증권 또는 장내파생상품의 매매에 관하여 그 매매가 성황을 이루고 있는 듯이 잘못 알게 하거나, 그 밖에 타인에게 그릇된 판단을 하게 할 목적으로 통정매매 또는 가장매매에 해당하는 행위 및 그 행위를 위탁하거나 수탁할 수 없음 |
| 통정매매 | 자기가 매도 또는 매수하는 것과 같은 시기에 그와 같은 가격 또는 약정 수치로 타인이 그 증권 또는 장내파생상품을 매도할 것을 사전에 그 자와 서로 짠 후 매도하는 행위 |
| 가장매매 | 그 증권 또는 장내파생상품의 매매를 함에 있어 그 권리의 이전을 목적으로 하지 아니하는, 거짓으로 꾸민 매매를 하는 행위 |

## 65

출제영역　투자권유 > 금융소비자보호법 > 금융소비자보호법 주요내용

적정성의 원칙이란 소비자가 자발적으로 구매하려는 금융상품이 소비자의 재산 등에 비추어 부적정할 경우 이를 고지 및 확인하는 것으로 「자본시장법」상으로는 파생상품, 파생결합증권 등을 대상으로 하지만 「금융소비자보호법」에서는 대출성 상품, 보장성 상품으로 확대되었다(예금성 상품은 제외).

**핵심개념** 6대 판매원칙

| 구 분 | 내 용 |
|---|---|
| 의 의 | 기능별 규제체계를 기반으로 일부 상품에만 적용 중인 판매행위 원칙을 원칙적으로 全금융상품에 확대 적용함 |
| 적합성의 원칙 | • 일반금융소비자의 재산상황, 금융상품의 취득·처분 경험 등에 비추어 부적합한 금융상품 계약체결의 권유를 금지<br>• 금융투자상품 및 변액보험에만 도입되었으나, 이를 대출성 상품과 보장성 상품 등으로 확대 적용 |
| 적정성의 원칙 | • 일반금융소비자가 자발적으로 구매하려는 금융상품이 소비재의 재산 등에 비추어 부적정할 경우 이를 고지 및 확인<br>• 「자본시장법」상 파생상품, 파생결합증권 등에 대해서만 도입되어 있었으나 일부 대출성·보장성 상품으로 확대 |

| | |
|---|---|
| 설명의무 | • 금융상품 계약체결을 권유하거나 일반금융소비자가 설명을 요청할 경우 중요한 사항을 설명<br>• 금융상품을 유형별로, 필수 설명사항을 세부적으로 규율하고 이를 일반금융소비자가 이해할 수 있도록 설명을 의무화 |
| 불공정영업행위<br>금지 | • 판매업자 등이 금융상품을 판매할 때 우월적 지위를 이용하여 금융소비자의 권익을 침해하는 행위 금지<br>• 불공정영업행위 유형<br>　- 대출과 관련하여 다른 금융상품 계약을 강요하는 행위<br>　- 대출과 관련하여 부당한 담보를 요구하는 행위<br>　- 대출과 관련하여 제3자의 연대보증을 요구하는 행위<br>　- 업무와 관련하여 편익을 요구하는 행위<br>　- 연계·제휴서비스를 부당하게 축소·변경하는 행위 등<br>　- 대출 실행 후 3년 경과 시 중도상환 수수료 부과 금지 포함 |
| 부당권유행위<br>금지 | • 금융상품 계약 체결의 권유 시 금융소비자가 오인할 수 있는 허위 사실 등을 알리는 행위를 금지<br>• 부당권유행위 유형<br>　- 불확실한 사항에 대한 단정적 판단을 제공하는 행위<br>　- 금융상품의 내용을 사실과 다르게 알리는 행위<br>　- 금융상품의 가치에 중대한 영향을 미치는 사항을 알리지 않는 행위<br>　- 객관적 근거 없이 금융상품을 비교하는 행위<br>　- 내부통제기준에 따른 직무수행 교육을 받지 않은 자로 하여금 계약체결 권유와 관련된 업무를 하게 하는 행위 등 |
| 광고규제 | • 금융상품 또는 판매업자 등의 업무에 관한 광고 시 필수적으로 포함해야 하는 사항과 금지행위 등을 규제<br>• 필수포함사항<br>　- 금융상품 설명서 및 약관을 읽어볼 것을 권유하는 내용<br>　- 금융상품판매업자등의 명칭, 금융상품의 내용<br>　- 보장성 상품 : 보험료 인상 및 보장내용 변경 가능 여부<br>　- 투자성 상품 : 운용실적이 미래수익률을 보장하지 않는다는 사항 등<br>• 금지행위<br>　- 보장성 상품 : 보장한도, 면책사항 등을 누락하거나 충분히 고지하지 않는 행위<br>　- 투자성 상품 : 손실보전 또는 이익보장이 되는 것으로 오인하게 하는 행위<br>　- 대출성 상품 : 대출이자를 표시하여 저렴한 것으로 오인하게 하는 행위 |

## 66　　　　　　　　　　　　　　　정답 ②

출제영역　투자권유 > 영업실무 > 금융투자관리(CRM)

기존 고객을 상대로 하는 마케팅 활동은 초기 비용투자와 지속적인 관계 증진을 통해 안정적인 유대관계를 형성한 상태이므로, 불확실성을 상당 부분 제거할 수 있다. 결과적으로 고객과의 관계가 증진될수록 단위당 관리비용은 낮아진다.

**핵심개념** 성공적인 고객관리(CRM)의 효과

| 구 분 | 내 용 |
|---|---|
| 예탁자산의 증대 | 고객과의 친밀한 관계를 통한 예탁자산 증대 |
| 낮은 마케팅 관리비용 | 고객과의 관계 증진을 통한 관리비용 감소 |
| 고객이탈률의 감소,<br>고객유지율의 증대 | 만족스러운 관계형성을 통한 고객이탈률의 감소와 고객유지율의 증대 |
| 구전을 통화 무료광고 | 만족도 높은 우량고객을 통한 무료광고 효과 |

## 67　　　　　　　　　　　　　　　정답 ③

출제영역　투자권유 > 영업실무 > 고객상담(Process)

고객에게 질문을 통해 생각하게 하는 질문은 확대형 질문이다. 개방형 질문은 고객이 자유로이 이야기하도록 유도하는 질문으로, 좀 더 긴 대답을 유도하고자 하는 경우에 사용한다.

**핵심개념** 고객의 Needs 파악을 위한 질문법

| 구 분 | 내 용 |
|---|---|
| 폐쇄형 질문 | ※ [예시] 고객님, 은퇴생활을 위한 연금 상품을 가입하고 계신가요?<br>• 고객의 대답을 한정하고자 하는 질문으로 '예' 또는 '아니오' 등의 간단한 대답을 유도하고자 할 때 사용됨<br>• 상담원이 대화의 상황을 유도할 때 유용하게 사용함<br>• 장점 : 상담시간을 단축하여 대기 고객이 많을 때 신속하게 여러 고객을 처리할 수 있음<br>• 단점 : 고객의 동의 및 확신을 얻기가 힘들며, '예', '아니오'의 단답이 나올 경우 다음 단계로 대화를 이어가기가 어려움 |
| 개방형 질문 | ※ [예시] 고객님, 은퇴생활을 위한 대비는 어떻게 하고 계신가요?<br>• 고객이 자유로이 이야기하도록 유도하는 질문으로 긴 대답을 유도하고자 할 때 사용함<br>• '무엇을', '왜', '어떻게' 등의 질문을 통해 고객이 스스로의 상황에 대해 좀 더 광범위하게 이야기할 수 있도록 함<br>• 장점 : 개방형 질문과 폐쇄형 질문을 적절히 배합하여 고객 Needs의 파악을 극대화할 수 있음<br>• 단점 : 꼬치꼬치 캐묻는 느낌을 줄 수 있어 고객이 불쾌함을 느낄 수 있음 |

| 확대형 질문 | ※ [예시] 올해 은퇴하셨다고 들었습니다. 혹시 은퇴 생활을 계획하는 데 어려움은 없으신지요?<br>• 고객에게 질문을 통해 생각하게 하고 제한된 시간 안에 고객의 Needs를 구체화하고 확신시켜 주는 효과를 거둘 수 있음<br>• 어렵고 전문적인 질문은 피하고 판매사원의 견해를 피력해 설득의 서두로 사용함<br>• 장점 : 고객으로 하여금 Needs를 분석·궁리· 느끼게 함<br>• 단점 : 심문을 당한다는 느낌이나 귀찮게 한다는 느낌을 줄 수 있어 절제가 필요함 |
|---|---|

## 68
정답 ④

출제영역 투자권유 > 영업실무 > 고객과의 관계 형성

고객이 자신의 Needs에 대해 잘 말하는 경우 확대형 질문을 통해 고객의 이야기를 이끌어 내는 것이 바람직하다.

**핵심개념** 고객의 Needs 파악을 위한 질문법

| 구 분 | 내 용 |
|---|---|
| 폐쇄형 질문 | ※ [예시] 고객님, 은퇴생활을 위한 연금 상품을 가입하고 계신가요?<br>• 고객의 대답을 한정하고자 하는 질문으로 '예' 또는 '아니오' 등의 간단한 대답을 유도하고자 할 때 사용됨<br>• 상담원이 대화의 상황을 유도할 때 유용하게 사용함<br>• 장점 : 상담시간을 단축하여 대기 고객이 많을 때 신속하게 여러 고객을 처리할 수 있음<br>• 단점 : 고객의 동의 및 확신을 얻기가 힘들며, '예', '아니오'의 단답이 나올 경우 다음 단계로 대화를 이어가기가 어려움 |
| 개방형 질문 | ※ [예시] 고객님, 은퇴생활을 위한 대비는 어떻게 하고 계신가요?<br>• 고객이 자유로이 이야기하도록 유도하는 질문으로 긴 대답을 유도하고자 할 때 사용함<br>• '무엇을', '왜', '어떻게' 등의 질문을 통해 고객이 스스로의 상황에 대해 좀 더 광범위하게 이야기할 수 있도록 함<br>• 장점 : 개방형 질문과 폐쇄형 질문을 적절히 배합하여 고객 Needs의 파악을 극대화할 수 있음<br>• 단점 : 꼬치꼬치 캐묻는 느낌을 줄 수 있어 고객이 불쾌함을 느낄 수 있음 |

| 확대형 질문 | ※ [예시] 올해 은퇴하셨다고 들었습니다. 혹시 은퇴 생활을 계획하는 데 어려움은 없으신지요?<br>• 고객에게 질문을 통해 생각하게 하고 제한된 시간 안에 고객의 Needs를 구체화하고 확신시켜 주는 효과를 거둘 수 있음<br>• 어렵고 전문적인 질문은 피하고 판매사원의 견해를 피력해 설득의 서두로 사용함<br>• 장점 : 고객으로 하여금 Needs를 분석·궁리· 느끼게 함<br>• 단점 : 심문을 당한다는 느낌이나 귀찮게 한다는 느낌을 줄 수 있어 절제가 필요함 |
|---|---|

## 69
정답 ①

출제영역 투자권유 > 영업실무 > 고객과의 관계 형성

고객의 말에 공감하고 있다는 말이나, 바디랭귀지(Body Language)를 보여줌으로써 고객이 신뢰를 갖도록 한다.

**핵심개념** 고객의 Needs 파악 및 질문 시 체크포인트

• 질문할 때 손님이 심문을 받는다는 인상을 갖지 않도록 상황에 맞게 부드럽게 문의한다(단도직입적 질문보다는 질문하는 이유 및 질문을 통한 고객 이득부터 납득시킴).
• 고객이 원하는 바를 쉽게 거절하지 않고, 대안상품 및 서비스를 찾는다.
• 상담 중 중요한 내용은 메모하거나 기억해야 한다.
• 다시 한 번 고객을 위해 바로 찾아왔다는 확신을 준다(고객의 Needs를 풀어줄 해결사라는 확신을 심어줘야 함).
• 문의하고, 경청하며, 공감하는 모습을 보여준다.
• 대화 후 고객이 유쾌하고 흥미로웠다는 느낌을 갖도록 한다.
• 70-30 Rule : 고객이 대화의 70%, 세일즈맨이 30%를 말할 수 있도록 한다.
• NO로 대답할 수 있는 폐쇄형 질문은 피한다.

## 70
정답 ②

출제영역 투자권유 > 영업실무 > 설득 및 해법 제시

부메랑법은 고객의 거절한 내용에 대해 반전을 노리는 화법이다. 고객의 오해가 확실할 경우 정면으로 부정하는 방법은 정면격퇴법이다.

**핵심개념** 고객의 반감처리 화법

| 구 분 | 내 용 |
|---|---|
| Yes, but | • '맞습니다 맞고요' 화법<br>• 고객의 주장을 받아들여 고객의 마음을 부드럽게 한 후 의견을 주장하는 대응 방법 |
| 부메랑법 | 고객의 주장을 받아들이면서도 고객이 거절한 내용을 활용하여 반전을 노리는 화법 |
| 보상법 | 사실은 인정하되 그 대신 다른 이점을 활용하여 대응하는 방법 |
| 질문법 | 고객의 거절을 질문으로 되돌려 보내는 방법 |

## 71
정답 ①

출제영역 투자권유 > 영업실무 > 설득 및 해법 제시

반감은 또 하나의 고객의 관심의 표현이라 할 수 있다.

**핵심개념 고객의 반감**
- 반감은 또 하나의 고객의 관심 표현
- 더 많은 정보에 대한 욕구
- 반감은 또 하나의 세일즈 찬스(보통 판매의 80%는 고객의 반감을 해소한 후 성사됨)
- 반감은 빨리 발견하면 할수록 설득이 쉬워지고 사소한 반감이라도 간과해서는 안 됨
- Iceberg's Theory : 반감은 빙산에 비유됨(겉에 드러난 것보다는 속에 숨겨진 얼음이 더 많듯이 반감의 이면에는 숨겨진 의미가 많음)

## 72
정답 ②

출제영역 투자권유 > 영업실무 > 고객의 동의확보 및 Closing

실행촉진법에 대한 설명이다.

**핵심개념 상담 종결의 화법**

| 구 분 | 내 용 |
|---|---|
| 추정승낙법 | 고객이 확실한 대답을 하기 전이라도 긍정적 반응이 나올 경우 사용하는 상담 종결 화법<br>※ [예시] "상품이 꽤 잘 만들어졌는데요." 등 고객에게 긍정적인 표현이 나올 경우, "고맙습니다. 선택해 주셔서 감사합니다. 가입에 따른 제반 서류를 준비토록 하겠습니다." 등 대답으로 상담을 종결하는 화법 |
| 실행촉진법 | 긍정적 답변은 하지 않으나 부정적이지 않을 때 사용하는 화법<br>※ [예시] "끝까지 경청해 주셔서 감사합니다.", "다른 질문사항이 없으시면 서류를 준비하겠습니다.", "서명 날인은 여기다 하시면 됩니다." |
| 양자택일법 | 가입의사가 감지되고 있으나 고객이 결정을 늦추고 있을 때는 다음처럼 A 아니면 B, 둘 중 하나를 선택하게 함으로써 구매를 기정사실화함<br>※ [예시] "주식형 펀드로 가입하시겠습니까? 아니면 주식혼합형 펀드로 가입하시겠습니까?" |
| '기회이익의 상실은 손해' 화법 | 기회이익 상실은 금리, 주가, 환율 변동에 따른 수익률의 차이로 나타낼 수 있음<br>※ [예시] 특판상품인 경우 + α(메리트) 및 사은품 증정 등의 혜택 등 |
| 가입조건 문의법 | 고객이 결정을 미루고 있다면 어떻게 하면 가입하겠는지 물어보면서 가입을 요청하는 방법 |

## 73
정답 ②

출제영역 투자권유 > 영업실무 > 고객의 동의확보 및 Closing

Closing 타이밍을 잘 포착해야 계약에 성공할 수 있는데, Closing 시점을 미리 정해놓기보다는, 고객이 바잉 시그널을 보일 때 Closing을 하는 것이 바람직하다.

**핵심개념 Closing(클로징)**

| 구 분 | 내 용 |
|---|---|
| Closing의 정의 | • Closing의 단계는 고객의 Needs 파악과 충분한 설득 여부를 분명히 확인하는 단계<br>• Closing을 할 때는 고객의 Needs와 고객이 이미 선택한 상품의 이점을 상기시켜 주면서 고객과의 계약을 성립 |
| Closing의 타이밍 | • Closing 타이밍을 잘 포착하는 일은 상담의 성패를 좌우하는 중요 포인트<br>• Closing을 어느 시점에 할지 미리 정해서는 안 됨(고객이 가입의사(Buying Signal)를 나타냈을 때가 모두 타이밍)<br>• Buying Signal은 확실한 것도 있지만 분명치 않은 것도 있음(고객의 태도나 말하는 것을 항상 주의 깊게 관찰 및 경청하는 것이 필요하며, 고객이 나타내는 표정·몸짓·말투·기색 등에서 Buying Signal이 나오고 있는지 파악하는 훈련해 두어야 함) |

## 74
정답 ④

출제영역 투자권유 > 영업실무 > 고객의 동의확보 및 Closing

결과탐구법에 대한 설명이다.

**핵심개념 효과적인 고객동의 확보기술**

| 구 분 | 내 용 |
|---|---|
| 직설동의요구법 | • 고객에게 직설적으로 동의를 요구하는 방법<br>• 단순판매의 경우 적합하나 자칫 잘못하면 고객의 반발을 가져옴 |
| 이점요약법 | 프레젠테이션 과정에서 보여 줬던 상품의 이점을 한 번 더 요약해서 보여 줌으로 고객의 확신을 유도 |
| T-방법 | 고객이 이 상품을 선택했을 때의 이점과 선택하지 않았을 때의 손해를 T막대의 대차대조표를 사용하여 비교 및 설명 |
| 결과탐구법 | 고객이 동의를 못하고 머뭇거릴 경우, 이를 되물어 동의하도록 설명하는 방법 |

정답 및 해설

## 75     정답 ④

출제영역   투자권유 > 영업실무 > 고객응대와 기본매너

사무실 자리를 비울 때는 휴대전화나 이메일 등 제2의 연락수단을 제공해야 한다.

핵심개념 고객응대 시 기본매너
- 예의 바른 인사법을 익힌다. → 간단 15도, 보통 30도, 정중 45도 숙임
- 정중한 전화 응대법을 익힌다. → 벨이 3번 이상 울리기 전에 받음
- 올바른 인사법과 명함 교환법을 익힌다. → 손아랫사람이 먼저 건넴
- 고객응대 및 응접 서비스의 질과 품위가 몸에 습관화되도록 한다.
- 품위 있는 대화 및 언어 사용법을 익힌다.
- 고객 및 상사와 함께 걸어갈 때의 올바른 동행, 수행, 안내 예절을 익힌다.
- 차량 탑승, 동승, 하차할 때의 안내 예절을 정확하게 익힌다.
- 고객과의 통신 연락을 원활히 유지한다.
- 정확하고 신속하게 업무를 처리하여 고객의 만족과 신뢰감을 높인다.

## 76     정답 ②

출제영역   투자권유 > 직무윤리 > 직무윤리에 대한 이해

오늘날 금융투자상품은 전문화·복잡화·다양화되고 있기 때문에 단순한 정보제공의 차원을 넘어 금융소비자보호를 위한 노력이 요구되며 전문가조차도 금융투자상품의 정확한 내용을 파악하기 어려워졌다.

핵심개념 금융투자업에서 직무윤리가 강조되는 이유

| 구 분 | 내 용 |
| --- | --- |
| 산업의 고유속성 | 금융투자업은 고객의 자산을 위탁받아 운영하므로, 이해상충의 발생 가능성이 큼 |
| 상품의 특성 | 금융투자상품은 투자성(원본손실 가능성)이 있고, 고객과의 분쟁 가능성이 상존함 |
| 금융소비자의 질적 변화 | 금융투자상품의 전문화·복잡화·다양화로 단순한 정보제공의 차원을 넘어 금융소비자보호를 위한 노력이 요구되며, 전문가조차도 금융투자상품의 정확한 내용을 파악하기 어려워짐 |
| 안전장치 | 직무윤리를 준수하는 것은 금융투자업종사자들을 보호하는 안전장치(Safeguard)의 역할 |

## 77     정답 ②

출제영역   투자권유 > 직무윤리 > 본 교재에서의 직무윤리

© 회사의 투자 관련 직무에 직·간접적으로 종사하는 자도 포함한다.
② 회사와 무보수로 일하는 자도 직무윤리를 준수해야 한다.

핵심개념 직무윤리의 적용대상
- 관련 전문자격증을 보유하고 있는 자(금융투자전문인력), 자격을 갖기 이전에 관련 업무에 실질적으로 종사하는 자, 직접 또는 간접적으로 이와 관련되어 있는 자를 포함
- 회사와의 위험계약관계 또는 고용계약관계 및 보수의 유무, 고객과의 법률적인 계약관계 및 보수의 존부를 불문함
- 회사와 정식 고용관계에 있지 않은 자나 무보수로 일하는 자도 직무윤리를 준수해야 함
- 아직 아무런 계약관계를 맺지 않은 잠재적 고객에 대해서도 직무윤리를 준수해야 함

## 78     정답 ④

출제영역   투자권유 > 직무윤리 > 이해상충의 방지 의무

금융투자업자는 이해상충이 발생할 가능성을 낮추는 것이 곤란하다고 판단되는 경우에는 매매 또는 그 밖의 거래를 하여서는 안 된다.

핵심개념 이해상충의 방지체계
- 금융투자업자는 투자자 간 이해상충 방지를 위해 이해상충 발생 가능성을 파악 및 평가하고, 내부통제기준에 따라 관리해야 함
- 이해상충 발생 가능성이 있다고 인정되는 경우 그 사실을 미리 투자자에게 알리고, 투자자보호에 문제가 없는 수준으로 낮춘 후 매매 및 거래해야 함
- 이해상충 발생 가능성을 낮추기 어려울 때는 매매 및 거래를 해서는 안 됨
- 정보교류의 차단(Chinese Wall 구축) 의무
  - 정보제공행위 : 금융투자상품의 매매에 관한 정보제공행위
  - 겸직행위 : 임원 및 직원을 겸직하게 하는 행위
  - 공간·설비 공동이용행위 : 사무공간 또는 전산설비를 공동으로 이용하는 행위
  - 기타 : 그 밖에 이해상충이 발생할 가능성이 있는 행위
- 금융투자업자 자신이 발행했거나 관련되어 있는 대상에 대한 조사분석자료 공표 및 제공을 원칙적으로 금지
- 금융투자업종사자는 금융소비자가 동의한 경우를 제외하고는 금융소비자와의 거래 당사자가 되거나 자기 이해관계인의 대리인이 되어서는 안 됨(단, 증권시장 또는 파생상품시장을 통해 매매가 이뤄지는 경우에는 적용되지 않음)

## 79
정답 ③

출제영역 투자권유 > 직무윤리 > 금융소비자보호 의무

㉠ 광고규제의 대상은 금융상품뿐 아니라 금융상품판매업자등이 수행하는 업무로서 금융상품판매업자등이 제공하는 각종 서비스가 포함될 수 있다.

㉢ 금융투자협회는 금융상품판매업자등의 광고규제 준수여부를 확인하고 그 결과에 대한 의견을 해당 금융회사에 통보할 수 있으며, 투자성 상품은 금융투자협회가 이를 수행하고 있다. 참고로 광고주체가 금융상품 등에 대한 광고를 할 경우 준법감시인의 심의를 받아야 한다.

## 80
정답 ②

출제영역 투자권유 > 직무윤리 > 금융소비자보호 의무

판매 후 모니터링 제도란 금융소비자와 판매계약을 맺은 날로부터 7영업일 이내에 판매 직원이 아닌 제3자가 금융소비자와 통화하여 설명의무 이행여부를 확인하는 것이다.

**핵심개념** 금융소비자보호 제도

| 구 분 | 내 용 |
| --- | --- |
| 상품 개발 단계의 금융소비자보호 | • 사전협의절차<br>• 사전협의절차 이행 모니터링<br>• 금융상품 개발 관련 점검<br>• 외부 의견 청취 |
| 상품 판매 단계의 금융소비자보호 | • 적합성의 원칙<br>• 적정성의 원칙<br>• 설명의무<br>• 불공정영업행위의 금지<br>• 부당권유행위 금지<br>  합리적 근거 제공 등, 적정한 표시 의무, 요청하지 않는 투자권유 금지, 손실보전 등의 금지, 기타 부당권유행위<br>• 광고 관련 준수사항<br>  광고의 주체, 광고의 내용 등, 준수 및 금지사항<br>• 계약서류 제공의무 |
| 상품 판매 이후 단계의 금융소비자보호 | • 보고 및 기록 의무<br>  처리결과의 보고의무, 기록 및 유지·관리의무, 자료열람요구권<br>• 정보의 누설 및 부당이용 금지<br>• 관련제도<br>  판매 후 모니터링 제도(해피콜 서비스), 고객의 소리(VOC), 위법계약해지권, 미스터리 쇼핑(Mystery Shopping)<br>• 기타 금융소비자의 사후구제를 위한 법적 제도<br>  법원의 소송 중지, 소액분쟁사건의 분쟁조정 이탈 금지, 손해배상책임 |

## 81
정답 ③

출제영역 투자권유 > 직무윤리 > 금융소비자보호 의무

일반금융소비자가 특정 사항에 대한 설명만을 요구하는 경우 설명의 범위를 제한할 수 있으므로, 모든 일반금융소비자에게 동등하게 설명해야 하는 것은 아니다.

**핵심개념** 설명의무

| 구 분 | 내 용 |
| --- | --- |
| 개 요 | ※ 「금융소비자보호법」 제19조(설명의무)<br>금융상품판매업자등은 일반금융소비자에게 계약체결을 권유(금융상품자문업자가 자문에 응하는 것을 포함)하는 경우 및 일반금융소비자가 설명을 요청하는 경우에는 금융상품에 관한 중요한 사항을 일반금융소비자가 이해할 수 있도록 설명해야 한다. |
| 투자성 상품 | • 투자성 상품의 내용<br>• 투자에 따른 위험<br>• 금융상품직접판매업자가 정하는 위험등급<br>• 금융소비자가 부담해야 하는 수수료 등 투자성 상품에 관한 중요한 사항 등 |
| 대출성 상품 | • 금리 변동 여부, 중도상환수수료 부과 여부·기간 및 수수료율 등 대출성 상품의 내용<br>• 상환방법에 따른 상환금액·이자율·시기<br>• 저당권 등 담보권 설정에 관한 사항, 담보권 실행사유 및 담보권 실행에 따른 담보목적물의 소유권 상승 등 권리변동에 관한 사항<br>• 대출원리금, 수수료 등 금융소비자가 대출계약을 체결하는 경우 부담해야 하는 금액의 총액<br>• 대출계약의 해지에 관한 사항 등 대출성 상품의 중요한 사항 |
| 기 타 | • 연계·제휴 서비스 등의 내용<br>• 연계·제휴서비스 등의 이행책임에 관한 사항<br>• 청약 철회의 기한·행사방법·효과에 관한 사항<br>• 설명에 필요한 설명서를 일반금융소비자에게 제공해야 함<br>• 설명한 내용을 일반금융소비자가 이해하였음을 서명, 기명날인, 녹취 등의 방법으로 확인받아야 함<br>• 일반금융소비자의 합리적 판단 또는 금융상품의 가치에 중대한 영향을 미칠 수 있는 사항을 거짓으로 왜곡하여 설명해서는 안 됨 |

## 82 정답 ③

출제영역 투자권유 > 직무윤리 > 금융소비자보호 의무

㉠, ㉢ 예외적으로 허용되는 경우에 해당하지 않는다.

**핵심개념** 요청하지 않은 투자권유 금지

| 구 분 | 내 용 |
| --- | --- |
| 개 요 | • 투자권유는 금융소비자가 원하는 경우에만 해야 함<br>• 특히 장외파생상품은 원본손실의 가능성이 매우 크고 분쟁 가능성이 크기 때문에 요청하지 않은 투자권유를 하여서는 아니 됨(다만, 투자자보호 및 건전한 거래질서를 해할 우려가 없는 행위로서 증권과 장내파생상품의 투자권유는 가능) |
| 예 외 | • 투자권유를 받은 금융소비자가 이를 거부하는 취지의 의사를 표시한 경우에는 투자권유를 계속하여서는 안 되며, 다음의 경우에만 예외적으로 허용됨<br>  - 투자권유를 받은 투자자가 이를 거부하는 취지의 의사를 표시한 후 금융위원회가 정하여 고시하는 기간(1개월)이 지난 후에 다시 투자권유를 하는 행위<br>  - 다른 종류의 금융투자상품에 대하여 투자권유를 하는 행위 |

## 83 정답 ②

출제영역 투자권유 > 직무윤리 > 본인, 회사 및 사회에 대한 윤리

대외활동으로 금전적 보상을 받은 경우에는 회사에 신고해야 한다.

**핵심개념** 대외활동

| 구 분 | 내 용 |
| --- | --- |
| 개 요 | ※ 「금융투자회사의 표준윤리준칙」 제16조(대외활동)<br>임직원이 외부 강연이나 기고, 언론매체 접촉, SNS 등 전자통신수단을 이용한 대외활동을 하는 경우 다음의 각호의 사항을 준수해야 함 |
| 준수사항 | • 회사의 공식의견이 아닌 경우 사견임을 명백히 표현해야 함<br>• 대외활동으로 인하여 회사의 주된 업무 수행에 지장을 주면 안 됨<br>• 대외활동으로 인하여 금전적인 보상을 받게 되는 경우 회사에 알려야 함<br>• 공정한 시장질서를 유지하고 건전한 투자문화 조성을 위해 최대한 노력해야 함<br>• 불확실한 사항을 단정적으로 표현하거나 다른 금융투자회사를 비방해서는 안 됨 |

## 84 정답 ③

출제영역 투자권유 > 직무윤리 > 직무윤리의 준수절차

영업자별 영업관리자에게 업무수행 결과에 따라 적절한 보상을 지급할 수 있다.

**핵심개념** 영업관리자의 자격

다음의 모든 요건을 구비해야 한다.
• 영업점에서 1년 이상 근무한 경력이 있거나 준법감시·감사업무를 1년 이상 수행한 경력이 있는 자
• 본인이 수행하는 업무가 과다하거나 수행하는 업무의 성격으로 인해 준법감시업무에 곤란을 받지 않을 것
• 영업점장이 아닌 책임자급일 것(다만 당해 영업점의 직원 수가 적어 영업점장을 제외한 책임자급이 없는 경우 예외)
• 준법감시업무를 위한 충분한 경험과 능력, 윤리성을 갖추고 있을 것

## 85 정답 ③

출제영역 투자권유 > 직무윤리 > 직무윤리의 준수절차

준법감시인의 임기는 최소 2년 이상으로 전반적으로 준법감시인의 지위와 독립성을 보장하고 있다.

**핵심개념** 준법감시인

• 이사회 및 대표이사의 지휘를 받아 업무 수행
• 내부통제기준의 적정성 점검
• 이사회 의결을 거쳐 임면, 해임 시에는 이사총수의 2/3 이상의 찬성으로 의결
• 사내이사 또는 업무집행자 중 선임, 임기는 2년 이상
• 임직원의 위법·부당행위에 대한 감사 및 보고
• 준법감시계획 수립 및 결과 보고
• 업무전반에 대한 접근 및 임직원에 대한 각종 자료나 정보의 제출 요구권
• 이사회 및 감사위원회 등 주요회의에 대한 참석 및 의견진술
• 준법감시 업무의 전문성 제고를 위한 연수프로그램 이수

## 86 정답 ①

출제영역 투자권유 > 투자자분쟁예방 > 금융투자상품 권유 판매 관련 의무

임직원의 개인계좌로 고객자산 등을 입금받아서는 안 된다. 이는 임직원 개인의 사적 사기 및 횡령 등으로 진행될 가능성이 높다.

**핵심개념** 분쟁예방요령

• 임직원 개인계좌로 고객자산 등의 입금을 받아서는 안 된다.
• 금융투자업에서 일정 범위 내에서 허용되는 일임매매의 경우 그 범위 및 취지에 맞게 업무를 수행하여야 한다.
• 금융회사의 임직원은 금융상품거래의 조력자 역할임을 잊지 말도록 한다.
• 어떠한 형태로든 손실보전 약정은 하지 말아야 한다.
• 지나친 단정적 판단을 제공하지 않도록 한다.
• 업무수행 중 취득하게 된 정보의 취급에 신중을 기하여야 한다.

## 87

정답 ④

출제영역  투자권유 > 투자자분쟁예방 > 개인정보보호법 관련 고객정보 처리

「개인정보보호법」은 일반법으로 「신용정보의 이용 및 보호에 관한 법률」, 「금융실명거래 및 비밀보장에 관한 법률」, 「전자금융거래법」 등 특별법이 있을 경우 해당 법이 우선 적용되며, 관련 규정이 특별법에 없을 경우 「개인정보보호법」에 따라 처리한다.

## 88

정답 ④

출제영역  투자권유 > 투자자분쟁예방 > 개인정보보호법 관련 고객정보 처리

개인정보는 익명처리를 우선으로 하며, 익명처리가 가능하지 않을 경우에는 실명처리한다.

**핵심개념** 개인정보개념 및 처리의 기본원칙

| 구 분 | 내 용 |
| --- | --- |
| 개인정보 | • 살아있는 개인에 관한 정보로서 성명, 주민등록번호 및 영상 등을 통하여 개인을 알아볼 수 있는 정보<br>• 고유식별정보 : 주민등록번호, 여권번호 등<br>• 민간정보 : 건강상태, 진료기록, 병력, 정당가입 등<br>• 금융정보 : 신용카드번호, 통장계좌번호 등 |
| 개인정보보호 | 개인정보처리가 정보주체의 개인정보를 정당하게 수집 및 이용하고 개인정보를 보관·관리하는 과정에서 내부자의 고의나 관리부주의 및 외부의 공격에서 유출 및 변조 훼손되지 않도록 하며, 정보주체의 개인정보 자기결정권이 제대로 행사되도록 보장하는 일련의 행위 |
| 개인정보개념 및 처리의 기본원칙 | • 정보주체 : 처리되는 정보에 의해 알아볼 수 있는 사람, 그 정보의 주체가 되는 사람<br>• 개인정보 파일 : 개인정보를 쉽게 검색할 수 있도록 일정한 규칙에 따라 체계적으로 배열하거나 구성한 개인정보의 집합물<br>• 업무를 목적으로 개인정보파일을 운용하기 위하여 스스로 또는 다른 사람을 통하여 개인정보를 처리하는 공공기관, 법인, 단체 및 개인 |

## 89

정답 ④

출제영역  투자권유 > 투자자분쟁예방 > 개인정보보호법 관련 고객정보 처리

주민등록번호는 법이 개정됨에 따라 정보주체의 동의를 받았더라도 법령 근거가 없는 경우 원칙적으로 처리가 금지되므로, 2016년 8월 6일까지 수집된 주민등록번호에 대한 삭제 조치를 취해야 한다.

## 90

정답 ④

출제영역  투자권유 > 투자자분쟁예방 > 금융소비자보호

금융상품의 내용을 사실과 다르게 알리는 행위는 부당권유행위에 해당한다.

**핵심개념** 불공정영업행위와 부당권유행위

| 구 분 | 내 용 |
| --- | --- |
| 불공정영업행위 | • 금융소비자의 의사에 반하여 다른 금융상품의 계약 체결을 강요하는 행위<br>• 대출성 상품의 경우 부당하게 담보를 요구하거나, 보증을 요구하는 행위<br>• 업무와 관련하여 (금융소비자에게) 편익을 요구하거나 제공받는 행위<br>• (대출성 상품의 경우) 특정 대출 상환방식을 강요하거나, 법령에서 정한 경우를 제외하고 중도상환수수료를 부과하거나, 제3자의 연대보증을 요구하는 행위<br>• 연계, 제휴 서비스 등을 부당하게 축소하거나 변경하는 행위<br>• 그 밖에 우월적 지위를 이용하여 금융소비자의 권익을 침해하는 행위 |
| 부당권유행위 | • 불확실한 사항에 대한 단정적 판단의 제공 또는 확실하다고 오인하게 할 소지가 있는 내용을 알리는 행위<br>• 금융상품의 내용을 사실과 다르게 알리는 행위<br>• 금융상품의 가치에 중대한 영향을 미치는 사항을 금융소비자에게 알리지 아니하는 행위<br>• 금융상품 내용의 일부에 대하여 비교대상 및 기준을 밝히지 않거나, 객관적인 근거 없이 다른 금융상품과 비교하여 해당 금융상품이 우수하거나 유리하다고 알리는 행위<br>• (보장성 상품의 경우) 금융소비자가 보장성 상품 계약의 중요한 사항을 금융상품 직접판매업자에게 알리는 것을 방해하거나 알리지 아니할 것을 권유하는 행위 및 상품 계약의 중요사항을 부실하게 알릴 것을 권유하는 행위<br>• (투자성 상품의 경우) 금융소비자의 요청 없이 방문·전화 등 실시간 대화의 방법을 이용하여 계약체결을 권유하는 행위 및 금융소비자의 계약체결 거절 의사표시에도 불구하고 계약의 체결 권유를 계속하는 행위 |

## 91

정답 ②

출제영역  투자권유 > 투자자분쟁예방 > 내부통제기준

투자자보호를 목적으로 만들어진 내부통제시스템이다.

**핵심개념** 내부통제기준

임직원이 고객재산의 선량한 관리자로서 고객이익을 위해 선관주의의무를 다하였는지, 업무처리 과정에서 제반법규 등을 잘 준수했는지에 대해 사전적 또는 사후적으로 통제·감독하기 위한 것이다.

정답 및 해설

## 92

**출제영역** 투자권유 > 투자자분쟁예방 > 분쟁조정제도

당사자가 수락한 조정안은 재판상 화해와 동일한 효력을 갖는다.

**핵심개념** 금융감독원의 분쟁조정제도

| 구 분 | 내 용 |
|---|---|
| 분쟁조정제도 | • 합리적인 분쟁해결 방안이나 의견을 제시하여 당사자 간의 합의에 따른 원만한 분쟁해결을 도모하는 제도<br>• 분쟁조정신청이 접수되면 양당사자의 제출자료 검토와 대면 문답절차 등을 거쳐 분쟁조정기관이 중립적인 조정안을 제시함<br>• 금융 관련 분쟁의 조정에 관한 사항을 심의 · 의결하기 위해 금융감독원에 금융분쟁조정위원회를 두고 있음 |
| 분쟁조정의 효력 | • 조정은 법원의 판결과는 달리 그 자체로서는 구속력이 없고 당사자가 이를 수락하는 경우에 한해 효력을 가짐<br>• 금융감독원의 금융분쟁조정위원회의 조정안을 당사자가 수락하면 당해 조정안은 재판상 화해와 동일한 효력을 가짐<br>• 한국거래소 시장감시위원회의 분쟁조정심의위원회, 금융투자협회의 분쟁조정위원회 등에 의한 조정은 민법상 화해계약의 효력을 가짐 |
| 분쟁조정제도의 장 · 단점 | • 금융감독원장은 분쟁조정의 신청을 받은 날부터 30일 이내에 당사자 간에 합의가 이루어지지 아니하는 때에는 지체 없이 이를 조정위원회에 회부해야 함<br>• 조정위원회는 조정의 회부를 받으면 60일 이내에 이를 심의하여 조정안을 작성해야 함 |

| 장 점 | 단 점 |
|---|---|
| – 소송비용 없이 최소한의 시간 내에 합리적인 분쟁 처리 가능<br>– 전문가의 조언 및 도움을 받을 수 있음<br>– 개인이 직접 확인하기 어려운 금융회사의 자료를 조정기관을 통해 간접적으로 확인 가능 | – 합의 도출이 안 되면 분쟁처리가 지연됨<br>– 판단기관에 따른 결과의 차이가 있을 수 있음 |

| 분쟁조정 절차 | 분쟁내용의 통지 및 합의권고 → 조정위원회에 회부 → 조정안의 작성 → 조정안의 제시 및 수락권고 |
|---|---|

## 93

**출제영역** 투자권유 > 투자자분쟁예방 > 분쟁조정제도

조정위원회의 경우 금융감독원장은 분쟁조정의 신청을 받은 날부터 (30)일 이내에 당사자 간에 합의가 이루어지지 아니하는 때에는 지체 없이 이를 조정위원회에 회부해야 한다. 조정위원회는 조정의 회부를 받으면 (60)일 이내에 이를 심의하여 조정안을 작성해야 한다.

## 94

**출제영역** 투자권유 > 투자자분쟁예방 > 금융투자상품 관련 분쟁

임의매매에 대한 설명이다.

**핵심개념** 금융투자상품 관련 분쟁의 유형

| 구 분 | 내 용 |
|---|---|
| 임의매매 | • 고객이 증권회사나 선물회사 직원에게 금융투자상품 관리를 맡기지 않았고, 금융투자회사 직원이 매매주문을 받지 않았음에도 고객 예탁자산으로 마음대로 매매한 경우<br>• 위반 시 민사상 손해배상책임이 발생하며, 해당 직원에 대한 처벌이 가능함 |
| 일임매매 | • 투자일임업자가 고객과 투자일임계약을 체결한 상태에서 당초의 일임계약 취지를 위반해서 수수료 수입 목적 등 사유로 인해 과도한 매매를 일삼은 경우 등 고객충실의무 위반이 인정될 수 있는 경우<br>• 위반 시 민사상 손해배상책임 발생 가능 |
| 부당권유 | • 금융투자회사나 겸영금융투자회사 직원이 고객에게 투자권유를 하면서 설명의무를 충실히 이행하지 않아 투자자가 위험성을 잘못 인식하거나, 과대한 위험성이 있는 투자를 부당하게 권유한 경우<br>• 위반 시 민사상 손해배상책임 발생 가능 |
| 펀드 등 금융투자상품 불완전판매 | • 금융투자상품의 불완전판매도 부당권유의 한 유형으로 분류되며, 이러한 추세는 점차 증대되고 있음<br>• 적합성의 원칙, 적정성의 원칙, 설명의무, 손실보전약정 금지 등을 종합적으로 고려하여 민법상 불법 행위 여부를 판단 |

## 95

**출제영역** 투자권유 > 투자자분쟁예방 > 금융투자상품 관련 분쟁

금융상품에 관한 투자결과는 본인 귀속이 원칙이므로 금융상품에 대해 충분히 이해한 후 자신의 판단과 책임 하에 투자해야 한다.

## 96

**출제영역** 투자권유 > 투자권유와 투자권유 사례분석 > 투자자정보 파악 및 투자자성향 분석

투자권유대행인은 금융투자상품에 대한 설명의무를 이행하는 경우 금융투자상품의 특성과 투자자의 성향을 고려하여 설명의 정도를 달리할 수 있다. 즉 모든 투자자에게 동일한 수준으로 기계적으로 설명할 필요는 없다.

**핵심개념** 투자권유대행인 준수사항

• 투자권유대행인은 관계법령 등을 준수하고, 신의성실의 원칙에 따라 공정하게 업무를 수행해야 함
• 투자권유대행인은 투자자에게 투자에 따르는 위험 및 거래의 특성과 주요내용을 명확히 설명해야 함

- 투자권유대행인은 투자자 자신의 판단과 책임에 따라 스스로 투자에 관한 의사결정을 하고, 그에 대한 결과가 투자자 본인에게 귀속됨을 투자자에게 알려야 함
- 투자권유대행인은 정당한 사유 없이 투자자의 이익을 해하면서 자기가 이익을 얻거나 회사 또는 제3자가 이익을 얻도록 하여서는 아니 됨

## 97
정답 ②

출제영역  투자권유 > 투자권유와 투자권유 사례분석 > 투자권유 주요 내용

만 65세 이상의 고령투자자 및 만 80세 이상의 초고령투자자를 대상으로 공모와 사모 형태를 불문하고 E(D)LS, E(D)LF를 투자권유하려는 경우 금융소비자가 올바른 투자판단을 할 수 있도록 추천사유 및 유의사항 등을 기재한 '적합성 보고서'를 계약체결 이전에 제공하여야 한다.

**핵심개념** 고령투자자에 대한 투자권유

| 구 분 | 내 용 |
|---|---|
| 의 의 | 금융회사는 회사별로 적정한 수준의 '고령투자자 보호기준'을 의무적으로 만들어야 하며, 여기에는 해당 기준을 적용할 고령투자자의 대상, 금융상품의 범위 및 강화된 보호수단 등에 관한 사항이 포함됨 |
| 투자권유대행인 준수사항 | • 투자권유대행인은 만 65세 이상의 고령투자자에게 금융투자상품을 판매하려는 경우 앞서 설명한 일반적인 적합성 판단기준에 더하여 회사별로 설정한 '고령투자자 보호기준'을 준수하여야 함<br>• 판매과정을 녹취하고 금융소비자가 요청하는 경우 해당 녹취파일을 제공해야 할 의무가 있고, 판매과정에서 2영업일 이상의 숙려기간을 부여함으로써 고령투자자에 대한 보호를 강화해야 함 |
| 고령투자자 보호에 관한 일반적인 기준 | 금융회사는 고령투자자에 대한 보호를 강화하기 위해 영업점의 전담창구 마련, 본사 전담부서 및 전담인력의 지정, '투자권유 유의상품'의 지정 및 투자권유 시 사전확인, 상품의 개발·판매 시 고령투자자 판매 위험 분석, 녹취제도 및 숙려제도 등을 마련해야 함 |
| 고령투자자 보호 관련 내부통제 강화 | • 금융회사는 고령투자자에 대한 판매절차를 내규로 마련하고, 직원 등을 대상으로 교육을 실시해야 하며, 내규 준수 여부 등에 대한 정기점검을 실시해야 함<br>• 가족 등 조력자의 연락처를 확인해야 함<br>• 고령투자자 대상 마케팅 활동에 대한 내부통제 강화 등의 조치로 고령투자자 대상 투자권유활동에 대한 내부통제활동을 실시해야 함 |

## 98
정답 ①

출제영역  투자권유 > 투자권유와 투자권유 사례분석 > 개인 재무설계 과정

개인 재무설계 과정은 5단계로 이루어진다.

**핵심개념** 개인 재무설계 과정

| 구 분 | 내 용 |
|---|---|
| 의 의 | • 재무설계활동에 표준화된 과정이 있는 것은 아님<br>• 재무설계는 장기적인 관점에서 정교하고 전문적으로 형성되어야 함<br>• 재무설계사가 고객과의 지속적인 관계 유지를 위해 관계형성 초기의 면담이 매우 중요(이 단계에서 잠재고객이 진정으로 원하는 것이 무엇인지를 발견해야 함) |
| 개인 재무설계 과정 | • 제1단계 : 고객 관련 자료수집 및 재정상태의 평가<br>• 제2단계 : 재무목표의 설정<br>• 제3단계 : 재무목표의 달성을 위한 대안모색 및 평가<br>• 제4단계 : 재무행동계획의 실행<br>• 제5단계 : 재무행동계획의 재평가와 수정 |

## 99
정답 ②

출제영역  투자권유 > 투자권유와 투자권유 사례분석 > 재무상태표 작성 및 분석의 실제

금융자산을 월평균생활비로 나눈 것은 비상지금지표이다.

**핵심개념** 재무상태 분석 및 평가

| 구 분 | | 내 용 |
|---|---|---|
| 안전성 지표 | 가계수지지표 | ※ [공식] 월평균생활비 / 월평균가계소득<br>• 월평균소비성향을 나타냄 |
| | 비상자금지표 | ※ [공식] 금융자산 / 월평균생활비<br>• 보유하고 있는 금융자산으로 몇 개월 정도의 생활비를 감당할 수 있는지를 평가함<br>• 이 수치가 높을수록 비상사태(실직 등)에 대한 적응력이 높음 |
| | 위험대비지표 | ※ [공식] 월평균보험료 / 월평균가계소득<br>• 보험료를 통하여 위험대비 정도를 가늠해 보는 지표<br>• 이 값이 클수록 위험대비는 잘 되어 있다고 평가(지나치게 높거나 낮지도 않은 적정수준을 유지하는 것이 바람직) |
| | 부채부담지표 | ※ [공식] 월평균부채상환액 / 월평균가계소득<br>• 현금흐름 관점에서 측정한 부채부담지표로서, 부채로 인해 발생할 수 있는 소비지출에 대한 영향력도 평가 가능(이 수치는 낮을수록 바람직)<br>※ [공식] 총부채 / 금융자산(또는 총자산)<br>• 저량적인 측면에서 파악할 수 있는 부채부담지표로서, 단·장기 부채 상환능력을 평가 |

| | 저축성향지표 | ※ [공식] 연간총저축액 / 연간가처분소득<br>• 유량적 관점에서 가계의 저축성향을 알아보며, 장기적 자본의 성장성을 평가하는 데 이용됨 |
|---|---|---|
| 성장성<br>지표 | 투자성향지표 | ※ [공식] 투자자산(또는 실물자산) / 총자산<br>• 자산을 운영하면서 위험은 있지만 수익성이 높은 투자자산으로 포트폴리오를 구성하는 정도를 측정함으로써 가계경제의 성장성을 평가할 수 있는 지표<br>• 이 수치가 높을수록 수익성과 위험이 모두 높아지므로 지나치게 높은 비중은 바람직하지 않음 |
| 성장성<br>지표 | 유동성지표 | ※ [공식] 금융자산 / 총자산<br>• 유동성은 긴급상황에 대비하거나 자산소득에 의존하는 노년생활의 경우에도 중요하지만, 자산 증대를 극대화하기 위한 대기자금의 역할도 하여 수익성을 높이는 데 기여함 |

## 100
정답 ③

출제영역 투자권유 > 투자권유와 투자권유 사례분석 > 노인가계의 재무설계

수익성보다 안정성을 중시하며, 분산투자한다. 은퇴 후에는 원금을 지키는 것을 원칙으로 삼는다.

**핵심개념** 퇴직 후 재무설계
• 명확한 목표의식으로 자산을 배분한다.
• 안전성을 가장 먼저 고려한다.
• 유동성을 높인다.
• 월 이자지급식 상품을 이용한다.
• 보험을 활용한다.
• 부채를 최소화한다.
• 절세상품을 활용한다.
• 상속계획을 미리 세우고 실행한다.

팀에는 내가 없지만 팀의 승리에는 내가 있다.
(Team이란 단어에는 I자가 없지만 win이란 단어에는 있다.)
There is no "i" in team but there is in win

- 마이클 조던 -

교육은 우리 자신의 무지를 점차 발견해 가는 과정이다.

– 윌 듀란트 –

## 2023 SD에듀 증권투자권유대행인

### [최신출제동형 100문항 + 모의고사 3회분 + 특별부록] PASSCODE

| | |
|---|---|
| 개정1판1쇄 발행 | 2023년 08월 10일 (인쇄 2023년 07월 25일) |
| 초 판 발 행 | 2022년 03월 04일 (인쇄 2022년 02월 16일) |
| 발 행 인 | 박영일 |
| 책 임 편 집 | 이해욱 |
| 편 저 | 김범곤 |
| 편 집 진 행 | 김준일 · 김은영 · 이보영 |
| 표지디자인 | 박수영 |
| 편집디자인 | 이은미 · 하한우 |
| 발 행 처 | (주)시대고시기획 |
| 출 판 등 록 | 제10-1521호 |
| 주 소 | 서울시 마포구 큰우물로 75 [도화동 538 성지 B/D] 9F |
| 전 화 | 1600-3600 |
| 팩 스 | 02-701-8823 |
| 홈 페 이 지 | www.sdedu.co.kr |

| | |
|---|---|
| I S B N | 979-11-383-5579-7 (13320) |
| 정 가 | 18,000원 |

What is your passcode?

증권투자권유대행인 실제유형 모의고사
# 정답 및 해설

# PASSCODE

특별부록

## 핵심포인트 파이널체크 ○/✕ 퀴즈

# 특별부록

## 핵심포인트
## 파이널체크 ○/✕ 퀴즈

**SD**
에듀

# 금융투자상품 및 증권시장

## 제1장 금융투자상품(10문항)

**01** ○× 우체국예금은 비은행예금취급기관으로 분류된다.

**02** (                    )이란 50인 이상의 투자자에게 새로 발행되는 증권에 대하여 취득의 청약을 권유하는 것을 말한다.

**03** ○× 투자신탁재산의 보관을 담당하는 기관은 일반사무관리회사이다.

**04** ○× 혼합자산집합투자기구는 집합투자재산을 운용함에 있어 증권, 부동산, 특별자산 집합투자기구 관련 규정의 제한을 받지 않는다.

**05** ○× 신탁업자는 신탁재산에 대한 손실보전이나 이익보장을 할 수 없다.

**06** 위탁자가 신탁재산의 운용방법을 지정하는지 여부에 따라 (               )과 (               )으로 구분한다.

**07** ○× 단기금융집합투자기구(MMF)는 유가증권의 운용비율 등에 제한이 없다.

---

**정답** **01** ○
**02** 모집
**03** × ▸수탁회사이며, 일반사무관리회사는 일반사무 관리업무를 담당한다.
**04** ○
**05** × ▸연금이나 퇴직금 지급을 목적으로 금융위원회가 정하는 신탁은 손실보전이나 이익보장을 할 수 있다.
**06** 특정신탁, 불특정신탁
**07** ○

**08** 재간접펀드는 자산총액의 (　　　　　　) 이상을 집합투자증권에 투자한다.

**09** 생명보험상품은 (　　　　　　)를 기준으로 개인보험과 단체보험으로 구분된다.

**10** ○× 정기예금은 가입대상, 예치금액, 입출금 횟수 등에 아무런 제한 없이 자유롭게 거래할 수 있는 예금이다.

**11** (　　　　　　) 집합투자기구는 동일한 자산운용사의 집합투자기구를 상하구조로 나누어 하위 투자기구의 집합투자증권은 투자자에게 매각하고, 매각된 자금으로 조성된 자금을 거의 대부분 상위 투자기구에 투자한다.

**12** ○× 리츠(REITs)는 배당가능이익의 90% 이상 배당 시 법인세가 거의 없다.

**13** ELW는 권리 종류에 따라 (　　　　　　)워런트와 (　　　　　　)워런트로 나눌 수 있으며, (　　　　　　)워런트는 기초자산가격 상승을 예상할 때 매수하며, (　　　　　　)워런트는 기초자산가격 하락을 예상할 때 매수한다.

**14** ○× 배당이 클수록 풋 주식워런트증권(ELW)의 가격은 높아진다.

**15** (　　　　　　) ELS(주가연계증권)은 투자기간 중 사전에 정해둔 주가 수준에 도달하면 확정된 수익으로 조기상환된다.

**16** ○× Bull-Spread형 ELS는 만기시점의 주가 수준에 비례하여 손익이 확정된다.

---

**정답**
**08** 40%
**09** 피보험자
**10** × ▸ 보통예금에 대한 설명이다. 정기예금은 일정한 금액을 약정기간까지 예치하고 그 기한이 만료될 때까지는 원칙적으로 환급해 주지 않는 기한부 예금이다.
**11** 모자형
**12** ○
**13** 콜, 풋, 콜, 풋
**14** ○ ▸ 배당을 하면 주가가 낮아지므로 콜워런트 매수자는 불리해지며, 배당이 클수록 가격은 낮아진다. 반대로 풋 주식워런트증권은 배당이 클수록 가격은 높아진다.
**15** Knock-out형
**16** ○

**17** ☐☒ 국내기업이 발행한 주식을 국내 원주보관기관에 맡기고 이를 근거로 해외 예탁기관이 발행하여 해외시장에 유통시키는 것이 KDR이다.

**18** ☐☒ 랩어카운트의 수수료는 투자자산의 일정비율로 결정되고, 증권매매수수료를 별도로 지불한다.

**19** ☐☒ 개인종합자산관리계좌(ISA)는 비과세 한도를 초과하는 순이익에 대해서는 9.9%의 세율로 분류과세한다.

**20** ☐☒ 현금자산관리계좌(CMA)에서 신용카드의 발급이 가능하다.

**21** ☐☒ 비과세 혜택이 주어지는 신용협동조합의 출자금 1,000만원은 예금자보호대상에서 제외된다.

**22** ☐☒ 양도성예금증서(CD)는 예금자보호대상 금융상품이다.

**23** 연금저축의 납입한도는 연간 (　　　　　　) + ISA 계좌 만기금액이다.

**24** ☐☒ 연금저축을 중도해지하거나, 연금수령한도를 초과하여 인출한 경우 연금외 수령으로 보아 기타소득세 16.5%로 분리과세한다.

---

정답 **17** ✕ ▸ 해외DR이다. KDR은 외국법인이 국내에서 외국에 보관된 원주를 근거로 발행하는 것이다.
**18** ✕ ▸ 별도의 증권매매수수료는 부담하지 않는다.
**19** ✕ ▸ 9.9%의 세율로 분리과세한다.
**20** ○
**21** ○
**22** ✕ ▸ 양도성예금증서(CD), CMA, 기업어음(CP), 청약자 예수금, MMF, 증권사 CMA, ELS, ELF, 변액보험 주계약 등은 예금자비보호 금융상품이다.
**23** 1,800만원
**24** ○

## 제2장 유가증권시장 및 코스닥시장(10문항)

**01** (　　　　　　)은 1차적 시장으로 신규증권 시장 및 자금조달 시장을 의미하며, (　　　　　　)은 2차적 시장으로 이미 발행된 유가증권이 투자자 상호 간 매매되는 시장이다.

**02** ⓞⓧ 증권의 발행형태에 따른 인수수수료의 크기는 '모집주선 < 잔액인수 < 총액인수' 순이다.

**03** 증권신고서는 금융위가 수리한 날부터 영업일 기준 (　　　　　　)이 경과하면 그 효력이 발생한다.

**04** 유상증자 방법 중 (　　　　　　)은 기존 주주의 이해관계 및 회사의 경영권 변동에 중대한 영향을 미친다.

**05** ⓞⓧ 상장주식의 소액주주가 증권시장을 통해 주식을 양도한 경우 양도소득세는 비과세된다.

**06** ⓞⓧ 주권상장법인은 분기배당이 가능하다.

**07** ⓞⓧ 이미 상장된 주권의 발행인이 유상 또는 무상증자 등과 같이 새로이 주권을 발행하여 상장하는 것을 재상장이라 한다.

**08** 주권상장법인이 주권비상장법인과 합병 등으로 주권비상장법인의 지분증권이 상장되는 효과가 있는 경우를 (　　　　　　)이라고 한다.

---

**정답**
**01** 발행시장, 유통시장
**02** ○
**03** 15일
**04** 제3자배정증자방식
**05** ○
**06** ○
**07** × ▸추가상장에 대한 설명이다. 재상장은 일반재상장, 분할재상장, 합병재상장으로 구분되며, 신규상장요건보다는 완화된 요건을 적용한다.
**08** 우회상장

---

핵심포인트 ⓞ/ⓧ 퀴즈

**09** ☐○☐× 신규상장 심사요건에는 영업활동기간, 기업규모 및 상장예정주식수, 주식분산요건 등을 충족해야 한다.

**10** 코스닥시장에 상장하고자 하는 기업은 상장예비심사일 현재 자기자본이 (                    ) 이상이거나 보통주식의 기준시가총액이 (                    ) 이상이어야 한다.

**11** ☐○☐× 최근년말 자본잠식률 50% 이상, 일반주주지분 10% 미만, 반기 월평균거래량이 유동주식수 1%에 미달할 경우 유가증권시장 상장폐지 사유에 해당된다.

**12** 최근 연매출액이 2년 연속으로 (                    ) 미만인 경우 코스닥시장 상장폐지요건에 해당한다.

**13** ☐○☐× 조회공시는 미공개정보를 이용한 불공정거래 가능성을 예방하기 위한 제도이다.

**14** ☐○☐× 발행시장 공시에는 증권신고서, 투자설명서, 증권발행실적보고서 등이 있다.

**15** 불성실공시법인으로 지정되면 거래소는 (                    ) 해당법인의 주권에 대한 매매거래를 정지한다.

**16** ☐○☐× 정리매매종목은 가격제한폭의 적용을 받지 않는다.

**17** ☐○☐× 최유리지정가 매도주문은 가장 높은 매수주문가격으로 주문된다.

---

**정답** **09** ○

**10** 30억원, 90억원

**11** × ▸관리종목 지정 대상이다.

**12** 30억원

**13** × ▸공정공시에 대한 설명이다. 조회공시는 거래소가 상장법인의 기업 내용에 관한 풍문·보도의 사실 여부에 대하여 당해 법인의 공시를 요구하는 경우 일정 기간 내에 공시하는 방법이다.

**14** ○

**15** 1일간

**16** ○

**17** ○

**18** 종목 수량을 지정하되 가격을 지정하지 않은 주문은 (　　　　　　)이다.

**19** Circuit Breakers는 주가지수가 전일 종가지수 대비 (　　　　), (　　　　), (　　　　) 이상 하락하여 1분간 지속되는 경우 1일 (　　　　)에 한하여 발동하며, 장 종료 (　　　　) 이후에는 발동하지 않는다.

**20** (　　　　　　)는 모든 단일가매매 시 가격 결정을 위한 호가접수시간을 정규마감시간 이후 30초 이내의 임의시간까지 연장하여 매매체결 시점이 임의적으로 결정되도록 하는 제도이다.

**21** ○× 동적 VI는 특정호가에 의한 단기간의 가격 급변을 완화시키기 위한 것이다.

**22** Sidecar 발생 시 프로그램매매호가가 (　　　　) 정지된다.

**23** ○× 공매도는 대차거래 등에 의하여 차입한 증권에 대해서만 가능하다.

**24** ○× 매매거래일로부터 주권과 국채는 T+2일 결제를 원칙으로 한다.

**25** ○× 거래증거금을 현금과 외화 및 대용증권으로 납부할 수 있다.

---

정답 **18** 시장가 주문
**19** 8%, 15%, 20%, 1회, 40분 전
**20** Random End
**21** ○ ▸정적 VI는 단일호가 또는 여러 호가로 야기되는 누적적이고 보다 장기간의 가격변동을 완화하기 위한 장치이다.
**22** 5분간
**23** ○
**24** × ▸주권은 T+2일, 국채는 T+1일, 일반채권은 당일결제를 원칙으로 한다.
**25** ○

## 제3장 채권시장(6문항)

**01** ○× 할인채와 복리채는 만기 이전에 현금흐름이 발생하지 않는다.

**02** ○× 만기상환일 이전이라도 발행자가 원금을 임의로 상환할 수 있는 채권은 수의상환청구채권이다.

**03** 채권의 간접발행 종류는 (　　　　), (　　　　), (　　　　)이 있다.

**04** ○× 채권은 장외거래 비중이 높다.

**05** ○× 수의상환권은 채권 발행 시 지급하기로 한 이자율보다 시장금리가 높아질 경우 행사된다.

**06** ○× 표면이자율이 낮은 채권이 높은 채권보다 일정한 수익률 변동에 따른 가격변동폭이 크다.

**07** ○× 채권수익률 변동으로 인한 채권가격 변동은 만기가 길수록 커지고, 그 증감률은 체감한다.

**08** ○× 채권 투자전략 중 바벨형 만기운용전략은 적극적 투자전략이다.

---

**정답** **01** ○ ▸ 현금흐름이 발생되는 채권은 이표채이다.

**02** × ▸ 수의상환채권이다. 수의상환청구채권은 채권 보유자가 발행자에게 원금 상환을 요구할 수 있다.

**03** 위탁발행, 잔액인수발행, 총액인수발행

**04** ○

**05** × ▸ 낮아질 경우 행사된다.

**06** ○

**07** ○

**08** × ▸ 사다리형 만기운용전략, 바벨형 만기운용전략, 만기보유전략, 인덱스전략, 면역전략은 소극적 투자전략이다. 반대로 수익률예측전략, 채권교체전략, 수익률곡선타기전략, 나비형 투자전략, 역나비형 투자전략은 적극적 투자전략이다.

**09** 채권운용전략 중 (　　　　　　)은 이자율 변동과 관계없이 목표수익률을 달성하기 위한 전략이다.

**10** ○× 자산유동화증권(ABS)은 낮은 수수료로 자금을 조달할 수 있다.

**11** ○× 자산유동화증권(ABS)는 소규모 자금조달에 더 유리하다.

**12** ○× 전환사채의 전환권이 행사되면 부채는 감소하고 자본은 증가한다.

**13** ○× 신주인수권부사채는 권리행사 후에도 사채가 존속할 수 있다.

**14** ○× 패리티가 120인 전환사채의 전환대상 주식의 주가가 6,000원이라면 액면 전환가격은 5,000원이다.

**15** ○× 기업어음은 표면이율이 없고 만기의 제한이 없다.

---

정답 **09** 면역전략
　　　　**10** ✕ ▸복잡한 금융구조가 필요하므로 법률 회계자문비용이 발생하고, 조달주체는 실행 및 유지관리를 위한 비용부담이 상대적으로 크다.
　　　　**11** ✕ ▸고정 부대비용이 높아 소규모 ABS 발행이 어렵고, 대규모 자금조달이 더 유리하다.
　　　　**12** ○
　　　　**13** ○
　　　　**14** ○ ▸패리티는 주식의 시장가격 / 전환가격 × 100이므로 전환가격은 5,000원이다. (패리티 120 = 시장가격 6,000원 / 전환가격 5,000원 × 100)
　　　　**15** ○

## 제4장 기타증권시장(4문항)

**01** ○× 코넥스시장에 상장하고자 하는 기업은 지정자문인 선임계약을 체결한 이후 신규상장신청이 가능하다.

**02** ○× 코넥스시장에 상장한 기업에 한해 기관투자자들에 대해 6개월간의 보호예수의무를 부과하고 있다.

**03** ○× 코넥스시장의 상장대상 기업은 중소기업만 가능하다.

**04** ○× 자본잠식은 코넥스시장 즉시상장폐지 사유에 해당한다.

**05** ○× 코넥스시장 상장기업은 반기마다 기업설명회를 개최해야 하며, 2반기 동안 연속하여 개최하지 않거나 3년 동안 4회 이상 개최하지 않을 경우 상장폐지될 수 있다.

**06** 코넥스시장의 가격제한폭은 ±(　　　　　　)가 적용된다.

**07** ○× 코넥스시장의 기본예탁금은 현금으로 예탁해야 한다.

**08** ○× K-OTC시장 신규등록 법인에 대해서 외부감사가 면제된다.

---

**정답**   **01** ○
      **02** × ▶ 특례상장으로 상장한 기업에 한해 6개월간의 보호예수의무를 부과하고 있다.
      **03** ○
      **04** × ▶ 자본잠식은 코넥스시장 상장폐지 사유와 관련 없다.
      **05** ○
      **06** 15%
      **07** × ▶ 현금 외 대용증권으로 예탁할 수 있다.
      **08** × ▶ 신규등록을 하기 위해서는 의무적으로 외부감사를 받아야 한다.

**09** ○×  K-OTC시장 등록법인이 코스닥시장 상장 시 상장 수수료를 면제받을 수 있다.

**10** ○×  K-OTC시장에 등록·지정된 벤처기업과 중소기업의 소액주주의 경우 양도소득세가 비과세된다.

**11** ○×  K-OTC시장 등록법인은 주요 기업 내용을 공시하는 유통시장 공시를 해야 한다.

**12** ○×  K-OTC시장 등록·지정법인은 연 1회 정기공시 의무가 있다.

**13** ○×  K-OTC시장 등록·지정해제 사유 발생 시 해당 사유 확인일 그 다음 3영업일간 매매거래가 정지된다.

**14** K-OTC 등록법인이 최근 (                ) 불성실공시 법인으로 지정된 횟수가 (                ) 이상인 경우 등록 해제사유에 해당한다.

정답
**09** ○
**10** ○
**11** ○ ▶ 등록법인은 유통시장 공시, 등록·지정법인은 모두 발생시장 공시를 해야 한다.
**12** × ▶ 연 2회 정기공시 의무가 있다.
**13** ○
**14** 2년간, 4회

# 증권투자

## 제 1 장  증권분석의 이해(15문항)

**01**  경제분석 → 산업분석 → 기업분석 순서로 이루어지는 증권분석 3단계를 (          ) 방식이라고 한다.

**02**  명목이자율 = 실질이자율 + (          )

**03**  ○×  기업경기실사지수(BSI)가 100을 초과하면 경기상승국면으로, 100 미만이면 경기하강국면으로 판단한다.

**04**  ○×  기업경기실사지수(BSI)는 구체적인 경기변동이나 속도, 진폭을 판단할 수 있는 유용한 지표이다.

**05**  ○×  재고순환지표, 서비스업생산지수, 장단기금리차는 모두 경기종합지수 중 선행지표에 해당된다.

**06**  물가가 지속적으로 상승하거나 화폐가치가 지속적으로 하락하는 현상을 (          )이라 한다.

**07**  ○×  GDP는 국민소득 평가의 기초가 되며, 주식가격의 움직임과 연관이 깊다.

---

정답  **01**  top-down
      **02**  기대인플레이션
      **03**  ○
      **04**  ×  ▸구체적인 경기변동이나 속도와 진폭은 판단할 수 없다.
      **05**  ×  ▸서비스업생산지수는 동행지표이다.
      **06**  인플레이션
      **07**  ○

---

**08** ( )은 실질수익률과 기대인플레이션 합으로 이루어지며, 이를 ( )라 한다.

**09** ⊙✕ 실제 인플레이션이 기대인플레이션보다 더 높은 경우 채권자는 손실을, 채무자는 이득을 본다.

**10** 환율은 주가와 ( )의 상관관계가 있으므로, 환율이 상승하면 주가는 ( )한다.

**11** ⊙✕ 시장이자율의 상승은 요구수익률 즉, 할인율이 상승하게 되므로 주식가격은 상승한다.

**12** ⊙✕ 정부는 경기침체시 정부지출을 확대시키고 세율을 인하함으로 수요를 진작시켜 경제 활성화를 촉진한다.

**13** ⊙✕ 국채의 매각과 매입, 시중은행의 지불준비금 변경, 정책금리 변경은 정부의 재정정책이다.

**14** 통화공급의 ( )는 시중이자율을 하락시킴으로써 투자와 소비수요를 ( )시킨다.

**15** 경기순환을 세분화하면 회복 → ( ) → 후퇴 → ( )의 4개의 국면으로 나누어볼 수 있다.

**16** ⊙✕ 제품차별화가 잘 이루어지는 경우 진입장벽이 높다.

**17** ⊙✕ 성장기에는 시장 세분화가 가속화되고, 제품라인이 많아지며, 광고경쟁이 치열해진다.

---

**정답** **08** 명목수익률, 피셔효과
**09** ○
**10** 부(-), 하락
**11** ✕ ▸시장이자율의 상승은 요구수익률 즉, 할인율이 하락하여 주식가격은 하락한다.
**12** ○
**13** ✕ ▸정부의 금융정책이다.
**14** 증가, 증가
**15** 활황, 침체
**16** ○
**17** ✕ ▸성숙기에 대한 설명이다. 성장기에는 제품의 차별화가 시작되어 품질이 개선된다.

**18** 마이클 포터의 5가지 구조적 경쟁요인은 (　　　　), (　　　　), (　　　　), (　　　　), (　　　　)이다.

**19** 재무제표의 작성원칙에는 (　　　　), (　　　　), (　　　　) 3가지가 있다.

**20** ○×　재무상태표를 통해 일정기간에 기업이 보유한 자산과 부채, 자본을 확인할 수 있다.

**21** ○×　자기자본의 비율이 높을수록 자기자본이익률(ROE) 값은 커진다.

**22** ○×　총자본이익률(ROI)을 통해 기업의 전반적인 경영활동의 결과를 평가할 수 있다.

**23** ○×　총자산 5억원, 자기자본 3억원, 당기순이익 6,000만원, 영업이익 600만원일 때 총자본이익률은 12%이다.

**24** ○×　총자본이익률, 자기자본이익률, 매출액순이익률은 수익성지표이다.

**25** ○×　기업의 총자산이 10억원, 자기자본이 6억원, 영업이익과 이자비용이 각각 8,000만원과 2,000만원일 때 이자보상비율은 400%이다.

**26** ○×　고정(비유동)비율을 통해 자본사용의 적정성을 측정할 수 있다.

---

**정답** **18** 진입장벽, 경쟁강도, 대체가능성, 구매자의 교섭력, 공급자의 교섭력

**19** 원가주의, 수익인식의 원칙, 대응의 원칙

**20** × ▸ 일정기간 → 일정시점

**21** × ▸ 자기자본이익률(ROE) = 당기순이익 / 자기자본으로 계산되므로, 자기자본의 비율이 높을수록 자기자본이익률(ROE) 값은 작아진다.

**22** × ▸ 매출액순이익률에 대한 설명이다. 총자본이익률(ROI)은 기업의 생산활동에 투입된 자본이 효율적으로 운영되고 있는가를 측정하는 지표이다.

**23** ○ ▸ 총자본이익률 12% = 당기순이익 6,000만원 / 총자산 50,000만원 × 100(%)

**24** ○

**25** ○ ▸ 이자보상비율 400% = 영업이익 8,000만원 / 이자비용 2,000만원 × 100(%)

**26** ○

**27** 이자보상비율이 (                ) 미만이면 영업활동을 통한 수익으로는 이자를 충당하지 못했다는 의미로 해석할 수 있다.

**28** ☐○☒ 총자산회전율은 활동성지표로, 비율이 높을수록 좋은 영업활동을 했다고 평가할 수 있다.

**29** ☐○☒ 매출액증가율, 총자산증가율, 영업이익증가율은 성장성지표이다.

**30** ☐○☒ 주가순자산비율(PBR)은 자기자본이익률(ROE)과 음(−)의 관계이다.

**31** ☐○☒ 주가순자산비율(PBR)이 낮은 기업은 주식시장에서 저평가되었다고 평가된다.

**32** ☐○☒ 주가수익비율(PER) 값이 높을수록 투자자산의 변동성이 커지고 투자위험도 높아진다.

**33** ☐○☒ 주가수익비율(PER)은 성장률 및 자본비용과 양(+)의 관계이다.

**34** ☐○☒ 정상PER 10(배), 주당이익(EPS)이 2,000원일 때 적정주가는 20,000원이다.

**35** ☐○☒ 주가를 1주당 장부가치로 나누어 계산하는 주가비율은 주가현금흐름비율(PCR)이다.

---

정답 **27** 100%
**28** ○
**29** ○
**30** ✕ ▸ 주가순자산비율(PBR) = $(ROE_1 - g)$ / $(k - g)$이므로 ROE와 양(+)의 관계이다.
**31** ○
**32** ○
**33** ✕ ▸ 주가수익비율(PER)은 배당성향 / $(k - g)$로 계산된다. 따라서 성장률$(g)$과는 양(+)의 관계, 자본비용$(k)$과는 음(−)의 관계이다.
**34** ○ ▸ 정상PER × 주당이익(EPS) = 적정주가
**35** ✕ ▸ 주가순자산비율(PBR)이다. 주가현금흐름비율(PCR)은 주가 / 주당현금흐름으로 계산된다.

**36** ○☒ 재무비율분석으로 기업의 경영상태를 완전히 평가할 수 있다.

**37** ○☒ 기본적 분석에서 기업의 내재가치보다 시장가치가 클 경우 주식을 매입한다.

**38** ○☒ EV/EBIDTA는 당기순이익을 기준으로 평가하는 주가수익비율(PER) 모형의 한계점을 보완한다.

**39** ○☒ EV/EBIDTA를 활용하여 공모기업의 전체 기업가치 EV를 추정할 수 있다.

**40** ○☒ 감가상각비의 증가는 잉여현금흐름을 감소시킨다.

**41** ○☒ 기술적 분석을 통해 여러 주식의 가격변동 상황을 한꺼번에 분석·예측할 수 있다.

**42** ○☒ V자 패턴은 지속형 패턴이다.

**43** ○☒ 삼각형, 직사각형, 이등변삼각형 패턴은 지속형 패턴이다.

**44** ○☒ 추세순응전략은 추세반전을 미리 예상하여 최고점에서 매도하고, 최저점에서 매수 포인트를 잡는다.

---

**정답**  **36** ✕ ▶재무비율분석으로 기업의 경영상태를 평가하는 것은 무리다.
**37** ✕ ▶기본적 분석에서 기업의 내재가치가 시장가치보다 큰 경우 시장가치가 저평가된 것으로 보아 주식을 매입한다.
**38** ○
**39** ○
**40** ✕ ▶증가시킨다. 잉여현금흐름액 = 영업이익 − 법인세 + 감가상각비 − 순운전자본비율 − 시설자금증감액
**41** ○
**42** ✕ ▶반전형 패턴이다. 반전형 패턴에는 헤드앤숄더형, 이중삼중천정(바닥)형, 원형반전형, V자 패턴 등이 있다.
**43** ○ ▶지속형 패턴으로는 삼각형, 이등변삼각형, 깃발형, 패넌트형, 쐐기형, 직사각형 등이 있다.
**44** ✕ ▶역추세순응전략에 대한 설명이다. 추세순응전략은 형성된 추세를 바탕으로 상승추세면 매수하고, 하락추세로 전환되면 매도하는 안정적인 기법이다.

## 제2장 투자관리(10문항)

**01** ☐○☐✕ 자산배분이란 기대수익률과 표준편차가 다양한 여러 자산집단을 대상으로 투자자금을 배분하여 최적의 자산 포트폴리오를 구성하는 일련의 과정이다.

**02** ☐○☐✕ 자산배분이 중요한 이유는 자산시장의 단기변동성에 대한 적극적인 대응이 필요하기 때문이다.

**03** ☐○☐✕ 투자관리의 3요소는 분산투자의 방법, 개별종목의 선택, 투자시점의 선택이다.

**04** 예상되는 기대수익률로부터 변동성은 어느 정도까지 수용할 수 있는지 (              )를 고려해야 한다.

**05** (              )에는 언제든지 현금화가 가능한 단기금융상품, 예금, 채권 등이 있다.

**06** ☐○☐✕ 국내 주식의 벤치마크로는 KOSPI 또는 KOSPI200이 있다.

**07** ☐○☐✕ 상관관계가 높을수록 분산투자 시 위험 감소효과가 충분히 발휘될 수 있다.

**08** 기본적인 자산집단으로는 (          ), (          ), (          )이 있다.

---

**정답** **01** ✕ ▸ 표준편차 → 위험
**02** ✕ ▸ 자산시장의 단기변동성에 대한 적극적인 대응보다는 중장기적 관점에서 자산배분 전략을 세워 투자하는 것이 더 나은 성과를 나타 내므로 자산배분이 중요하다고 본다.
**03** ○
**04** 위험수용도
**05** 이자지급형 자산
**06** ○
**07** ✕ ▸ 상관관계가 낮을수록
**08** 이자지급형 자산, 투자자산, 부동산자산

**09**  ⊙☒  벤치마크의 운용성과를 투자자가 추적하는 것이 가능해야 한다.

**10**  기대수익률 측정방법으로는 (              ), (              ), (              ), (              )이 있다.

**11**  ⊙☒  시나리오분석법은 자산집단의 과거 장기간 수익률을 분석하여 미래의 수익률로 사용하는 방법이다.

**12**  개별증권의 기대수익률은 특정한 사건이 일어날 (              )에 그 사건이 일어날 경우 예상되는 (              )을 곱하고 모든 경우의 수를 합하여 산출한다.

**13**  주식 기대수익률 = (              ) + 주식시장 위험프리미엄

**14**  ⊙☒  분산도를 측정하는 변수에는 범위, 표준편차, 변동계수가 있다.

**15**  표준편차 / 기대수익률로 계산되는 (              )는 기대수익률 단위당 위험의 정도를 나타내는 것으로 두 개 이상의 자산에 대한 성과를 비교하는 데 주로 이용된다.

**16**  ⊙☒  어느 주식의 기대수익률이 10%, 표준편차가 12.04%일 때 수익률의 범위가 −14.08 ~ 34.08%일 확률은 95.54%이다.

**17**  ⊙☒  전략적 자산배분은 시장평균수익률 이상의 초과수익을 추구한다.

---

**정답**  **09**  ✕  ▸투자자 → 운용자

**10**  추세분석법, 시나리오분석법, 펀더멘털분석법, 시장공동예측치사용법

**11**  ✕  ▸추세분석법에 대한 설명이다. 시나리오분석법은 과거 수익률을 사용하지 않고, 여러 가지 경제변수의 상관관계를 고려하여 시뮬레이션함으로써 수익률을 추정하는 방법이다.

**12**  확률, 수익률

**13**  무위험이자율

**14**  ○

**15**  변동계수

**16**  ○  ▸기대수익률 10% ± 12.04% × 2σ = −14.08 ~ 34.08% (확률 95.54%)

**17**  ✕  ▸전략적 자산배분 → 전술적 자산배분

**18** 자산배분 전략을 수정하는 방법으로는 (                    ), (                    )이 있다.

**19** ○× 위험에 비해 상대적으로 높은 기대수익을 얻고자 하거나 기대수익에 비해 상대적으로 낮은 위험을 부담하도록 하는 자산포트폴리오의 구성을 수정하는 것은 리밸런싱이다.

**20** 현금유출액의 현재가치와 현금유입액의 현재가치를 일치시켜 주는 할인율을 (                    )이라고 한다.

**21** ○× 산술평균수익률은 과거 일정기간의 투자수익률 계산에 적합하다.

**22** ○× 기하평균수익률은 중도현금흐름이 재투자되어 증식되는 것을 감안하여 수익률을 계산한다.

**23** ○× 지배원리 관점에서 가장 유리한 포트폴리오는 동일한 기대수익률을 가지고 있다면 최소 위험을 가지고 있는 포트폴리오를 선택하고, 동일한 위험을 가지고 있다면 최대의 기대수익률을 가지는 포트폴리오를 선택한다.

**24** ○× 전략적 자산배분은 장기적인 자산구성비율과 중기적으로 개별자산이 취할 수 있는 투자비율의 한계를 결정한다.

**25** ○× 전술적 자산배분은 포트폴리오 이론에 토대를 두고 있다.

**26** ○× 전술적 자산배분은 역투자전략이다.

---

정답 **18** 리밸런싱, 업그레이딩
**19** × ▶ 업그레이딩에 대한 설명이다. 리밸런싱은 자산포트폴리오가 갖는 원래의 특성을 그대로 유지하고자 하는 것으로, 주로 자산집단의 상대가격 변동에 따른 투자 비율을 원래대로의 비율로 환원시키는 방법이다.
**20** 내부수익률(IRR)
**21** × ▶ 기하평균수익률에 대한 설명이다. 산술평균수익률은 기간별 단일기간 수익률을 모두 합한 후 이를 기간수로 나누어 측정한다.
**22** ○
**23** ○
**24** ○
**25** × ▶ 전술적 자산배분 → 전략적 자산배분
**26** ○ ▶ 내재가치 대비 저평가된 자산을 매수하고, 고평가된 자산을 매도함으로써 투자성과를 높이고자 하는 전략이 역투자전략이다.

---

핵심포인트 O/X 퀴즈

**27** ○× 전술적 자산배분은 시장의 변화방향을 예상하여 사전적으로 자산구성을 변동시켜 나가는 전략이다.

**28** 정해진 위험수준에서 가장 높은 수익률을 달성하는 포트폴리오를 (            )라고 한다.

**29** 특정투자자의 최적포트폴리오는 (            )과 투자자의 (            )가 접하는 점에서 결정된다.

**30** ○× 전략적 자산배분은 지배원리에 의해 포트폴리오를 구성한다.

**31** 포뮬러 플랜은 전술적 자산배분의 실행도구 중 하나로 (            )과 (            )이 있다.

**32** 전술적 자산배분 전략의 실행도구로는 (            ), (            ), (            )이 있다.

**33** ○× 전술적 자산배분은 증권시장의 과잉반응 현상을 이용한다.

---

정답 **27** ○
　　 **28** 효율적 포트폴리오
　　 **29** 효율적 투자기회선, 효용함수
　　 **30** ○
　　 **31** 정액법, 정률법
　　 **32** 가치평가모형, 기술적 분석, 포뮬러 플랜
　　 **33** ○ ▶ 새로운 정보에 대해 지나치게 낙관적이거나 비관적인 반응으로 인해 내재가치로부터 상당히 벗어나는 가격착오 현상인 과잉반응을
　　　　 활용하는 전략이다.

# 투자권유

## 제1장 증권 관련 법규(10문항)

**01** ○× 「자본시장법」 제정으로 금융투자상품의 종류를 포괄주의에서 열거주의로 전환하였다.

**02** ○× 원화표시 양도성예금증서(CD), 관리형신탁의 수익권, 주식매수선택권(스톡옵션)은 금융투자상품에서 제외된다.

**03** ○× 투자금액 산정 시 판매수수료와 위험보험료는 포함되지 않는다.

**04** ○× 중도해지에 따른 환매 및 해지수수료는 회수금액 산정 시 포함된다.

**05** 누구의 명의로 하든지 타인의 계산으로 금융투자상품을 매매하는 경우 (              )에 해당한다.

**06** 온라인소액중개업을 영위하기 위해서는 (              ) 이상의 자기자본을 갖춰야 한다.

**07** ○× 상대적 전문투자자는 일반투자자가 될 수 없다.

---

**정답** **01** × ▸「자본시장법」 제정으로 금융투자상품의 종류를 열거주의에서 포괄주의로 전환하였다.
**02** ○
**03** ○
**04** ○
**05** 투자중개업
**06** 5억원
**07** × ▸일반투자자의 대우를 받겠다는 의사를 금융투자업자에게 서면으로 통지한 경우, 일반투자자로 간주한다.

**08** 금융투자상품의 잔고가 (　　　　　　) 이상인 법인 또는 단체는 금융위에 신고하면 2년간 전문투자자에게 대우를 받을 수 있다.

**09** ○× 투자매매업, 투자중개업, 집합투자업, 신탁업은 인가대상 금융투자업이다.

**10** ○× 금융투자업 인가요건 유지의무에는 자기자본요건과 대주주요건이 있으며, 이를 유지하지 못할 경우 금융위의 인가가 취소될 수 있다.

**11** ○× 영업용순자본비율 산정 시 총위험액은 시장위험액과 신용위험액을 포함하고, 운용위험액은 제외한다.

**12** 경영개선 권고는 순자본비율 (　　　　　　) 미만, 경영개선 요구는 순자본비율 (　　　　　) 미만, 경영개선 요구는 순자본비율 (　　　　　) 미만인 경우 적기시정조치가 내려진다.

**13** ○× 선행매매금지, 과당매매금지, 이해관계인과의 투자자재산 거래제한 등은 이해상충 관리 중 일반규제에 해당한다.

**14** 정보의 제공금지, 겸직금지, 사무공간・전산설비 공동이용금지, 부서 및 업무의 독립, 회의・통신관리는 금융투자업자의 이해상충 발생을 최소화하기 위해 설치를 의무화한 (　　　　　)이다.

**15** ○× 일반투자자에게 투자권유 없이 파생상품 등을 판매할 때 면담 또는 질문을 통해 투자목적 등의 정보를 파악하지 않았다면 이는 적합성의 원칙을 위반하는 것이다.

---

정답 **08** 100억원
　　　**09** ○
　　　**10** ○
　　　**11** × ▶ 총위험액 = 시장위험액 + 신용위험액 + 운용위험액
　　　**12** 100%, 50%, 0%
　　　**13** × ▶ 직접규제에 해당하며, 일반규제에는 신의성실의무, 투자자의 이익을 해하면서 자기 또는 제3자의 이익도모 금지, 직무 관련 정보이용 금지, 선관주의의무(자산관리업자에게만 적용) 등이 있다.
　　　**14** 정보교류 차단장치(Chinese Wall)
　　　**15** × ▶ 적정성의 원칙을 위반한 것임

**16** ○× 금융투자협회는 표준투자준칙을 제정할 수 있다.

**17** ○× 금융투자업자의 수수료를 비교하여 공시하는 것은 금지된다.

**18** ○× 투자권유를 받은 투자자가 이를 거부하는 취지의 의사를 표시하였고 1개월 경과 후 다른 종류의 금융투자상품에 대한 투자권유를 했다면 부당권유금지 사유에 해당된다.

**19** ○× 금융투자업자가 설명의무를 위반하여 투자자가 손해를 입은 경우 벌금이 부과된다.

**20** ○× 투자권유대행인은 둘 이상의 금융투자업자와 투자권유 위탁계약을 체결할 수 있다.

**21** ○× 임직원의 금융투자상품 매매에 관한 사항은 1년에 한 번씩 소속 금융투자업자에게 통지해야 한다.

**22** ○× 투자광고에 최소비용을 표기하는 경우 그 최대비용과, 최대수익을 표기하는 경우 그 최소수익을 표기해야 한다.

**23** ○× 금융투자협회의 투자광고는 금지된다.

**24** ○× 투자자와의 이해상충 발생가능성을 낮추는 것이 곤란하다고 판단되면 거래를 해서는 안 된다.

---

정답 **16** ○
**17** × ▸ 금융투자협회는 금융투자업자로부터 통보받은 수수료에 관한 사항을 비교하여 공시해야 한다.
**18** × ▸ 1개월 경과 후 투자권유 및 다른 종류의 금융투자상품에 대한 투자권유는 가능하다.
**19** × ▸ 일반투자자의 손실액 전부를 손해액으로 추정하여 투자자의 손해를 배상할 책임이 있다.
**20** × ▸ 둘 이상의 금융투자업자와 투자권유 위탁계약을 체결하는 행위는 금지된다.
**21** × ▸ 매매명세는 분기별로 소속 금융투자업자에게 통지해야 하며, 주요 직무종사자의 경우(투자권유자문인력, 조사분석인력 및 투자운용인력) 월별로 통지한다.
**22** ○
**23** × ▸ 예외적으로 금융투자협회와 금융지주회사는 투자광고를 할 수 있다.
**24** ○

**25** ○× 투자자가 일반투자자인지 전문투자자인지 여부를 파악하는 것은 적합성의 원칙을 준수하는 것이다.

**26** ○× 투자매매업자는 자기계약이 금지된다.

**27** ○× 증권시장과 파생상품시장 간의 가격 차이를 이용한 차익거래는 선행매매에 해당된다.

**28** 조사분석자료의 내용이 사실상 확정된 때부터 공표 후 (            )이 경과하기 전 자기의 계산으로 매매할 수 없다.

**29** 투자매매업자는 증권의 인수일로부터 (            ) 이내에 투자자에게 그 증권을 매수하게 하기 위한 신용공여를 할 수 없다.

**30** ○× 원칙적으로 투자자 예탁금을 양도하거나 담보로 제공하는 행위는 금지된다.

**31** 같은 종류의 증권을 지속적으로 발행하는 회사는 (            ) 추가서류의 제출만으로 증권신고서를 제출한 것과 동일한 효과를 갖게 된다. 이를 (            )라고 한다.

**32** ○× 전문투자자에 대해서는 투자설명서 교부의무가 면제된다.

**33** (            )란 증권시장 밖에서 불특정다수인을 대상으로 이루어지는 주식 등의 장외매수에 대해 그 내용을 공시하도록 하는 제도이다.

---

**정답** **25** ○

**26** × ▸ 투자매매업자 또는 투자중개업자가 다자간매매체결회사를 통해 매매가 이뤄지도록 한 경우 자기계약이 허용된다.

**27** × ▸ 차익거래는 선행매매에 해당되지 않는다.

**28** 24시간

**29** 3개월

**30** ○

**31** 일괄신고, 일괄신고서제도

**32** ○ ▸ 전문투자자 및 투자설명서를 받기 거부한다는 의사를 표시한 자와 이미 취득한 것과 같은 집합투자증권을 계속하여 추가로 취득하려는 자에 대해서는 투자설명서 교부가 면제된다.

**33** 공개매수

**34** ☐○☐× 수시공시 의무를 면제받기 위해서는 공정공시를 이행해야 한다.

**35** 주식 등의 대량보유상황(5% Rule) 보고사유가 발생한 경우 보고사유발생일로부터 (                ) 이내 보고해야 한다.

**36** ☐○☐× 외국인의 상장증권의 매매는 K–OTC시장을 통해 이루어진다.

**37** ☐○☐× 미공개정보이용 규제대상 증권에는 풋옵션, 콜옵션 등 파생상품도 포함된다.

**38** 주권상장법인의 특정 증권 등의 매수 후 (                ) 이내에 매도하여 얻은 이익은 반환대상 이익이다.

**39** 위장거래에 의한 시세조정의 대표적인 사례에는 (            )와 (            )가 있다.

**40** ☐○☐× 금융소비자보호의 6대 판매원칙(적합성의 원칙, 적정성의 원칙, 설명의무, 불공정영업행위 금지, 부당권유행위 금지, 허위·과장광고 금지)은 모든 금융상품에 적용된다.

---

정답 **34** × ▶ 공정공시를 이행하였다고 다른 수시공시 의무가 면제되는 것은 아니다.
**35** 5일
**36** × ▶ 외국인이 상장증권을 매매하는 경우 증권시장을 통해 매매해야 한다.
**37** ○
**38** 6개월
**39** 통정매매, 가장매매
**40** ○

## 제2장 영업실무(10문항)

**01** ○× 신규고객을 확보하는 데 드는 비용을 절감하기 위해 고객관리가 필요하다.

**02** ○× CRM 전략은 신규고객 확보에 초점을 둔 전략이다.

**03** ○× CRM 영역으로는 고객유지, 고객확보, 고객개발 3가지가 있다.

**04** ○× 고객과의 관계가 증진될수록 관리비용이 낮아지는 것은 고객관리(CRM) 효과로 볼 수 있다.

**05** 고객상담 절차는 '고객과의 관계형성 → (          ) → (          ) → 동의확보 및 Closing'의 순서로 진행된다.

**06** (          )은 고객이 심문을 당한다는 느낌이나 귀찮게 한다는 느낌을 줄 수 있으므로 절제가 필요하다.

**07** ○× 고객의 관심사에 대해 자유롭게 말하도록 유도하고자 할 때 사용하는 질문법은 개방형 질문이다.

**08** ○× 고객의 시간적 제약으로 빨리 결정을 유도해야 할 때 폐쇄형 질문이 적절하다.

**09** Needs를 찾아가는 단계에는 '(          ) → (          ) → (          )'의 기법을 적용한다.

**10** ○× Needs란 현재 고객이 처한 상태와 시간의 흐름 속에서 바라는 상태와의 차이인 갭(gap)이다.

---

**정답** **01** ○
**02** × ▶고객을 세분화하여 신규고객 확보를 위한 노력보다는 기존고객 유지에 초점을 둔 전략이다.
**03** ○
**04** ○
**05** Needs 탐구, 설득 및 해법 제시
**06** 확대형 질문
**07** ○
**08** ○
**09** 문의, 촉진, 확인
**10** ○

**11** 고객상담 과정 중 고객이 대화의 (                    )를, 세일즈맨이 (                    )를 말할 수 있도록 한다.

**12** ○× 고객의 반감을 처리하기 위한 화법 중 부메랑법은 고객의 주장을 받아들이면서도 고객이 거절한 내용을 활용하여 반전을 노리는 화법이다.

**13** ○× 고객의 반감처리 단계는 경청 → 인정 → 응답 → 확인이다.

**14** ○× 고객이 반감을 표현했을 때 다시 한 번 상품의 특성과 장점을 강조한다.

**15** ○× 고객의 반감은 무관심의 표현이자 세일즈 찬스이다.

**16** ○× 추정승낙법은 고객이 긍정적 답변은 하지 않으나 부정적이지 않을 때 사용하는 화법이다.

**17** 클로징(Closing)에 실패했을 경우 (                    )으로 그 이유를 묻는다.

**18** ○× 효과적인 고객동의 확보기술에는 직설동의요구법, 이점요약법, T-방법, 결과탐구법이 있다.

**19** 고객 응대 시 전화는 벨이 (                    ) 이상 울리기 전에 받아야 한다.

**20** ○× 고객 응대 시 정중한 인사는 45도로 숙여 인사하는 것이다.

---

**정답** **11** 70%, 30%
    **12** ○
    **13** ○
    **14** ○
    **15** × ▸ 고객의 반감은 관심의 표현이자 세일즈 찬스이다.
    **16** × ▸ 실행촉진법에 대한 설명이다. 추정승낙법은 고객이 확실한 대답을 하기 전이라도 긍정적인 반응이 나올 경우 사용하는 상담종결화법이다.
    **17** 확대형 질문
    **18** ○
    **19** 3번
    **20** ○ ▸ 간단 15도, 보통 30도, 정중 45도

핵심포인트 ○/× 퀴즈

## 제**3**장 직무윤리(10문항)

**01** ○× 윤리는 사회질서를 유지하는 것이 목적이다.

**02** ○× 직무윤리의 준수는 금융투자업자를 보호하는 안전장치의 역할을 한다.

**03** ○× 부패인식지수(CPI)의 점수가 높을수록 부패정도가 심하다.

**04** ○× 영국의 BITC는 윤리경영을 평가하는 지수이다.

**05** ○× 회사와 고용관계가 없거나 무보수로 일하는 경우 직무윤리 준수대상에서 제외된다.

**06** ○× 신의성실은 법적 의무이다.

**07** ○× 신의칙 위반이 법원에서 다루어질 경우 이는 강행법규에 대한 위반이다.

**08** ○× 이해상충이 발생할 가능성이 있다고 인정될 경우 고객과 매매 및 거래를 해서는 안 된다.

---

정답 **01** ✕ ▶ 법은 사회질서 유지가 목적이고, 윤리는 개인의 도덕심을 지키는 것이 목적이다.
**02** ○
**03** ✕ ▶ 높을수록 → 낮을수록
**04** ○
**05** ✕ ▶ 회사와 정식 고용관계가 없거나 무보수로 일하는 자도 직무윤리를 준수해야 한다.
**06** ○ ▶ 윤리적 원칙이자 법적 의무이다.
**07** ○
**08** ✕ ▶ 고객과 이해상충 발생 가능성이 있다고 인정되는 경우 그 사실을 고객에게 알리고 투자자보호에 문제가 없는 수준으로 낮춘 후 매매 및 거래를 해야 한다.

**09** ○× 일반투자자의 투자위험 숙지 여부, 부담하는 수수료 총액, 재산상태 및 투자목적에 적합한지 여부는 과당매매를 판단하는 기준이다.

**10** ○× "금융투자업자는 금융투자업을 영위함에 있어 정당한 사유 없이 투자자의 이익을 해하면서 자기가 이익을 얻거나 제3자가 이익을 얻도록 하여서는 아니 된다." 이는 금융소비자보호 의무의 내용이다.

**11** ○× 조기상환조건이 있는 경우 이에 대한 사항을 알리는 것은 설명의무를 준수하는 것이다.

**12** ○× 금융소비자의 청약 철회를 받은 금융회사는 청약 철회가 접수된 날로부터 3영업일 이내 반환해야 한다.

**13** 투자자로부터 투자권유의 요청을 받지 않고 방문·전화 등 실시간 대화의 방법을 이용하여 투자권유했다면 이는
(                ) 원칙을 위반한 것이다.

**14** ○× 회사의 위법행위로 인해 회사가 손해를 배상하는 행위는 손실보전금지 원칙에 위배되는 행위이다.

**15** ○× 해피콜 서비스, 고객의 소리, 미스터리 쇼핑, 위법계약해지권 등 관련 제도는 상품판매 이후 단계에서의 금융소비자보호 관련 제도이다.

**16** 매매거래에 있어 고객의 위임이 있다면 (                ), 위임 없이 매매거래가 이뤄지는 경우 (                )로 본다.

---

정답 **09** ○
　　　**10** × ▸ 이해상충 방지 의무에 대한 설명이다.
　　　**11** ○
　　　**12** ○
　　　**13** 부당권유금지
　　　**14** × ▸ 회사의 위법행위로 인해 회사가 손해를 배상하는 행위는 손실보전금지 예외행위로 인정된다.
　　　**15** ○
　　　**16** 일임매매, 임의매매

**17** 금융소비자는 본인에 대한 금융투자회사(및 임직원)의 불완전판매행위가 발생하였음을 알게 되는 경우 금융투자상품 가입일로부터 (　　　　　) 이내에 해당 금융투자회사에 배상을 신청할 수 있다.

**18** ○× 금융소비자와 판매계약을 맺은 날로부터 7영업일 이내 판매직원이 해당 금융소비자와 통화하여 설명의무 이행 여부를 확인해야 한다.

**19** ○× 적합성의 원칙, 적정성의 원칙, 설명의무, 불공정영업행위 금지, 부당권유행위 금지, 광고 관련 준수사항, 계약서류 제공의무는 금융상품 판매 단계에서의 금융소비자보호 제도이다.

**20** ○× 투자권유대행인은 투자자의 투자경험 등을 고려하여 설명의 정도를 달리할 수 있다.

**21** ○× 장외파생상품에 대한 권유는 불가능하지만 증권과 장내파생상품에 대한 권유는 가능하다.

**22** ○× 회사의 재산을 부당하게 유용하거나 유출하는 행위는 형사법상 처벌의 대상이 될 수 있다.

**23** ○× 회사와 고용관계 종료 후 지적재산물의 이용이나 처분권한은 개인에게 있다.

**24** ○× 대외활동으로 인한 금전적 보상은 회사에 신고할 필요는 없다.

---

**정답** **17** 15일
**18** × ▸ 판매직원이 아닌 제3자가 해당 금융소비자와 통화하여 설명의무 이행 여부를 확인한다.
**19** ○
**20** ○
**21** ○
**22** ○
**23** × ▸ 개인 → 회사
**24** × ▸ 대외활동으로 금전적인 보상을 받았다면 회사에 신고해야 한다.

**25** ◯✕ 법규준수, 자기혁신, 품위유지, 사적이익의 추구금지는 본인에 대한 윤리이다.

**26** ◯✕ 모든 금융투자업자는 내부통제기준을 두어야 한다.

**27** ◯✕ 내부통제기준의 제정·변경 시 대표이사의 결재를 거쳐야 한다.

**28** ◯✕ 준법감시인은 이사회의 의결을 거쳐 임면되고, 해임 시에는 이사총수의 2/3 이상의 찬성으로 의결된다.

**29** ◯✕ 영업관리자의 자격으로 영업점장이 될 수 없다.

**30** ◯✕ 준법감시인은 이사회 및 대표이사의 지휘를 받아 업무를 수행한다.

---

정답  **25** ◯
　　　**26** ◯
　　　**27** ✕ ▸이사회의 결의를 거쳐야 한다.
　　　**28** ◯
　　　**29** ✕ ▸영업점의 직원 수가 적어 영업점장을 제외한 책임자급이 없는 경우 영업점장이 영업관리자가 될 수 있다.
　　　**30** ◯

## 제4장 투자자분쟁예방(10문항)

01   ⊙×|   이해충돌이 발생할 경우 회사의 이익은 임직원의 이익에 우선한다.

02   ⊙×|   대외활동을 할 때 승인받은 사항에 대해서는 자신의 이익을 위해 회사의 자산이나 인력을 사용할 수 있다.

03   ⊙×|   회사로부터 사전 허락을 받아 강연·방송 등에 참여할 경우 사용할 원고 등에 대해서는 사후보고가 인정된다.

04   ⊙×|   「개인정보보호법」은 관련 규정에 특별법이 없을 경우 「개인정보보호법」에 따라 처리해야 한다.

05   ⊙×|   개인정보의 정보주체는 개인정보 처리여부를 확인하고 개인정보에 대하여 열람을 요구할 권리가 있다.

06   ⊙×|   정보주체와의 계약체결 및 이행을 위하여 불가피하게 필요한 경우 개인정보를 수집하여 목적의 범위에서 이용할 수 있다.

07   ⊙×|   개인정보를 익명으로 처리할 수 있다.

08   개인정보를 부정한 방법으로 취득하여 타인에게 제공하면 (        ) 이하의 징역 또는 (        ) 이하의 벌금에 처해진다.

---

정답   01 ○

02 × ▶ 승인을 받더라도 대외활동을 할 때 자신의 이익을 위해 회사의 자산이나 인력 등을 사용할 수 없다. 이는 소속회사에 대한 의무이다.

03 × ▶ 사전 허락을 받더라도 의견개진 내용 및 사용할 원고 등을 준법감시인의 사전승인을 받고 사용해야 한다.

04 ○

05 ○

06 ○

07 ○ ▶ 개인정보의 보호를 위해 익명에 의하여 처리될 수 있도록 해야 한다.

08 5년, 5천만원

**09** ⃞ ⃞ 법관이 발부한 영장에 의해 고객의 금융거래에 관한 정보를 제공할 경우 고객의 동의는 필요하지 않다.

**10** ⃞ ⃞ 정보의 비대칭성으로 인해 금융소비자보호가 필요하다고 본다.

**11** ⃞ ⃞ 「금융소비자보호법」은 금융상품 서비스를 이용하지 않는 잠재적 고객에게도 적용된다.

**12** (　　　　　　)은 임직원이 고객재산의 선량한 관리자로서 고객이익을 위해 선관주의의무를 다하였는지, 업무처리 과정에서 제반 법규 등을 잘 준수하였는지에 대해 사전적·사후적으로 통제·감독하기 위한 것이다.

**13** 금융상품판매업자가 내부통제기준을 마련하지 않은 경우 (　　　　　　) 이하의 과태료가 부과된다.

**14** ⃞ ⃞ 거짓이나 그 밖의 부정한 방법으로 금융상품판매업 등의 등록을 한 경우 5년 이하의 징역 또는 2억원 이하의 벌금에 처한다.

**15** ⃞ ⃞ 당사자가 협회 분쟁조정위원회의 조정안을 수락한 경우 민법상 화해계약의 효력을 갖는다.

**16** 분쟁조정신청의 재조정은 조정결정일로부터 (　　　　　　) 이내 재조정 신청이 가능하다.

---

**정답** **09** ○ ▸ 예외적으로 고객의 동의 없이 금융거래에 관한 정보를 제공할 수 있다.
**10** ○
**11** ○
**12** 내부통제기준
**13** 1억원
**14** ○
**15** ○
**16** 30일

**17** ○× 신청인이 조정의 신청을 취하하는 경우 분쟁조정위원회 회부 전 종결처리가 가능하다.

**18** 금융감독원의 조정위원회는 조정의 회부를 받으면 (                    ) 이내에 이를 심의하여 조정안을 작성해야 한다.

**19** ○× 금융감독원의 분쟁조정은 그 자체로서 구속력을 갖는다.

**20** ○× 금융투자상품의 내재적 특성은 원금손실가능성, 투자결과에 따른 본인 책임, 투자상품에 대한 지속적인 관리 및 요구 등이 있다.

**21** ○× 증권회사가 투자자로부터 금융상품의 매매에 관한 청약 또는 주문을 받지 않고 투자자의 재산으로 금융투자상품을 매매하는 것은 불완전판매에 해당된다.

**22** ○× 금융투자상품의 부당권유 시 민사상 손해배상책임이 발생할 수 있다.

**23** ○× 불완전판매의 여부는 적합성의 원칙, 적정성의 원칙, 설명의무, 손실보전약정금지 등을 종합적으로 고려하여 민법상 불법행위 여부를 판단한다.

---

정답 **17** ○
**18** 60일
**19** × ▸ 법원의 판결과는 달리 그 자체로서 구속력이 없으며, 당사자가 분쟁조정안을 수락한 경우에 한하여 효력을 갖는다.
**20** ○
**21** × ▸ 임의매매에 대한 설명이다.
**22** ○
**23** ○

## 제5장 투자권유와 투자권유 사례분석(5문항)

**01** ⃞○⃞× 적합성 판단방식 중 점수화 방식은 각 단계별로 정교한 설문과 프로세스를 갖춰야 한다.

**02** 투자권유대행인은 관계법령 등을 준수하고 (　　　　　　)에 따라 공정하게 업무를 수행해야 한다.

**03** ⃞○⃞× 투자권유대행인은 둘 이상의 회사와 투자권유 위탁계약을 체결할 수 없다.

**04** (　　　　　　) 이상의 투자자를 대상으로 고령 투자자 보호기준을 적용하는 것이 적정하며, (　　　　　　) 이상 초고령자에 대해서는 보다 강화된 보호 노력이 필요하다.

**05** ⃞○⃞× 재무설계는 일시적, 단기간의 재무계획을 세우는 것이다.

**06** ⃞○⃞× 개인 재무설계의 목표로는 소득과 부의 극대화, 효율적 소비의 실천, 재무 생활만족의 발견, 재무 안전감의 달성, 노후대비를 위한 부의 축적 등이다.

**07** 고객자료는 (　　　　　)와 (　　　　　)로 구분된다.

**08** 개인 재무설계 과정은 (　　　　　)로 이루어진다.

---

**정답** **01** ✕ ▸ 추출 방식에 대한 설명이며, 점수화 방식은 단순점수의 합산으로 특정 투자자의 성향을 반영하기 어려운 단점이 있다.
　　　**02** 신의성실의 원칙
　　　**03** ○
　　　**04** 만 65세, 만 80세
　　　**05** ✕ ▸ 재무설계는 일생동안 지속적으로 이루어져야 한다.
　　　**06** ○
　　　**07** 질적 자료, 양적 자료
　　　**08** 5단계

**09** 저축성향지표, 투자성향지표, 유동성지표는 (            )이다.

**10** ☐☒ 비상자금지표는 '금융자산 / 월평균생활비'로 계산되고, 이 수치가 높을수록 비상사태에 대한 적응력이 높다고 본다.

**11** ☐☒ 투자성향지표는 '금융자산 / 총자산'으로 계산되고, 이 수치가 높을수록 수익성과 위험이 높아지므로 지나치게 높은 비중은 바람직하지 않다.

**12** ☐☒ 퇴직 후 자산관리는 안정성을 고려하여, 월 이자지급식 상품을 이용하는 게 바람직하다.

**13** ☐☒ 노년기 자산관리에서 투자와 상속계획은 누구에게나 필요하다.

**14** ☐☒ 적극투자형 투자자에게는 파생상품에 대한 투자권유가 가능하다.

**15** ☐☒ 수익중립형 투자자에게 RP회사채 BBB$^+$ ~ BBB$^-$ 등급의 투자권유가 가능하다.

**16** ☐☒ CMA는 투자성향에 관계없이 모든 투자자에게 투자권유가 가능하다.

---

**정답** **09** 성장성지표

**10** ○

**11** × ▶투자성향지표는 금융자산이 아닌 '금융자산 중 투자자산 또는 실물자산 / 총자산'으로 계산된다.

**12** ○

**13** × ▶투자와 상속계획은 충분한 여유자금이 있을 때에 해야 한다.

**14** × ▶파생상품에 대한 투자권유는 공격투자형 투자자에게 적합하다고 볼 수 있다.

**15** ○

**16** ○

What is your passcode?

특별부록

## 핵심포인트 파이널체크 〇/✕ 퀴즈